W0095735

Über dieses Buch Professor Dr. Theodor Hellbrügge, der mit Hilfe der »Aktion Sonnenschein« in München das Kinderzentrum aufgebaut hat, erprobte die Montessori-Pädagogik zunächst in Kindergärten. Aus den dort erzogenen Kindern stellt er erste Montessori-Schulklassen zusammen. Das Neue an seinem Montessori-Konzept war, daß im Kindergarten wie später in der Schule gesunde und behinderte Kinder gemeinsam unterrichtet wurden. Über diese Erfahrungen berichtet er in diesem Buch, das eindrücklich belegt, daß die integrierte Erziehung vor allem bei der Entwicklung von sozialen Fähigkeiten den Sonderschulen weit überlegen ist.

Der Autor Theodor Hellbrügge, geb. 1919, ist seit 1960 Professor an der Universität München und Vorstand des Institutes für Soziale Pädiatrie und Jugendmedizin. Im Fischer Taschenbuch Verlag liegt außerdem vor: ›Das sollten Eltern wissen. Über den Umgang mit unseren Kindern‹ (Bd. 3331).

Theodor Hellbrügge

Unser Montessori-Modell

Erfahrungen
mit einem neuen Kindergarten
und einer neuen Schule

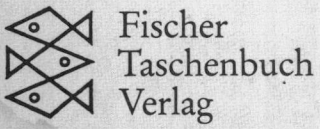
Fischer
Taschenbuch
Verlag

Fischer Taschenbuch Verlag
April 1984
Fischer Taschenbuch Verlag, Frankfurt am Main
Lizenzausgabe mit freundlicher Genehmigung
der Kindler Verlag GmbH, München
© 1977 by Kindler Verlag GmbH, München

Umschlaggestaltung: Jan Buchholz/ Reni Hinsch
Foto: Kinderzentrum München
Druck und Bindung: Clausen & Bosse, Leck
Printed in Germany
980-ISBN-3-596-23064-0

Inhaltsverzeichnis

Kapitel 4: Das ungewöhnliche Leben und Lebenswerk von Maria Montessori

Kapitel 5: Die Montessori-Pädagogik baut auf ärztlichen Erfahrungen auf

Literaturübersicht 282

Register 302

KAPITEL 1

Die Gemeinsamkeiten von Pädiatrie und Pädagogik sind leider gering

Päd-iatrie und Päd-agogik sind die einzigen Berufe, die in ihrer Berufsbezeichnung das Kind (griech. Pais) haben. Daraus läßt sich wohl ableiten, daß beide Berufe nicht nur in besonderer Weise dem Wohle des Kindes verpflichtet sind, sondern auch in ihrer Einstellung zum Kind weitgehend Ähnlichkeit haben, ja, in ihrer Hilfe für das Kind auf das Engste zusammenwirken.

Betrachtet man indessen das jeweilige Selbstverständnis der Pädiatrie und der Pädagogik, dann ergibt sich merkwürdigerweise ein völlig unterschiedliches, wenn nicht gar gegensätzliches Bild. Die Denkansätze sind schon von der Wissenschaft her so grundverschieden, daß Diskussionen zwischen Kinderärzten und Lehrern nicht selten schon deswegen im Sande verlaufen, weil nicht einmal das Aufgabenverständnis beider Berufe genügend bekannt ist.

Aus der Sicht der Pädagogik – und dies läßt sich in etwa auch aus den amtlichen Vorschriften bzw. den Gesetzen für den Schularzt ablesen – besteht die Aufgabe des Arztes in der Schule hauptsächlich etwa darin, für die Hygiene des Schulbaus zu sorgen und das Kind vor Infektionen, insbesondere vor Tuberkulose zu bewahren. Mit dem Rüstzeug des Kinderarztes, mit seinen diagnostischen und therapeutischen Methoden, auch mit der Einstellung des Arztes zum Kind als solcher, weiß der Erzieher kaum etwas anzufangen.

Umgekehrt sind Ärzte der Ansicht, daß Erzieher grundsätzlich die gleiche Einstellung zum Kind hätten wie sie selbst, d. h., sich ausschließlich als Helfer des Kindes verstehen würden, die in voller Freiheit einem Kind, das in Not ist, in jedem Falle zu Hilfe eilen. Der Kinderarzt hat deswegen oftmals kein Verständnis für die besondere Situation des Pädagogen in der Schule. Er weiß nichts über die Vorschriften, die die Beurteilung des Kindes bestimmen und nach denen der Unterricht abläuft.

Probleme der Schule, um nicht zu sagen Schulnot, sind inzwischen aber zu einem solchen epidemiologischen Problem geworden, daß Kinderärzte und Lehrer im Interesse des Kindes auf das Engste zusammenarbeiten müssen. Derzeitig bilden sich Arbeitsgemeinschaften, um die Schulmisere anzugehen und gemeinsam versuchen, das Kinderelend in der Schule – in der Bundesrepublik Deutschland haben wir pro Jahr allein über 400000 Sitzenbleiber! – zu beseitigen.

Damit ein Dialog zwischen diesen beiden für das Kind so wichtigen Berufe stattfinden kann, ist es unbedingt notwendig, die Unterschiede im Selbstverständnis von Kinderheilkunde und Pädagogik aufzuzeigen. Andernfalls ist es nicht möglich, eine erfolgreiche Zusammenarbeit zu erreichen. Erst wenn ich den Standpunkt des anderen auch im Hinblick auf das Kind kenne, wird eine geeignete Basis der Zusammenarbeit gegeben sein.

So seien in diesem Buch, das über eine ärztliche Pädagogik berichtet, einige Gedanken vorangestellt, in denen Hinweise auf das Selbstverständnis von Pädiatrie und Pädagogik gegeben werden.

Das Wissenschaftsverständnis bei Kinderheilkunde und Erziehungswissenschaft ist grundverschieden

Schon vom Wissenschaftsverständnis und der Organisation der Hochschule her bestehen grundlegende Unterschiede zwischen Pädiatrie und Pädagogik. Die Pädagogik ist der philosophischen Fakultät, die Pädiatrie der medizinischen Fakultät zugeordnet. Erziehungswissenschaft wird meist in pädagogischen Hochschulen gelehrt, die nicht einmal organisatorisch Beziehungen zu medizinischen Fakultäten und zur Kinderheilkunde in den Universitäten haben. Selbst in den Universitäten oder Hochschulen, in denen die Erziehungswissenschaft in eigenen erziehungswissenschaftlichen Fakultäten oder Fachbereichen etabliert ist, bestehen so gut wie keine Beziehungen zur Medizin oder Kinderheilkunde.

Dem Kinderarzt ergibt sich darüber hinaus das merkwürdige Phänomen, daß »Pädagogik« und »Erziehungswissenschaften« offenbar etwas verschiedenartiges sind, andernfalls ist es kaum zu erklären, warum z. B. an der Universität München die Pädagogik gemeinsam mit der Psychologie in einem anderen Fachbereich untergebracht ist als dem »Fachbereich Erziehungswissenschaften«, welch letzterem auch die Sonderpädagogik und die Schulpädagogik zugeordnet sind.

Auch vom Ansatz her verstehen sich Pädiatrie und Pädagogik durchaus unterschiedlich. Die Pädiatrie ist – wie die gesamte Medizin – in erster Linie eine empirische Wissenschaft. Erfahrungen werden am Patienten gewonnen und daraus werden Rückschlüsse gezogen auf das diagnostische und therapeutische Vorgehen bei Patienten mit ähnlichen Symptomen. Krankheitsbezeichnungen stehen am Beginn der klinischen Beobachtung. Systematische Forschungen klären später auf, welche Ursache die Krankheitszeichen haben.

Auch in der Therapie entstammen die meisten Pharmaka ärztlicher Erfahrung, nicht selten sind es Zufallsentdeckungen. Das Penicillin z. B. wäre ohne jene zufällige Beobachtung durch Sir Alexander FLEMING in London, daß Schimmelpilze in Petri-Schalen das Wachstum von Streptokokken hemmen, nicht in die ärztliche Praxis gekommen.

Pädiatrische Empirie im Schulbereich geht von den Schulversagern aus. Unsere kinderärztliche Einstellung zu Schulreformen und neuen Schulmodellen wird deshalb primär geleitet von den Erfahrungen, die wir mit den Opfern dieser Reformbestrebungen in der Sprechstunde erleben. Wir versuchen, daraus Rückschlüsse auf pädagogische Methoden zu ziehen, ohne selbst in das pädagogische Geschehen als notwendige Prophylaxe eingreifen zu können.

Demgegenüber versteht sich die Pädagogik wohl in erster Linie als theoretische Geisteswissenschaft, die ihren Ursprung eigentlich in der Philosophie hat.

Das spiegelt sich auch in den wissenschaftlichen Ansätzen wider. Hier spielen die Curricula – theoretisch konzipierte Lernziele und Lerninhalte – eine übergeordnete Rolle. Diskussionen um das einzelne Kind und um die Fähigkeiten des Kindes in verschiedenen Altersstufen werden gelegentlich in der pädagogischen Praxis, kaum in der Wissenschaft angestellt.

Bei den Diskussionen im Bildungsrat erlebte ich, daß zum Beispiel primär nicht gefragt wurde: wie lange kann ein Kind in einer bestimmten Altersstufe etwa ohne Pausen still sitzen, welche Wortbegriffe und Wortarten sind seinem Alter gemäß, wie sind entsprechend bestimmte Lerninhalte am Kind zu entwickeln etc., sondern es wurden fast ausschließlich theoretische, nicht am Kind orientierte Curriculum-Überlegungen angestellt. Dabei standen – wenn auch nicht so deutlich ausgesprochen – Fragen im Mittelpunkt, was etwa unsere Kinder im Jahre 2000 alles können und wissen sollten bzw. was ihnen entsprechend durch die Schule vermittelt werden müßte.

Auf die Frage des Kinderarztes, ob es nicht zweckmäßiger sei, bei allen Diskussionen über Bildungsreformen zunächst an das Kind und seine Leistungsfähigkeit zu denken und entsprechende systematische Untersuchungen im Bereich der Unterrichtshygiene anzustellen, erhielt ich zur Antwort: »Sie sind ja reiner Empiriker«.

Bei diesen Diskussionen wurde überdies der meines Erachtens für das Kind und seine Entwicklung schwerwiegende Unterschied zwischen pädiatrischen und pädagogischen Lernvorstellungen offenbar: Die Pädagogik betreibt fast ausschließlich kognitive Lerninhalte. Sie denkt praktisch nur an die intellektuelle Förderung des Kindes und ihr Bestreben geht dahin, auch beim Kleinkind (Vorschulpädagogik!), neuerlich sogar beim Säugling (Frühpädagogik), »Intelligenz fördernde« Lernangebote zu schaffen.

Sie übersieht dabei grundlegende pädiatrische und kinderpsychologische

Erkenntnisse, nach denen die emotionale und soziale Entwicklung des Kindes für die spätere Lebenstüchtigkeit eine weit größere Beachtung verdient, als kognitive und verbale Lernprozesse. Unsere Schulen kennen überhaupt keine Lerninhalte, welche die Sozialität, das gegenseitige Helfen der Kinder untereinander, üben. Die »Lehrstoffelephantiasis«, über welche der Jenaer Pädagoge Peter PETERSEN klagte, oder die »Stoffseuche«, von der der Münchener Pädagoge KERSCHENSTEINER sprach, hat infolge des Fachlehrersystems ein derartiges Ausmaß angenommen, daß für das lebensnotwendige soziale Training des Kindes etwa beim Spielen nicht einmal neben der Schule noch Zeit bleibt.

Es besteht die Gefahr, daß entsprechende pädagogische Theorien unter der Fahne der »Intelligenzförderung« auch auf das Kleinkind – ja sogar auf den Säugling – übertragen werden, wenn wir als Kinderärzte nicht noch mehr als bisher im Interesse des Kindes unser Veto einlegen. Wir werden dabei von allen mit dem Kind und dessen Not unmittelbar beschäftigten Berufen – zuvorderst den Pädagogen aus der Praxis – um Hilfe angegangen.

Die Pädiatrie denkt nur an das Kind, die Pädagogik fast nur an die Schulklasse

Einen wesentlichen Unterschied zwischen Pädiatern und Pädagogen betrifft die Zuwendung zum Kind.

Kinderärztliche Tätigkeit ist grundsätzlich Individualhilfe. Ich gestehe, daß es mir persönlich schon unangenehm ist, Zwillinge zu untersuchen, weil man das Gefühl hat, sich nicht auf das einzelne Kind während der Untersuchung genügend konzentrieren zu können. Massenuntersuchungen sind der kinderärztlichen Praxis weitgehend unbekannt. Dort, wo sie etwa als schulärztliche Untersuchungen praktiziert werden, ist ein individuelles Eingehen auf das Kind unmöglich. Massenuntersuchungen sind deswegen immer nur Screening, d. h. sie dienen weniger der Diagnostik als dem Finden von verdächtigen Kindern.

Pädagogische Tätigkeit dagegen wird wenigstens im Bereich der Schule immer nur als Gruppen-Pädagogik verstanden. Die Klasse, der Klassenverband, stehen im Mittelpunkt allen pädagogischen Denkens und Überlegens. Wenngleich im Rahmen der pädagogischen Diskussion die Hinwendung zum einzelnen Kind als sogenannte »Binnen-Differenzierung« auch diskutiert wird, so verstehen die meisten Pädagogen selbst darunter in der Regel eher das »Sondertraining einer kleinen Gruppe« innerhalb des Klassenverbandes, also nicht eigentlich individuelle Hilfe.

Das Ganze wird verstärkt, weil die Schulverwaltungen grundsätzlich nur in Klassenstärken denken und länderweise voll Stolz berichten, wenn Richtzahlen über das Verhältnis von Lehrern zu Schülern – etwa auf 30 Kinder pro Klasse und Lehrer – gesenkt werden.

Gruppenmedizinische Fragen spielen dagegen im Denken des Pädiaters nur eine untergeordnete Rolle, sie sind gewissermaßen nur ein statistischer Spiegel für den Erfolg oder Mißerfolg kinderärztlichen Handelns.

Wenn die Sterblichkeitsstatistik mitteilt, daß die Säuglingssterblichkeit von über 25 % innerhalb eines Jahrhunderts auf unter 2 % gesenkt werden konnte, blickt der Kinderarzt stolz auf seine Tätigkeit zurück. Wenn die Krankheitsstatistik ihn belehrt, daß durch Impfungen ganze Krankheiten ausgerottet werden konnten (Beispiel Kinderlähmung, Diphtherie, Pocken etc.), dann ergibt diese Überprüfung, daß die Rückschlüsse aus den praktischen Erfahrungen erfolgreich gewesen sind. Trotzdem ist die Pädiatrie niemals mit ihrem Erreichten zufrieden, solange Kinder in Not sind. Wo auch immer Kinder sich in Not befinden, fühlt der Pädiater sich zuständig.

Die Einführung neuer Methoden erfolgt in der Pädagogik nicht so behutsam wie in der Medizin

Die Einführung neuer Heilmethoden bedeutet für die Pädiatrie, wie überhaupt für die Medizin, ein Unternehmen, das nur mit größter Vorsicht und Geduld angegangen werden darf. Schließlich werden auch neue Arzneimittel in tausenden von tierexperimentellen Untersuchungen zunächst daraufhin überprüft, ob sie einen Fortschritt gegenüber altbewährten Medikamenten bedeuten und ob sie frei von Nebenwirkungen sind.

Wenn beides im Tierexperiment gesichert ist, kommt der klinische Versuch hinzu. Nur erfahrene Ärzte und Kliniken sind befugt, neue Pharmaka auf ihre Brauchbarkeit und ihre Unschädlichkeit zu überprüfen. Nach vorsichtigstem Einsatz – oftmals erst bei desolaten Patienten – werden neue Heilmittel in minimalster Dosierung erprobt und nach und nach entsteht im Lauf der Zeit ein Bild darüber, ob es gerechtfertigt ist, einen neuen therapeutischen Weg zu gehen.

Am doppelten Blindversuch wird dabei insbesondere auch der sogenannte Placebo-Effekt berücksichtigt, d. h., das zu erprobende Medikament wird mit einem gleichartig aussehenden Mittel ohne entsprechende Wirkung verglichen, bei welchem der das Heilmittel austeilende Arzt nicht einmal weiß, in welchen der verabreichten Tabletten z. B. die zu untersuchende Substanz ist. In jedem Falle wird also der langdauernde, unter Umständen langjährige Vergleich herangezogen, bis Wirkungen und Nebenwirkungen genügend gesichert sind.

Erst wenn die klinischen Versuche abgeschlossen sind und sicher herausgefunden wurde, daß ein neues Medikament mehr Nutzen bringt als ein bisher gebräuchliches, wenn abgeklärt ist, mit welchen Nebenwirkungen gerechnet werden muß, wird das neue Heilmittel der ärztlichen Praxis übergeben und kann generelle Anwendung finden. Jeder Arzt weiß aber trotz aller dieser Vorsichtsmaßnahmen, daß es gelegentlich noch unangenehme Überraschungen geben kann. Erinnert sei nur an das Contergan-Unglück, bei dem niemand wissen konnte, daß ein als völlig unschädlich erwiesenes Beruhigungsmittel so schwere Schädigungen in der Entwicklung des Kindes im Mutterleib hervorrufen würde.

Im Gegensatz hierzu erfolgt die Einführung neuer pädagogischer Methoden und Organisationsformen praktisch ohne eine entsprechende langjährige sorgfältige Vorbereitung und Kontrolle. Dabei ist es ganz gleich, ob es sich um Methoden des Lesenlernens, Schreibenlernens, ob es sich um die Einführung neuer Unterrichtsgegenstände, ob es sich um Unterrichtsorganisationsformen wie Blockstunden, Ganztagsunterricht oder um die Einführung neuer Schularten (Gesamtschule) handelt.

Neue pädagogische Methoden des Lesenlernens, z. B. als Ganzheitsmethode, oder des Rechnenlernens, z. B. mit der Mengenlehre, werden am Grünen Tisch konzipiert. Es bildet sich ein Kreis, der ein theoretisches Konzept entwickelt. Wenn dieses Konzept genügend begründet erscheint, wird die neue Methode auf dem Verordnungsweg allgemein eingeführt. Systematische, jahrelange Untersuchungen, ob und in welchem Falle neue Lehrmethoden sinnvoll sind und ob sie den Kindern womöglich nicht schaden, finden praktisch nicht statt.

Selbst sogenannte Versuchsschulen haben – soweit es sich übersehen läßt – praktisch keine wissenschaftliche Kontrolle durch Forschungsinstitute oder pädagogische Lehrstühle. Die Folgen werden auch dem Laien auffällig, wenn schon nach Jahresfrist Kultusministerien ihre Mengenlehreverordnungen zurücknehmen oder ändern müssen; wobei dies keineswegs etwa infolge pädagogischer Einsicht erfolgt, sondern weil die Eltern der betroffenen Kinder lauthals protestieren.

Das Gleiche gilt bei der Einführung neuer pädagogischer Unterrichts- und Schulformen. Blockstunden wurden eingeführt, ohne daß irgendwer überhaupt nur untersuchte, wie lange Kinder stille sitzen können. Bewährte Schulen auf dem Lande wurden als Zwergschulen diskriminiert, und es wurden Mittelpunktschulen eingerichtet, ohne daß irgendeine sorgfältige Untersuchung je bewies, ob der pädagogische Effekt, selbst die erreichten Lernziele bei den Kindern in den kleinen Schulen mit gemischtem Unterricht soviel schlechter oder überhaupt schlechter waren, als die durch den Unterricht im Klassenverband der Mittelpunktschulen.

Bewährte Schulformen werden aus politischen Gründen abgeschafft. Man konstruiert ein Unterrichtssystem mit einer solchen Vielfalt, daß es den Kinderarzt erschrecken läßt, wenn er dabei an das Kind denkt, das sich darin zurechtfinden muß.

Neue Organisationsprinzipien wie Orientierungsstufen oder Kollegstufen werden theoretisch entwickelt und dann – ohne über Jahre hindurch ihre Effektivität zu überprüfen – auch gegen den Willen der betroffenen Schulen und gegen den Willen der Eltern auf dem Verordnungswege für ein ganzes Land zur Pflicht gemacht.

Das Umsetzen pädagogischer Theorien – in manchen »Reformbestrebungen« auch pädagogischer Ideologien – in den Schulalltag ohne den Beweis, daß diese Reformen dem Kinde nutzen, hat nicht zuletzt auch dazu geführt, daß tausende zum großen Teil neu erbaute Schulen einfach leerstehen, daß Millionen Kinder mit einem Millionenaufwand per Schulbusse in der Gegend herumgefahren werden, nur um sie in Jahrgangsklassen unterrichten zu können, daß unsere Zeitungen ständig vom Schulstress berichten und daß gegen das Schülerelend sich Vereinigungen wie die »Humane Schule« bilden.

Das Ziel der Reformbestrebungen in der Schule bestand darin, daß 20% der Kinder eines Jahrgangs eine abgeschlossene Schulbildung mit Abitur haben sollten. Das Ergebnis nach zehnjährigen pädagogischen Bemühungen sieht fast diametral umgekehrt aus. 25% der Kinder sind auf dem Wege gescheitert und verlassen die Schule ohne Abschluß. Die Not, die hinter diesen Zahlen steht, kann nur derjenige ermessen, den das »Sitzenbleiberelend« mit allem Unglück für die Kinder und für die Eltern bis in die ärztliche Praxis hinein verfolgt.

Der Pädagoge hat nicht die Freiheit des Arztes

Einen entscheidenden Unterschied zwischen Pädiatrie und pädagogischem Wirken betrifft auch die Art der Berufsausübung. Ärztliche Tätigkeit erfolgt primär in Eigenverantwortung. Der Arzt beansprucht deshalb auch einen hohen Freiheitsgrad für sein Handeln und muß frühzeitig lernen, seine diagnostischen und therapeutischen Wege selbst zu verantworten. Keine wie auch immer geartete Verwaltung kann das ärztliche Handeln im konkreten Fall zwingend vorschreiben. Wenngleich – etwa im Bereich der kassenärztlichen Versorgung – aus Gründen der Wirtschaftlichkeit bestimmte Kontrollen sinnvoll und wohl auch notwendig sind, kann und muß jeder Arzt auch gegenüber den kontrollierenden ärztlichen Körperschaften sein therapeutisches Vorgehen jederzeit begründen.

Der Arzt ist deswegen in der Regel freipraktizierend tätig, und er hält dies auch im Sinne der freien Arztwahl für den Patienten für unumgänglich notwendig. Letztlich ist diese Freiheit der Ärzteschaft eine wichtige Voraussetzung für Dynamik und Erfolg ärztlichen Handelns.

Im Gegensatz hierzu sind die Pädagogen in unserem Lande nicht freiberuflich tätig. Ihr Ziel ist es schon während des Studiums, Beamte zu werden, d. h., in nicht selbständiger oder freier Tätigkeit zu handeln. Eine dem Arztberuf ähnliche Freiheit ist dem pädagogischen Beruf in der Schule nicht gegeben. Schulverwaltungen schreiben nicht nur zwingend die Zahl der Unterrichtsstunden vor, sondern geben auch genaue Anweisungen in Bezug auf Lehrpläne, Wochenpläne, zu haltende Haus- und Klassenarbeiten, weitgehend sind sogar die Gestaltung des Unterrichts und die Ziele des Unterrichts vorgeschrieben.

Der einzelne Lehrer hat nur wenig Freiheit, das unermeßlich angewachsene Stoffpaket zu verteilen oder weitere Bereiche des Lernstoffes einfach fortzulassen. Immer wird der Pädagoge dabei von entsprechenden Aufsichtsgremien, Schulräten, Kultusministerien beaufsichtigt. Er unterliegt sogar einer ständigen Beurteilung seiner Person und seiner persönlichen Fähigkeiten. Das geht im einzelnen so weit, daß pädagogische Freiheiten unter Umständen beim Lehrer zu negativen Folgen in seiner Beurteilung führen können.

Schulbehörden wollen alles perfekt regeln

Das Beamtenrecht gibt dem Pädagogen Sicherheit, läßt ihm aber auch weniger Eigenverantwortung. Beamtenrechtliches Denken spielt in der Schule eine weit größere Rolle, als dies von außen vermutet wird. Dem Kinderarzt fällt das bei Diskussionen auf, wenn er Vorschläge für die Gesundheit der Kinder macht, etwa Spielen während der Pause zu erlauben, Schulhöfe in Spielplätze umzuwandeln etc. Immer erhebt sich sofort die Frage: Wer trägt die Verantwortung? Wer nimmt dem Lehrer die Verantwortung ab?

Beamtenrechtliche Probleme bieten nicht selten erhebliche Hindernisse für Pädagogen beim Mitwirken in Forschungsaufträgen oder in Schul-Modell-Versuchen. Immer muß die Schulbehörde bis in Einzelheiten hinein Forschungsprojekte genehmigen. Mancher engagierte Pädagoge kann an Forschungsvorhaben nicht teilnehmen, weil das Beamtenrecht eine Versetzung nicht ermöglicht. Das Wechseln von einem Bundesland in ein anderes ist bei älteren, praxiserfahrenen Pädagogen fast ausgeschlossen, weil das andere Bundesland nicht bereit ist, Pensionsansprüche zu garantieren.

So hängen pädagogische Wissenschaft und Praxis in einer dem Kinderarzt unverständlichen Weise von Verwaltungsentscheidungen ab. Gute pädagogische Vorstellungen mit praktischen Hilfen für die Kinder finden nicht selten unüberwindliche Hindernisse in der Schulverwaltung.

Hier besteht ein System von Zwängen, das den ganzen Schulalltag durchzieht. Es betrifft Fragen der Einschulung des einzelnen Kindes ebenso wie Probleme der Umschulung, Versetzung oder Rückstellung und geht derartig ins Detail, daß nicht selten eine Note im Zeugnis mit einer in keiner Weise in Beziehung zu setzenden anderen Note auch verwaltungsrechtlich ausbalanciert wird.

Die wohl in den Prinzipien einer beamtenrechtlichen Verantwortlichkeit begründete Unfreiheit dieses Systems bringt es mit sich, daß Schulbehörden, gleich, ob Ministerien oder Bezirksregierungen, immer alles gleich in justitiable Bestimmungen festschreiben, auch das, was pädagogisch noch nicht ganz ausgegoren sein kann. Die Schulverwaltung läßt keine »freie Schulwahl« im Sinne der »freien Arztwahl« zu.

Unter diesen Umständen ist es verständlich, daß auch die Schulreformen der vergangenen Jahre unter strengen verwaltungsrechtlichen – besser schulverwaltungsrechtlichen – Kriterien entwickelt wurden. Der Außenstehende macht sich keinen Begriff davon, wie wenig, auch wissenschaftlich gesehen, Freiheit in den einzelnen Reformprojekten gegeben war und ist. Planung wird bei den Schulmodellen ganz groß geschrieben. Für einen Schulversuch muß alles Jahre zuvor geplant und festgelegt werden. In mindestens 35facher Ausfertigung werden Schulversuche in Bergen von Formularen dem Ministerium weitergegeben, der Bund-Länder-Kommission vorgelegt, um schließlich beim Bundesministerium für Bildung und Wissenschaften finanziert zu werden.

Da aber in einer lebendigen Wissenschaft unmöglich alles geplant werden kann, erlebt man, daß Schulversuche auch weiterhin »nach Plan« ablaufen müssen, obwohl sich herausstellt, daß die geplanten Wege keine Vorteile für das Kind bringen.

Man hat den Eindruck, daß alle Schulreformen der vergangenen Jahre von oben her geplant sind und gewissermaßen der Schulpraxis aufgeprägt wurden, statt Reformen vom Schulkind abzuleiten und aus der Schulpraxis heraus Verbesserungen einzuführen.

Die Forderungen des Kinderarztes an die Schule entspringen der Sorge um das Kind

Diese Diskrepanzen sollte man kennen und beachten, wenn man ärztliche Bemühungen im Rahmen der Pädagogik verstehen will. Die kinderärztliche Kritik an unserem Schulsystem entspringt der Sorge um das Kind und wird geprägt durch die Not des Schulkindes im Erleben der kinderärztlichen Praxis. Diese Not zu beheben – das ist der Wunsch des Kinderarztes, und er überträgt dabei selbstverständlich pädiatrische Gedankengänge auf die Schulpraxis.

So müssen wir darauf dringen, daß nur wirklich gesicherte neue Kenntnisse Eingang in die Schule finden. Neue Lernmethoden, neue Organisationsformen können und dürfen erst dann über Verwaltungsanordnungen praktiziert werden, wenn über Jahre hinaus bewiesen wurde, daß sie nicht nur Neues, sondern Besseres für unsere Kinder bringen.

Der Kinderarzt muß fordern, daß Pädagogik wieder in erster Linie vom Kind her gedacht und praktiziert wird. In welche merkwürdige Zwiespältigkeit sich die Pädagogik bereits begeben hat, läßt sich daran erkennen, daß zwischen »Bildungsforschung« und »Erziehungsforschung« ein notwendiger und sinnvoller Unterschied gesehen wird. Das Max-Planck-Institut für Bildungsforschung in Berlin hat so gut wie keinen Bezug zur Schulpraxis und sieht dies sogar als einen großen Vorteil an.

Vom wissenschaftstheoretischen Standpunkt her mag ein solches Denken sinnvoll sein. Für unsere Kinder war und ist es aber ein Unglück, wenn Ideen der Bildungsforschung ein Primat vor der Erziehungsforschung erhalten und wenn letztlich der Bildungsforscher die Praxis des Pädagogen dadurch bestimmt, daß seine Vorstellungen über Schulverwaltungsvorschriften allgemein Eingang in die Schulpraxis finden.

Ein besonderes kinderärztliches Anliegen betrifft die Angst in der Schule, denn Angst beeinträchtigt in jedem Fall Erziehung und Lernprozesse, ganz abgesehen von den somatischen Belastungen, welche angsterzeugende Situationen hervorrufen.

Der Kinderarzt muß deswegen um des Kindes willen eine Schule ohne Angst fordern. Es ist notwendig, alle angsterzeugenden Situationen aus der Schule zu nehmen. Dieses Buch wird zeigen, daß eine Schule ohne Noten, ohne Sitzenbleiberelend, ohne Zwang, täglich ein kaum erreichbares Hausaufgabenpensum zu erfüllen möglich ist, ohne daß dies auch nur im geringsten zu einer schulischen Leistungsverminderung führt, ja, daß die Leistungen der Kinder größer werden, wenn sie in Freiheit erbracht werden.

Der Kinderarzt muß eine Schule fordern, die den wörtlichen Sinn des Namens wieder erfüllt. Das deutsche Wort Schule entstammt bekanntlich dem lateinischen Wort Schola. Das wiederum hat seinen Ursprung in dem griechischen Wort ἡσχολή, was in deutscher Übersetzung aber nichts anderes als Muße, freie Zeit, Rast, ruhige Zeit und erst in zweiter Linie die dadurch möglichen gelehrten Gespräche bedeutet.

Eine kindgerechte Schule muß dem Lehrer ein Maximum an Freiheit geben und dem Kind ein Optimum an Lernmöglichkeiten. Nur wenn der Lehrer die Freiheit hat, auf das einzelne Kind und seine Bedürfnisse einzugehen, werden die Lernprozesse beim einzelnen Kind sich so entfalten können, wie dies im Interesse des Kindes sinnvoll und unabdingbar notwendig ist.

Das setzt aber voraus, daß das Lehrverständnis geändert wird. In späteren Kapiteln werden wir sehen, daß dies nicht nur möglich ist, sondern daß auch der Lehrer selbst zufriedener ist, wenn er Helfer der Kinder und nicht nur ihr Führer und Leiter ist. Das griechische Wort αγειν, von dem die Nachsilbe des Wortes Päd-agoge stammt, bedeutet in wörtlicher Übersetzung nichts anderes als führen, leiten, anführen. Der Paidagogos war bei den Griechen von den Eltern angestellt, er hatte das Kind zur Schule zu bringen und war erst in zweiter Linie für andere Erziehungsprozesse zuständig.

Im Begriff des Pädagogen liegt also in jedem Falle eine aktive Führung für das Kind, ein Verständnis, das auch in der Öffentlichkeit für den Lehrer weit verbreitet ist, wenn sie letztlich den Lehrer dafür verantwortlich macht, ob ein Kind etwas gelernt hat oder nicht.

Dieses Verständnis geht aber an den Notwendigkeiten für die Lernprozesse an den Kindern weitgehend vorbei. Im Rahmen der ärztlichen Pädagogik – und die Montessori-Pädagogik ist eine ärztliche Pädagogik – liegen die Lernprozesse primär beim Kind und die Aufgabe des Lehrers besteht eher darin, das Kind darin zu unterstützen.

Diese Unterstützung liegt, wie wir entdeckt haben, primär im Sozialbereich, d. h., im Rahmen der ärztlichen Pädagogik spielen Sozialentwicklung und Sozialisation eine maßgebliche Rolle. Lernprozesse im sogenannten kognitiven Bereich – dem Aneignen von Wissensstoffen – müssen maßgeblich über das soziale Lernen geprägt werden, d. h. über das selbständige Arbeiten und die Fähigkeit, mit anderen Kindern gemeinsam etwas zu erarbeiten.

Dieses Buch wird zeigen, daß für die Sozialentwicklung und die Sozialisation des Kindes eine gemeinsame Erziehung gesunder und behinderter Kinder von großem Vorteil ist. Dadurch, daß gesunde Kinder frühzeitig lernen, behinderten Kindern zu helfen, wächst ihre Selbständigkeit. Dadurch, daß behinderte Kinder frühzeitig lernen, sich helfen zu lassen, wächst ihr Verständnis für soziale Lernprozesse. Aber auch das behinderte Kind hat Gelegenheit, anderen, andersartig behinderten Kindern zu helfen, so daß es auch an aktiven Prozessen der sozialen Hilfe teilnimmt.

So wird dieses Buch von einem Feld der sozialen Hilfe in der Schule sprechen, einem Feld, in dem auch der Lehrer und sein Verhalten in der Schule entscheidend durch einen sozialen Ansatz geprägt werden.

»Hilf mir, es selbst zu tun«, ist ein Schlüsselansatz für die gesamte Montessori-Pädagogik. In dieser Aufforderung an den Pädagogen aus der Sicht des Kindes liegt einerseits begründet, daß das Kind durch diese pädagogischen Prozesse selbständig werden möchte, und andererseits, daß der Pädagoge in seiner sozialen Rolle in erster Linie als Helfer, weniger als Leiter und Führer verstanden wird.

KAPITEL 2

Unser Sonderschulwesen geht von Behinderungen, aber nicht von behinderten Kindern aus

Das Sonderschulwesen in unserem Lande basiert letztlich auf der Überzeugung, daß es einfache und verschiedene Behinderungen gibt und daß in der Regel ein Kind entweder blind, taub, körperbehindert oder geistig behindert ist, während Mehrfachbehinderungen gewissermaßen eine Rarität darstellen. Diese Vorstellungen sind in Gesetzen niedergelegt, wie einige Beispiele aus dem Bayerischen Sonderschulgesetz erklären können, das für verschiedene Behinderungsarten unterschiedliche Schulen vorsieht.

Sonderschulgesetze kennen nur spezielle Behinderungen

Das gesamte Sonderschulwesen basiert letztlich auf der Überzeugung, daß »einfache Behinderungen« den Normalfall darstellen, während Mehrfachbehinderungen gewissermaßen nur gelegentlich vorkommen, d. h. entsprechend selten sind.

Als Beispiel ein Auszug aus dem Bayerischen Sonderschulgesetz, das für die folgenden Behinderungsarten entsprechende Schulen vorsieht:

§ 2 *Blinde*

(1) Schulen für Blinde sind bestimmt für Kinder,

1. die kein Sehvermögen besitzen, oder

2. deren Sehvermögen so gering ist, daß sie ihr Weltbild nicht mehr optisch aufzubauen vermögen, sondern ihre Vorstellungen vorwiegend mittels des Gehör- und Tastsinnes erwerben müssen, die üblichen blindentechnischen Hilfen benötigen und für Dauerleistungen im Lesen und Schreiben auf die Braill'sche Punktschrift angewiesen sind.

(2) Die in Absatz 1 Nr. 2 genannten Voraussetzungen sind in der Regel erfüllt, wenn das Sehvermögen weniger als $^1/_{20}$ der Norm beträgt oder wenn bei einem besseren Sehvermögen Nebenbefunde wie Gesichtsfeldeinschränkungen, röhrenförmiges Sehen und Augenzittern in entsprechend schwerem Grade vorliegen und mit einer fortschreitenden Verschlechterung gerechnet werden muß.

§ 3 *Gehörlose*

Schulen für Gehörlose sind bestimmt für Kinder, die kein Gehör besitzen oder deren Restgehör so gering ist, daß sie die Sprache auf dem normalen Weg über das Ohr nicht erlernen können. Dies trifft in der Regel bei einem Hörverlust im Hauptsprachbereich von mindestens 70 Dezibel (db) zu.

§ 4 *Körperbehinderte*

Schulen für Körperbehinderte sind bestimmt für Kinder, die in ihrer Bewegungsfähigkeit durch eine Beeinträchtigung ihres Stütz- oder Bewegungssystems nicht nur vorübergehend wesentlich behindert sind, so daß ihnen die Volksschule nicht gerecht werden kann.

§ 5 *Sehbehinderte*

Schulen für Sehbehinderte sind bestimmt für Kinder, die zwar ihr Weltbild vorwiegend optisch aufbauen und sich der gewöhnlichen Schrift bedienen können, infolge ihres geschwächten oder zu schonenden Sehvermögens dem allgemeinen Bildungsweg der Volksschule aber nicht oder nicht mit genügendem Erfolg zu folgen vermögen. Das trifft in der Regel zu, wenn das Sehvermögen zwischen $1/4$ und $1/20$ der Norm liegt.

§ 6 *Schwerhörige*

(1) Schulen für Schwerhörige sind bestimmt für Kinder, die von ihrer Hörfähigkeit nicht oder nur so unzureichend Gebrauch machen können, daß sie dem allgemeinen Bildungsweg der Volksschule nicht oder nicht mit genügendem Erfolg zu folgen vermögen.

(2) Die Voraussetzungen für die Aufnahme in eine Schule für Schwerhörige werden insbesondere von Kindern erfüllt, mit denen wegen ihrer geringen Hörfähigkeit eine sprachliche Verständigung über das Gehör nur mit Hörhilfen möglich ist und die trotz dieser Hörhilfen am Unterricht der Volksschule nicht mit Erfolg teilnehmen können. Dies trifft in der Regel bei einem Hörverlust im Hauptsprachbereich von 40 Dezibel (db) zu.

§ 7 *Sprachbehinderte*

(1) Schulen für Sprachbehinderte sind bestimmt für Kinder, die von ihrer Sprachfähigkeit nicht oder nur so unzureichend Gebrauch machen können, daß sie dem allgemeinen Bildungsweg der Volksschule nicht oder nicht mit genügendem Erfolg zu folgen vermögen. Dies trifft insbesondere für Kinder zu, die stark stammeln, stottern oder deren Sprache stark dysgrammatisch oder unartikuliert ist.

(2) In Schulen für Sprachbehinderte sollen auch hörstumme und seelentaube Kinder Aufnahme finden.

§ 8 *Lernbehinderte*

(1) Schulen für Lernbehinderte sind bestimmt für leistungsschwache Kinder, die zwar imstande sind, in Gemeinschaft mit Gleichaltrigen ein in sich geschlossenes Bildungsgut zu erwerben, aber dem allgemeinen Bildungsweg der Volksschule nicht oder nicht mit genügendem Erfolg zu folgen vermögen. Zu den lernbehinderten Kindern gehören Aufnahmeschwache, Aufmerksamkeits-, Konzentrations- und Gedächtnisschwache sowie Verarbeitungs- und Gestaltungsschwache.

(2) Als lernbehindert können insbesondere Kinder angesehen werden, die

1. die Volksschule während des ersten mit vierten Schuljahres ein zweitesmal wiederholen müßten,

2. oder wegen mangelnder Schulreife das zweitemal vom Schulbesuch der Volksschule zurückgestellt werden müssen,

3. oder wegen eines besonders auffallenden Mangels das Ziel des ersten Schuljahres der Volksschule nicht erreichen und nicht erwarten lassen, daß sie bei Wiederholung der Klasse dem normalen Unterricht folgen können.

§ 9 *Geistig Behinderte*

(1) Schulen für geistig Behinderte sind bestimmt für Kinder, die wegen ihrer geringen geistigen Anlagen weder dem Unterricht in der Volksschule noch dem in der Schule für Lernbehinderte zu folgen vermögen, aber noch bildungsfähig sind. Dies trifft insbesondere für Kinder zu, die

1. über die Sprache Kontakt aufnehmen können, also zwar Sprachverständnis, aber keine oder nur ganz geringe Sprachfähigkeit besitzen,

2. über das unbedingt notwendige Mindestmaß sozialer Anpassung verfügen, um erzieherischen und bildnerischen Einflüssen zugänglich zu sein,

3. Anlagen lebenspraktischer Art besitzen, die durch planvolle und sachkundige Übung zu echten Fähigkeiten entwickelt werden können.

§ 10 *Erziehungsschwierige*

Schulen für Erziehungsschwierige sind bestimmt für Kinder, deren schulische Einordnungs- oder Leistungsfähigkeit infolge einer seelisch-geistigen Fehlentwicklung bei durchschnittlicher Begabung so erheblich gestört ist, daß sie den in der Volksschule angewandten Erziehungsmitteln gegenüber nicht nur vorübergehend unzugänglich bleiben, und die eine starke Gefährdung ihrer eigenen weiteren Entwicklung und der ihrer Mitschüler befürchten lassen.

Für mehrfache Behinderungen finden sich im Sonderschulgesetz lediglich folgende Hinweise:

§ 11 *Mehrfache Behinderung*

Mehrfach behinderte Kinder sind in jene Sonderschule aufzunehmen, in der nach dem Schweregrad der Behinderung die beste Betreuung und Förderung erwartet werden kann, und ferner unter

§ 7 (2) »Sprachbehinderte«: In Schulen für Sprachbehinderte sollen auch hörstumme und seelentaube Kinder Aufnahme finden.

Für den Kinderarzt ist das mehrfach behinderte Kind das entscheidende Problem

Die Vorstellungen, daß spezielle Behinderungen die Regel sind, Mehrfachbehinderungen dagegen eher einen Ausnahmefall darstellen, müssen aus kinderärztlicher, insbesondere sozialpädiatrischer Sicht aber erheblich revidiert werden. Die systematische Beschäftigung mit behinderten und von Behinderung bedrohten Säuglingen und Kleinkindern in den vergangenen Jahren ergab nämlich bei allen Untersuchungen – diese Untersuchungen wurden im Rahmen eines Forschungsvorhabens des Bundesministeriums für Jugend, Familie und Gesundheit durchgeführt – ein genau umgekehrtes Bild: nicht die Mehrfachbehinderung ist eine Seltenheit, sondern die Einfachbehinderung stellt eine Rarität dar.

Schon verbesserte diagnostische Methoden der klinischen Therapie wie das Messen der elektrischen Erregbarkeit des Gehirns durch die Elektro-Enzephalographie, die Bestimmung der Hirnkammergröße mit Hilfe der Echo-Enzephalographie, das Messen der elektrischen Nervenleitgeschwindigkeit mit Hilfe der Myographie deckten auf, wie vielfältig die Ursachen von Schädigungen sind. Neue diagnostische Methoden der Neuropädiatrie, wie z. B. die neurokinesiologische Diagnostik nach VOJTA oder die motoskopische Diagnostik nach BOBATH, KÖNG, HOCHLEITNER machten die Vielfalt von motorischen Störungen deutlich und zeigten auf, daß die cerebralen Bewegungsstörungen sich nicht nur unter dem Blickwinkel einer spastischen Lähmung einordnen lassen.

Neuere Methoden der Phoniatrie, d. h. der Gehörprüfung in Kombination mit Methoden der Prüfung der elektrischen Hirnerregung und einem Computer als EEG-Computer-Audiometrie zeigten, daß eine geistige Behinderung vielfältig auch durch Hörstörungen erzeugt wird.

Insbesondere die Hereinnahme ethologischer Kriterien in die sozialpädiatrische Diagnostik, wie dies bei der »Münchener Funktionellen Entwicklungsdiagnostik« erfolgte, deckte auf, daß Störungen der frühkindlichen Sozialentwicklung in der Regel vergesellschaftet sind mit Sprachstörungen und ferner, daß schon beim Säugling Entwicklungsstörungen fast alle psychomotorischen Funktionen betreffen. Diese funktionelle Entwicklungsdiagnostik auf der Basis von ethologischen Kriterien gab die Anregung, bei behinderten Kindern grundsätzlich eine mehrdimensionale Diagnostik zu fordern, bei der morphologische, also körperliche, funktionelle und ethologische Kriterien, also Symptome des Verhaltens, insbesondere des Sprach- und Sozialverhaltens, mit einbezogen werden.

Diese mehrdimensionale Diagnostik, wie sie systematisch in den sozialpädiatrischen Zentren, z. B. im Kinderzentrum München, aber auch im Kinderneurologischen Zentrum Mainz oder im Werner-Otto-Institut in Hamburg, neuerlich im Haus der Behinderten in Bonn angewandt wird, machte ganz deutlich, daß die Vorstellungen, nach denen behinderte Kinder in der Regel einfach behindert sind, erheblich revidiert werden müssen.

Als Beispiel hierfür seien die Ergebnisse der mehrdimensionalen Diagnostik von blinden Kindern und die Ergebnisse der mehrdimensionalen Diagnostik bei Kindern mit cerebraler Bewegungsstörung – früher einheitlich unter dem Begriff der LITTLE'schen Erkrankung zusammengefaßt – aufgeführt, wie sie am Krankengut des Münchener Kinderzentrums gewonnen wurden.

So fanden wir bei 444 Kindern mit cerebraler Bewegungsstörung:

- in 17,8% ein zusätzliches Anfallsleiden
- in 43,4% eine zusätzliche Sehbehinderung
- in 5,2% eine zusätzliche Hörbehinderung
- in 44,5% zusätzliche Sprachstörungen
- in 29% schwere Verhaltensstörungen
- in 65,7% Entwicklungsverzögerungen und Intelligenzdefekte.

Nur 9,2% der Kinder hatten ausschließlich eine cerebrale Bewegungsstörung. Verschiedene Kinder hatten bis zu sechsfache Behinderungen, so daß die Prozentzahlen mehr als 100% ergeben.

Ähnliche Daten erbrachte die mehrdimensionale Diagnostik im Münchener Kinderzentrum auch bei blinden Kindern. Von 100 blinden Kindern wiesen nur 11 keine weitere Behinderung auf. Bei den 89 übrigen Kindern wurden zusätzliche leichte und schwere Behinderungen gefunden. So hatten 36 Kinder zwei, 23 drei, 10 vier und 2 fünf zusätzliche Behinderungen. Es fanden sich:

- bei 72 ein geistiger Entwicklungsrückstand von leichter Entwicklungsverzögerung bis zu schwerster geistiger Behinderung
- bei 70 Körper- und Bewegungsbehinderungen
- bei 33 psychische Fehlentwicklungen
- bei 25 cerebrale Anfallsleiden
- bei 22 organische Leiden
- bei 10 zusätzliche Hörstörungen.

Aus der Sicht des Münchener Kinderzentrums stellt also das mehrfach behinderte Kind das eigentliche Behindertenproblem in Diagnostik und Therapie und demzufolge auch in der Pädagogik dar. Alle ärztlichen, psychologischen und pädagogischen Konzeptionen, die dies nicht beachten, gehen an der Realität vorbei.

Auch in der Sonder-Pädagogik dominiert die Theorie

Das unterschiedliche Selbstverständnis zwischen Pädiatrie und Pädagogik tritt besonders deutlich zutage, wenn man die wissenschaftlichen Grundlagen und die Praxis von Sonderpädagogik und Kinderheilkunde betrachtet.

Obwohl die Sonderpädagogik seit über 150 Jahren entscheidende Impulse aus der Medizin erhielt – worüber im folgenden noch berichtet wird –, und obwohl schon von der Aufgabe her, vom behinderten Kind, allerengste Beziehungen und eine enge Zusammenarbeit erforderlich wären, bestehen kaum Brücken, geschweige denn Programme der Zusammenarbeit zwischen Kinderheilkunde und Sonderpädagogik.

Das Auseinanderleben läßt sich auch an praktischen Beispielen demonstrieren. So liegt beispielsweise die Bayerische Landesschule für Körperbehinderte in München, Kurzstraße, auf dem gleichen Gelände wie die Orthopädische Klinik der Universität. Das Ganze war vor Jahrzehnten auch vom Raum her als ein geschlossenes System konzipiert, in dem Orthopäden und Sonderschullehrer im Interesse der körperbehinderten Kinder auf das Engste zusammenarbeiteten. Obwohl die Gebäulichkeiten innerhalb des gleichen Hofbereichs liegen, besteht heute zwischen der Landesschule für Körperbehinderte und der Orthopädischen Klinik kein organisatorischer Zusammenhang mehr. Die Orthopädie hat sich in Richtung einer chirurgischen Disziplin, die Sonderschule für Körperbehinderte in Richtung einer Körperbehinderten-*Schule* auseinander gelebt. Die notwendige Zusammenarbeit findet nicht statt.

Versucht man solche Phänomene zu erklären, dann stößt man zwangsläufig wieder auf das Problem, daß auch die Sonderpädagogik in ihrem Selbstverständnis in erster Linie von der Theorie ausgeht, während die Medizin eine ganz praxisbezogene Wissenschaft darstellt.

In besonderer Weise wird dies offenbar, wenn man die großen Werke der Sonderpädagogik, wie z. B. die »Pädagogik der Behinderten« von BLEIDICK betrachtet. Der Untertitel heißt »Grundzüge einer Theorie der Erziehung behinderter Kinder und Jugendlicher«.

Das Inhaltsverzeichnis dieses Werkes hat drei große Abschnitte »Begriffslehre«, »Gegenstandslehre« und »Wissenschaftslehre«.

In den Abschnitten der »Begriffslehre« spielen »Die Erziehungswirklichkeit und ihre begriffliche Fassung«, »Der Begriff der Heilpädagogik« und »Der Begriff der Sonderpädagogik« eine entscheidende Rolle.

In der »Gegenstandslehre« werden ausgewählte »Vorüberlegungen zur Methodologie der Gegenstandsbestimmung einer Behinderten-Pädagogik«, »Ausgewählte Theorien zum Gegenstand der Pädagogik der Behinderten« sowie »Neuere erziehungswissenschaftliche Bestimmungen des Gegenstandsbereichs der Pädagogik der Behinderten« mit »Gegenstandstheorien« wie der »erziehungsphilosophische Ansatz« oder der »kybernetische Ansatz« dargelegt, etc.

In der »Wissenschaftslehre« schließlich wird zur »Wissenschaftstheorie der Pädagogik der Behinderten« Stellung genommen und der »Entwurf einer Anthropologie des Behinderten und seiner Erziehung« beschrieben sowie »Aspekte zur Systematik einer Pädagogik der Behinderten« erläutert.

Der Verfasser selbst hebt auch in seinem Klappentext die Bedeutung des theoretischen Ansatzes hervor:

»In diesem exemplarischen Werk liegt die Theorie der Behinderten-Pädagogik vor. Sie ist den Aufgaben gewidmet, die Pädagogik der Behinderten als eine Spezialdisziplin der Erziehungswissenschaft zu bestimmen, was angesichts der medizinischen, theologischen und lebensphilosophischen Mißverständnisse der Heilpädagogik bisher nicht gelungen ist und dadurch verhindert hat, daß diese Disziplin sich überhaupt als ein wissenschaftliches Gebiet der Pädagogik ausweisen konnte. Ferner werden die isolationistisch auseinanderstrebenden Sparten des Sonderschulwesens, der Seh-, Hör-, Sprach- und Intelligenzgeschädigten, der Körperbehinderten- und Verhaltensgestörtenpädagogik zum ersten Male in einer einigenden erziehungswissenschaftlichen Theorie zusammengefaßt.

Der zweite Teil stellt in kritischem Überblick die ›klassischen‹ Theorien der Heilpädagogik in historisch-systematischer Sicht vor und erarbeitet eine neuere erziehungswissenschaftliche Gegenstandsbestimmung der Behindertenpädagogik als Gesamtgebiet und als differenzierte Theorie der einzelnen Behinderungsarten. Unter gesellschaftskritischem Aspekt wird hierbei die ›Relativität der Behinderung‹ mit bildungspolitischen Zielsetzungen der Gesamtschulbewegung zusammengebracht. – Der dritte Teil des Werkes stellt eine Wissenschaftstheorie dar, die eine ›Begründung‹ der Behindertenpädagogik als Erziehungswissenschaft vornimmt, die curricularen Ziele der Sondererziehung beschreibt und den Wissenschaftsaufbau ihres Systems entwickelt.

Den größten Abschnitt umfaßt eine philosophische und empirische Anthropologie des Behinderten, die als erziehungsphilosophischer Exkurs eingeordnet wird, womit die Arbeit Anschluß an die neuere Methodologie der Erziehungswissenschaft als objektiver Erfahrungswissenschaft gewinnt.«

In der Pädiatrie geht alles von der Praxis aus

Im Gegensatz hierzu geht die Pädiatrie, wie alle medizinischen Disziplinen, nicht von theoretischen Erwägungen oder von einer Theorie ihres Selbstverständnisses aus. Lehrbücher der Kinderheilkunde beschreiben konkrete Fakten von Wachstum und Entwicklung, von der Pflege des gesunden und kranken Kindes, von der Sterblichkeit in verschiedenen Altersstufen, beschreiben Krankheiten, ihre Symptome und ihre Behandlung. Immer steht das kranke Kind im Mittelpunkt aller wissenschaftlichen und praktischen Überlegungen und für Theorien – soweit es sich nicht nur um Hypothesen handelt – bleibt kaum Zeit.

Dieser grundsätzliche Unterschied im Wissenschaftsverständnis zeigt sich besonders deutlich im akademischen Unterricht. Für den Mediziner ist es selbstverständlich, daß der Unterricht für die Studenten patientennah stattfindet. Die medizinischen Hörsäle befinden sich deswegen in den Kliniken. Die Fortentwicklung der Studienordnung geht in der Medizin dahin, den Unterricht noch mehr an das Krankenbett zu verlagern.

Der Universitätslehrer in der Medizin ist immer auch als Arzt tätig. Es gibt keinen Professor für Kinderheilkunde, der nicht täglich auch unmittelbar mit dem Kind beschäftigt ist. Der chirurgische Professor, der mit der Berufung auf den Lehrstuhl für Chirurgie aufhören würde, täglich mehrere Stunden lang zu operieren, wäre schon nach wenigen Jahren in seiner Lehre unglaubwürdig. Er könnte wahrscheinlich auch gar nicht mehr die Belastung verstehen, welcher ein Chirurg tagtäglich bei den Operationen ausgesetzt ist und aus der heraus das Verständnis für dieses medizinische Fach überhaupt erst gewonnen wird.

Im Gegensatz hierzu findet der akademische Unterricht auch für Sonderpädagogik-Studenten nicht in Schulen statt, sondern weitab vom Schulbetrieb in Hörsälen, die nicht einmal einen räumlichen Bezug zur Schule haben. Universitätslehrer der Pädagogik oder Sonderpädagogik sind nicht als Klassenlehrer oder in der Schule tätig. Mit der Berufung auf einen Lehrstuhl hört in der Regel auch bei denjenigen die praktische Tätigkeit auf, die bis dahin in der Schule unterrichtet haben.

Man sieht das sogar vielfach als einen Vorteil an, weil gewissermaßen die praktische Tätigkeit den wissenschaftlichen Denkprozeß einengen könnte. Lehrer in erziehungswissenschaftlichen Fakultäten sind nicht gleichzeitig in Versuchs- oder Modell-Schulen als Lehrer tätig, aus denen sie unmittelbar kontinuierlich neue Erkenntnisse ziehen können, wie dies für die klinische Disziplin der Medizin selbstverständlich ist. Versuchs- und Modell-Schulen sind nicht einmal den erziehungswissenschaftlichen Fakultäten zugeordnet. Man glaubt, daß der Wissenschaftlichkeit der Pädagogik ein Bezug zur Praxis eher abträglich sei.

Der Hinweis, daß die praktische Ausbildung als Lehrer im Anschluß an das Studium für bestimmte Zeitabschnitte als »Lehramts-Kandidat« oder »Studienassessorat« erfolge und daß in dieser Zeit die ganze Schulpraxis nachgeholt würde, vermag diesem Unterschied zwischen Pädiatrie und Pädagogik nicht seine Bedeutung zu nehmen. Auch in der Medizin folgt der patientennahen Ausbildung an der Universität ein medizinisches Assistentenjahr oder ein »Internes Jahr« mit praktischer Ausbildung.

Das Problem liegt vielmehr darin, daß die Wissenschaft als solche in der Pädagogik nicht tagtäglich ihre Impulse aus der Schulpraxis vom Kind empfängt und daß der Universitätslehrer nicht tagtäglich gezwungen wird, sich mit den Problemen der Schulpraxis auseinanderzusetzen.

Am praktischen Beispiel: Während ich diese Zeilen niederschreibe, werde ich mehrfach unterbrochen durch einen schreienden Säugling, bei dem es mir großes Vergnügen macht, ihn zu untersuchen. Diese Unterbrechung bedeutet vielleicht eine Beeinträchtigung des Satzflusses, ist jedoch letztlich von größerem Vorteil für die Konzeption der kinderärztlichen Argumente.

So wird es verständlich, daß in der Kinderheilkunde das Kind im Mittelpunkt aller theoretischen und praktischen Überlegungen steht, während in der Schule, auch in der Sonderschule, pädagogische Konzepte, Lehrstoffinhalte und Unterrichtsprozesse etwa als Curricula im Zentrum der Vorstellungen liegen. Eine für die Schulpraxis geradezu tragische Schlußfolgerung ist es daher, daß die Kinderheilkunde nur das Kind, die Schule aber nur den »Schüler« kennt.

Die Kinderheilkunde weiß, daß das Kind mit jedem Entwicklungsschritt, mit jedem Lebensjahr auch in der Schulzeit von 6 bis 16 Jahren sich so ändert, daß die Zeiten der Beanspruchung und die Zeiten der Erholung, auch die Art der Erholung – gemessen am kindlichen Bewegungsdrang oder am Schlaf – so unterschiedlich sind, daß letztlich die Art der Beanspruchung durch die Schule etwa beim 6-jährigen, beim 10-jährigen Kind und beim 16-jährigen Jugendlichen so unterschiedlich sein muß, daß auch von der Organisation her Stundendauer, Wochenstundenzahlen, Ferienlängen etc., erst recht die Art des Unterrichts ganz verschieden sein sollten.

Demgegenüber bemüht sich die Schule seit Jahrzehnten, durch das Feststellen einer »Schulreife«, (an welchem Begriff auch Schulärzte nicht ganz unschuldig waren und sind), »d e n Schüler« festzustellen, an den einheitlich von der Schule her Anforderungen gestellt werden dürfen und können. So sind die Dauer der Unterrichtsstunden, die Pausenlängen, die Wochenstundenzahlen, die Ferienlängen etc. praktisch identisch, unabhängig davon, ob die Kinder 6 Jahre alt sind oder 12 Jahre.

Diese Schul-Konzeption ist besonders tragisch auch für das behinderte Kind, denn das »Sammeln von spezifischen Behinderungen« in Sonder-Institutionen macht das Eingehen auf die Bedürfnisse des einzelnen Kindes noch schwieriger; eine Problematik, die von engagierten Sonderschullehrern seit langem erkannt wird, wenn sie sich dagegen wehren, z. B. kleine Kinder in Internats-Kindergärten oder Internatsschulen für Blinde oder Gehörlose zu sammeln.

Soziale Behinderungen werden erst allmählich als Problem erkannt

Die Argumente der Kinderheilkunde lassen sich an keinem Beispiel besser erklären als am sozial behinderten Kind »jener Gruppe von Behinderungen, an die bis jetzt meist nie gedacht wird, wenn vom behinderten Kind gesprochen wird« (PECHSTEIN):

»Der Begriff sozial behindertes Kind soll darauf hinweisen, daß es eine Vielzahl von Kindern gibt, bei denen ausschließlich oder überwiegend soziale Faktoren für die Entstehung einer Behinderung verantwortlich sind – ebenso wie wir von prae- oder perinataler Behinderung sprechen, ohne dabei zunächst Art und Ausmaß einer körperlich-geistigen Schädigung zu qualifizieren.

Soziale Behinderungen in diesem Sinn umfassen diejenigen schwerwiegenden bleibenden Störungen des Sozialverhaltens und des geistig-seelischen Befindens, die infolge einer Schädigung der frühen Sozialentwicklung des Kindes zustandegekommen sind. Hierbei spielt die Vernachlässigung grundlegender altersspezifischer Bedürfnisse an sozialer, emotioneller und sprachlicher Anregung im Sinne einer ungenügenden personalen Zuwendung (HELLBRÜGGE) durch den Erwachsenen, speziell durch das Fehlen der Mutter (maternal deprivation, BOWLBY), eine dominierende Rolle.

Die Art und die Schwere der daraus resultierenden Behinderungen kann nur von demjenigen verstanden werden, der die Grundlagen der Sozialentwicklung des Kindes und ihre besondere Umweltabhängigkeit in der ersten Lebenszeit kennt und in ihrer Bedeutung einzuschätzen versteht.«

PECHSTEIN (1970) hat hierzu weiter ausgeführt:

»In der gesamten ersten Lebenszeit ist die enge Beziehung zu einer stabilen, d. h. immer verfügbaren mütterlichen Person – gar nicht unbedingt zur leiblichen Mutter – die unerläßliche Voraussetzung für das Erlernen zwischenmenschlicher Beziehungen. Störungen in diesem ersten sozialen Bezugssystem zwischen Mutter und Kind ziehen umso schwerere geistig-seelische Entwicklungsschäden und Abweichungen des sozialen Verhaltens nach sich, je jünger und je länger ein Kind davon betroffen wurde.

In der Dyade, wie diese einzigartige Situation der ersten sozialen Beziehung zwischen Mutter und Kind von dem Schweizer Arzt René SPITZ bezeichnet wurde, erlernt das Kind modellhaft alle für sein weiteres Leben grundlegenden Fähigkeiten des Umgangs mit Menschen, der sprachlichen Kommunikation und des Zurechtfindens in der Welt. Diese Entwicklung vollzieht sich in weitgehender gegenseitiger Abhängigkeit zwischen der inneren Reifung der Sinnesorgane und des Gehirns einerseits und zur Umweltanregung andererseits, die überwiegend aus der sozialen Situation entspringt.

Vielfältige wissenschaftliche Forschungsergebnisse der letzten Jahre zeigen uns aber zugleich, daß die Lernprozesse, die in dieser frühen Lebenszeit erfolgen, von prägender Bedeutung sind für alles spätere Verhalten und Lernen. Dies beruht offenbar auf der Tatsache, daß das Zentralnervensystem während dieser kurzen Zeitspanne der ersten drei Lebensjahre die höchste Entwicklungsgeschwindigkeit während des ganzen Lebens hat und Sinneseindrücken jeglicher Art in anderer Weise als später offensteht, gewissermaßen »empfindlicher«, plastischer ist.

Diese Erkenntnisse vermitteln uns heute eine völlig neue Einschätzung der Bedeutung der frühen Erziehung: die Erkenntnis nämlich, daß die Kinder – etwa im Säuglingsalter – sich nicht von allein entwickeln, daß eine Fülle von Anregungen in dieser Periode notwendig ist, die nur durch die Anwesenheit einer erwachsenen Person vermittelt werden kann, und die Einsicht, daß die lebensentscheidenden Erziehungsprozesse offenbar nicht in der Schulzeit, sondern in den ersten 3 Lebensjahren stattfinden; weil sie in dieser Zeit der raschesten Entwicklung anders als alles spätere Lernen gleichsam noch mit in die Konstruktion des Gehirns, des Geistes, der Seele eingehen.

Alle späteren Äußerungen der geistig-seelischen Entwicklung des Kindes: Leistungen und Erfolge im sozialen oder intellektuellen Bereich, die vergleichsweise sehr viel interessanter und vielfältiger erscheinen – Mitursache für die derzeitige Überschätzung der Schulzeit gegenüber der Frühzeit – gleichen dem hochkomplizierten, farbigen und individualisierten Ornament eines Teppichs, der gleichwohl ohne die simpel erscheinende Grundstruktur des Teppichbodens keinen Zusammenhalt findet.«

Wie wenig diese grundlegenden Erkenntnisse der kindlichen Sozialentwicklung und Sozialisation, auf die wir später gerade bei der Beschreibung unseres Montessori-Modells noch einmal zurückkommen, derzeit von der Pädagogik erkannt werden, wurde in den vergangenen Jahren deutlich bei der Diskussion um das Projekt »Tagesmütter«. Sogenannte »Frühpädagogen zeigten sich als hervorragend belesen in Theorien und Vorstellungen über »multiple mothering«. Sie glaubten aus dem Erlesenen absolute Schlüsse für die Pflege und Betreuung eines Säuglings ziehen zu können und entwickelten ein neues Konzept der außerfamiliären Pflege.

Das Projekt »Tagesmütter« war deswegen primär nicht geplant zur Hilfe von Säuglingen und Kleinkindern in der Familie, sondern als pädagogisches Alternativ-Modell zur Familienerziehung. Die Autoren dieses Projekts aus dem Familienministerium HENKE, COSMALE und SPINDLER wollten »die durch nichts bewiesene« Fähigkeit der Familie Kinder zu erziehen von Staats wegen durch ein besseres Erziehungsmodell ersetzen.

Der Protest der Kinderärzte gegen ein solches Projekt basierte auf jahrzehntelangen Erfahrungen und der Kenntnis der »Gefahren jeder außerfamiliären Pflege des Säuglings und Kleinkindes« (HELLBRÜGGE 1977) infolge der »Umweltabhängigkeit der frühkindlichen zentralnervösen Entwicklung« (PECHSTEIN 1974).

Um den gegenseitigen Standpunkt verständlich zu machen, diskutierten sogenannte »Frühpädagogen« und Pädiater intensiv über Fremdbetreuung von Säuglingen und Kleinkindern. Dabei stellte sich heraus, daß die »Frühpädagogen« Vorstellungen entwickelten, nach denen Mehrfacheinwirkungen etwa in der sensorischen Sphäre durch mehrere Personen und Mütter unsere Säuglinge und Kleinkinder gescheiter machen sollten. Diesem pädagogischen Konzept lagen aber theoretische Vorstellungen von Wissenschaftlern zugrunde, die nicht die geringsten Kenntnisse in der Untersuchung oder Beurteilung von Säuglingen hatten. Sie wunderten sich, daß langjährige kinderärztliche Erfahrungen über schwere Entwicklungsschäden bei Säuglingen und Kleinkindern in institutionalisierter Pflege mit wechselndem Mutterbezug überzeugendere Schlußfolgerungen zum Problem der Früherziehung erlauben, als noch so intensives Lesen auch internationaler pädagogischer Literatur.

Die Probleme einer sozialen Behinderung durch institutionalisierte Erziehung werden von der Pädagogik noch kaum begriffen. Das wird ganz offenkundig bei der Diskussion um die Vorschule, praktisch dem Herauslösen der Kleinkinder aus dem Kindergarten und ihre Unterrichtung in Jahrgangsklassen.

Im Ausschuß »Vorschulische Erziehung« des Deutschen Bildungsrates haben wir als Kinderärzte gegen diesen Begriff protestiert. Wir wollten, daß dieser Ausschuß den Namen »Kindergarten-Ausschuß« trage, waren aber machtlos gegen pädagogische Vorstellungen, welche um der »Intelligenzförderung des Kleinkindes willen« den Kindergarten durch die Vorschule ersetzt haben wollten.

Leichte Störungen können zu schweren Behinderungen führen

Die soziale Behinderung spielt schließlich auch eine maßgebliche Rolle bei körper- und geistig behinderten Kindern, müßte also in der Sonderpädagogik geradezu eine zentrale Bedeutung haben. Es sei hier erinnert an die Einschränkung der kindlichen Sozialisation, wenn ein gehbehindertes Kind, dem »sonst nichts fehlt«, an vielen Spielen seiner Geschwister und Mitschüler nicht teilnehmen kann. Es sei erinnert an reaktive Verhaltensstörungen, die z. B. durch falsches Verhalten der Umwelt, auch der »Schulumwelt«, zustandekommen. Auf die Bedeutung dieser vielfältigen Probleme kann an dieser Stelle nicht näher eingegangen werden. Im Rahmen dieses Schulversuchs wird aber über die Problematik noch mehr gesprochen.

Reaktive Störungen, wie sie durch falsches Verhalten der Umgebung – Eltern, Geschwister, Mitschüler –, aber auch durch eine falsche Einstellung der Schule zum Kind zustandekommen, führen derzeitig in einem bislang nicht gekannten Ausmaß auch bei hochintelligenten Kindern zu völligen Schulversagern. Es handelt sich um Kinder mit Teilleistungsstörungen oder minimaler cerebraler Dysfunktion. Solche Kinder wirken in ihrem Verhalten ungeschickt, linkisch. In der Familie fallen sie dadurch auf, daß sie viel länger beim An- und Ausziehen brauchen als ihre Geschwister, weil sie insbesondere beim Knöpfen oder Schuhebinden unbeholfen sind. Bei den Mahlzeiten sind sie diejenigen, die wegen ihrer mangelnden Koordinationsfähigkeit beim Essen die Tasse fallen lassen, denen der Löffel aus der Hand fällt, die das Messer verkehrt in die Hand nehmen usw. Sie werden deswegen ständig gescholten, gelten als schwierig und zu Unrecht wird ihnen ihr Verhalten als bösartig ausgelegt.

Ihre Schulsituation ist besonders ungünstig. Durch ihre Ungeschicklichkeit und ihre Unruhe fallen sie sofort auf. Vom Lehrer werden sie bestraft, von den Mitschülern ausgelacht. Sie sind es, die beim Spiel-Turnen als Kameraden unbeliebt sind, die immer als letzte in eine Mannschaft aufgenommen werden.

Aus der leichten körperlichen Ungeschicklichkeit entsteht so eine schwere Sekundär-Neurose, die nicht selten auch bei guter Intelligenz zu völligem Schulversagen führt.

Solche reaktiven Verhaltensstörungen sind aber nicht nur beim behinderten Kind selbst festzustellen. Unserer Erfahrungen nach leiden behinderte Kinder nicht selten unter »overprotection«, weil sie die ständige Fürsorge ihrer Eltern umgibt. Darunter leiden – als bislang noch wenig erkanntes Problem – die Geschwister, wie unsere Untersuchungen bei den Dysmelie-Kindern gezeigt haben. In Einzelfällen war diese Geschwisterreaktion sehr schwer, da das gesunde Geschwisterkind unter der Behinderung stärker litt als das behinderte Kind selbst.

Wir schätzen die reaktiven Verhaltensstörungen als Teil der Mehrfachbehinderung vor allem in der kindlichen Sozialentwicklung so stark ein, daß wir bei jedem wie auch immer behinderten Kind eine eingehende psychologische Untersuchung auch des Sozialverhaltens für notwendig erachten und fordern, daß letztlich alle Behindertenhilfe eine intensive Erziehungsberatung mit einschließen muß.

Die Behindertenhilfe muß sich auf das mehrfach behinderte Kind umstellen

Die aus der mehrdimensionalen Diagnostik des Münchener Kinderzentrums stammende Feststellung, daß das behinderte Kind grundsätzlich ein mehrfach behindertes Kind ist und daß das »einfach« behinderte Kind eher die Ausnahme darstellt, ist eine neuartige Erkenntnis, die für die gesamte Behindertenhilfe zu Schlußfolgerungen zwingt. Dies gilt zunächst für den ärztlichen Bereich.

Es ist zuerst darauf hinzuweisen, daß die fortschreitende Spezialisierung der Medizin diese für die Behindertenhilfe wichtige Erkenntnis weitgehend verhindert. Wenn der Augenarzt für die sehbehinderten, der Orthopäde für die Körperbehinderten, der Hals-Nasen-Ohren-Arzt für die hörgeschädigten, der Kinderpsychiater für die geistig behinderten, der Neurologe für die Anfallskinder zuständig ist, dann fehlt einfach die Schaltstelle, die die Primärdiagnostik für die gesamte kindliche Entwicklung und die Koordination der vielfältigen Behandlung übernimmt.

Hier muß die Kinderheilkunde lernen, die sozialpädiatrische Diagnostik durchzuführen und vor allem die Entwicklung bzw. die Entwicklungsstörung des Kindes zu beurteilen. Sie hat daraus die entsprechenden Konsequenzen für eine mehrfachdimensionale Diagnostik durch verschiedene Spezialisten und aufbauend für die mehrfachdimensionale Frühtherapie unter Einschluß der klinisch-psychologischen Behandlung und der frühpädagogischen Betreuung zu ziehen, eine Aufgabe, die für die kinderärztliche Klinik und die kinderärztliche Praxis neuartig ist.

Der Grund dafür, warum man so wenig über Mehrfachbehinderungen weiß, liegt ohne Zweifel auch in der Geschichte der Behindertenhilfe. Sie hat sich außerhalb der Medizin – wenngleich oft von Ärzten inauguriert – in Sonderinstitutionen wie Blindenschulen, Taubstummenanstalten oder Kinderanstalten für arme, verwahrloste Kinder entwickelt. Dies führte zu einem System, das auch heute noch auf Sonderschulen oder speziellen Tagesstätten für körperlich, geistig oder sinnesgeschädigte Kinder aufbaut, so daß das Verständnis für Mehrfachbehinderungen schwierig ist.

Es dürfte sich als Begründung aber auch anführen lassen, daß sich die Ursachen für angeborene oder früherworbene Schädigungen durch die Fortschritte der Kinderheilkunde wesentlich gewandelt haben. Die Hauptursache für die Taubheit im Kindesalter, der Scharlach (chronische Ohreiterung), ist durch die Antibiotikatherapie verschwunden. Die Hauptursache für die Blindheit im Kindesalter, die bei der Geburt erworbene eitrige Bindehautentzündung durch Gonokokken, ist durch die Credé'sche Prophylaxe beseitigt. Die Hauptursache für das Krüppelleiden im Kindesalter, die Englische Krankheit, ist durch die Entdeckung des Vitamins D ausgerottet worden, die Kinderlähmung durch die Einführung der Kinderlähmungsimpfung eingedämmt.

Angeborene oder früherworbene Behinderungen haben ihre Ursache vorwiegend in Schädigungen während der Schwangerschaft, in Geburtsschädigungen oder in Chromosomenanomalien. Diese Ursachen treffen das gesamte sich entwickelnde Kind, insbesondere das Großhirn und das Zentralnervensystem. Isolierte Augenschädigungen sind selbst da, wo sie spezifisch entstehen – etwa im Inkubator bei zu früh geborenen Kindern

– nicht als isolierte Augenschädigungen anzusehen, weil eben das zu Früh-geborensein als solches bereits einen schwerwiegenden Risikofaktor für die gesamte Entwicklung des Kindes darstellt.

Die Erkenntnis, daß nicht das spezifisch behinderte Kind, sondern das mehrfachbehinderte Kind die Regel darstellt, muß auf die Dauer auch für unser Sonderschulsystem zu Konsequenzen führen. Die bisherigen Vor-stellungen, daß mehrfach behinderte Kinder in jenen speziellen Sonder-schulen aufzunehmen sind, in denen nach dem Schweregrad ihrer Behinde-rung die beste Betreuung und Förderung erwartet werden kann, sind aus ärztlicher Sicht auch pädagogisch nicht haltbar.

Schon von der Diagnostik her ist es im Einzelfall unglaublich schwierig festzustellen, welche Behinderung bei einem mehrfachbehinderten Kind im Vordergrund steht. Eine Prognose zu stellen, welche Sonderschule für ein mehrfach behindertes Kind optimal ist, ist deshalb aus ärztlicher, psycho-logischer und hiernach auch aus pädagogischer Sicht nicht möglich.

Nach den Erfahrungen des Münchener Kinderzentrums erhebt sich überhaupt die Frage, ob unser auf überalterten Vorstellungen beruhendes Sonderschulwesen mit seiner Einteilung nach verschiedenen Sonderschul-typen für verschiedenartig behinderte Kinder dem behinderten Kind der-zeitig noch gerecht wird. Dieses Sonderschulwesen bringt nämlich frühzei-tig spezifisch behinderte Kinder in eine soziale Isolation, welche vom Grundsatz her der Bedeutung der kindlichen Sozialisation und Sozialent-wicklung nicht berücksichtigen kann.

Insbesondere Erfahrungen im Ausland mit der integrierten Erziehung z. B. blinder oder gehörloser Kinder, d. h. der gemeinsamen Erziehung gesunder mit schwerst sinnesgeschädigten Kindern, haben bewiesen, daß aus der Sicht der Sonderpädagogik es nicht notwendig ist, spezielle Sonder-schulen für speziell behinderte Kinder einzurichten bzw. zu erhalten.

Sonderschulen schaffen Sonderschüler

Insbesondere der dänische Sonderschullehrer und Soziologe ELLEHAM-MER-ANDERSON hat darauf hingewiesen, daß der ständig ansteigende pro-zentuale Anteil von Sonderschülern seine Ursache letztlich in soziologi-schen Modellen hat, welche das Sonderschulwesen ausweiten. Die von ihm angeführten Modelle sind als »das die Sonderschule verstärkende Modell« und »das die Sonderschule erhaltende Modell« im folgenden dargestellt.

Diese Modelle zeigen in besonderer Weise wiederum die Bedeutung von Sozialisation und Sozialentwicklung bei behinderten Kindern auf. Dieses Problem als ein wichtiges Problem der Mehrfachbehinderung eines jeden behinderten Kindes ist im Sonderschulwesen offenbar noch nicht genügend erkannt, jedenfalls nicht genügend berücksichtigt.

ELLEHAMMER-ANDERSEN hat gezeigt, daß der Prozentsatz der Sonderschulen in den Ländern, in denen spezifische Sonderschulen errichtet werden, ständig zunimmt, und daß vor allem Sonderschulen für lesebehinderte Kinder die größte Gruppe darstellen. Er hat die soziologischen Mechanismen der Sonderbeschulung hervorgehoben, die dazu führen, warum ein differenziertes Sonderschulsystem zu einer ständigen Zunahme der Sonderbeschulung führen muß: »Es scheint fast, als ob Behinderte nur behindert sind, wenn bestimmte soziologische Bedingungen erfüllt werden.«

DEXTER drückt es noch krasser aus: »Jede Gesellschaft hat nur die Behinderten, die von ihr aus als behindert abgestempelt werden.« Man soll diese Aussage vielleicht nicht voll und ganz akzeptieren, aber für mich besteht kein Zweifel, daß wir sie sehr ernst nehmen müssen, daß wir als Lehrer, Eltern, Psychologen, Ärzte usw. in einem hohen Maß durch unsere Berufsarbeit und wegen unseres veralteten politischen und administrativen Systems für die steigende Anzahl von Kindern verantwortlich sind, die als behindert identifiziert und behandelt werden.

Von dem australischen Psychologen NEWMAN wurden zwei Modelle aufgestellt, die von ihm als

The Deviation Amplifying Model = das die Abweichung verstärkende Modell

und

The Removal Maintenance Model = das die Absonderung erhaltende Modell

bezeichnet werden. Diese Modelle funktionieren – zitiert nach ELLEHAMMER-ANDERSEN – wie auf den Seiten 40/41 dargestellt.

Integrierte Erziehung mindert Probleme der Sonderschule

Umgekehrt hat ELLEHAMMER-ANDERSEN an blinden Kindern gezeigt, daß durch integrierte Erziehung nicht nur die Sozialentwicklung der Kinder gefördert wird, sondern daß integrierte Erziehung hilft, die Zunahme der Sonderbeschulung abzumindern und die Kinder besser in die Gesellschaft zu integrieren. Dieses Modell orientierte sich ausgerechnet an den behinderten Kindern, bei denen eine Sonderbeschulung seit jeher als eine selbstverständliche Notwendigkeit angesehen wird: Den blinden Kindern.

Große Untersuchungen in den Vereinigten Staaten an über 14000 blinden Kindern (die größte Blindenstatistik von JONES, 1961) hatten gezeigt, daß blinde und schwer sehbehinderte Kinder in Normalschulen ebenso gut, wenn nicht gar besser gefördert werden können als in Blindenschulen. Dies hing auch damit zusammen, daß die Möglichkeit für schwer sehbehinderte Kinder (nach unseren Gesetzen als Blinde einzustufen), eine Normalschrift zu erlernen, in den Blinden-Schulen wesentlich geringer ist als in den Normalschulen.

Während in den Blinden-Sonderschulen nur 50% der Kinder mit einem Visus von 20/200 Schreibschrift lesen lernten, waren es in der Normalschule 92%. Die folgende Tabelle von JONES zeigt dem Umfang des Sehrests von I = unter 20/200 Sehrest bis IX = völlig blind, den prozentualen Anteil der Schreibschriftleser in Normal- und Blinden-Schulen und den prozentualen Anteil der Blindenschriftleser in Normalschulen und Blindenschulen.

Umfang des Sehrestes	Prozentualer Anteil der Schüler	Prozentualer Anteil der Schreibschriftleser in der		Prozentualer Anteil der Blindenschriftleser in der	
		Blinden-Schule	Normal-Schule	Blinden-Schule	Normal-Schule
I	31	50	92	35	5
II	4	29	83	62	13
III	9	30	77	58	16
IV	4	20	65	69	28
V	2	14	50	84	42
VI	6	14	44	80	52
VII	3	1,5	18	97	78
VIII	16	0,3	1,0	99,4	99
IX	24	0	0	100	100

ELLEHAMMER-ANDERSEN hat diese Tatsachen so kommentiert:

»Aufgrund dieser Tatsachen muß man vermuten, daß die Möglichkeit für ein blindes Kind, Schreibkraft oder Blindenschrift zu erlernen, nicht eine Funktion seines verbliebenen Sehrests ist, sondern vielmehr in einem hohen Maße von der Schule abhängt, die von dem blinden, bzw. schwer sehbehinderten Kind besucht wird.

Die soziologischen Kräfte beeinflussen direkt das tägliche Leben des blinden Kindes. Besucht das blinde Kind eine Normalschule gemeinsam mit sehenden Mitschülern, dann erhält es ein normal gedrucktes Buch zu lesen. Besucht das gleiche Kind eine Sonderschule für blinde Kinder, erhält es vornehmlich ein in Blindenschrift gedrucktes Buch zu lesen.

Wechselt nun das gleiche blinde bzw. sehschwache Kind die Schule, so gelangt es von einem Sozialsystem in ein anderes Sozialsystem. Dies kann

Das die Sonderschule verstärkende Modell

1. Im Lernprozeß Abweichende werden in Sonderschulen abgesondert, das führt zu

2. verringerten Interaktionen zwischen Eltern, Kindern und Lehrern von Normalschulen mit Eltern, Kindern und Lehrern in Sonderschulen,
das führt zu

3. geringerem Erfahrungsaustausch über die Behandlung von im Lernprozeß Auffälligen,
das führt wiederum zur

4. Behinderung des unmittelbaren Kontaktes zu den auffälligen Kindern, das führt weiterhin zu

5. dem Wunsch, solche Interaktionen möglichst zu vermeiden und damit wieder zu Punkt 1.

Das die Sonderschule erhaltende Modell

Das zweite, die Absonderung des Kindes erhaltende Modell funktioniert wie folgt:

1. *Initiatoren*. Die Symptome des »Auffälligen«, wie sie von den Initiatoren – gleich ob Ärzten, Psychologen oder Pädagogen – gesehen werden. Die Symptome können, brauchen aber nicht pathologisch zu sein. Lehrer können z. B. die Anstifter für alle Kinder sein, die vom Lernprozeß abweichen. Die Polizei kann die gleiche Funktion bei allen Verhaltensgestörten haben.

2. *»Abstempelungsprozeß«*. Spezialgruppen erhalten die Grenzen aufrecht, indem sie die Auffälligkeit gemäß den etablierten Regeln diagnostizieren. Dieser Abstempelungsprozeß wird in besonderer Weise von Psychologen, Ärzten und Sozialarbeitern initiiert.

3. *Absonderung*. Gemäß den geltenden Regeln werden die »Auffälligen« behandelt und abgesondert. Das kann wie folgt verlaufen:
   a) Man hält sie in der Gesellschaft, z. B. auf Bewährungsbasis.
   b) Sie werden zeitweise entfernt, z. B. in Tagessonderschulen.
   c) Sie werden völlig abgesondert, z. B. in speziellen Sonderinternatsschulen.

4. *Rückkehr zum Anfang*. Trägt das »auffällige« Kind einmal den Makel der »Auffälligkeit«, so ist es leichter identifizierbar. Man ist eher geneigt, es weiter abzusondern, womit wir wieder bei Punkt 1 – den Initiatoren des Sonderschulmodells – angelangt sind.

Das die Sonderschule erhaltende letztere Modell kann sich mit dem zuerst geschilderten, die Sonderschule verstärkenden Modell in jeder Hinsicht überschneiden.

bestimmend für sein ganzes Leben sein. Während es bei der segregierten Erziehung in der Sonderschule ausschließlich die Gewohnheiten und Erwartungen eines Behindertensystems erlebt, wird ihm in der Normalschule die Gelegenheit gegeben, die normale Art des Lesens zu erlernen.«

»Damals«, so schreibt ELLEHAMMER, »wurden alle unsere blinden Kinder, auch die mit Sehrest – allerdings unter 20/200 – in Blindenschrift unterrichtet. Sie wurden gezwungen, Blindenschrift zu erlernen und einige von ihnen lasen Blindenschrift mit der verbliebenen Sehkraft ihrer Augen.«

Aufgrund der amerikanischen Ergebnisse wurden seit 1960 alle blinden Kinder in Dänemark in Normalschulen eingeschult. Seitdem haben sich die Verhältnisse völlig gewandelt.

»Heute spielt der noch vorhandene Sehrest eines blinden Kindes für seine pädagogische Erziehung in unserem Lande eine große Rolle. Wenn er umfangreich genug ist, wird das blinde Kind weitgehend integriert und in der Normalschule erzogen. Es besteht eine gute und enge Zusammenarbeit zwischen den Sonderschulen für Blinde und den Normalschulen, in denen blinde Kinder integriert sind.«

»Eine gleiche Untersuchung wie die von JONES würde heute nicht mehr die Unterschiede in der Lesefähigkeit von blinden Kindern ergeben, die entweder in einer integrierten oder in einer segregierten Schule unterrichtet worden sind.«

ELLEHAMMER-ANDERSEN hat das Modell des die Sonderbeschulung mindernden Prozesses am Beispiel der blinden Kinder wie folgt erläutert:

1. Die Integration von blinden Schülern während einer Periode von 10 bis 15 Jahren in Normalschulen führte in Dänemark zu

2. intensiveren Interaktionen zwischen Eltern/Kindern/ und Lehrern blinder Kinder in Normalschulen und Eltern/Kindern/Lehrern blinder Kinder in Sonderschulen.

3. Das führte zu größerer Erfahrung und entsprechender Information, wie man den Sehrest der blinden Kinder zum Lesen einsetzen kann.

4. Das führte zu umfangreicher Kenntnis und einer differenzierteren Ansicht über die Bedeutung der Möglichkeiten eines blinden Kindes, wenn man z. B. das Lesemedium betrachtet.

5. Das wiederum führte zu gesteigertem Vertrauen allgemein in die Möglichkeit des blinden Kindes im Rahmen einer normalen Erziehungssituation.
   Dies wiederum führte zurück zu Punkt 1.

Zieht man aus diesen Erkenntnissen eine Schlußfolgerung, dann sieht man, daß integrierte Erziehung eine Folge neuer kinderärztlicher und sozialpädagogischer Erkenntnisse darstellt und um der Kinder willen praktiziert werden muß.

Es erscheint diese Feststellung in unserem Lande ganz wichtig, weil immer noch, wie beispielsweise zur Zeit im Raume Oberbayern, neue Sehbehinderten-Schulen errichtet werden. Sie etablierten sich in ländlichen Gegenden, damit die soziale Isolation dieser Kinder auch vom Bau her nach außen erkennbar wird.

Diese Beispiele zeigen, wie wenig Dynamik die Pädagogik als Wissenschaft haben kann, weil sie durch Schulgesetze fixiert ist. Was der Kinderheilkunde Selbstverständnis ist – daß sie sich entsprechend den Veränderungen von Krankheitshäufigkeit und Sterblichkeit ständig wandeln muß, so daß die Kinderheilkunde des Jahres 1980 eigentlich nur noch den Namen mit der Kinderheilkunde des Jahres 1950 gemeinsam hat – ist der Pädagogik kaum denkbar.

So wird es wahrscheinlich auch wenig nutzen, daß der Deutsche Bildungsrat mit den Empfehlungen der Bildungskommission zur pädagogischen Förderung behinderter und von Behinderung bedrohter Kinder und Jugendlicher im Jahre 1973 darauf aufmerksam machte, daß integrierte Erziehung ein vordringliches sonderpädagogisches Problem sein muß und daß das Sonderschulwesen mehr im Sinne einer gemeinsamen Erziehung gesunder mit mehrfach und verschiedenartig behinderten Kindern auszubauen ist als im Neubau spezieller Sonderschulen.

KAPITEL 3

Behörden, Paragraphen und unser Montessori-Modell

An den im vorigen Kapitel geschilderten Gegebenheiten läßt sich das Besondere unseres Münchener Montessori-Modells im Rahmen der derzeitigen Schulverhältnisse auch gegenüber anderen Schulversuchen in der Bundesrepublik Deutschland deutlich ablesen.

Das Münchener Montessori-Modell entstammte keiner pädagogischen Planung. Es war nicht einmal ärztlich geplant. Denn nicht im Traum habe ich daran gedacht, eine Schule zu gründen.

Das Münchener Montessori-Schul-Modell entstammt einem ärztlichen Wissenschaftsverständnis

Das Münchener Montessori-Modell entstammt – wie später näher ausgeführt wird – der Erkenntnis, daß bei gesunden Kindern die Sozialentwicklung diejenige Funktion ist, welche die höchste pädiatrische und pädagogische Aufmerksamkeit erfordert. Kleine Kinder in außerfamiliärer Pflege werden bereits frühzeitig erkennbar in ihrer Sozial- und Sprachentwicklung nachweislich schwer geschädigt. Diese Tatsache führte zu einem neuen Konzept der Behindertenhilfe, bzw. ergab sich aus den Schwierigkeiten sozial behinderter Kleinkinder zwangsläufig die Schlußfolgerung, daß nach einem pädagogischen Weg gesucht werden müsse, wie man die soziale Behinderung dieser Kinder besser diagnostizieren und umgekehrt auch therapeutisch besser beeinflussen könnte.

Auf dem Stand dieser Überlegungen brachte mich – ich komme noch darauf zu sprechen – ein Zufall auf die Montessori-Pädagogik, von der ich so gut wie nichts außer dem Namen wußte. An den Kindern ließ sich dann erkennen, daß hier ein auch für die internationale Montessori-Pädagogik neuer Ansatz vorhanden war: behinderten *und* gesunden Kindern in ihrer Sozialentwicklung und Sozialisation zu helfen.

Die Kinder im Kindergarten zeigten uns dann, daß es auch sinnvoll sein mußte, sie in der Schule weiterhin gemeinsam zu unterrichten und die im Kindergarten aus der Praxis heraus gewonnenen Erfahrungen auf die Schule zu übertragen. So entstand also unser Schulmodell ausschließlich aus der Beobachtung des Kindes heraus, und sowohl unser Kindergarten als auch unsere Schule entwickelten sich Schritt für Schritt, wobei wir uns ständig am Kinde orientierten.

Diese Entwicklung ist auch noch keineswegs abgeschlossen. Wir haben deutlich erlebt, welcher kostbare Schatz der Heilpädagogik, insbesondere für die Hilfe mehrfach und verschiedenartig behinderter Kinder, im Montessori-Material liegt und ferner, daß noch keineswegs die Möglichkeiten der Montessori-Pädagogik für das behinderte Kind ausgeschöpft sind. Aber – das läßt sich jetzt schon sagen – die Fortentwicklung der Montessori-Pädagogik in der Hilfe für das behinderte Kind wird nicht aufgrund von Planungen geschehen, sondern sich ausschließlich am Kind orientieren.

Schließlich – das wird in den nächsten Kapiteln gezeigt werden – hebt sich unser Montessori-Modell von allen Schulversuchen, auch der integrierten Erziehung, eindeutig ab. Es geht beispielsweise in der Integration gesunder und behinderter Kinder so weit wie kein anderes. Von allen Schulversuchen zur integrierten Erziehung behinderter Kinder in den allgemeinen Unterricht, wie sie im Materialienband des Deutschen Bildungsrates, Heft 6, vorgestellt wurden, geht dieser Schulversuch mit Abstand am weitesten.

Er entfernt sich auch am weitesten von bestehenden Schulgesetzen und beansprucht deswegen eine Freiheit, wie sie von einem Pädagogen unter den bestehenden Verhältnissen in der Bundesrepublik nicht hätte in Anspruch genommen werden können. Die Unbefangenheit des Kinderarztes und die Freiheit des ärztlichen Denkens auch gegenüber Verwaltungsbehörden war offensichtlich eine der entscheidenden Voraussetzungen, um diesen Schulversuch durchzusetzen. Er war auch nur durchsetzbar, weil sein Entstehen sich auf kinderärztliche Kriterien gründete und nach kinderärztlichen Gesichtspunkten erfolgte.

Das Sonderschulgesetz und ein Kinderarzt

Wie stark derzeit die Pädagogik, auch die Sonderpädagogik, in verwaltungsrechtlichen Zwängen eingeengt wird, mußten wir besonders bei der Genehmigung unserer Montessori-Schule erleben. Die geltenden Schulgesetze lassen – wovon ich als Kinderarzt auch nicht die leiseste Ahnung hatte – eine gemeinsame Erziehung gesunder und behinderter Kinder – erst recht mehrfach und verschiedenartig behinderter Kinder – praktisch nicht zu. Nach den Schulgesetzen (die primär zur Hilfe für unsere Kinder gedacht sind), kann ein Kind entweder in eine Regelschule eingeschult werden oder in eine Sonderschule. Entsprechend sehen die Gesetze Regelschulen als Grundschulen, Hauptschulen, Realschulen, Gymnasien – gemischt auch als Gesamtschule – vor. »Sonderschüler« sind in spezielle Sonderschulen einzuschulen.

Da ein Kind natürlich nicht in zwei Schulen gehen kann, ist es notwendig, vor Schulbeginn festzustellen, in welche Schulkategorie das Kind gehört bzw. zu welcher Behinderung ein Kind gehört. Womit einerseits ein Abstempelungsprozeß für das Kind stattfindet (Schulen für geistig behinderte Kinder werden deswegen als besonders diskriminierend angesehen), andererseits aber eine gemeinsame Erziehung gesunder und behinderter Kinder praktisch ungesetzlich ist.

Im Jahre 1968 rief ich unseren Montessori-Kindergarten mit gemeinsamer Erziehung gesunder mit mehrfach und verschiedenartig behinderten Kindern ins Leben. Warum dies ein Montessori-Kindergarten war und warum ich damals die gemeinsame Erziehung gesunder mit behinderten Kindern für notwendig erachtete, soll später noch ausgeführt werden. An dieser Stelle ist lediglich von den Schwierigkeiten zu berichten, welche die Genehmigung des Kindergartens bereitete und in der Praxis auch heute noch bereitet.

Nach langjährigen Verhandlungen wurden zwei Kindergärten des Kinderzentrums als »vorschulische Einrichtungen nach dem Bayerischen Sonderschulgesetz« genehmigt, wobei von Regierungsstelle nach wie vor verständlicherweise das Unbehagen darüber bleibt, daß gesunde Kinder in eine vorschulische Einrichtung nach dem Sonderschulgesetz gehen.

Bei einem unserer Kindergärten dauerte es 5 Jahre, bis die Behörden sich entscheiden konnten, ob dieser Kindergarten ein »Kindergarten nach dem Bayerischen Kindergartengesetz«, eine »Vorschulische Einrichtung nach dem Sonderschulgesetz«, eine »Tagesstätte nach dem Sozialhilfegesetz« oder eine »Sondertagesstätte nach dem Jugendwohlfahrtsgesetz« sei. Erst jetzt wurde entschieden, daß dieser Kindergarten in die letztere Kategorie einzuordnen ist, obwohl auch hier für die gemeinsame Erziehung gesunder und behinderter Kinder überhaupt keine gesetzliche Grundlage besteht. Letztlich bekommen aber auch heute noch die blinden Kinder, die in unseren Kindergarten gehen, nicht das ihnen zustehende Beförderungsgeld ersetzt, weil dies nur gewährt werden kann, wenn sie zu einem »Blinden-Kindergarten« transportiert werden. Die Eltern versuchen – bisher vergeblich – hiergegen Einspruch zu erheben.

Geradezu ein Leidensweg bahnte sich an, als ich in Unkenntnis der gesetzlichen Bestimmungen vom Bayerischen Staatsministerium für Unterricht und Kultus – und ich bin sicher, das wäre in jedem anderen Kultusministerium der Bundesrepublik eher noch ungünstiger gewesen – die Genehmigung für unser Montessori-Schulmodell erbat.

Ich bin in das Ministerium gegangen und habe gesagt, wir möchten unsere Schule genehmigt haben, in der gesunde und verschiedenartig behinderte Kinder gemeinsam unterrichtet werden. Ich bin dann von Abteilung zu Abteilung geschickt worden, weil verschiedene Abteilungen für gesunde und behinderte Kinder zuständig waren. Letztlich mußte ich dann feststellen, daß unsere Schule nicht gleichzeitig Sonderschule und Regelschule sein kann.

Der damalige Ministerialrat Keitel, heute Ministerialdirigent und Leiter der Referate Grundschulen, Sonderschulen und Realschulen, erklärte mir, daß ich mich entscheiden müsse, ob ich eine Schule für gesunde Kinder wolle oder eine Sonderschule für Behinderte, beides gleichzeitig ginge nicht. Eine Schule, in der gesunde und behinderte Kinder gemeinsam unterrichtet werden, sei in den bayerischen Gesetzen nicht vorgesehen und deswegen ungesetzlich. So mußte ich mich entscheiden. Ich habe Herrn Keitel damals gefragt, wer denn letzten Endes bestimme, welche Kinder in die Schule aufgenommen würden. Er meinte, darüber könne man reden. Als Kinderarzt habe ich mich dann für eine Sonderschule entschieden, weil mir die Hilfe für das behinderte Kind berufsnäher schien. Dies ist aber auch der einzige Grund, warum unsere gesunden, zum Teil hochintelligenten Kinder bis heute in eine Sonderschule gehen. Hätte ich mich damals anders entschieden, gingen unsere behinderten Kinder in die Normalschule.

Eine Lernbehinderten-Schule benötigt die Entscheidung des Ministers

Nachdem das Bayerische Staatsministerium für Unterricht und Kultus grundsätzlich bereit war, der Aktion Sonnenschein eine Sonderschule zu genehmigen, in die auch gesunde Kinder aufgenommen werden sollten, stellte sich auf der Regierungsebene die entscheidende Frage, was denn das für eine Sonderschule sein solle. Eine Sonderschule für »geistig Behinderte«, für »Lernbehinderte«, für »Sprachgestörte«, für »Körperbehinderte«, für »Blinde«, für »Sehbehinderte«? Damals erklärte ich: für alle.

Meine Erklärung, daß alle Behinderungen grundsätzlich aufgenommen werden sollten, ja, daß nach den Erfahrungen unseres Kindergartens die gemeinsame Erziehung gesunder mit verschiedenartig und mehrfach behinderten Kindern erhebliche Vorzüge biete, konnte auf Regierungsebene aufgrund der gesetzlichen Bestimmungen nicht realisiert werden.

Schließlich einigte man sich, eine Sonderschule für »Lernbehinderte« einzurichten, und ich fand diese Lösung durchaus akzeptabel. Denn welches Kind ist aus ärztlicher Sicht nicht auch »lernbehindert«?

Aus ärztlicher Sicht waren in jedem Falle auch alle Kinder mit einer schweren Sehbehinderung, Hörbehinderung oder mit schweren Sprachstörungen zumindest als lernbehindert anzusehen, von den geistig behinderten Kindern nicht zu reden. Aber wir wollten ja nicht, daß die Kinder lernbehindert waren, sondern wollten in unserer Montessori-Schule jedes Kind so viel lernen lassen, wie es wollte.

Die ärztliche Sicht nutzte indessen nichts. Weil wir nach wie vor auch geistig behinderte, schwerhörige und blinde Kinder (blind ist jedes Kind mit einem Sehrest auf einem Auge unter 1/20) aufnehmen, erhielten wir unter dem 23.6. 1971 eine erhebliche Rüge von der Regierung.

».. . ist der Aktion Sonnenschein nichts anderes als eine private Sonderschule für Lernbehinderte genehmigt worden. Die Schule darf daher nur lernbehinderte Kinder aufnehmen. Wenn sie unter Mißachtung dieser Genehmigung noch anderweitig behinderte und gesunde Kinder aufnimmt, so handelt sie rechtswidrig. Die Verantwortung hierfür fällt dem Verein des Schulträgers und den Vorstandsmitgliedern zu.«

Inzwischen waren diese Schwierigkeiten den Eltern bekannt geworden. Sie standen völlig fassungslos vor diesem »pädagogischen Phänomen«, zumal sie inzwischen aus eigener Erfahrung bei ihren Kindern die Vorzüge der gemeinsamen Unterrichtung gesunder und behinderter Kinder kennengelernt hatten.

So wurde die Öffentlichkeit aufmerksam, und da weitere zwei Klassen im Herbst 1971 aus unseren Kindergärten in die Schule kommen sollten, wurde das Problem der Genehmigung brennend. In dieser Situation bat ich den Bayerischen Staatsminister für Unterricht und Kultus, Herrn Professor Maier, in einem Brief unmittelbar um Hilfe:

»Es ist sehr schwierig, bei der vorzüglichen bayerischen Kultusverwaltung, Schulversuche durchzuführen, welche nicht in das Kästchen der gesetzlichen Bestimmungen hineinpassen. Der stellvertretende Vorsitzende des kulturpolitischen Ausschusses des Bayerischen Landtages, Herr Abgeordneter Otto Meyer, pflegt in solchen Fällen zu sagen: »Hier hätte niemand den Mut, über seinen Schatten zu springen«, da ich fürchte, daß mein Antrag für das Schulsystem, in dem wir erstmalig mit großem Erfolg gesunde, mehrfach und verschiedenartig behinderte Kinder gleichzeitig fördern, im Verwaltungsapparat des Kultusministeriums hängenbleiben könnte – so haben wir Monate hin und her verhandelt, um für unsere Kinder ein Kästchen zu finden – erlaube ich mir, diesen Wunsch auch persönlich vorzutragen.«

Dieses Gespräch fand am 29.9. 72 im Bayerischen Staatsministerium für Unterricht und Kultus in Gegenwart verschiedener Fachreferenten statt. Daraufhin stellte mir der Minister die Genehmigung unserer Schule »in Aussicht«.

Meine Interpretation, daß damit diese Schule wohl genehmigt sei, erwies sich allerdings als ein Fehlschluß und mein Antrag an das Bayerische Staatsministerium für Unterricht und Kultus, in dem ich betonte, daß wir neben lernbehinderten Kindern auch mehrfach behinderte Kinder in den Klassen hätten, die ohne unsere Hilfe nicht gefördert werden könnten, weil für sie als mehrfach behinderte Kinder jegliche pädagogische Institution fehle, und daß wir es aus pädagogischen Gründen für sinnvoll erachteten, gesunde Kinder als Vorbild und Anregung für das behinderte Kind mit in die Klasse zu nehmen, war auch nach dieser Unterredung keineswegs genehmigt.

Die Schule wird als Schulversuch genehmigt

Damals entstand die Möglichkeit von Schulversuchen, und so stellte ich an das Ministerium den Antrag, für dieses – wie ich damals dem Ministerium schrieb – für das Sonderschulwesen bedeutsame pädagogische Modell eine juristische Grundlage zu erhalten, welches eine systematische Hilfe für die uns anvertrauten Kinder auch außerhalb der bayerischen Schulgesetze gestatte.

Dieser Antrag hatte für uns höchste Eile, denn inzwischen hatten wir die 3. Klasse gegründet und ein Schulgebäude aus »Pavillons« im Rohbau erstellen lassen.

Aufgrund der Entscheidung des Ministers schrieb das Bayerische Staatsministerium für Unterricht und Kultus im Oktober 1971, daß der Aktion Sonnenschein die Genehmigung des beantragten Schulversuches in Aussicht gestellt wird. An die Zulassung waren Bedingungen gestellt.

Da dieses Genehmigungsschreiben vom 4. 10. 1971 nicht nur für unseren Schulversuch eine entscheidende Wende brachte, sondern für das gesamte Sonderschulwesen im Bundesgebiet ein beachtenswertes Dokument ist, seien im folgenden die wichtigsten Passagen dieses Schreibens wörtlich zitiert:

»Der Aktion Sonnenschein – Hilfe für das mehrfach behinderte Kind e. V. in München als Trägerin der o. g. Schule wird die Genehmigung des beantragten Schulversuches nach Maßgabe der nachfolgenden Bestimmungen über
a) die Art des Schulversuchs (Abschnitt II),
b) die Bedingungen der Zulassung des Schulversuchs (Abschnitt III),
c) die bei Durchführung des Schulversuchs zu beachtenden Auflagen (Abschnitt IV),
d) die Finanzierung (Abschnitt V)
in Aussicht gestellt (vgl. Art. 26a bis 26c EUG in der Fassung des Gesetzes vom 27. Juli 1971 – GVBl. S. 252).

Ziel des Schulversuchs ist die Gewinnung von Aufschlüssen darüber, daß eine gemeinsame Unterrichtung Gesunder und Behinderter zu einer angemessenen pädagogischen Förderung und zu angemessenen Leistungen bei allen beteiligten Schüler-gruppen führen kann.

Inhalt des Schulversuchs ist die gemeinsame Unterrichtung und Erziehung von gesunden und verschiedenartig behinderten Schülern der Grundschulstufe nach Maßgabe der Montessori-Pädagogik.

Die Dauer des Schulversuchs umfaßt zunächst den Zeitraum bis einschließlich Schuljahr 1974/75.

Im Rahmen des Schulversuchs sollen die Lernziele der Grundschule erreicht wer-den, so daß den Schülern je nach Leistungsstand der Übertritt in die Hauptschule oder in das Gymnasium grundsätzlich möglich sein soll.

Die Zulassung des Schulversuchs hängt von der Erfüllung folgender Bedingungen ab:

1) Die nach Art. 18 EUG vorgeschriebene schulaufsichtliche Genehmigung der Son-derschule durch die Regierung von Oberbayern muß erwirkt sein. Zu diesem Ge-nehmigungsverfahren besteht zumindest deshalb Anlaß, weil im Zuge des Schul-versuchs zusätzliche, bisher schulaufsichtlich nicht geprüfte Räume (Art. 11 EUG) zu Unterrichtszwecken verwendet werden müssen. Die Regierung von Oberbayern hat dem Schulträger bereits entsprechende Hinweise gegeben.
2) Das Einverständnis der Erziehungsberechtigten zum Schulversuch muß vorlie-gen. Hierzu wird folgendes bemerkt:
Nach Art. 26b Abs. 1 EUG sind Schulversuche zulässig, wenn sichergestellt ist, daß die Schüler im Rahmen des Schulversuchs die gleichen oder gleichwertige Ab-schlüsse oder Berechtigungen erwerben können wie an Schulen außerhalb des Schulversuchs. Ferner müssen Schulversuche so gestaltet sein, daß während des Schulversuchs der Übertritt an Schulen außerhalb des Schulversuchs nicht un-möglich wird.

Nach Art. 26b Abs. 3 EUG ist in Abweichung von der soeben wiedergegebenen Vor-schrift ein Schulversuch zulässig, soweit hierzu das Einverständnis der Erziehungs-berechtigten der betroffenen Schüler vorliegt.

Nach dem derzeitigen Erfahrungsstand kann noch nicht als gesichert gelten und wird vielmehr eben durch den Schulversuch zu erproben sein, daß den am Versuch teilnehmenden Schülern in der Regel der Übertritt in die ihrem Alter entsprechende Jahrgangsklasse der Grundschule und zu gegebener Zeit der Übertritt in die Haupt-schule oder das Gymnasium möglich sein wird. Nach der zitierten Gesetzesvor-schrift ist es daher erforderlich, daß der Schulträger das schriftliche Einverständnis der Erziehungsberechtigten der dem Schulversuch unterliegenden Schüler der Re-gierung von Oberbayern vorlegt. Der Text der abzugebenden Erklärung ist in der Anlage zu dieser Entscheidung festgelegt.

Auflagen an den Schulträger

Sofern die zu III dargelegten Bedingungen für die Zulassung des Schulversuchs er-füllt werden, werden bei der Durchführung des Schulversuchs folgende Auflagen vom Schulträger zu beachten sein:

1) Der Unterricht erstreckt sich im Rahmen der 5-Tage-Woche auf 25 Wochenstunden.

2) Die Unterrichtserteilung orientiert sich an den Lernzielen des amtlichen Lehrplans für die Grundschule (vgl. KMBek. vom 1. April 1971 – KMBl. S. 333) mit entsprechender Berücksichtigung der Behinderung der Schüler.

3) Die am Schulversuch beteiligten Lehrkräfte führen nach Maßgabe der allgemeinen Bestimmungen Lehrpläne und Lehrnachweise. Sie führen ferner (neben dem »Pensenbuch«) Schülerbögen mit regelmäßigen Aufzeichnungen über Schülerbeobachtungen und Einzelförderungsmaßnahmen.

4) Der Schulversuch beschränkt sich auf die Grundschulstufe; innerhalb derselben ist eine Zusammenfassung von Schülern verschiedener Jahrgänge in derselben Klasse zulässig.

5) Am Schulversuch dürfen nicht teilnehmen Schüler, die in sonderschulrechtlichem Sinne als Blinde, Gehörlose oder geistig Behinderte gelten.

6) Die Klassenstärke soll die Zahl von 20 Schülern weder erheblich unter- noch überschreiten.

7) Die gesetzlichen Vorschriften über den Beginn der Schulpflicht (Art. 7 SchPG) und die vorzeitige Aufnahme (Art. 8 SchPG) sind auch bei Durchführung des Schulversuchs zu beachten. Die Einschulung während des laufenden Schuljahres ist nicht statthaft.

8) Im Interesse der Auswertung des Versuchs ist auf geeignete Weise festzustellen, welche der am Schulversuch teilnehmenden Schüler jeweils Behinderungen im Sinne des Sonderschulrechts aufweisen. Nähere Anordnungen hierüber trifft die Regierung von Oberbayern.

9) Solange für die Unterrichtserteilung im Schulversuch eine sonderpädagogisch ausgebildete Lehrkraft nicht zur Verfügung steht, bleibt vorbehalten, daß die zuständige Schulaufsichtsbehörde Sonderschullehrer der entsprechenden Fachrichtungen mit der sonderpädagogischen Beratung der Lehrkräfte und der Beobachtung der behinderten Kinder betraut; dabei können der Schulleitung auch Empfehlungen über erforderlich erscheinende spezielle Förderungen einzelner Schüler gegeben werden.

10) Bei Übertritt von Schülern in andere Schulen sind jeweils ein Zeugnis und eine gutachtliche Stellungnahme, in welchen Schülerjahrgang der betreffende Schüler eingereiht werden soll, zu erstellen. Der Übertritt in Gymnasien richtet sich nach den jeweils geltenden Bestimmungen.

11) Dem Staatsministerium für Unterricht und Kultus und der Regierung von Oberbayern bleibt vorbehalten, jederzeit durch ihre zuständigen Beamten oder durch besondere Beauftragte den Schulversuch zu besichtigen, erforderliche Feststellungen zu treffen und vom Schulträger oder Schulleiter Berichte oder Nachweise zu verlangen.

Da der Schulversuch sich auf die Schulgattungen der Volks- und Sonderschulen beschränkt, finden die für den Lehrpersonal- und Schulaufwand der privaten Volks- und Sonderschulen geltenden gesetzlichen Bestimmungen Anwendung. Die Beschaffung des üblichen Montessori-Materials zählt zum notwendigen Schulaufwand.

Zuständige Schulaufsichtsbehörde ist die Regierung von Oberbayern.

Zusammenfassend wird dem Schulträger empfohlen, alsbald die in Abschnitt II genannten, gesetzlich vorgeschriebenen Bedingungen zu erfüllen. Die Regierung von Oberbayern ist angewiesen, dem Ministerium unverzüglich zu berichten, sobald die Genehmigung nach Art. 18 EUG und die Erklärungen der Erziehungsberechtigten dort vorliegen. Das Ministerium wird sodann die in Art. 26c Abs. 2 EUG vorgeschriebene Bekanntmachung des Schulversuchs im Amtsblatt herbeiführen und dem Träger endgültigen Bescheid über den Beginn des Schulversuchs geben.

Die Regierung von Oberbayern erhält Abdruck dieser Entschließung.«

Die pädagogischen Bedenken der Regierung bestanden weiter

Mit diesem Schreiben waren aber die Schwierigkeiten für unsere Schule noch keineswegs behoben. Nach wie vor besteht das Verbot, daß in unserer Schule blinde, gehörlose und geistig behinderte Kinder betreut werden dürfen. Dieses Verbot betraf vor allem die Kinder mit Mongolismussyndrom, welche in unseren Schulklassen einen zum Teil erfreulichen sozialen Mittelpunkt für die Kinder bildeten. Aus diesem Grunde haben wir damals gegen die Entscheidung der Regierung, daß unter keinen Umständen auch geistig behinderte Kinder aufgenommen werden dürften, Widerspruch eingelegt.

In diesem Widerspruch vom 9. 5. 1972 haben wir ausgeführt, daß die private Sonderschule der Aktion Sonnenschein von vornherein als Schule für mehrfach und verschiedenartig behinderte Kinder beantragt wurde, die gemeinsam mit gesunden Kindern unterrichtet werden sollen, und daß eine Sonderschule für Lernbehinderte »nur ein Ausweg« nach langen Verhandlungen im Ministerium war. Wir haben darauf hingewiesen, daß »nach unseren bisherigen Erfahrungen es zumindest im Grundschulbereich nicht ausgeschlossen ist, geistig behinderte und gesunde Kinder mit Hilfe der Montessori-Pädagogik gemeinsam erfolgreich zu unterrichten. Wir haben in allen unseren Klassen geistig behinderte Kinder, auch mongoloide Kinder, die neben den gesunden Kindern bislang ausgezeichnet gefördert wurden. Nachdem diese Erfahrungen bereits vorliegen, ist es nicht sinnvoll, in Zukunft diese guten Erfahrungen nicht mehr weiterzuführen. Ich bitte deshalb, geistig behinderte Kinder von unserem Schulversuch nicht grundsätzlich auszuschließen.«

»Der Schulversuch nach Maria Montessori ist eine konsequente Fortsetzung der ausgezeichneten Erfahrungen in unserem Montessori-Kindergarten. Diese Erfahrungen in der gemeinsamen Förderung gesunder mit mehrfach und verschiedenartig behinderten Kindern konnte nur gewonnen werden, weil alle behinderten Kinder systematisch nach mehrdimensionaler Diagnostik im Kinderzentrum eine spezifische therapeutische Förderung und pädagogische Vorbereitung erfuhren. Diese Förderung geschieht in kleinen Sondergruppen ja nach der Behinderung des Kindes.«

»Das Prinzip des Schulversuchs zwingt dazu, diese Art der spezifischen Förderung behinderter Kinder auch späterhin fortzusetzen. Die Erfahrung während der Durchführung unseres Versuches hat gezeigt, daß zur Integration des behinderten Kindes neben Methoden der inneren Differenzierung mehr und mehr auch Methoden der äußeren Differenzierung beigezogen werden müssen. Praktisch heißt das, daß neben Gruppen, in denen gesunde und behinderte Kinder im Verhältnis 2:1 unterrichtet werden, auch Gruppen eingerichtet werden müssen, in denen Kinder einer speziellen pädagogischen Betreuung – unter Umständen unter zusätzlicher psychologisch-medizinischer Beratung – unterzogen werden.«

»Unser Widerspruch richtet sich aber auch gegen die Bestimmungen, blinde und gehörlose Kinder grundsätzlich nicht aufnehmen zu dürfen. Mehrfach behinderte Kinder haben, wenn gleichzeitig eine Blindheit oder schwere Gehbehinderung besteht, ebenso wie taube und schwer hörbehinderte Kinder, die mehrfach behindert sind, nicht selten Schwierigkeiten, in eine Sonderschule für hörbehinderte oder blinde Kinder aufgenommen zu werden. In Einzelfällen sollte deshalb auch für diese Kinder die Möglichkeit bestehen, in den Schulversuch aufgenommen zu werden.«

»Ein weiterer Widerspruch richtet sich gegen Teile des Abschnittes 6 und 7:

Dadurch, daß der Schulversuch ausdrücklich als Montessori-Schulversuch gekennzeichnet ist, kann es keine Jahrgangsklassen geben, denn das Prinzip der Jahrgangsklassen widerspricht der Montessori-Pädagogik. Auch eine Gliederung der Kinder nach Leistungsstand widerspricht den Prinzipien der Montessori-Pädagogik, weil mit Hilfe dieser Pädagogik in weiten Grenzen eine individuelle Förderung eines jeden Kindes möglich gemacht wird. In dieser Hinsicht widerspricht diese Auflage der Genehmigung eines Montessori-Modellschulversuches.

Wir bitten, den Satz ›Die Schulkinder sind nach Klassen oder Leistungsstand zu gliedern‹ zu streichen.«

»Auch der 2. Absatz von Punkt 6 widerspricht den Prinzipien der Montessori-Pädagogik. Wohl liegen den Curricula dieses Schulversuchs die amtlichen bayerischen Lehrpläne zugrunde und es wird sichergestellt, daß die Kinder die Leistungen der amtlichen bayerischen Lehrpläne – je nach ihrem individuellen Vermögen – erfüllen. Die zeitliche Abfolge jedoch, in der sie diese Lehrpläne erfüllen, liegt nach den Prinzipien der Montessori-Pädagogik beim einzelnen Kind selbst. Einzelne Kinder werden den Lehrplan früher, andere, insbesondere behinderte Kinder, später erfüllen.«

»Der Widerspruch richtet sich weiterhin gegen Punkt 8 des Änderungsbescheids. Wohl verpflichtet das Bayerische Schulpflichtgesetz, daß die Kinder jeweils im Herbst ›eingeschult‹ werden müssen. Gegen die Bestimmung, daß Kinder während des laufenden Schuljahres nicht aufgenommen werden dürfen, möchten wir aber für diesen Schulversuch Einspruch erheben und bitten, den Satz ›Aufnahme von Schulkindern während des laufenden Schuljahres sind nicht zulässig‹ zu streichen.«

»Es wird anerkannt, daß die Aufnahme von Schulkindern während des laufenden Schuljahres nach den geltenden Bestimmungen Schwierigkeiten macht. Dieser Schulversuch ist jedoch nicht nur für bayerische Verhältnisse gedacht, sondern dient maßgeblich dazu, für die Bundesrepublik ein Modell zu schaffen, in dem – nach den Vorstellungen des Wissenschaftsrates, insbesondere des Ausschusses ›Vorschulische Erziehung‹ – eine enge Kooperation zwischen vorschulischer Einrichtung und Grundschule, speziell zwischen Elementarbereich und Primarbereich erprobt wird. Wenn – wie allseits angestrebt – zwischen Elementarbereich und Primarbereich fließende Übergänge stattfinden sollen, so sollte dies im Rahmen eines Modellversuches wenigstens an einer Stelle auch in Bayern ausgiebig erprobt werden.«

»Da nach unseren bisherigen Erfahrungen keine Schwierigkeiten bestehen, sowohl gesunde als auch behinderte Kinder im Rahmen der Montessori-Pädagogik während des laufenden Schuljahres ›einzuschulen‹, so bitten wir auch eine Regelung zu treffen, welche für unseren Schulversuch eine Ausnahme von den Bestimmungen der Volks- und Sonderschulpflicht ermöglicht.«

Interessante Argumente der »Regierungs-Pädagogik«

In dem im Juli 1972 von der Regierung von Oberbayern gegebenen Widerspruchsbescheid finden sich interessante Argumente. Sie geben einen Hinweis für das sonderpädagogische Denken, dem ja letztlich die Sonderschulgesetze entstammen.

»Der Auffassung des Wf. (Wf. = Widerspruchsführer, in diesem Fall die Aktion Sonnenschein.), geistig behinderte und gesunde Kinder könnten mit Hilfe der Montessori-Pädagogik gemeinsam erfolgreich unterrichtet werden, kann nach den heutigen Erkenntnissen über pädagogische Erfordernisse und heilpädagogische Maßnahmen bei geistig Behinderten nicht beigepflichtet werden. Unterrichtsanordnung und Auswahl der Bildungsgüter sind bei beiden Gruppen von Kindern grundlegend verschieden. Um einen Unterrichtserfolg zu ermöglichen, ist ein gezieltes Bildungsangebot, eine klar gegliederte Stoffauswahl und eine methodisch durchdachte Unterrichtsführung oder – bei der Montessori-Pädagogik – Unterrichtslenkung notwendig.

Diese didaktischen und methodischen Voraussetzungen können bei einer gemeinsamen Unterrichtung gesunder und geistig behinderter Kinder nicht gewährleistet werden. So werden nach den bisherigen Erfahrungen bei der vom Wf. angestrebten gemeinsamen Unterrichtung die gesunden Kinder hinter dem Bildungsstand anderer gesunder Kinder, die an öffentlichen oder privaten Volksschulen unterrichtet werden, zwangsläufig zurück bleiben, weil ihnen nicht die gleichen Bildungschancen geboten werden können. Auch der Wf. scheint diese Problematik nicht zu verkennen, wenn er von der Notwendigkeit einer äußeren Differenzierung der geistig behinderten Kinder, die gegebenenfalls in eigenen Gruppen einer speziellen pädagogischen Betreuung – u. U. unter zusätzlicher psychologisch-medizinischer Beratung – unterzogen werden sollen, spricht.

Die angeführten Bedenken gegen die gemeinsame Unterrichtung gesunder und geistig behinderter Kinder gelten auch für die gemeinsame Unterrichtung gesunder und blinder bzw. gehörloser Kinder. So ist auch hier eine Benachteiligung gesunder, normal begabter und normal begabter, aber schwer sinnesgeschädigter Kinder im Hinblick auf ihre Bildung und Erziehung zu befürchten. Im übrigen ist die vom Wf. angeführte wissenschaftliche Empfehlung, schwer sinnesgeschädigte und gesunde Kinder möglichst gemeinsam zu unterrichten, nicht unbestritten; sie stellt keine allgemein gültige pädagogische Lehrmeinung dar.

Die Erfahrungen der Bayerischen Landesschule für Blinde und der Bayerischen Landesschule für Gehörlose sprechen sogar entschieden gegen eine gemeinsame Unterrichtung dieser beiden Gruppen. Eine gesonderte Unterrichtung der Blinden und Gehörlosen, die den Bedürfnissen dieser Behinderten voll Rechnung tragen kann, soll nicht deren Isolierung begünstigen, sondern gerade dazu beitragen, diese Isolierung durch gezielte Bildungsangebote zu überwinden.

Wir haben die damaligen Argumente der Regierung von Oberbayern hier noch einmal festgehalten, weil sie exemplarisch die Unterschiede zwischen dem derzeit noch üblichen pädagogischen Denken deutlich machen im Verhältnis zur Praxis der integrierten Erziehung des aus ärztlichen Argumentationen entstandenen Montessori-Schulmodells der Aktion Sonnenschein in München.

Mit dieser Darstellung soll der Regierung auch nicht der geringste Vorwurf gemacht werden. Regierungen haben die Auflage, Gesetze einzuhalten und gesetzliche Bestimmungen pflegen in der Regel nicht großzügig, sondern kleinlich ausgelegt zu werden. Diese Schwierigkeiten auf Regierungsebene waren im Jahre 1972 noch so groß, daß an das Bayerische Staatsministerium für Unterricht und Kultus der Antrag gestellt wurde, die Private Sonderschule der Aktion Sonnenschein – Schulversuch nach Maria Montessori – aus der Verwaltung der Regierung von Oberbayern herauszunehmen und sie unmittelbar als Schulversuch dem Bayerischen Staatsministerium für Unterricht und Kultus zu unterstellen. Es zeigte sich nämlich, daß Schwierigkeiten selbst dort auftraten, wo wir sie auch nicht im geringsten erwarteten:

»Die Erfahrungen haben gezeigt, daß die Regierung von Oberbayern die größten Schwierigkeiten hat, diesen Schulversuch im Rahmen ihrer Kompetenz angemessen zu fördern. So hat sich die Genehmigung der beantragten Pavillons bis heute praktisch dadurch verzögert, daß nach den Bestimmungen des Sonderschulgesetzes die Klassenräume zu groß und nach den Bestimmungen der Regelschulgesetze die beantragten Räume zu klein sind. Aus beidem geht hervor, daß die vorgesehenen Räume für diesen Schulversuch die ihnen angemessene Größenordnung haben. Man erkennt daran, daß allein schon für diesen Schulbau ein Schulversuch, in dem gesunde und behinderte Kinder gemeinsam unterrichtet werden, schwer in der Verwaltungspraxis der Regierung unterzubringen ist.«

Wie später noch ausgeführt wird, ist in der Montessori-Pädagogik alles Material jeweils nur einmal vorhanden. Sollten unsere Kinder die amtlichen bayerischen Lehrpläne erfüllen, mußte das Angebot an Montessori-Material in der 3. und 4. Klasse relativ groß sein. Es ließ sich nicht an den Wänden eines Klassenraumes aufstellen. So hatten unsere Lehrer die Idee, mit Hilfe einer Faltwand den Stellraum zu vergrößern in dem Sinne, daß bei geöffneter Faltwand für die älteren Kinder das Material großzügig zur freien Verfügung stand. Diese Faltwand bedeutete aber auch, daß unter Umständen über Stunden am Tage mehr als 50 Kinder in einer Klasse waren, ein in der Regelpädagogik geradezu unmöglicher Zustand.

So ist der Einwand der Regierung von Oberbayern aus der Sicht der üblichen pädagogischen Vorstellungen durchaus verständlich gewesen, und sie verordnete zur Genehmigung des Schulbaues, daß die Faltwand herausgenommen und durch eine Glaswand ersetzt werden sollte.

Der damalige Staatssekretär Erwin Lauerbach hielt es für den Schulträger nicht zumutbar, eine bereits vorhandene Faltwand herauszunehmen und durch eine Glaswand zu ersetzen, und er entschied »gegen die pädagogischen Gründe der Regierung«, daß die Faltwand aus Kostengründen bleiben solle. Letztlich hat dieser Entscheid des Staatssekretärs dazu geführt, daß unsere Kinder keine Schwierigkeiten hatten bis zum Ende des 4. Schuljahrs die amtlichen bayerischen Lehrpläne zu erfüllen.

Aus diesen Argumenten läßt sich indessen ermessen, daß für die Bedeutung sozialer Lehrprozesse im Unterrichtsgeschehen, um deretwillen wir dieses Schulmodell errichtet hatten, kaum ein pädagogisches Verständnis vorhanden war. Das gilt insbesondere für die sozialen Interaktionen der Kinder untereinander. Im Rahmen unseres Schulmodells sollte ja gerade der Unterschied zwischen dem Alter, der Unterschied in der Erfahrung mit pädagogischem Material, der Unterschied in der Intelligenz (was auch immer man darunter verstehen will) und der Unterschied im Behindert- und Nicht-Behindertsein diese sozialen Lernprozesse verstärken.

Wie gering aber auch noch jetzt – nach fast 10-jähriger Erfahrung gemeinsamer Erziehung gesunder und behinderter Kinder im Kindergarten und Schule der Aktion Sonnenschein – das Verständnis für die Notwendigkeiten solcher Interaktionen ist, läßt sich aus einem Schreiben des Bayerischen Staatsministeriums für Unterricht und Kultus vom 21. 2. 77 ersehen, mit dem zu dem Sachbericht der Aktion Sonnenschein aus dem Jahre 1975 zu dem Schulversuch u. a. wie folgt Stellung genommen wird:

»Es ist auffällig, daß im Modell die Gliederung der Grundschule in Jahrgangsklassen wieder rückgängig gemacht wird und Kinder verschiedener Altersstufen gemeinsam unterrichtet werden. Ziel ist also nicht die Integration im Leistungsstand, sondern die Sozialentwicklung der Kinder in Schule, Familie und Nachbarschaft.«

Wie sehr der Schulversuch nach Maria Montessori der Aktion Sonnenschein dem derzeitigen Denken der Schulpädagogik widerspricht, zeigt aber auch noch eine andere Passage dieses Schreibens, welches sich auf die Probleme der Einschulung bezieht:

»Die von der Aktion Sonnenschein vorgeschlagene gleitende Einschulung widerspricht, bei allem Verständnis für ihre Vorteile, der Tatsache, daß eine demokratische, auf gleiche Förderung aller bedachte Schulgesetzgebung den Beginn der Schulpflicht nur einheitlich festlegen kann.«

Deutlicher kann der Unterschied zwischen pädagogischem und pädiatrischem Denken wohl nicht charakterisiert werden.

Aus der Sicht der Kinderheilkunde nämlich ist es notwendig, daß das stärkere und ältere Kind lernt, dem schwächeren und jüngeren Kind zu helfen. Hier stehen die sozialen Lernprozesse im Mittelpunkt.

Im gegenwärtigen Verständnis der Pädagogik besteht aber »Chancengleichheit« darin, daß alle Kinder wie bei einem Wettkampf im gleichen Moment aus den Startlöchern heraus den 1000-Meterlauf beginnen. Ein solcher Wettbewerb indessen schließt soziale Lernprozesse weitgehend aus.

KAPITEL 4

Das ungewöhnliche Leben und Lebenswerk von Maria Montessori

In den vorhergehenden Kapiteln haben wir uns aus der Sicht des Kinderarztes mit der Situation beschäftigt, die unsere Kinder im heutigen Schulsystem erwartet – besser vielleicht – der sie dort ausgesetzt sind. Bevor wir auf die Beschreibung unseres Montessori-Schulmodells kommen, erscheint es notwendig, einige Hinweise auf das Leben und das Lebenswerk von Maria MONTESSORI zu geben.

Eine unbequeme Tochter beschließt Medizin zu studieren

Im Jahre 1900 erschien ein aufsehenerregendes Buch der schwedischen Schriftstellerin und Kulturhistorikerin Ellen KEY: *Das Jahrhundert des Kindes.* Der italienische König Viktor Emanuel III. griff im gleichen Jahr in seiner Thronrede diesen Titel auf und nannte das beginnende Jahrhundert »das Jahrhundert des Kindes«.

Für die italienische Ärztin Maria Montessori, die zur gleichen Zeit begann, ihre Ideen zu verwirklichen, war dies ein prophetischer Hinweis.

Wer war die Frau, die leidenschaftlich und intellektuell überlegen für das Recht der Kinder auf eine ungestörte Entwicklung eintrat?

Für ihre Familie und für die Institutionen, mit denen sie zu kämpfen hatte, war sie bestimmt ein sehr unbequemes junges Mädchen. Denn mit ihrer Begabung für die Naturwissenschaften ging ein unbeeinflußbarer Wille konform, was die Richtung des von ihr gewählten Lebenswegs betraf.

Ihr Vater war ein Offizier des Risorgimento, jener italienischen Volksbewegung, die unter Viktor Emanuel II. für die Ausbreitung und Wiederherstellung der Monarchie über ganz Italien kämpfte; die Mutter entstammte einer altitalienischen Gelehrtenfamilie. Beide waren dafür, daß Maria Lehrerin werden sollte. Diesen Berufsweg lehnte die Tochter mit aller Entschiedenheit ab. Sie setzte durch, daß sie ein Mädchenlyzeum, das sich »technische Schule« nannte und dessen Abschlußexamen zum Universitätsstudium berechtigte, besuchen durfte. In den 80er Jahren des 19. Jahrhunderts waren die italienischen Universitäten so gut wie ausschließlich für männliche Studierende da. Frauen, die dort studieren wollten, wurden nur mit der ausdrücklichen Genehmigung des italienischen Unterrichtsministeriums zum Universitätsstudium zugelassen. Diese Genehmigung wurde, wenn überhaupt, nur für die Geisteswissenschaften erteilt.

Da Maria Montessori ursprünglich Mathematik studieren wollte und aus dieser Absicht in ihrer temperamentvollen Art niemandem gegenüber ein Hehl machte, hatten die Eltern in der Frage des Schulbesuchs schließlich nachgegeben. Immerhin konnten sie erwarten, daß die Genehmigung zum Studium dieses den Geisteswissenschaften zuzurechnenden Fachs vom Unterrichtsministerium auch für den weiblichen Studenten erteilt werden würde.

Doch dann entschloß sich das unberechenbare Mädchen, das trotz ihrer hohen intellektuellen Begabung alle wesentlichen persönlichen Entscheidungen spontan und intuitiv zu treffen pflegte, ganz plötzlich dazu, statt Mathematik Medizin zu studieren. Diesen Entschluß faßte sie, wie ihre Freundin Anna Maccheroni, die das erste Montessori-Kinderhaus in Mailand leitete, berichtet hat, auf einer Straße in Rom, während sie eine arme Frau betrachtete, die auf einer Treppenstufe saß und ein Kind auf ihrem Schoß wiegte.

Natürlich erschien die Verwirklichung dieses ungewöhnlichen Wunsches jedem vernünftigen Menschen ihrer Umgebung als völlig aussichtslos. Die Medizin war nach der allgemeinen gesellschaftlichen Auffassung des ausgehenden 19. Jahrhunderts mit so vielen Tabus belastet, daß nur Männer sie studieren durften. Der Gedanke, einer Frau zu gestatten, in ihre Bereiche, noch dazu in Gegenwart männlicher Kollegen, lernend und praktizierend einzudringen, war einfach unerträglich.

Selbstverständlich wurde ihr Gesuch abgelehnt; niemand hatte etwas anderes erwartet. Sie aber gab keineswegs auf, sondern setzte eine Audienz beim Unterrichtsminister persönlich durch. Diese Unterredung, in der vom Minister alle Gründe, die zur Ablehnung von Marias Gesuch geführt hatten, nochmals ausführlich begründet wurden, endete mit ihren Worten: »Exzellenz, ich *werde* Medizin studieren!«

Eine offene Kampfansage, und tatsächlich gab Maria Montessori nicht nach. Sie wurde, wenn auch mit massiven Einschränkungen, zum Studium der Medizin zugelassen und war damit der erste weibliche Medizinstudent in der italienischen Geschichte. In einem biographischen Bericht heißt es über diese Zeit: »Man stelle sich nur zum Beispiel das Sezieren vor, zu dem sie aus Schicklichkeitsgründen als einziges Mädchen unter den Studenten stets allein, das heißt, nur mit einer Anstandsbegleitung, in die Leichenräume geschickt wurde, die in der Regel nur nachts für sie frei waren.« (G. Schulz-Benesch)

Sie bestand alle Prüfungen, die ihr natürlich besonders schwer gemacht wurden, und promovierte mit einer begeistert aufgenommenen öffentlichen Vorlesung als erste Ärztin Italiens, was ihr sogleich den Spitznamen »Dottoressa«, kleine Doktorin, eintrug.

Ihr kämpferisches Interesse für den Benachteiligten erregt Aufsehen

E. Mortimer STANDING, langjähriger Wegbereiter von Maria Montessori, der ein Vierteljahrhundert in engem Kontakt mit der »Dottoressa« stand, verdanken wir wohl die beste Biographie über »Maria Montessori, ihr Leben und ihr Werk«. Nach dieser Lebensbeschreibung fand die Promotion des ersten weiblichen Doktors der Medizin in ganz Italien eine solche Anerkennung, daß Maria Montessori ihr soziales Engagement schon bald international dokumentieren konnte.

»1896, im Jahre ihrer Promotion, wurde sie von den italienischen Frauen als Abgeordnete zum Frauen-Kongreß nach Berlin delegiert, wo sie mit solchem Feuer und solcher Überzeugungskraft für die Frauenarbeit eintrat, daß die Zeitungen mehrerer Länder ihr Bild brachten. Ein paar Jahre später griff sie auf dem Frauen-Kongreß in London die Arbeitsausbeutung der Kinder in den sizilianischen Minen an und unterstützte damit eine von Königin Viktoria begünstigte Bewegung gegen die Kinderarbeit. Auch in ihrer beruflichen Laufbahn machte sich von allem Anfang an der ihr Wesen kennzeichnende Zug bemerkbar: das kämpferische Interesse für die »Benachteiligten«.

25 Jahre alt war sie, als ihr als Assistenzärztin an der Universitätsklinik in Rom die hoffnungsloseste Abteilung der Nervenklinik, die Betreuung schwachsinniger Kinder, übertragen wurde. Das kam einer Abschiebung aus den normalen klinischen Bereichen gleich – gerade dieses Abschieben wurde zum Meilenstein für ihr Lebenswerk.

Die psychiatrische Arbeit Marias begann mit einem Schock: Als sie zum erstenmal zu den schwachsinnigen Kindern ging, wurde sie von einer schimpfenden Wärterin empfangen: die Kleinen seien allesamt schmutzig und naschhaft. Als die junge Ärztin nachforschte, stellte sich als Hauptgrund zu diesem Urteil heraus, daß die Kinder mit dem Brot, das sie erhalten hatten, auf dem Boden spielten, kleine Figuren aus ihm formten und es dann schmutzig wie es war, aufaßen. Maria Montessori sah sich im Raum um. Im ganzen Krankensaal der Kinder befand sich nichts, absolut nichts außer den Betten. »Den behinderten Kindern war jedes Mittel entzogen worden, sich spielerisch zu betätigen, Phantasie und Bewegungsdrang suchten hier verzweifelt nach einem Ausweg, um nicht ganz zu verkümmern.« (nach G. SCHULZ-BENESCH)

Dieses Erlebnis war es wohl, das man als die Geburtsstunde der Montessori-Pädagogik bezeichnen kann: Es spricht für die Tatkraft der jungen Medizinerin und für ihre außerordentliche Begabung, daß die Begegnung mit diesen hilflosen Kindern für sie der Auslöser zu Aktivitäten wurde, die weit über das unmittelbar Ärztliche hinausgingen. Sie begann darüber nachzudenken, wie man die geistige und soziale Entwicklung der Kinder fördern könne und suchte Antworten bei bedeutenden Ärzten in Europa, die sich mit der Hilfe für Schwachsinnige beschäftigt hatten. Dabei stieß sie auf die französischen Ärzte Jean ITARD und Eduard SEGUIN. Insbesondere »die physiologische Erziehung der Schwachsinnigen« – wie sie von Eduard SEGUIN systematisch entwickelt worden war –, beeinflußte – wie im nachfolgenden noch näher ausgeführt werden soll – maßgeblich ihr Werk.

Als Ärztin imponierte ihr der Ansatz, wie er von SEGUIN in seiner »physiologischen Erziehung der Schwachsinnigen« konzipiert worden war: »Die physiologische Sinnesbildung ist der königliche Pfad zur Bildung der Intelligenz, Erfahrung nicht Gedächtnis ist die Mutter der Idee«.

Es begann mit der Erziehung von schwachsinnigen Kindern

Durch die Übertragung von Séguins Übungsmaterial auf die Kinder der Psychiatrischen Klinik in Rom erreichte Maria Montessori bis dahin nicht gekannte Erfolge in der Förderung schwachsinniger Kinder. Mit dem didaktischen Material erreichten ihre Zöglinge selbst in Lesen und Schreiben Leistungen, über die alle Welt staunte. So begann sie, sich mit den Fragen der Pädagogik auseinander zu setzen.

Im Jahre 1899 hielt sie auf einem pädagogischen Kongreß in Turin einen Vortrag über »Moralische Erziehung«. Sie sprach dabei die Überzeugung aus, zurückgebliebene Kinder seien keine außergesellschaftlichen Wesen, sie hätten vielmehr genau dasselbe, wo nicht mehr, Anrecht auf Erziehung wie normale Kinder. Dieser damals für Italien völlig neue Gedanke erregte solches Aufsehen, daß der Erziehungsminister Dr. Guido Bacelli Maria Montessori aufforderte, in Rom eine Reihe von Vorlesungen über Schwachsinnigen-Erziehung zu halten. Das tat sie, und von dieser Vortragsreihe hat nicht nur eine neue wissenschaftliche Pädagogik in Italien ihren Ausgang genommen, sie führte auch zur Gründung einer staatlichen Schwachsinnigen-Schule, deren Leitung man Maria Montessori übertrug. Sie bekleidete das Amt von 1899 bis 1901.

In diese Schule kamen nun alle Kinder, die in den verschiedenen römischen Schulen als hoffnungslos zurückgeblieben galten, und später auch die

Schwachsinnigen aus den Irrenanstalten. Während dieser Jahre unterwies Maria Montessori mit Hilfe einiger Kollegen eine Gruppe von Lehrern in einer »Spezialmethode zur Beobachtung und Erziehung schwachsinniger Kinder«, ferner unternahm sie Reisen nach London und Paris, um alle bis dahin bekannten Behandlungsmethoden auf diesem Gebiet zu studieren. Und als sie zurück war, widmete sie sich selbst mit aller Hingabe dem Unterrichten der Kinder. Von morgens bis tief in die Nacht hinein, so berichtet STANDING, war sie beschäftigt mit ihren Notizen, Tabellen, Vergleichen, Analysen und der Vorbereitung neuen Unterrichtsmaterials. »Diese beiden praktischen Jahre«, hat sie später einmal spaßhaft bemerkt, »waren tatsächlich meine erste und einzige echte Qualifikation in Pädagogik«.

Die Erfahrungen wurden auf gesunde Kinder übertragen

Wir folgen weiter dem Bericht von STANDING:

»Unter ihrer geschickten Anleitung entwickelten die Kinder, die ja bisher als »Idioten« gegolten hatten, ihre zurückgebliebene Mentalität, und zwar in einem verblüffenden Ausmaß: zahlreiche der schwachsinnigen Anstaltskinder lernten so gut lesen und schreiben, daß sie sich mit normalen Kindern zusammen einer öffentlichen Prüfung unterziehen konnten.

Beifallsstürme begrüßten diesen großen Erfolg – aber die, die ihn erzielt hatte, war schon einen Schritt weiter. »Während jedermann über meine Schwachsinnigen staunte, mußte ich über die Frage grübeln, was eigentlich die gesunden und glücklichen Kinder in den öffentlichen Schulen auf einem so niedrigen Niveau hielt, daß meine armen Kleinen mit ihnen konkurrieren konnten.« Je eingehender sie sich mit diesem auffälligen Tatbestand beschäftigte, um so klarer glaubte sie die Ursache in den erzieherischen Grundsätzen zu erkennen. »Dies Gefühl von der Tiefe einer Intuition wurde zu meiner Hauptidee. Ich war ganz sicher, daß ähnliche Methoden, wie ich sie bei den Schwachsinnigen angewandt hatte, auch normaler Kinder Persönlichkeit entwickeln und auf das wunderbarste und überraschendste befreien würde.«

Also lag ihr das Unterrichten normaler Kinder schon im Sinn, als sie 1901 das Amt an der römischen Schwachsinnigen-Schule aufgab. Es sollten aber weitere sechs Jahre vergehen, ehe sie ihre Ideen in die Tat umsetzen, ehe ihre »Intuition« sich bewahrheiten konnte. Zunächst einmal fühlte sie die Notwendigkeit, selbst noch mehr zu lernen und das Problem noch genauer zu studieren. Obwohl sie selber schon seit Jahren Vorlesungen hielt, schrieb sie sich wieder als Studentin ein und hörte Philosophie und Psychologie. Sie hat später einmal einer jungen Lehrerin, die eine ihrer begabtesten und glühendsten Anhängerinnen werden sollte, geschrieben: »Daß man seine Truppen sammelt, wenn sie in alle Winde verstreut scheinen und man sein Ziel nur mehr dunkel wahrnimmt – das ist sehr wichtig und wird sich früher oder später lohnen.« Von sich selbst in jener Zeit hat sie später gesagt: »Mir war beinah, als hielte ich mich für eine noch unbekannte Mission bereit.«

In dieser zweiten Studienzeit beschäftigte sie sich noch gründlicher mit den Werken von ITARD und SEGUIN. Ihre Aktivität wurde 1904 mit der Ernennung zum Professor an der Universität Rom, wo sie 4 Jahre lang den Lehrstuhl für Anthropologie inne hatte, ausgezeichnet. Aus dieser Zeit stammte die erste größere Publikation, ein dicker Band über »Pädagogische Anthropologie«.

Neben dieser Tätigkeit an der Universität unterrichtete sie weiterhin Frauen an der Lehrerbildungsanstalt und praktizierte außerdem an römischen Kliniken und Hospitälern neben der eigenen Privatpraxis.

Das vielfältige Engagement von Maria Montessori in dem Bereich von Medizin, Psychologie, Pädagogik bis hin zur sozialen Hilfe fand eine neue Betätigung im Elendsviertel von San Lorenzo in Rom, in dem die Ärmsten der Armen wohnten. In ihrem Buch »Selbsttätige Erziehung im frühen Kindesalter« hat sie das Elend in diesem Viertel geschildert. In dieses Viertel hinein baute ein Konzern mehrere aneinander grenzende Häuserblocks. Da die meisten Eltern tagsüber zur Arbeit gingen, waren die kleineren Kinder sich selbst überlassen. Für diese Kinder gründete Maria Montessori ihr erstes Kinderhaus (Casa dei bambini). In diesem Kinderhaus hat sie ihre pädagogische Methode entwickelt. Von diesem Kinderhaus aus trat die »Montessori-Pädagogik« ihren Triumphzug in die ganze Welt hinaus an.

Der Triumphzug ihrer Pädagogik

STANDING hat beschrieben, wie die »Montessori-Kinder« von Besuchern aus allen Ländern der Erde bestaunt wurden. In Rom gründeten reiche Leute die »Opera Montessori«, d. h. die italienische Montessori-Gesellschaft, welche weitere Zweigstellen in Mailand, Neapel und anderen italienischen Städten errichtete. Innerhalb weniger Jahre entstanden in verschiedenen europäischen und amerikanischen Staaten »Montessori-Bewegungen«. Ihr Ruhm eilte Maria Montessori voraus. 1909 hatte sich ihr pädagogisches Werk soweit gefestigt, daß ihr erstes Buch darüber erscheinen konnte, das 1913 auch in deutscher Sprache unter dem Titel »Selbsttätige Erziehung im frühen Kindesalter« erschien und seitdem in mehr als 20 Sprachen übersetzt worden ist.

Der Triumphzug dieser Pädagogik ist letztlich der großen Aktivität der ungewöhnlichen Ärztin Maria Montessori zu danken, wobei ihre persönliche Ausstrahlung in zahlreichen internationalen Lehrgängen dazu beitrug, die Gedanken der Montessori-Pädagogik zu verbreiten. STANDING schreibt hierzu:

»Mit Recht hießen diese Lehrgänge, von denen viele in England, andere in Rom, Mailand, Paris, Berlin, Amsterdam, Nizza, San Franzisko, Innsbruck, Barcelona, Ceylon, Madras, Karachi, Ahmedabad und Kodaikanal abgehalten wurden – mit Recht hießen sie international, denn nicht selten gehörten die Teilnehmer dreißig bis vierzig verschiedenen Nationen an, und Maria Montessori muß im Laufe der Jahre mindestens vier- bis fünftausend Studierende aus allen Gegenden des Erdballs selbst ausgebildet haben. Eine ungeheure Leistung, wobei nicht vergessen werden darf, daß sie daneben unaufhörlich ihre Forschungen betrieb.

Ein Lehrgang von einem halben Jahr reichte nicht aus, sich Grundsätze und Praxis der Montessori-Pädagogik völlig zu eigen zu machen. Dennoch kamen Jahr für Jahr Menschen vom Ende der Welt, manchmal unter sehr großen Opfern, um von Dr. Montessori zu lernen. Die persönliche Ausstrahlung des Genies entzieht sich der Analyse. Unzweifelhaft war Maria Montessori eine geniale Persönlichkeit. Die Klarheit ihrer Vision von den unbegrenzten – erzieherischen wie sozialen – Möglichkeiten des »befreiten Kindes«, vor allem aber ihre Persönlichkeit selbst schlug ihre Hörer in Bann. Wo konnte man schon aus einer so klaren Quelle pädagogischer Inspiration schöpfen, die zudem so reich und freigebig spendete?«

Die Internationalität und die freiheitlichen Grundsätze ihrer Pädagogik führten dazu, daß Maria Montessori 1926 vor dem Völkerbund in Genf einen Vortrag über »Erziehung und Frieden« hielt. Ihre Worte von damals lesen sich aus der Schau unserer Erfahrungen wie eine Prophetie, allerdings eine Prophetie, die nicht nur die Katastrophe des letzten Weltkrieges betrifft, sondern auch bis in unsere Tage fortbesteht:

»Die Krise, deren Zeugen wir sind, ist keine von denen, die einen Übergang von einer Ära in eine andere kennzeichnen, sie ist vielmehr nur mit dem Anbruch einer neuen geologischen oder biologischen Epoche vergleichbar, wenn neue, besser entwickelte, vollkommenere Wesen die Szene betreten, während sich auf Erden Lebensbedingungen verwirklichen, die es nie zuvor gegeben hat. Verlieren wir diesen Tatbestand aus dem Auge, werden wir uns alsbald in eine Weltkatastrophe verwickelt sehen ... Wenn Menschen siderische Kräfte, von denen sie doch im Grunde nichts wissen, blindlings handhaben, um einander zu vernichten, so wird dieser Versuch rasch zum Erfolg führen – denn die verfügbaren Kräfte sind unendlich groß und sie sind allen jederzeit und überall zugänglich.«

Solche Gedankengänge paßten nicht in Vorstellungen, wie sie während des Nationalsozialismus in Deutschland und des Faschismus in Italien als nationalistische Kräfte politisch wirksam wurden. So ist es verständlich, daß das faschistische Regime die Montessori-Gesellschaft auflöste und daß auch in Deutschland die Montessori-Pädagogik verboten wurde.

Dies ist der Grund, warum die Montessori-Pädagogik nach dem Kriege in der Bundesrepublik neu anfangen mußte. Zunächst bildeten sich Arbeitskreise um Helene HELMING im Rheinland. Sie hatten ihre größte Wirksamkeit in Aachen, Köln und Düsseldorf. In Düsseldorf wurden in den letzten Jahren mehr als 20 öffentliche Schulen in Montessori-Schulen umgewandelt. In Krefeld und Bonn sind bereits Montessori-Gymnasien errichtet worden.

Eine weitere Montessori-Zentrale entstand unter Paul SCHEID in Frankfurt. Sie hat ihren Schwerpunkt in der Anna-Schmid-Schule. Außerdem verbreitete sich die Montessori-Pädagogik in Berlin unter Kurt AURIN und Karl OBITZ.

Der erste Montessori-Kindergarten in Bayern wurde von Frau Margarete AURIN in Garmisch im Jahre 1956 eingerichtet, nachdem sie aus Thüringen geflüchtet war. Sie hatte in Nordhausen/Harz ein Montessori-Kinderhaus geleitet, das während des Dritten Reiches zwar nicht offiziell als Montessori-Kinderhaus geführt wurde, das aber inoffiziell immer ein Montessori-Kinderhaus blieb. Dieses Kinderhaus wurde 1952 dann verboten und aufgelöst.

Das Münchener Montessori-Modell entstand relativ spät. Die Geschichte ist in diesem Buch niedergelegt. Es hatte aber auch von vornherein einen anderen Akzent als alle übrigen Montessori-Schulen und Kindergärten. Hier wurde, wie näher ausgeführt, die Montessori-Pädagogik für das behinderte Kind neu entdeckt. Bei einem Besuch am 28. Januar 1971 schrieb Mario Montessori in das Gästebuch der Aktion Sonnenschein: »Che una speranza – e una promessa« (Schon nicht mehr nur eine Hoffnung, sondern bereits ein Auftrag).

Die Situation der Montessori-Pädagogik nach dem Krieg in der Bundesrepublik Deutschland läßt sich am besten wohl an einer Episode erklären (wurde mir von Frau Aurin erzählt). Anläßlich eines Fluges über die zerstörten Städte Deutschlands hat sich Maria Montessori an ihren Sohn gewandt: »Die Kinder da unten haben dieses Unglück nicht verschuldet. Wenn ich es nicht mehr durchführen kann, versprich mir, daß du dort einen Lehrgang für Montessori-Pädagogik halten wirst, um den Kindern zu helfen«. Dieses Versprechen wurde 1954 eingelöst, als Mario Montessori den ersten Montessori-Lehrgang in Frankfurt hielt.

20 Jahre später hat die Montessori-Pädagogik in der Bundesrepublik eine solche Verbreitung gefunden, daß drei Montessori-Gesellschaften existieren:

Die Montessori-Vereinigung Aachen (früher Katholische Montessori-Gesellschaft),

die Deutsche Montessori-Gesellschaft in Frankfurt,

die Aktion Sonnenschein in München (diese mit dem Akzent auf Heilpädagogik für das behinderte Kind).

Maria Montessoris Lebenswerk vollendet sich

Es ist hier nicht die Stelle, auf die vielfältigen Bücher und Schriften von Maria Montessori hinzuweisen, das Literaturverzeichnis informiert darüber. Ihre Publikationen verhalfen ihr zu größter internationaler Anerkennung. In St. Petersburg wurde für die Kinder der kaiserlichen Familie und der Hofangestellten eine Montessori-Schule eröffnet.

Montessori-Schulen entstanden in China, Japan, Kanada und Chile. Auch in Deutschland, Österreich, Holland, Amerika, Indien wurden Kinderhäuser errichtet. Vielfach hat sie sie selbst eingeweiht. »Volle 40 Jahre lang hat sie«, schreibt STANDING – »bald in diesem Land und bald in jenem, unter günstigen und unter ungünstigen Umständen, im Frieden und im Kriege ihre Forschungsarbeit betrieben. Ohne Pause, von persönlichem wie von nationalem Unglück unbeirrt, arbeitete sie stetig weiter. Kein Mensch kennt alle Ergebnisse dieser Arbeit, nirgend sind sie geschlossen gesammelt, viele ihrer Gedanken sind nie veröffentlicht worden, manches ruht in über die ganze Welt verstreuten Vortragsmanuskripten. Da Maria Montessori meist italienisch sprach, sind ihre Vorträge verdolmetscht je nachdem auf englisch, holländisch, französisch, deutsch, spanisch, hindostanisch niedergelegt worden. Es wird jahrelange Mühe kosten, falls es überhaupt möglich ist, alle ihre Arbeiten zu sammeln und zu ordnen. Und noch viel mehr Zeit wäre nötig, alles, was in ihnen verborgen liegt, in die Praxis umzusetzen.«

1939 folgte Maria Montessori einer Einladung nach Indien. Mit Ausbruch des Krieges hätte sie dort als Italienerin interniert werden müssen. Stattdessen erlaubte man ihr, ihre Arbeit fortzusetzen. So hielt sie Montessori-Kurse in verschiedensten Orten Indiens und Ceylons ab. 1946, mit Ende des Krieges, kehrte sie nach Europa zurück und leitete internationale Ausbildungskurse in London und Edinburgh. 1947 gründete sie die Montessori-Gesellschaft in Italien neu, da diese vom faschistischen Regime aufgelöst worden war. Als 78-Jährige hielt sie wiederum Kurse in Indien. Ihre Pädagogik, die noch vor dem Ersten Weltkrieg auch auf den Grundschulbereich übertragen wurde, erweiterte man dort im Rahmen einer Musterschule auf Kinder bis zu 12 Jahren.

1949 hielt sie ihren ersten Lehrgang in Pakistan ab. Im gleichen Jahr eröffnete sie den großen internationalen Montessori-Kongreß, der ihr zu Ehren in San Remo abgehalten wurde.

Bis an ihr Lebensende ließ ihre Aktivität nicht nach. Im Herbst 1949 forderte die UNESCO sie auf, bei einer ihrer Versammlungen zu sprechen. Im gleichen Jahre wurde sie durch die Ernennung zum »Officier de la Legion d'Honneur« geehrt, welcher Ehrentitel ihr vom Rektor der Sorbonne in Paris verliehen wurde. 1950 wurde sie von der Stadt Perugia in Italien zur Ehrenbürgerin ernannt. Auch von ihrer Geburtsstadt Ancona und von der Stadt Mailand erhielt sie die Ehrenbürgerschaft. Königin Wilhelmina von Holland verlieh ihr den Rang eines »Offiziers des Ordens von Nassau-Oranien« und die Universität Amsterdam ernannte sie zum Ehrendoktor der Philosophie.

Ihr durch vielfältige Anerkennung verbundenes erfolgreiches Wirken hat die Montessori-Pädagogik zu dem weltweit mit Abstand am weitest verbreiteten pädagogischen System gemacht.

Maria Montessoris aufopferungsvolle Arbeit für das Kind endete am 6. 5. 1952. Sie starb im Alter von 81 Jahren in Noordwijk op Zee in Holland. STANDING schreibt: ». . . sie ist auf dem kleinen Friedhof der katholischen Kirche in Noordwijk beigesetzt, und ihre vielen Anhänger haben ihr dort ein schönes Denkmal errichtet. Das ihr gemäßere Denkmal aber, vielleicht auch noch dauerhafter als das aus Stein, ist die heitere und frohe Atmosphäre, die überall auf der Welt von Abertausenden glücklicher Kinder ausgeht.«

KAPITEL 5

Die Montessori-Pädagogik baut auf ärztlichen Erfahrungen auf

Hilfe für behinderte Kinder suchte Maria Montessori
in der Methode von Eduard SEGUIN

Bei ihren Überlegungen ging sie systematisch vor und studierte zunächst alles, was an Untersuchungen zu ihrem Thema vorlag. Dabei stieß sie auf heilpädagogische Prinzipien, wie sie von dem französischen Arzt Eduard SEGUIN entwickelt wurden.

Sie selbst schreibt darüber: »Als Assistentin an der Psychiatrischen Klinik der Universität Rom interessierte ich mich auch für die schwachsinnigen Kinder, die dort untergebracht waren. Seinerzeit war die Organtherapie mit Schilddrüsenpräparaten in vollem Gange, deren therapeutische Erfolge zum Teil mißverstanden, zum Teil überschätzt wurden. Auf diese Weise wurde das Interesse der Ärzte mehr als zuvor auf die phrenasthenischen Kinder gelenkt. Da ich den vorschriftsmäßigen Ärztedienst in Krankenhäusern für innere Medizin und in der kinderärztlichen Außenpraxis absolviert hatte, so hatte ich mich bereits mit besonderer Aufmerksamkeit dem Studium der Kinderkrankheiten gewidmet.

Während ich mich also für die Schwachsinnigen interessierte, geschah es, daß ich von Eduard SEGUIN's Spezialmethode zur Erziehung dieser unglücklichen Kinder erfuhr und mich mit der damals auch unter den praktischen Ärzten aufkommenden Idee beschäftigte, wonach für verschiedene Krankheitsformen wie Taubheit, Paralyse, Idiotie, Rachitis usw. ›pädagogische Kuren‹ wirksam sein können.«

SEGUIN hatte 1846 sein Werk »Traitement moral, hygiène et éducation des idiots« veröffentlicht, das einen Überblick über seine Studien und Beobachtungen in einer kleinen Schule in der Rue Pigalle in Paris gab.

JERVOLINO hat in ihrer Übersicht über »das gesunde und behinderte Kind bei Maria Montessori« berichtet, daß sich Maria Montessori auf die Suche nach diesem Buch begeben habe, offenbar um festzustellen, welche Fortschritte der Wissenschaftler bei seinen Forschungen gemacht hat. Aber sie fand es nicht in Paris und nicht einmal in London. Es schien, daß es dort – obwohl in Englisch verfaßt – keinen großen Anklang gefunden hatte.

Durch eine Freundin ließ sie auch in Deutschland Erkundigungen über die in den Hilfsschulen angewandten Methoden einholen. In den pädagogischen Museen dieser Schulen existierte Lehrmaterial, aber es wurde nie praktisch angewandt. Die anormalen Kinder wurden mit der gleichen Methode erzogen wie die normalen. »Doch ist diese Methode objektiver als bei uns«, fügte Maria Montessori hinzu.

Sie blieb längere Zeit in Frankreich, um ihre Studien fortzusetzen und fand, daß man dort eher die Lehrmechanismen als das System nach SEGUIN anwandte, obwohl die französischen Erzieher seinen französischen Text zur Hand hatten. Sowohl in London als auch in Paris fiel ihr jedoch auf, daß die Pädagogen begierig waren, neue Ratschläge zu hören und neue Erfahrungen kennenzulernen, weil sich die von SEGUIN verkündete Tatsache, daß man mit seinen Methoden behinderte Kinder wirklich erziehen könne, praktisch als Illusion erwiesen hatte.

Maria Montessori mußte die Methode neu entdecken

»Der Grund dieses Mißerfolgs läßt sich« – so JERVOLINO – »leicht begreifen. Jeder bestand auf der Überzeugung, daß man die schwachsinnigen Kinder – die ja minderwertige Wesen waren – letzten Endes wie normale Kinder erziehen müsse.« Die Idee, daß eine »neue Erziehung« aufgekommen war, hatte in der pädagogischen Welt noch nicht Fuß gefaßt und noch weniger der Gedanke, daß eine neue Erziehung die behinderten Kinder auf ein höheres Niveau bringen könnte. Noch viel weniger ahnte man, daß eine Erziehungsmethode, die imstande war, das Niveau der Schwachsinnigen zu heben, auch das der normalen Kinder heben könnte.

»Danach«, so schreibt Maria Montessori, »setzte ich meine Experimente mit Schwachsinnigen in Rom fort und erzog sie zwei Jahre lang. Ich folgte dem Buche von SEGUIN und machte mir auch die wunderbaren Erfahrungen von ITARD zunutze; nach dem Vorbild dieser Arbeiten ließ ich außerdem reichhaltiges Lehrmaterial anfertigen. Dieses Material, das ich in keinem Institut komplett vorfand, war für diejenigen, die es anzuwenden wußten, ein wundervolles Hilfsmittel; an sich aber wurde es von den Schwachsinnigen gar nicht beachtet. Daher verstand ich, warum die Erzieher sich entmutigt fühlten und ihrerseits die Methode ganz einfach hatten fallen lassen.

Das Vorurteil, daß sich der Erzieher auf das gleiche Niveau wie der zu Erziehende stellen soll, läßt den Hilfsschullehrer in eine Art Apathie verfallen: Er weiß, daß er minderwertige Persönlichkeiten erzieht, und daher gelingt es ihm nicht, sie zu erziehen. So glauben die Lehrer der Kleinkinder, daß sie diese erziehen, indem sie sich bemühen, sich mit drolligen Spielen und oft auch mit albernen Reden auf ihr Niveau zu begeben. Hingegen muß man es verstehen in der Seele des Kindes die menschliche Persönlichkeit wachzurufen, die darin schlummert.«

In einer Studie über »Maria Montessori in Beziehung zwischen Anormalen und Normalisierung« schreibt MAZZETTI: »Wenn das anormale Kind im Grunde auch ein schlummernder Mensch ist, der darauf wartet, daß die verständnisvolle Liebe der Erwachsenen, die Umwelt und ein geeignetes Lehrmaterial ihn erwecken, dann ist sein Fall – so tragisch und schwer er auch sein mag – nicht völlig verzweifelt.«

In dieser Feststellung liegt die Hoffnung begründet, welche das ärztliche Denken auf pädagogische Prozesse setzt. So wird es verständlich, daß Maria Montessori in ihrer Pädagogik ihr Interesse am behinderten Kind zwar zurückstellte, je mehr sie sich mit gesunden Kindern beschäftigte, es aber nicht aus den Augen verlor. Schon die Tatsache, daß sie noch 1916, als sie bereits systematisch ihre Pädagogik auf das gesunde Kind ausgerichtet hatte, das Bedürfnis hatte, ihre Vorlesungen über geistig behinderte Kinder von 1900 zu veröffentlichen, läßt erkennen, welche Bedeutung sie dem effektiven Ausgangspunkt ihrer Pädagogik offenbar um der Impulse willen, die davon ausgingen, beigemessen hat.

JERVOLINO hat hierzu bemerkt: ». . . man kann sogar behaupten, daß nur ihre Erfahrungen mit den oligophrenen Kindern in Rom ihr späterhin die Erziehungsversuche mit normalen Kleinkindern ermöglichten. Denn genauso wie Maria Montessori – nachdem sie die Existenz des psychischen Kindes und die Perspektiven einer neuen, befreienden Kindererziehung entdeckt hatte – voll und ganz von der Notwendigkeit überzeugt war, diese ›ihre‹ Entdeckung in allen Teilen der Welt zu prüfen und zu verfechten, so besteht auch kein Zweifel, daß der Gedanke an das normale psychische Kind sie nicht von dem Gedanken an das anormale psychische Kind abbrachte.«

Daß aus der Sicht einer dem Kinde zugewandten Pädagogik gesunde und behinderte Kinder gleiche Bedürfnisse haben und daß sich notwendige Erziehungsprozesse bei behinderten Kindern aus Erkenntnissen bei gesunden Kindern ebenso ablesen lassen wie pädagogische Notwendigkeiten bei gesunden Kindern aus Erkenntnissen bei behinderten Kindern, diese Schlußfolgerung hat auch der belgische Arzt und Heilpädagoge Ovide DECROLY – geboren 1871 in Renaix, gestorben 1932 in Brüssel – aus den Erkenntnissen von SEGUIN gezogen.

Auch DECROLY – wie später unter seinem Einfluß Maria Montessori – sah den Ansatzpunkt zur Reform des Unterrichts der Normalen aufgrund seiner Erfahrungen im Umgang mit anormalen Kindern. Auch er, ein Schüler von ITARD und SEGUIN, kann als einer der Begründer einer medizinisch orientierten Pädagogik angesehen werden (RÖHRS).

Ärztliche Pädagogik kann nur am Kind begriffen werden

Wie bereits erwähnt, entsprang unsere Montessori-Schule nicht pädagogischen oder pädiatrischen Planungen, sondern entwickelte sich aus Erkenntnissen über die Sozialentwicklung gesunder Kinder, die außerhalb der Familie gepflegt und großgezogen wurden. Wie das geschah, wird später noch geschildert. Daß diese Erkenntnisse aber im Rahmen der Montessori-Pädagogik ihre konsequente Ergänzung und Bestätigung fanden, ist ausschließlich einem Zufallserlebnis zu danken, das ebenfalls später noch näher beschrieben werden soll.

Das Erlebnis mit der Montessori-Pädagogik zeigte indessen so viele ärztliche Elemente, daß es sinnvoll schien, den Wurzeln der Montessori-Pädagogik nachzugehen. Hier stoßen wir auf STANDING:

»Wenn auch besonders für Pädagogen Maria Montessoris Methode gleichsam fix und fertig – wie Athene dem Haupte des Zeus – dem Geist der Dottoressa entsprungen schien (und dabei war sie nicht einmal ausgebildete Lehrerin, sondern Ärztin) – es schien nur so, denn keine der großen genialen Schöpfungen des Menschen kommt aus dem Nichts. Mit Recht hat EMERSON das Genie ›den am höchsten verschuldeten Menschen‹ genannt, und auch Maria Montessori war in diesem Sinne ›verschuldet‹. Nur deshalb schien ihre Pädagogik gleichsam ›vom Himmel gefallen‹, weil ihre Wurzeln in der Tiefe der Vergangenheit den meisten Pädagogen unbekannt waren.

Über FRÖBEL's geistige Ahnen ist sich die Geschichte der Pädagogik nie im unklaren gewesen. Man weiß, daß er ein Schüler des großen PESTALOZZI war und bei ihm in Iferten praktisch gearbeitet hat; daß PESTALOZZI wiederum von ROUSSEAU beeinflußt war; und daß der Verfasser des ›Emile‹ unter dem Einfluß des englischen Philosophen John LOCKE gestanden hat. Übrigens hörte ich Maria Montessori einmal darauf hinweisen, daß ROUSSEAU zu seinem ›Emile‹ von dem berühmten spanischen Taubstummenerzieher PEREIRA angeregt worden sei.

Dieser PEREIRA, der von 1715 bis 1780 gelebt hat, müßte auf Maria Montessoris geistiger Ahnentafel obenan stehen, vor den beiden französischen Ärzten ITARD (1775–1838) und SEGUIN (1812–1880). Natürlich würde eine Ahnentafel, die nur diese drei Namen umfaßte, eine grobe Vereinfachung darstellen, denn es wäre ja ziemlich absurd, anzunehmen, Maria Montessori habe während der zehn Jahre, die sie an der römischen Lehrerbildungsanstalt für Frauen unterrichtete, den durch ROUSSEAU, PESTALOZZI, HERBART und FRÖBEL fließenden Hauptstrom pädagogischer Entwicklung nicht kennengelernt. Dennoch baut sie nicht auf dem Werk dieser Männer auf, sondern auf den Arbeiten des Spaniers und der beiden Franzosen, von denen die pädagogische Welt vor dem Bekanntwerden mit der Pädagogik

Montessoris nie gehört hatte: kein Wunder freilich, denn alle drei hatten sich fast ausschließlich mit der Erziehung Taubstummer und Schwachsinniger beschäftigt.

Immer hat sich Maria Montessori tief in der Schuld dieser Pioniere, besonders Seguin's, gefühlt und ist nie müde geworden, deren Leistungen zu rühmen und auf ihre Bedeutung für ihr eigenes Werk hinzuweisen. ›Den beiden Jahren von San Lorenzo‹, hat sie bündig erklärt, ›lagen Experimente zugrunde, die bis auf die Zeit der Französischen Revolution zurückgehen.‹«

Wie sehr diese Zusammenhänge auch heute noch hervorgehoben werden müssen, erlebte ich auf der Jahrestagung der Deutschen Montessori-Gesellschaft 1975 in Frankfurt/Main. Es kam dort zu einem für den Kinderarzt völlig unverständlichen Disput über die Theorie und Praxis der Montessori-Pädagogik. Während Böhm beispielsweise verständlich machen wollte, daß die Montessori-Pädagogik und ihre Theorie ausschließlich aus den Schriften von Maria Montessori abgeleitet werden könne, war Schulz-Benesch der Ansicht, daß die Montessori-Pädagogik in erster Linie aus der Praxis heraus begriffen werden müsse.

Als Kinderarzt fühle ich mich außerhalb jeder Kompetenz, in den Streit um die Theorie der Montessori-Pädagogik einzugreifen. Ein solcher Streit ist aber im Rahmen einer ärztlichen Pädagogik auch völlig unverständlich, denn für das ärztliche Tätigsein spielen Theorien eine nur geringe Rolle und für den Kinderarzt ist es selbstverständlich, daß Maria Montessori ihre Pädagogik ausschließlich am Kind erarbeitete, wobei sie ebenso selbstverständlich auf alle Grundlagen zurückgegriffen hat, welche die Heilpädagogik zu Beginn unseres Jahrhunderts bot.

Diese Grundlagen sollen im folgenden noch verdeutlicht werden.

Der Einfluß des Hals-Nasen-Ohrenarztes Jean Marc Gaspard Itard

Das besondere Interesse des 18. Jahrhunderts galt dem Studium der geistigen Entwicklung wilder Völker. Man hoffte, auf diese Weise Aufschlüsse z. B. über die Entwicklung der Sprache zu erhalten.

Itard als einer der Väter der Oto-Rhino-Laryngologie – der Hals-Nasen-Ohrenheilkunde – sah den Weg, den Naturzustand des Menschen zu erforschen nur für begehbar unter dem Einfluß der Analyse, die ihm bei der Möglichkeit ein Wildkind zu unterrichten, als besonders günstig gegeben schien.

1800 wurde in den Wäldern von Caune (Aveyron) ein etwa 12-jähriger

Knabe aufgefunden und der Taubstummenanstalt in Paris zugeführt. ITARD als deren Leiter machte sofort den Vorschlag, diesen Knaben zu erziehen; ein Vorschlag, der umso reizvoller schien, als der berühmte Psychiater Philippe PINEL (1745 bis 1826) festgestellt hatte, daß es sich um einen Menschen mit einer unheilbaren Krankheit handele, der zu keiner irgendwelchen gesellschaftlichen Einordnung und Erziehung fähig sei. Dagmar HÄNSEL, in deren Monographie über SEGUIN diese und andere bedeutende Dokumentationen zusammengetragen wurden, schreibt zu ITARD's »traitement moral« des »Wilden von Aveyron«, daß sie unter 5 Gesichtspunkten erfolgte:

»Erster Gesichtspunkt: Ihn mit dem Leben in der Gemeinschaft vertraut machen, indem man ihm dieses schöner gestaltet als in den bisherigen Monaten seit seiner Festnahme und vor allem ähnlicher dem Leben, das er früher geführt hatte.«

»Zweiter Gesichtspunkt: Die Sensibilität seiner Nerven durch die stärksten Stimulantien und hie und da durch lebhafte seelische Affekte wecken.«

»Dritter Gesichtspunkt: Seinen Ideenkreis erweitern, indem man ihm neue Bedürfnisse schafft und seine Beziehungen zu den ihm umgebenden Menschen vervielfacht.«

»Vierter Gesichtspunkt: Ihn zum Gebrauch der Sprache anleiten, wobei die Übung der Nachahmung durch das zwingende Gebot der Notwendigkeit bestimmt wird.«

»Fünfter Gesichtspunkt: Eine Zeitlang die einfachsten geistigen Tätigkeiten auf die Gegenstände seiner körperlichen Bedürfnisse anwenden und dann deren Anwendung auf den Lehrstoff bestimmen.«

»Bei der Aufstellung dieser Thesen sah sich ITARD, der in bezug auf die wenig angepaßten Organe und eine abgestumpfte Sensibilität einen medizinischen Fall vor sich sah, durch den ›Geist der ganzen Lehre‹ der frühen Psychiatrie eines WILLIS, CHRICHTON und schließlich PINEL beeinflußt, die im wesentlichen das »Traitement moral« vertraten.«

Die tatsächlich nicht unerheblichen Veränderungen, die ITARD an dem Wilden von Aveyron erreichte, ließen ihn wichtige Konsequenzen für die Natur- und Geistesgeschichte des Menschen erkennen, die er in Anlehnung an CONDILLAC formulierte: »Daß die moralische Überlegenheit, von der man sagt, sie sei für den Menschen natürlich, nichts anderes ist als das Ergebnis der Zivilisation, die ihn über die anderen Lebewesen durch eine mächtige Triebfeder (›mobile‹) erhebt. Diese Triebfeder ist die große menschliche Empfindsamkeit, eine ganz wesentliche Eigenschaft, aus der die Fähigkeit zur Nachahmung entspringt, und die ständige Tendenz in neuen Bedürfnissen (›besoins‹) nach neuen Sensationen zu suchen.« (zitiert nach HÄNSEL).

ITARD's Bemühungen haben bis in unsere heutige Zeit hinein Aufsehen erregt. 1974 erschien unter dem Titel »Die wilden Kinder« eine Zusammenfassung aller in der Literatur veröffentlichten »wilden« Kinder. Sie beginnt mit dem hessischen Wolfsjungen – veröffentlicht von CAMERARIUS, und endet bei dem Affenkind von Teheran – publiziert 1961 von der Agence France Press. In diesem Buch findet sich auch der Wortlaut von ITARD's klassischem Gutachten und der Bericht über Victor von Aveyron. Außerdem erschien vor wenigen Jahren der Film »Der Wolfsjunge«, in dem ITARD's Bemühungen auch filmisch dargestellt wurden.

Aus der Sicht der Kinderpsychiatrie unserer Tage, als Konsequenz langjähriger Erfahrungen am Kinderzentrum München, würde man die Bemühungen von ITARD in den Bereich der Verhaltenstherapie einordnen, indem versucht wird, z. B. durch konsequentes Belohnen, erwünschtes Verhalten zu verstärken und durch konsequentes Nichtbeachten unerwünschtes Verhalten zu löschen.

Die physiologische Erziehung der Schwachsinnigen von SEGUIN

ITARD's Programm mit der Entwicklung der Sinnesfunktionen, der intellektuellen Funktionen und der affektiven Fähigkeiten wurde von SEGUIN weiterentwickelt. In dem »Geschichte der Physiologie« überschriebenen Kapitel seiner »Idiocy« (1866) modifizierte er ITARD's Programm wie folgt:
1. Die Entwicklung der Sinne
2. Die Entwicklung der intellektuellen Funktionen
3. Die Entwicklung der Gemütsfähigkeiten.

Auf die Wichtigkeit des Prinzips eingehend, daß jede »Funktion des Relationslebens mit ihrer Fähigkeit identisch« sein muß und jeder »Sinn . . . als Funktion und außerdem als Fähigkeit gelehrt werden muß«, entsteht – von ITARD übernommen, SEGUIN's physiologische Erziehung der Schwachsinnigen.

Diese Idee, die keinen Vorgänger hatte, ging von ITARD auf SEGUIN über. Es ist hier nicht der Ort, um auf SEGUIN's bedeutendes Werk näher einzugehen, aber einige Hinweise scheinen sinnvoll, um diese ärztlichen Wurzeln der ärztlichen Pädagogik von Maria Montessori stärker hervorzuheben. Dabei seien lediglich die methodischen Prinzipien erwähnt, die im folgenden in Anlehnung an HÄNSELS Monographie über Edouard SEGUIN, »Die physiologische Erziehung der Schwachsinnigen«, kurz erläutert werden.

Der Schwachsinnige »als eine in unvollkommene Organe eingeschlossene Seele« verlange zunächst eingehende Beschäftigung mit den eigenen Muskel-, Nachahmungs-, Nerven- und Reflexfunktionen, damit diese jederzeit in Bewegung gesetzt werden können. Auf die »Dreierhypothese« bezogen, betrifft diese »die allgemeine Erziehung«, die »Muskelerziehung«, die »Nachahmung« und die »Erziehung der Sinne«.

Zunächst begegnet man den vielfältigen Bewegungsanomalien, die die weitere Erziehung hemmen könnten. Abhilfe schaffen sollte die »Gymnastik«, wozu Seguin, basierend auf seinem Landsmann Amoros, eigene Geräte einführte, mit deren Hilfe die rein physischen Muskelübungen allmählich zu den physiologischen Sinnesübungen überleiten sollten.

Die Hand als Greiforgan wurde besonders geübt. Nach Seguin ist das »Greifvermögen« die komplexe Aktion des Ergreifens, Haltens und Loslassens, das an »Körpern aller Formen und Gewichte« aus dem täglichen Leben geübt wird, und dessen Endziel die Befähigung des Schwachsinnigen sei, eine Arbeit zu verrichten (Hänsel).

Seguin's Beobachtung, daß die »Funktionen eines Organs desto komplizierter sind, je kleiner es ist«, führte dazu, immer neue Übungen und Instrumente zu erdenken, um den »Fingern Geschicklichkeit zu geben«. Die größtmögliche Fingerfertigkeit erlangten die Schwachsinnigen schließlich im täglichen Leben, wohl aber auch unter Zuhilfenahme des Gesichtssinnes.

In seiner »Idiocy« schließt Seguin an die Muskelerziehung die Überleitung zur Nachahmung an. Der Beginn der Übung zur durch Nachahmung erreichbaren willkürlichen Unbeweglichkeit erfordere die konzentrierte Aufmerksamkeit.

Die Abbildungen auf den folgenden Seiten geben Hinweise auf das therapeutische Material von Seguin.

Den Grundstock zu Seguin's Sinneserziehung bildeten die Erfahrungen seiner direkten Vorgänger in der physiologischen Erziehung, Itard, Pereira, Rousseau. Demnach werden folgende Postulate gegeben (zitiert nach Hänsel):

1. Ein Sinn muß einen anderen vertreten können.
2. Die Unvollkommenheit der Sinnes- und Bewegungserziehung, die uns täuscht, statt die Befehle des Willens auszuführen, muß einer besonderen »Schulung unterworfen werden, durch die ihr ursprüngliches Vermögen unbegrenzt intellektualisiert wird«.
3. Die Sinne müssen symmetrisch erzogen werden.
4. Die Inanspruchnahme künstlerischer Sinne vergrößert die Erfahrungsbasis, denn »wirkliches Wissen entsteht nur durch Erfahrung«.
5. »Empfindungen sind intellektuelle Funktionen«.

Hinzu kommt von Seguin als oberstes Prinzip: Da jede »Funktion psycho-physiologisch« ist, muß jeder Sinn »als Funktion und außerdem als Fähigkeit gelehrt werden«. Das heißt, »daß die Übungen einer jeden Funktion

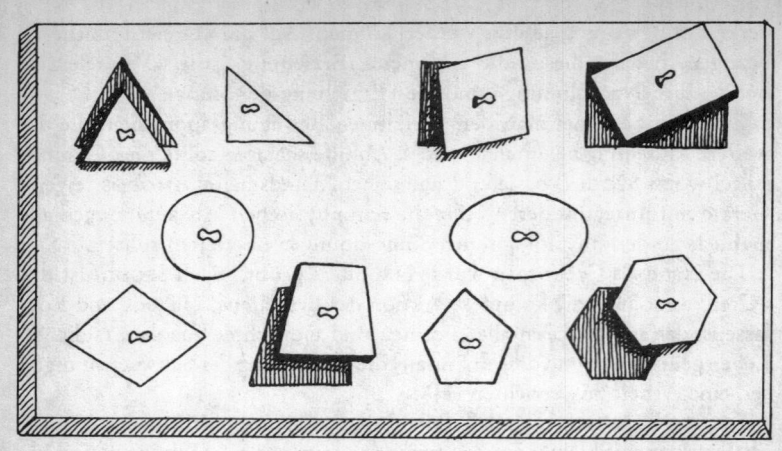

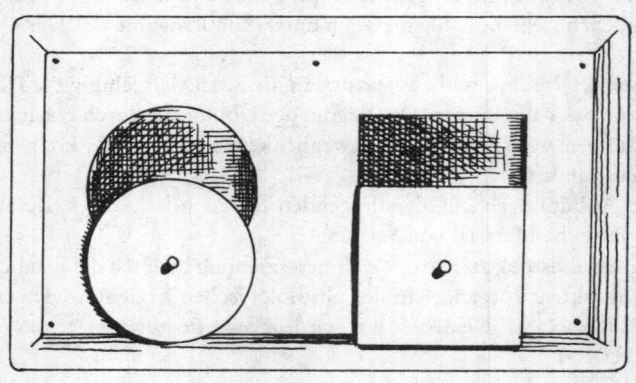

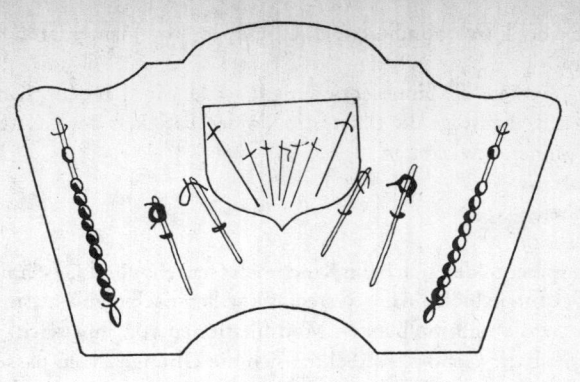

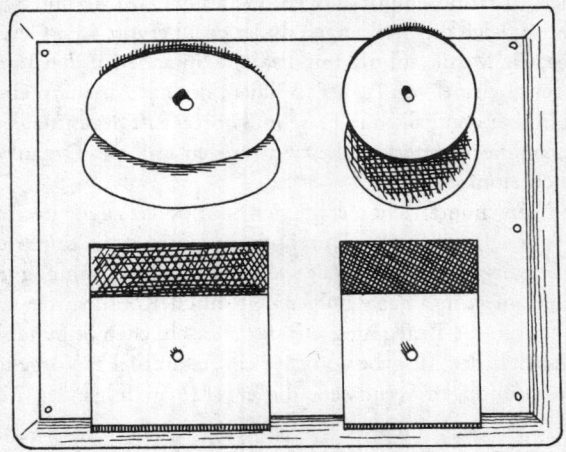

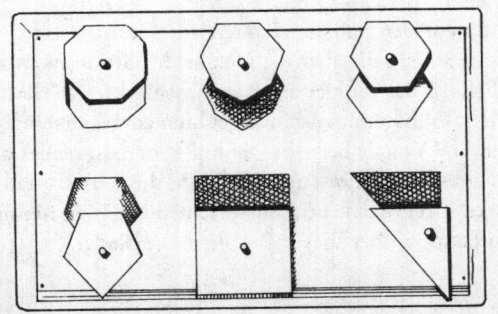

Anlaß zu einer korrespondierenden Übung der komplementären Fähigkeit geben muß«.

SEGUIN richtete die Sinneserziehung danach, wie sich beim Kind in der gegebenen Reihenfolge die Illustrationen der Tätigkeit des Geistes mittels der drei Sinne entwickelten:

1. des Tastens –
2. des Sehens –
3. des Gehörs.

Wenig später bilden sich beim Kind noch Geruchs- und Geschmackssinn aus, die SEGUIN jedoch um der Systematik willen nach dem Tastsinn abhandelte, da sie die unmittelbarsten Modifikationen von ihm seien.

Im Bereich des Gehörs erstreckten sich die Übungen vom passiven Hören bis zum aktiven Horchen, stufenweise angewandt auf die drei Äußerungen der Vibrationsempfindungen: Geräusche, Musik und Sprache. SEGUIN hebt sogleich die Wirkungen dieser drei hervor: »die Geräusche auf die Triebe, die Musik auf die Impulse, die Sprache auf den Intellekt«.

Nach dem Beispiel von ITARD's Wilden, der das Abfeuern einer Pistole nicht, wohl aber den Fall einer Haselnuß hörte, ruft SEGUIN aus: »Was für ein Feld, um die Aufmerksamkeit zu erregen und das Organ willig und empfindlich zu machen.«

Für den Sprechunterricht machte sich SEGUIN das zuvor Erreichte nutzbar: die Schreie werden zu »Durchschnittslauten«, die durch die »Singstimme« hervorgebrachten Vokale »sollen durch Nachahmung im Sprachumfange intoniert und nach einiger Zeit durch Konsonanten unterstützt werden«, durch die Begegnung mit der menschlichen Stimme selbst.

SEGUIN läßt in der Ausgabe von 1866 ein ausführliches Vorgehen bei den Artikulationsübungen vermissen, die er 1846 in folgender Reihenfolge lehrte:

1. Konsonanten
2. einfache Silben, zusammengesetzt aus einem Konsonanten und einem Vokal, wie PA, ME, BO.
3. Lippenlaute vor den anderen Lauten wie Gutturale etc.
4. Verdoppelte Silben, die aber die Gefahr des Stotterns in sich bergen.

»Erstaunlich ist, das sei hier am Rande bemerkt, daß SEGUIN's Reihenfolge der in der Taubstummenschule geübten entgegengesetzt war, was die Konsonanten und Vokale betrifft. Dank der ›conséquences d'observations rigoureuses faites sur nature‹ meint SEGUIN, die schwereren Konsonanten als erste lehren zu müssen, und entspricht mit dieser Meinung ganz der heutigen Auffassung über dieses Problem.« (HÄNSEL).

Einzelheiten über SEGUIN's bedeutsames Werk, aus dem in deutscher Sprache lediglich das Buch »Die Idiotie und ihre Behandlung nach physiologischer Methode« – (herausgegeben 1912 in Wien) – erschien, können im Rahmen dieses Berichts über den Schulversuch der Aktion Sonnenschein in München nicht gegeben werden. Sie scheinen indessen wichtig, weil diese Wurzeln der Montessori-Pädagogik international weitgehend in Vergessenheit geraten sind, obwohl Maria Montessori, die ITARD's und SEGUIN's Werke handschriftlich übersetzte, die »Stimme SEGUIN's . . . wie die des Rufers in der Wüste« empfand, »und in Gedanken erfaßte ich die ungeheure Bedeutung eines Werkes, das Schule und Erziehung hätte reformieren können« (MONTESSORI »Die Entdeckung des Kindes«).

So ist es verständlich, daß die Montessori-Methode der SEGUIN'schen physiologischen Erziehung in den Übungen ganz ähnlich ist, d. h. ebenfalls auf der Physiologie und Psychologie der Schwachsinnigen gegründet wurde.

Um Maria Montessoris Werk verstehen zu können, ist es sinnvoll, den Ursprung der Idee der physiologischen Erziehung über ROUSSEAU, PEREIRE, ITARD und SEGUIN zurückzuverfolgen. Wohl hatte sie die Sinnes- und Muskelerziehung von ihren Vorgängern authentisch übernommen, doch die treibende Kraft, die in dem philosophischen Überbau dieser Erziehung zu suchen ist, geht bei Montessori nicht auf SEGUIN zurück. Mit ITARD vielmehr teilt Montessori ihren »sensualistischen Standpunkt« und nicht die Saint-Simonistische Einstellung SEGUIN's, wenngleich auch Montessori eine soziale Idee verfolgte.

Hierzu sagt William BOYD: »Von einer richtigen psychobiologischen Bewertung des Spiels ausgehend, gibt Montessori als erste ein wissenschaftlich ausgearbeitetes System des Materials der Kinderspiele, dessen Benutzung die Wahrnehmungsorgane und die Bewegungsmechanismen des Kindes entwickeln und sie dadurch zur kommenden Arbeit vorbereiten muß.« Das Spiel besteht bei Montessori ausschließlich in den Muskel- und Sinnesübungen, in denen die Kinder bis zur Perfektion, geradezu als eine Karikatur von SEGUIN's Übungen für Schwachsinnige, »technische Fertigkeiten« erwarben.

Auf Einzelheiten und Besonderheiten der Überlegungen und Programme von ITARD, SEGUIN und MONTESSORI, auch nicht auf den Gegensatz von der Montessori- zur FRÖBEL-Pädagogik, kann in diesem Zusammenhang nicht eingegangen werden.

Eines sei aber mit HOLMAN festgestellt: Der Montessori-Pädadogik gebührt der Verdienst, ein »vollzogenes Experiment« dargestellt zu haben und für dessen Verbreitung gesorgt zu haben. Dabei vergaß sie nicht, sich abzusichern gegen die Zerstückelung, die Seguin's Methode – auch durch Montessori selbst – widerfahren ist, indem sie ihr »didaktisches Material« in kommerzieller Weise patentieren ließ.

Der Erfolg spricht für sich, obgleich zur Entstehungszeit der Montessori-Methode allgemeine Kämpfe gegen die »traditionelle, rein aprioristische Pädagogik« im Gange waren, vermochte sie sich davon abzuheben und ihre Schule bis heute in ihrer Einheitlichkeit zu bewahren und – so hoffte Holman – auch auf Seguin aufmerksam machen: »If her work only serves – and it will do far more than this – to draw attention to that of the noble and devoted Seguin, it will be a worthy tribute to a great man and an honour to Madame Montessori.« Holman sollte nicht recht behalten dürfen. Die physiologische Erziehung Seguin's wurde völlig von der Montessori-Pädagogik absorbiert« (zitiert nach Hänsel).

Die Zusammenhänge zwischen der Montessori-Pädagogik und ihren Ursprüngen bei Itard und Seguin waren indessen auch nicht im geringsten bekannt, als wir zufällig auf die Möglichkeiten der Montessori-Pädagogik stießen, um unsere Vorstellungen über die Bedeutung der kindlichen Sozialisation und der Sozialentwicklung realisieren zu können.

Vom ärztlichen, insbesondere kinderärztlichen Standpunkt aus, ist es ganz selbstverständlich gewesen, daß Maria Montessori für ihre Pädagogik aufbaute auf Erfahrungen und Programmen, die sie vorfand. Neue ärztliche Erkenntnisse basieren immer auf vorhandenen Erfahrungen, und unabhängig von Theorien sind medizinische Verbesserungen nur selten völlige Neuschöpfungen, sondern vielmehr eine Fortentwicklung vorhandener Ergebnisse und Programme.

Unter diesen Umständen ist auch der Schulversuch der Aktion Sonnenschein in München nichts anderes als die systematische Fortentwicklung einer ärztlichen Pädagogik, wie sie mit den Namen Itard, Seguin, Decroly und insbesondere Maria Montessori verbunden ist. Im Rahmen dieser Darstellung soll deshalb auch darauf verzichtet werden, die Montessori-Pädagogik auch nur in Umrissen zusammenfassend darzustellen oder das Montessori-Material in Gänze aufzuführen. Hierzu sei auf die umfangreichen Publikationen von Maria Montessori selbst hingewiesen. Die Montessori-Pädagogik läßt sich – wie wir in der Praxis erlebt haben – auch nicht aus Büchern studieren, sie muß vielmehr am Kinde erlebt werden.

In vielfältigen Diskussionen mit Pädagogen und Sonderpädagogen muß ich immer wieder erkennen, daß es letztlich sinnlos ist, theoretische Erwägungen über ein pädagogisches System anzustellen, das ganz offensichtlich als ärztliche Pädagogik aus der Praxis heraus entstand.

So wollen wir uns in den folgenden Kapiteln darauf beschränken, die

Montessori-Pädagogik aus dem Erleben in der Praxis heraus zu schildern, so wie sie gewissermaßen aus der Loge von mir als Kinderarzt im Schulversuch der Aktion Sonnenschein gesehen worden ist. Dabei scheint mir bemerkenswert, daß wir diesen Schulversuch auf dem Boden der klassischen Montessori-Pädagogik errichtet haben. So wie Maria Montessori ihre Pädagogik ihrer Schülerin Margarete AURIN dargestellt hat, so wurde sie in unseren Schulversuch eingeführt und praktiziert.

Die Freiheit in der Montessori-Pädagogik ist nicht antiautoritär

Das »pädagogische Wunder«, wie die Methode Maria Montessoris schon zu Beginn unseres Jahrhunderts von den unzähligen Besuchern aus aller Welt genannt wurde, die nach Rom und Mailand reisten, um dort die »Kinderhäuser« anzustaunen, dieses Wunder beruhte auch auf der Entdeckung Maria Montessoris: daß die *Freiheit* ein konstitutives Element ist, das zu jeder ungestörten kindlichen Reifung und Entwicklung gehört. Freiheit der Entscheidung über sein Tun, Freiheit der Wahl, Freiheit des Verhaltens, soweit sich das Kind dabei nicht aus Unkenntnis ernsthafter Gefahr aussetzt. Doch sei hier gleich angemerkt, daß in den Montessori-Kindergärten im Vertrauen auf die bei einer ungestörten Entwicklung normaler Kinder von selbst einsetzende freiwillige Selbstregulierung und Selbstkontrolle weit über die jahrhundertealten klassischen pädagogischen Grundsätze erfolgreich hinausgegangen wird. In den Montessori-Kindergärten gilt der Spruch »Messer, Gabel, Schere, Licht sind für kleine Kinder nicht« – keineswegs, weil jedes Kind dort – wie sich hundertfach erwiesen hat – ganz von selbst durch natürliche Eingliederung angemessen mit diesen Werkzeugen umzugehen lernt.

Diese Freiheit, die dem Kind im Bereich der Montessori-Pädagogik zuerkannt wird, hat es trotz aller praktischen Erfolge bisher verhindert, daß sie in die klassische Pädagogik eingegangen und im klassischen Schulbereich allgemein praktiziert worden ist. Die mit ihr verbundene Ablösung der starren Führungsautorität des klassischen Lehrers käme einem Umsturz des Systems und der Struktur der gesamten klassischen Schultradition fast aller Kulturkreise gleich. Deshalb blieb die Montessori-Pädagogik – gleich den Waldorf-Schulen Rudolf Steiners, in unserem Lande bis jetzt – eine mit ablehnender Reserve betrachtete Randerscheinung der etablierten Schul- und Erziehungssysteme.

Die Montessori-Pädagogik nimmt für sich in Anspruch, im Gegensatz zu den anderen genannten Versuchen nicht nur die natürlichen Anlagen des Kindes ungestört zu entwickeln, sondern darüber hinaus Grundanlagen des kindlichen Seelenlebens und deren funktionelle Erscheinungsperioden entdeckt zu haben, die der Erwachsene nicht mehr besitzt und infolgedessen auch in ihrer Bedeutung für die kindliche Reifezeit nicht angemessen beurteilen kann. Aus diesen Grundlagen heraus, die Maria Montessori durch die Begriffe »Polarisation der Aufmerksamkeit«, »sensible Perioden«, »Konzentration«, »Wiederholung der Übungen«, »Ordnungssinn«, »die freie Wahl der Arbeit«, »die Würde«, »die Disziplin« kennzeichnet oder umschreibt, entwickelt jedes Kind in freier ungestörter Entfaltung den ganzen Reichtum seiner Persönlichkeit, wenn ihm dazu Gelegenheit gegeben und angemessenes Übungsmaterial angeboten wird.

Die Bedeutung der von Maria Montessori geschaffenen Pädagogik läßt sich – dafür liegen bereits zahlreiche Beweise vor – nicht durch die Anwendung wissenschaftlich-theoretischer Erkenntnisse allein beurteilen. Das »Studium vor Ort«, das persönliche Erlebnis gehören dazu, um sich eine objektive Meinung bilden zu können.

Man hat das sogenannte Montessori-Material des »Kinderhauses« – wir kommen im nächsten Abschnitt darauf zu sprechen – kritisiert und ihm andere Spielgegenstände gegenübergestellt. Man hat sich aber oft nicht die Mühe gegeben zu beachten, daß dieses Material nicht nur zur Ausbildung der Sinne da ist, sondern zu Übungen, die bei den Kindern erfahrungsgemäß eben das Phänomen ungeteilter Aufmerksamkeit hervorbringen und eine Geordnetheit zur Wirkung haben, die nicht bloß für ihre intellektuelle, sondern für ihre *gesamte* Erziehung, auch die moralische, von entscheidender Bedeutung ist. Man kann unmöglich diese Materialien abqualifizieren, daß man sagt, durch sie würden die intellektuellen Kräfte so früh wie möglich durch didaktische Spiele gereizt, die Entwicklung beschleunigt und dadurch nicht eine normale Bildung des Kindes, sondern eine ungesunde Frühreife gefördert. Wer die Bedeutung der Übungen aus der Praxis der Montessori-Kinderhäuser kennt, muß annehmen, daß alle Pädagogen, die eine ähnliche Meinung haben, vom Leben in den Montessori-Kinderhäusern keine Ahnung haben!

»Gedanke und Handlung müssen zu einer Einheit werden. Die Entfaltung der Persönlichkeit muß in voller Harmonie geschehen. Der Mensch muß sich seinem eigenen Rhythmus gemäß formen, disziplinieren und bilden können. Unser Ziel ist die Gesundheit der Psyche; und mit dieser Gesundheit entstehen in jedem normalen Kind soziale Haltung, freiwillige Disziplin, Gehorsam und Willensstärke.« (Maria MONTESSORI 1934)

In dem Bestreben, die unglückselige Verbildung vieler kindlicher Seelen zu kennzeichnen, die von den Erwachsenen durch falsche Erziehung an Kindern verschuldet werden, hat Maria MONTESSORI in ihren *Grundlagen meiner Pädagogik* (Heidelberg 1968) klare Formulierungen gefunden. Wir bringen sie in einem längeren Zitat, das gleichzeitig besser als jede Interpretation ihre Grundgedanken nahebringt:

»Die Lösung der Frage gipfelt nicht darin, das dem kindlichen Leben notwendige Milieu zu schaffen, sondern es tritt die zweite sittliche Forderung an uns heran, zu erkennen, daß die schöpferische Mission des Kindes ist, eine sittliche Persönlichkeit zu bilden. Diese Mission muß geachtet und unterstützt werden. Wir wissen, daß dem Menschen Tendenzen angeboren sind, die sittlich inferior erscheinen. In der Tiefe jeder menschlichen Seele spielt sich ein Drama ab zwischen ›dem Willen zum Guten und der Neigung zum Bösen‹. Wird das Kind in dieser Entwicklung durch das Unverständnis des Erwachsenen gehemmt und gestört – so werden die Energien im Inneren des Kindes, die göttliche Mittel zur Menschheitsbildung sein sollten, zur Verteidigung der wachsenden Persönlichkeit, zum Kampf statt zur Liebe. Glauben an das Kind und seine Schöpfermission und Erkenntnis der Fehler im Erwachsenen und nicht psychologische Wissenschaft oder Aufstellung pädagogischer Ziele ohne Rücksicht auf den Weg kann der Entfaltung der Einheit des kindlichen Wesens und seiner sittlichen Vollendung dienen.

Wird aber die Entwicklung nicht einmal, sondern dauernd gestört, wie es das Schicksal fast jeden Kindes ist, so muß eine innere Verwirrung entstehen, die durch die Kampfstellung gegen den Erwachsenen und damit durch die Unterstützung der ›Neigung zum Bösen‹ viele zerstörende Folgen hat. Diese Kinder können nicht gehorchen, denn Gehorsam bedeutet Zustimmung der Persönlichkeit, bedeutet die Möglichkeit, folgen zu können. Ist aber die innere wachsende Persönlichkeit zerrissen, so entsteht eine Störung, sichtbar in der Disziplin der äußeren Handlung.

Vor allem in der Bewegung des Kindes sind Symptome erkennbar: Hände, die nicht arbeiten, aber auch nicht ruhig sein können; hastige Bewegungen, die alle Dinge der Umgebung gefährden; Zerstreutheit, Schüchternheit, Unaufmerksamkeit und vieles andere. Unendlich viele Merkmale dieser Entwicklungsstörungen sind uns bekannt; und es würde hier zu weit führen, sie alle aufzuzählen und ihre Motive zu besprechen. Nur das eine muß ausdrücklich hervorgehoben werden, daß diese Symptome meist als normal und oft sogar als besonders guten Eigenschaften des Kindes angesehen werden.

Wie stolz sind die Eltern und Erzieher auf ein Kind, das eine besonders starke Einbildungskraft besitzt! Sie sehen nicht, daß dies ein Symptom einer ungeordneten Intelligenz ist, die sucht und nicht findet, die die Verbindung mit der Wirklichkeit verloren hat, die in den leeren Raum phantasiert aber nicht aufbaut. Ein solches Kind lebt in den Bildern seiner Vorstellungskraft; und der Erwachsene denkt, welch schöpferische Kraft ruht in diesem

Kind! Und doch geht die Kraft dieses Kindes einen Weg, der nicht zum schöpferischen Aufbau des Menschen, sondern zu verwirrender, innerer Undiszipliniertheit und Spaltung führt. Erst in späteren Jahren merkt man, daß von der sogenannten schöpferischen Kraft dieser Kinder nicht viel übrig bleibt, und daß sie nicht halten, was man von ihnen erwartete.

Die Bewegungen solcher Kinder sind meist überlebhaft, ungeordnet und zwecklos. Sie sind nicht fähig, ausdauernd und aufmerksam zu sein. Sie sind uninteressiert für alles, was gelehrt wird. Die Erzieher, die diese Kinder als normal ansehen, unterstützen die Einbildungskraft und glauben Gutes zu entwickeln und fördern doch nur die Spaltung. Die ungeordneten Bewegungen stören den Erwachsenen, und er versucht, sie zu unterdrücken und verbietet sie dem Kind. Doch das Kind kann nicht gehorchen, weil es verbildet ist.

Viele dieser Kinder lügen. Die Lebhaften, Phantasiereichen aus dem Bedürfnis heraus, phantastische Dinge zu erzählen. Die Stillen aus Schüchternheit, aus Flucht vor dem Entschluß, aus Mangel an Mut. Alle Versuche, die Fehler einzeln zu verbessern, scheitern, da sie der aus dem Gleichgewicht gebrachten Persönlichkeit entspringen.

Wie oft sind die Wünsche dieser lebhaften, phantasiereichen und der stillen, unselbständigen Kinder unerfüllbar, denn sie selbst kennen ja keine Grenzen, weil sie keine eigenen Erfahrungen in der Wirklichkeit machen können. Sie wollen nur, und da sie ihr Wollen nicht selbst befriedigen können, versuchen sie die Erzwingung ihrer Wünsche beim Erwachsenen. Auf jede Weise versuchen sie sie, und schließlich macht der Erwachsene Konzessionen, weil seine Widerstandskraft erlahmt, und sagt, ich habe das Kind verwöhnt. Dies ist der einzige Fehler, den der Erwachsene jemals zugibt!«

Es ist also keineswegs die »schöpferische Phantasie« des Kindes, noch auch das Tagträumen, die Maria Montessori für etwas zu »Mißbilligendes« hält. Im Gegenteil: Damit die echte schöpferische Phantasie des normalen Kindes zum Aufbau seiner Persönlichkeit voll und ganz beitragen kann, muß ihm ausreichend Gelegenheit dazu gegeben werden, sich – wenn es das für notwendig hält – auch seinen Tagträumen hinzugeben. Eine pädagogische Erkenntnis Maria Montessoris lautet:

»In Wirklichkeit aber bewegen sich normale Kinder ruhig, sie stechen gerne lang an einer Stelle und starren ein Objekt an, so als ob sie tiefe Betrachtungen darüber anstellten. Ruhe, sparsame, gemessene Bewegungen, Neigung zur Nachdenklichkeit – das sind also die wahren Kennzeichen des normalen Kindes . . .

Im Kinde ist die schöpferische Haltung, die potentielle Energie vorhanden, die es befähigt, aufgrund seiner Umwelteindrücke eine seelische Welt aufzubauen . . .

Es ist sehr wichtig, daß das Kind in die Lage kommt, Eindrücke zu sammeln und klar und geordnet zu behalten, denn das Ich baut die eigene Intelligenz mittels sehr sensitiver Kräfte auf, die seine Energie leiten. Diese dauernde innere und verborgene Bemühung führt zur Herausbildung der Vernunft, das heißt jenes Vermögens, das letztlich den Menschen als vernunftbegabtes, denkendes, urteilendes, wollendes und gemäß seinem Willen sich bewegendes Wesen auszeichnet . . .

Die Erwachsenen können die innere Arbeit schon dadurch behindern und geradezu unmöglich machen, daß sie die Kinder aus ihren Gedankengängen reißen und sie in verständnisloser Weise zu ›zerstreuen‹ suchen.«
(MONTESSORI 1950)

KAPITEL 6

Aus Erfahrungen bei gesunden Kindern entsteht eine neue Konzeption der Behindertenhilfe im Kinderzentrum München

Für einen Säugling ist es gefährlich, nicht in der Familie aufzuwachsen

Noch vor hundert Jahren war es für einen Säugling fast gleichbedeutend mit seinem Tod, außerhalb der Familie aufzuwachsen. Die Sterblichkeit in europäischen Findelanstalten im 19. Jahrhundert war so groß, daß der französische Hygieniker, Statistiker und Sozialpolitiker VILLERMÉ aufgrund seiner Erhebungen an den Findelhäusern Schilder anbringen lassen wollte mit dem Inhalt: »Hier werden Kinder auf Staatskosten vom Leben zum Tode befördert.«

Der Begründer der Kleinkinderfürsorge in Deutschland, Gustav TUGENDREICH, sprach noch zu Beginn unseres Jahrhunderts von »Mördergruben«. Die hohe Säuglings- und Kleinkindersterblichkeit in den europäischen Findelanstalten – wie die damaligen Säuglings- und Kleinkinderheime mit Recht genannt wurden – waren ein wesentlicher Anlaß für das Entstehen des jungen Faches Kinderheilkunde, das sich gegen den Widerstand der medizinischen Fakultäten nicht als enge Spezialität verstand, sondern von vornherein als eine alle Besonderheiten des Kindesalters umfassende medizinische Disziplin.

Die einzigartigen Errungenschaften, welche diese junge Disziplin an ihre Fahne heftete, lassen sich am besten an den Sterblichkeitsziffern der Säuglinge und Kleinkinder in außerfamiliärer Pflege messen. Vor 80 Jahren noch hatte die führende deutsche Kinderklinik – die Charité zu Berlin – eine Sterblichkeit von 70% bei den Säuglingen im ersten Lebenshalbjahr. Der damalige Klinikdirektor HEUBNER riet seinem Nachfolger HENOCH, die Säuglingsabteilung ganz aufzugeben, weil sie nur die Klinik diskreditiere.

Die extreme Säuglings- und Kleinkindersterblichkeit außerhalb der Familie betraf aber nicht nur die Findelhäuser und Kliniken, sondern auch die Ersatzpflege der sogenannten Ziehkinder. Die Praxis der »Engelmacherinnen«, auf die der verstorbene Leipziger Kinderarzt PEIPER vor allem hingewiesen hat, ist letztlich der Grund für das von seinem Ansatz her vorbildliche Reichsjugend-Wohlfahrtsgesetz im Jahre 1923 gewesen. Es ermöglichte in unserem Lande erstmalig systematisch den gesetzlichen Schutz der Kinder außerhalb der Familie.

Die erfolgreiche Bekämpfung des Kindersterbens durch das junge Fach Kinderheilkunde machte es notwendig, daß die Pädiatrie in Diagnostik und Therapie ihre eigenen Wege ging. Mit der morphologischen Medizin, wie sie etwa durch die Pathologie des berühmten Pathologen Rudolf VIRCHOW letztlich begründet wurde, war dem Kindersterben allein nicht beizukommen. Die Bekämpfung der Ernährungsstörungen, die Bekämpfung der Infektionskrankheiten machten funktionelle Programme in der Diagnostik und der Therapie notwendig. Die dabei gewonnenen Erkenntnisse bei der natürlichen Ernährung im Kindesalter, bei der Vorbeugung von Infektionskrankheiten durch Impfungen usw. haben das Aufgabenfeld der modernen Kinderheilkunde völlig gewandelt. Ehemals bösartige Krankheiten wie die Diphtherie, der Scharlach, die Tuberkulose oder die Kinderlähmung sind praktisch ausgerottet. Mit der Entdeckung des Vitamins D wurde eine Prophylaxe der Englischen Krankheit möglich. Krüppelschäden durch diese schreckliche Krankheit sind vergessen. Unsere Säuglinge sterben nicht mehr an Ernährungsstörungen, weil die Kinderärzte mit Hilfe der Industrie kindgerechte Nahrungen entwickelt haben, die verhindern, daß Ernährungsstörungen als Todesursache in Frage kommen.

Die Probleme der außerhäuslichen Pflege von Säuglingen bestehen aber nach wie vor. Noch immer ist die Sterblichkeit der unehelichen Kinder etwa doppelt so hoch wie der ehelichen. Noch immer erweist sich die Entwicklung von Kindern, die in Heimen oder in Tagesstätten aufwachsen, als beeinträchtigt.

Zahlreiche wissenschaftliche Untersuchungen haben sich damit beschäftigt, daß die Kinder in diesen Institutionen der Kinderpflege zwar nicht mehr sterben, daß sie aber in ihrer Entwicklung deutlich zurück sind gegenüber anderen Kindern. Die Dringlichkeit dieses Problems mag man daran erkennen, daß die Weltgesundheitsorganisation eine ihrer ersten Monographien der Frage »Maternal Care and Mental Health« widmete. In dieser Monographie hat der britische Kinderpsychiater John BOWLBY schon vor 20 Jahren alle Ergebnisse zusammengefaßt, welche zeigen, daß die Pflege eines Säuglings und Kleinkindes außerhalb der Familie zwar nicht mehr zum Tode führt, aber nach wie vor gefährlich ist.

Eine neue Entwicklungsdiagnostik

Die Problematik der außerhäuslichen Pflege des Säuglings und Kleinkindes zwingt die Kinderheilkunde heute erneut zum Nachdenken über neue

Möglichkeiten der Frühdiagnostik und Frühtherapie, vor allem auf dem Gebiet der sozialen Pädiatrie. Soziale Pädiatrie ist die Wissenschaft von den Wechselwirkungen zwischen dem Kind und der Gesellschaft und der von der Gesellschaft geprägten Umwelt. Die Gefahren für die Kinder in unserer Gesellschaft liegen nicht mehr in Ernährungsstörungen, Infektionskrankheiten, nicht mehr in Tuberkulose oder Englischer Krankheit, sondern in psychosozialen Problemen.

Dabei spielt der Verlust der Familie, insbesondere die außerhäusliche Erwerbstätigkeit der Mütter, eine besonders gefährliche Rolle.

Um die Gefährdung des Kindes bei außerfamiliärer Pflege deutlich zu machen, wurden an der ehemaligen Forschungsstelle für Soziale Pädiatrie und Jugendmedizin der Universität München – jetzt Institut für Soziale Pädiatrie und Jugendmedizin der Universität – systematische Untersuchungen über die Entwicklung von Säuglingen und Kleinkindern in Heimen durchgeführt. Bei diesen Untersuchungen wurden internationale Erfahrungen der Kinderforschung mit eigenen Befunden über die Entwicklung von Säuglingen und Kleinkindern zu einem neuartigen diagnostischen Konzept zusammengefaßt.

Dieses diagnostische Konzept benutzt Verhaltensweisen, wie sie in der Entwicklung der wichtigsten psychomotorischen Funktionen im Säuglingsalter für verschiedene Lebensmonate charakteristisch sind, als Basis. Für jeden Lebensmonat und für jeden Funktionsbereich ist ein bestimmtes Verhalten angegeben, das mindestens bei einem Säugling in einer bestimmten Funktion gezeigt werden muß, wenn diese Funktion sich normal entwickelt.

Diese ethologische Entwicklungsdiagnostik geht von einem hierarchischen Entwicklungsmodell aus, wobei die Vorstellung im Mittelpunkt steht, daß die Entwicklung durch Aufgliederung des Ablaufs einer bestimmten Funktion in abgegrenzten repräsentativen Verhaltensweisen meßbar ist.

So wurden von HELLBRÜGGE und PECHSTEIN, fußend auf einem Schema der tschechischen Kinderärztin Maria DAMBORSKA, »Entwicklungsphysiologische Tabellen für das Säuglingsalter« zusammengestellt, bei denen sämtliche Säuglings- und Kleinkindertests Verwendung fanden, die bis dahin veröffentlicht worden waren. Diese neuartige Entwicklungsdiagnostik erlaubte es, die in der nachfolgenden Tabelle aufgezeigten psychomotorischen Funktionen bereits im ersten Lebensjahr zu messen, wobei den in verschiedenen Entwicklungsstadien gefundenen Werten ein entsprechender diagnostischer Begriff zugeordnet wurde:

Krabbeln	Krabbelalter
Sitzen	Sitzalter
Laufen	Laufalter
Greifen	Greifalter
Perception	Perceptionsalter
Sprachverständnis	Sprachverständnisalter
Sprechen	Sprechalter
Sozialentwicklung	Sozialalter

Das Neuartige an dieser Entwicklungsdiagnostik lag darin, daß erstmalig Funktionen in die Frühdiagnostik einbezogen werden konnten, die bis dahin nicht Gegenstand systematischer kinderärztlicher Untersuchungstechniken waren, nämlich die Sprachentwicklung und die Sozialentwicklung. Für beide Funktionen ist aber festzuhalten, daß ihre Entwicklung bereits zu einer Zeit gemessen wird, wo die Funktionen noch nicht ausgeprägt sind. Das bedeutet, daß Sprachentwicklungsrückstände bereits diagnostiziert werden können, bevor das Kind sein erstes Wort spricht, z. B. Mama und Papa sagt. Das bedeutet ferner, daß Rückstände in der Sozialentwicklung bereits diagnostiziert werden können, bevor das Sozialverhalten eine auch dem Laien erkennbare Störung aufweist.

Als charakteristische Meilensteine in der präverbalen, also vorsprachlichen Entwicklung des Säuglings können folgende Verhaltensweisen angesprochen werden:

Ein Neugeborenes schreit bei Unlustempfindungen, ein Säugling am Ende des ersten Lebensmonats stößt Vokallaute aus, die zwischen a und ä, häufig mit h verbunden sind (äh, ah).

Am Ende des zweiten Monats finden sich bei einem gesunden Säugling Kehllaute: eche, ekche, errhe. Am Ende des dritten Monats spricht er in rrr-Ketten. Am Ende des fünften Monats in rhythmischen Silben-Ketten. Am Ende des achten Monats flüstert ein Säugling, am Ende des neunten Monats hat er deutliche Doppelsilben wie ma-ma-ma oder ba-ba-ba.

Die frühe Sozialentwicklung ist durch folgende typische Verhaltensweisen gekennzeichnet: Ein neugeborener Säugling beruhigt sich, wenn er auf den Arm genommen wird. Am Ende des ersten Monats hält er einen Moment inne, wenn er ein menschliches Gesicht sieht. Am Ende des dritten Monats hat ein Säugling »soziales Lächeln«. Wenn sich ihm ein menschliches Antlitz auf eine Entfernung von 20 cm nähert und sich bewegt, antwortet er mit einem strahlenden Lächeln. Am Ende des sechsten Monats soll sich ein Säugling Bekannten und Unbekannten gegenüber unterschiedlich benehmen. Am Ende des achten Monats soll er freudig auf Versteckspiele hinter Möbel reagieren, aber im neunten Monat mindestens deutliches

Fremdeln zeigen, d. h. sich Bekannten und Unbekannten gegenüber deutlich unterschiedlich verhalten.

Schwere Schäden bei körperlich gesunden Heimkindern

Mit Hilfe dieser »Funktionellen Entwicklungsdiagnostik«, bei der charakteristische Verhaltensweisen zur Beurteilung der Funktionen herangezogen werden, wurden in den Jahren 1960 bis 1965 mehrere tausend Säuglinge und Kleinkinder in mehr als 40 Heimen des Bundesgebietes und West-Berlins auf ihren Entwicklungsstand hin untersucht.

Diese Untersuchungen waren gleichzeitig verbunden mit systematischen klinischen Untersuchungen, um alle Säuglinge herauszufinden, welche organische Krankheiten aufwiesen.

Auf diese Weise stellte sich heraus, daß ein erheblicher Prozentsatz der als gesund geltenden Säuglinge und Kleinkinder in den Säuglingsheimen nicht gesund waren. Sie wiesen zum Teil schwere hirnorganische Störungen auf oder zeigten Sinnesstörungen bis zur Blindheit, ohne daß dies dem Heimpersonal bekannt war. Diese Säuglinge zeigten einen erheblichen Rückstand auch in ihrer psychomotorischen Entwicklung.

Weit mehr überraschte uns indessen ein Ergebnis, das sich immer und immer wieder zeigte: Daß nämlich auch völlig gesunde Säuglinge, denen bezüglich ihrer Hygiene und Pflege in den Säuglingsheimen nichts fehlte, einen erheblichen Rückstand in ihrer Sprachentwicklung und in ihrer Sozialentwicklung aufwiesen. Wir haben dann sogenannte Längsschnitt-Untersuchungen angestellt, d. h., die Säuglinge in ihrer Entwicklung über lange Monate Heimaufenthalt verfolgt. Diese Längsschnitt-Untersuchungen bestätigten das, was bei den Querschnitt-Untersuchungen bereits gefunden wurde, nämlich daß die Sozialentwicklung und neben der Sozialentwicklung die Sprachentwicklung diejenigen Funktionen sind, die zuerst und am schwersten bei einer Pflege außerhalb der Familie betroffen werden.

Zum Verständnis für diese Beobachtungen seien in der folgenden Abbildung das Ergebnis einer Querschnitts-Untersuchung in einem Säuglings- und Kleinkinderheim dargestellt.

Dieses Heim darf als durchaus typisch für Säuglings- und Kleinkinderheime im Bundesgebiet angesehen werden. Es wurde erst wenige Jahre zuvor erbaut und wurde von Kinderärzten betreut, wenn die Kinder Fieber, Erbrechen, Durchfall oder sonstige Krankheitszeichen hatten. Es untersteht einem Jugendamt. Die Kinder sind in annähernd altersgleichen Gruppen zusammen untergebracht.

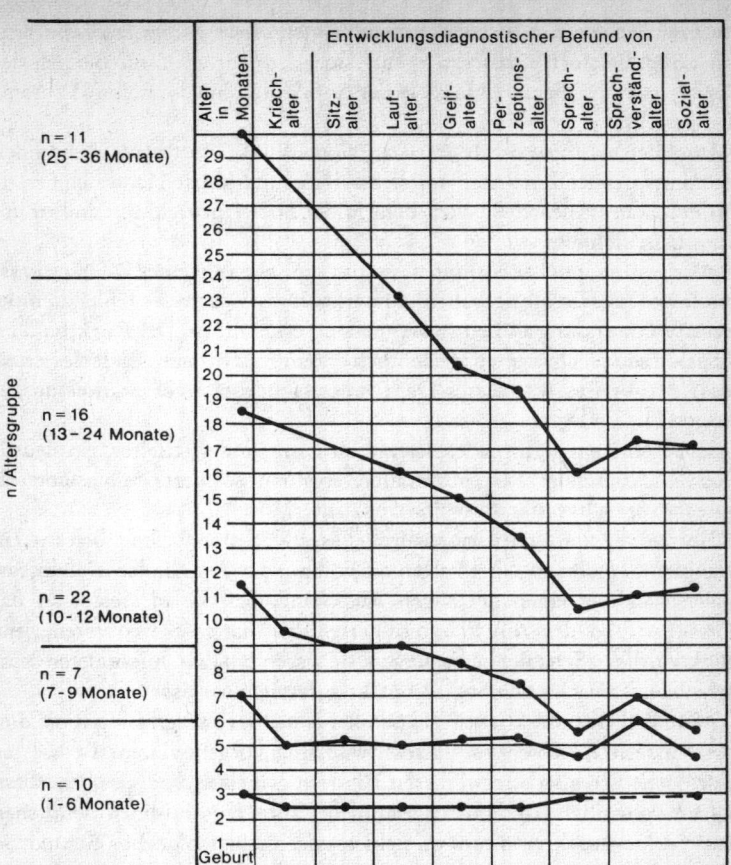

Entwicklungsprofile (Durchschnittswerte) einer Gruppe völlig gesunder Kinder eines Säuglings- und Kleinkinderheimes. (Nov./Dez. 1971). (Zusammenfassung der entwicklungsdiagnostischen Untersuchungsergebnisse nach Altersgruppen.) Beachte den extremen Rückstand der Sprach- und Sozialentwicklung. (nach Hellbrügge, Becker-Freyseng, Menara, Schamberger)

Die Abbildung gibt einen Überblick über die Entwicklung der gesunden Säuglinge und Kleinkinder dieses Heims. Diese Kinder hatten keine krankhafte Schwangerschaftsanamnese, keinen krankhaften Geburtsverlauf, keine Erkrankungen in der ersten Lebenszeit, keine neurologischen Krankheitszeichen, keine Krankheitssymptome im Sinne einer kinderärztlichen Erkrankung.

Obwohl diese Kinder völlig gesund waren, ergab die funktionelle Entwicklungsdiagnostik schwerwiegende Schäden, vor allem im Bereich der Sozial- und Sprachentwicklung. In der Abbildung sind die Befunde zusammengestellt:

Im Alter bis zu sechs Monaten waren die Funktionen weitgehend noch altersentsprechend. Im Alter von sieben bis neun Monaten fand sich bereits ein deutlicher Rückstand, vor allem in der Sozialentwicklung und in der Sprachentwicklung.

Ab dem zehnten Lebensmonat war das typische Bild eines Deprivationssyndroms (aus dem Englischen »Maternal Deprivation« = fehlende mütterliche Zuwendung als Lehnwort gebildet) erkenntlich. Der Rückstand im Sozial- und Sprechalter wurde deutlich erkennbar. Bis zum Ende des zweiten Lebensjahres war dieses Deprivationssyndrom noch stärker ausgeprägt:

Es bestand ein geringer Rückstand im Lauf- und Greifalter, ein deutlicher Rückstand im Perceptionsalter, aber ein schwerer Rückstand im Sprech-, Sprachverständnis- und Sozialalter.

Bis zum dritten Lebensjahr wurde dieser Rückstand schließlich extrem krankhaft. In diesem Alter hatten die völlig gesunden Kinder in ihrer Sozialentwicklung einen derartigen Rückstand, daß sie in vielem an das Krankheitsbild des Autismus erinnerten: Sie hatten Stereotypien, jene merkwürdigen Schaukelbewegungen, sie waren unfähig, mit anderen Kindern oder Erwachsenen Sozialkontakt aufzunehmen usw.

Mein früherer Mitarbeiter und Schüler Johannes PECHSTEIN hat bei diesen Kindern Analysen der Hirnentwicklung vorgenommen. Er hat die elektrische Erregbarkeit bei diesen Kindern gemessen und verglichen mit der von gesunden Kindern aus Familien. Dabei fand er einen deutlichen Entwicklungsrückstand auch im elektro-enzephalographischen Befund. So konnte überzeugend nachgewiesen werden, daß ein Rückstand in der Sozial- und Sprachentwicklung bei gesunden Kindern in den ersten drei Jahren infolge Mangel an personaler Zuwendung in der Massenpflege zu schweren Schäden führt, welche die höchste Aufmerksamkeit im kinderärztlichen, kinderpsychologischen und nicht zuletzt auch im pädagogischen Bereich erfordern.

Sozialentwicklung und Soziosen als neue kinderärztliche Aufgabe

Diese Erkenntnisse weisen darauf hin, daß die Sozialentwicklung im Verlauf der kindlichen Entwicklung offensichtlich eine Sonderstellung einnimmt, weil sie wie keine andere psychomotorische Funktion maßgeblich von Umwelteinflüssen, speziell von der sozialen Stimulation des Kindes geprägt wird. Die Sozialentwicklung ist deshalb in besonderer Weise abhängig von den sozialen Interaktionen, die das Kind in der Familie, im Kindergarten und in der Schule erlebt.

Eine Analyse und eine Übersicht über die komplizierten Vorgänge der Sozialentwicklung läßt drei Grundvorgänge erkennen, die allerdings eng miteinander verflochten sind und kontinuierlich ineinander übergehen. Diese Grundvorgänge sind charakterisiert durch das Bindungsverhalten zu einer konstanten mütterlichen Bezugsperson, durch die Entwicklung der personalen Selbständigkeit des Kindes und die Entwicklung der Gruppenfähigkeit.

Bindung

Ein enges Bindungsverhalten ist offensichtlich die Grundlage und Voraussetzung der frühkindlichen Sozialentwicklung. Dabei spielt eine konstante mütterliche Hauptbezugsperson die maßgebliche Rolle. In dieser Aussage ist alles gleichbedeutend: Das Kind kann nur mit einer, nicht mit mehreren Personen dieses tiefe Bindungsverhalten eingehen. Die Person muß alle Eigenschaften der Mütterlichkeit entfalten, wobei Geburtsmutter eine geringere Rolle spielt als Sozialmutter und wobei unter Umständen auch der Vater ersatzweise Mütterlichkeit geben kann. Hauptbezugsperson heißt, daß Nebenbezugspersonen das Bindungsverhalten der Hauptbezugsperson verstärken, aber nicht ersetzen können. Person bedeutet, daß es eine menschliche Person sein muß, die nicht ersetzt werden kann durch eine Maschine. Bezugsperson heißt, daß diese Person einen engen Bezug mit dem Kind haben muß.

Entwicklung der personalen Selbständigkeit

Diese frühe Entwicklungsphase ist gekennzeichnet durch den allmählichen Ablösungsprozeß des Kindes von seiner »Sozialmutter« als der konstanten Bezugsperson. Er ist gekennzeichnet durch die Hilfe, welche die Sozialmutter dem Kind bei dieser allmählichen Ablösung gibt, und durch die Selbständigkeit, welche wenigstens über zwei bis drei Stunden auch in Abwesenheit der Mutter das Sozialverhalten des Kindes prägt.

Sozialisation

Hierunter ist die Entwicklung eines positiven Sozialverhaltens des Kindes im Sinne der Fähigkeit zu verstehen, entsprechend seinem Alter unterschiedliche positive Beziehungen zu anderen Erwachsenen und Kindern aufzunehmen. Die Sozialisation setzt voraus, daß die Sozialentwicklung den Entwicklungsstand der eigenen Stabilität und die Fähigkeit zur positiven Kontaktaufnahme erreicht hat.

Die Sonderstellung der kindlichen Sozialentwicklung läßt sich bevorzugt an ihrer Pathologie ablesen. Symptome einer »Sozialen Behinderung« (PECHSTEIN) zeigen dies insbesondere im Sozialverhalten der Kinder. Sie treten auffällig zutage, wenn das Kind erstmalig durch eine Gruppe gleichaltriger Kinder, etwa im Kindergarten oder in der Schule, in seinem Sozialverhalten gefordert wird. Dann zeigt sich besonders, daß eine soziale Behinderung es unter Umständen unmöglich macht, auch hochintelligente Kinder im Kindergarten oder in der Schule zu fördern. Das bedeutet, daß eine soziale Behinderung unabhängig vom Grad der Intelligenz auftreten kann.

Soziose

Um die krankhaften Interaktionen der Sozialentwicklung gegenüber anderen Verhaltensstörungen wie Einnässen, Einkoten, Schlafstörungen, Ticks etc. abzugrenzen, haben wir einen neuen Begriff geprägt: »Soziosen«. Mit diesem Begriff soll die soziale Pathologie dieses Krankheitsbildes hervorgehoben werden, was bedeutet, daß die Ursachen dieser Krankheitsbilder ausschließlich sozial bedingt sind und daß sich die Symptome, also Zeichen dieser Krankheit, ausschließlich in der Sozialentwicklung und Sozialisation äußern.

Der Krankheitsbegriff »Soziose« wurde geprägt, um die Besonderheit dieses sozialen Krankheitsbildes gegenüber dem Sammeltopf »Verhaltensstörungen« auszudrücken. Es wurde gewählt in Anlehnung an bereits bekannte und eingeführte Begriffe wie »Psychose« und »Neurose«.

Eine Soziose hat folgende Hauptsymptome: Aggression, Provokation und soziale Apathie.

Aggressiv verhaltensgestörte Kinder sind für jede Kindergemeinschaft untragbar, weil die Kinder alle Gelegenheiten benutzen, die übrigen Kinder zu schlagen, zu treten, zu beißen, zu stoßen usw.

Provokativ verhaltensgestörte Kinder rufen unentwegt aggressives Verhalten ihrer sozialen Umwelt hervor. Dazu benutzt das Kind alle sich ihm bietenden Möglichkeiten, um beispielsweise die Mutter oder den Lehrer zum Reagieren zu bringen. Es macht so lange Krach, bis der Erwachsene eingreift.

Sozial apathische Kinder zeichnen sich durch ihre Bindungsstörung zu anderen sozialen Bezugspersonen aus. Sie wenden sich kurzfristig jedem Fremden zu, sind aber unfähig, eine tragende emotionale Bindung mit einer Bezugsperson aufzunehmen. Als Kleinkind haben sie keinen Mutterbezug, in der Schule keine Freunde, sie können sich für niemanden erwärmen, auch nicht für den Lehrer.

Vorstadien dieser pathologischen Interaktionen lassen sich durch Distanzlosigkeit, soziale Überängstlichkeit und pathologische Trotzigkeit charakterisieren.

Distanzlose Kinder schmusen mit jedem Fremden, hängen sich jedem an, setzen sich ihm auf den Schoß, ähneln in ihrem Verhalten etwa einem drei bis sechs Monate alten Säugling. In diesem Alter reagiert das Kind auf die Gesichtszuwendung eines jeden Menschen mit sozialem Lächeln, und zwar unabhängig, ob er bekannt ist oder nicht.

Sozial überängstliche Kinder wirken in ihrem Verhalten wie ein normaler acht Monate alter Säugling. Die Acht-Monats-Angst, wie sie von SPITZ beschrieben wurde, scheint fortzubestehen, denn diese Kinder reagieren beim Auftreten von fremden Personen, auch bei fremden Gegenständen, regelmäßig mit einer ständigen Angst und mit Schreien. Pathologische Trotzigkeit bedeutet nicht, daß das Kind jede Aufforderung mit einer generellen Ablehnung beantwortet. Trotzigkeit im Verlauf der kindlichen Entwicklung ist etwas Normales. Aber bei krankhafter Trotzigkeit protestieren die Kinder auf jede Zuwendung mit Schreien, Strampeln, Treten, Beißen, Kratzen, Umsichschlagen etc.

Es ist hier nicht der Ort, auf die vielfältigen Probleme der kindlichen Sozialentwicklung, insbesondere auch ihre sinnesphysiologischen Grundlagen, einzugehen. Darüber habe ich an anderer Stelle (HELLBRÜGGE 1975) näheres ausgeführt. Hier sei lediglich noch einmal festgehalten, daß es dringend notwendig ist, aus diesen Erkenntnissen nicht nur für das kranke, sondern auch für das gesunde Kind in jeder Hinsicht Konsequenzen zu ziehen. Offensichtlich ist nicht genügend bekannt, wie bedeutsam die Sozialentwicklung in den ersten Kinderjahren ist, noch weiß man überall, daß dabei eine Bezugsperson, die damit zur Sozialmutter, also zur eigentlichen Mutter wird, die entscheidende Rolle spielt.

Für die Sozialisation, also die altersentsprechende Eingliederung des Kindes in die Gruppe und seine Förderung durch die Gruppe ist aber zu beachten, daß sie erst sinnvoll und möglich ist, wenn die Sozialentwicklung eine Phase der personalen Selbständigkeit des Kindes erreicht hat, in der es ohne die unmittelbare Nähe der »Mutter« über 3 Stunden in der Kindergruppe sein kann. Das müßte vor allem den Kreisen bekannt sein, die allzu früh und oft ohne zwingende Not kleine Kinder ganztägig in Tagesstätten geben. Diese Tagesstätten, auch wenn sie Kindergärten genannt werden, geben in der Regel keine Gewähr dafür, daß diese Kinder in ihrer Sozialentwicklung und Sozialisation auch gefördert werden. Kognitive und sprachliche Hilfen sind aber gegenüber der sozialen Zuwendung und dem Problem der Sozialisation beim Säugling und Kleinkind zweitrangig, sie sind, wie insbesondere PAPOUŠEK durch seine Untersuchungen gezeigt hat, sogar entscheidend abhängig von den Grundlagen der Sozialentwicklung und Sozialisation.

Für die Behindertenhilfe ergeben sich Konsequenzen

Diese bei völlig gesunden Kindern erarbeiteten Ergebnisse brachten uns zum Nachdenken über mögliche Konsequenzen. Das führte nicht nur dazu, vor einem Aufenthalt in Säuglingsheimen zu warnen oder auch die Gefahren einer Pflege in Tagesstätten aufzuzeigen, sondern vielmehr darüber nachzudenken, ob nicht für die Behindertenhilfe hier ein wichtiger Schlüssel gefunden war:

Wenn schon völlig gesunde Kinder auch bei ausreichender körperlicher Pflege in einer institutionalisierten Erziehung außerhalb der Familie zu schweren sprach- und sozialbehinderten Kindern wurden, welche Wirkung mußte dann erst eine institutionalisierte Pflege und Erziehung bei behinderten Säuglingen und Kleinkindern haben?

Darüberhinaus stellte sich die Frage, welche Chancen konnten darin liegen, wenn die Erkenntnisse aus der Sozialentwicklung des Säuglings und Kleinkindes auf die Behindertenhilfe übertragen wurden in dem Sinne, daß die Sozialentwicklung und Sozialisation in den Mittelpunkt der Behindertenhilfe gestellt wurden, d. h., daß die Eltern systematisch in die Behandlung eingewiesen und das Elternhaus als Stätte der Behandlung gewählt wurde.

Ohne daß dies ursprünglich beabsichtigt war, hatten wir aus den Erkenntnissen bei gesunden Kindern wichtige Hinweise für die Hilfe des behinderten Kindes erhalten. Die »Münchener Funktionelle Entwicklungsdiagnostik« erlaubte es, im Überblick Störungen des Krabbelns, des Sitzens, des Laufens, des Greifens, des Spielens, des Sprechens und der Sozialentwicklung zu erkennen. Damit hatten wir – wie bereits erwähnt – aus ärztlicher Sicht einen neuen Weg der Behindertenhilfe gefunden: nämlich die mehrdimensionale Diagnostik als Grundlage der mehrdimensionalen Therapie für mehrfach behinderte Kinder.

Darüber hinaus hatten wir ein weiteres Problem der Behindertenhilfe gelöst, das sich aus der kindlichen Entwicklung ergab, nämlich ein Instrumentarium der Frühdiagnostik. Mit Hilfe des nunmehr »Münchener Funktionelle Entwicklungsdiagnostik« genannten diagnostischen Systems, das in den vergangenen Jahren von Mitarbeitern des Kinderzentrums München (HELLBRÜGGE, LAJOSI, MENARA, SCHAMBERGER, COULIN, KÖHLER u. a.) weiter entwickelt wurde, konnten wir bereits im ersten Lebensjahr Schädigungen und Behinderungen der wichtigsten psychomotorischen Funktionen diagnostizieren. Dies bedeutete, daß wir gleichzeitig auch ein diagnostisches Instrument für die Frühdiagnostik entdeckt hatten und daß damit eine Grundlage für eine Frühtherapie gegeben war, wie sie bis dahin nicht existierte.

Um dies zu verstehen, scheint es sinnvoll, auf einige Grundgesetzlichkeiten der kindlichen Entwicklung hinzuweisen, aus denen sich ablesen läßt, wie wichtig eine Frühbehandlung ist: Unter Entwicklung verstehen wir nämlich das Zusammenspiel zweier biologischer Vorgänge: Wachstum und Differenzierung.

Wachstum hat zur Grundlage die Zunahme der Körpermasse, etwa durch Zellvermehrung oder Zellvergrößerung. Aber dieses Wachstum muß bei allen höher entwickelten Lebewesen mit einer Spezialisierung der Zellen, Organe, Organsysteme, auch Funktionen verbunden sein, andernfalls würde aus dem Wachstum ein unförmiger Zellklumpen entstehen.

Zwischen Wachstum und Differenzierung bestehen nun solche Zusammenhänge, daß Wachstum zwar mit Differenzierung verbunden ist und die Spezialisierung fördert, aber umgekehrt mit zunehmender Spezialisierung das Wachstum gebremst wird. Das bedeutet einerseits, daß, je jünger das Kind ist, umso ungehemmter noch seine Wachstumskräfte sind, andererseits aber, daß mit dem Ende der Entwicklung, wenn alle Entwicklungsprozesse abgeschlossen und ausgereift sind, die Bremse auf das Wachstum so groß ist, daß es praktisch aufhört.

In dem ungehemmten Wachstum liegt nun eine große Chance auch für die Behandlung. Sie ist umso größer, je weniger weit die Entwicklung fortgeschritten ist, weil nämlich die Wachstumskräfte eine große Anpassungsfähigkeit ermöglichen, d. h. spezifische Umweltreize vermögen besser in die Entwicklungsvorgänge einzugreifen, je weniger weit die Entwicklung fortgeschritten ist. Diese Gesetzmäßigkeiten betreffen nicht nur die körperliche, sondern auch die funktionelle Entwicklung, woraus sich zwangsläufig Konsequenzen für die Frühtherapie ergaben.

Die im Münchener Kinderzentrum entstandene Entwicklungstherapie stellt praktisch die Umkehr der Funktionellen Entwicklungsdiagnostik in dem Sinne dar, daß die verschiedenen Lebensmonaten zugeordneten Entwicklungsmerkmale des gesunden Kindes für das behinderte Kind zu Zielen für eine Übungstherapie wurden. Ein Kind, das im chronologischen Alter von 14 Monaten in der Sozialentwicklung den Status eines fünf Monate alten Kindes aufweist, muß wie ein fünf Monate alter Säugling behandelt werden, damit es in seiner Sozialentwicklung über die Stufen des 6., 7., 8. Monats etc. nach und nach eine normale Entwicklung erreicht.

In das System der Funktionellen Entwicklungsdiagnostik und darauf fußend der Entwicklungstherapie konnten für mehrfach und verschiedenartig behinderte Kinder die speziellen therapeutischen Programme einbezogen werden, wie sie für spezifische Behinderungen entwickelt wurden:

Bei Störungen der Statomotorik wurden Programme der krankengymnastischen Behandlung,

bei Störungen der Greifentwicklung und Perzeption Programme der Beschäftigungstherapie,

bei Störungen des Sprachbereichs Programme der Logopädie,

bei Störungen des Sozialverhaltens Programme der klinischen Psychologie (Sozialtherapie, Verhaltenstherapie) einbezogen.

So entstand im Münchener Kinderzentrum das System der mehrdimensionalen Entwicklungsdiagnostik, bei dem ärztliche, klinisch-psychologische, phoniatrische und frühpädagogische Erfahrungen am einzelnen Kind zusammengefaßt werden. Daraus ergibt sich für jedes behinderte Kind ein individuell zusammengestelltes Programm der mehrdimensionalen Frühtherapie. Je nach der Verschiedenartigkeit der Behinderung des Kindes hat dieses Programm bestimmte Schwerpunkte (Krankengymnastik, Sprachtherapie, Verhaltenstherapie etc.) oder Kombinationen aufzuweisen.

Das Entscheidende liegt darin, daß die jeweiligen Fachkräfte sich bemühen müssen, die Eltern bzw. die Mutter als Haupttherapeuten so einzusetzen, daß die Therapie im Rahmen der häuslichen Erziehung voll integriert ist, ohne die Familie übermäßig zu belasten. Es gilt also, jedesmal der Mutter ein kleines für sie überschaubares therapeutisches Programm mitzugeben, dessen Elemente und Variationen von den verschiedenen therapeutischen Spezialisten abgestimmt sind.

Mehrdimensionale Diagnostik und mehrdimensionale Therapie kennzeichnen die Arbeitsweise des Kinderzentrums

Die Arbeitsweise des Münchner Kinderzentrums läßt sich am besten beschreiben, wenn man ein Kind durch die verschiedenen Abteilungen des Kinderzentrums begleitet, d. h., den Weg von der Diagnostik bis zur Therapie des Kleinkindes verfolgt.

Die Eltern melden sich zunächst im Kinderzentrum an. Sie erhalten dann einen umfangreichen *Anamnesebogen* zugeschickt, in dem nach den Prinzipien der Datenverarbeitung normierte Fragen bezüglich der Schwangerschaftsanamnese, der Geburtsanamnese, der Frühentwicklung und des Verhaltens des Kindes zu beantworten sind. Dieser ausgefüllte Anamnesebogen wird dem Kinderzentrum zugeschickt, außerdem sollen möglichst alle Befunde aus anderen Kliniken bzw. der laufenden ärztlichen Betreuung zur Anmeldung vorliegen. Prinzipiell werden nämlich anderenorts durchgeführte Untersuchungen in die Diagnostik mit einbezogen.

Die ärztliche Untersuchung im Kinderzentrum – immer in Gegenwart der Eltern – dauert in der Regel zwischen drei bis fünf Tage. Zunächst geht der Arzt die Anamnese mit den Eltern noch einmal durch und bespricht die bereits an anderen Kliniken durchgeführten Untersuchungen und Behandlungen. Dann wird das Kind vor allem neurologisch und motoskopisch untersucht. Bei jedem Kind wird das Skelettalter bestimmt und ein EEG gemacht. Im Rahmen dieser Untersuchungen prüft der Arzt, ob weitere spezielle ärztliche diagnostische Maßnahmen notwendig sind. Hierbei ist vor allem die Lage des Kinderzentrums in der Nähe der Universitätskliniken von Bedeutung, weil beim einzelnen Kind die Möglichkeit besteht, die diagnostischen und therapeutischen Einrichtungen der Universitätskliniken zusätzlich in Anspruch zu nehmen.

Jedes Kind wird dann einer psychologischen Untersuchung, je nach Alter und Behinderung einer Entwicklungsdiagnostik, einer Intelligenzuntersuchung und einer Verhaltensbeobachtung unterzogen. In schwierigen Fällen wird die Verhaltensbeobachtung auch auf die Eltern und Geschwister ausgedehnt.

Bei allen Sprachstörungen wird eine audiometrische Untersuchung durchgeführt, ferner wird eine *Sprachdiagnose* bei Behinderungen im Bereich der Sprechwerkzeuge vorgenommen. Im Rahmen dieser Untersuchung entscheidet sich, ob die notwendige Sprachtherapie mehr im Rahmen einer Verhaltenstherapie, einer Mundtherapie oder einer phoniaterisch-logopädischen Therapie vor sich gehen muß.

Bei Vorliegen von motorischen Behinderungen entsteht sofort das Programm der krankengymnastischen und beschäftigungstherapeutischen Behandlung. Der Mutter werden erste Übungen gezeigt, was sich unter Umständen auch wiederholt, an verschiedenen Tagen hintereinander.

Nach dieser umfassenden Diagnostik durch verschiedene Spezialabteilungen wird der *Therapieplan* erstellt. In einer abschließenden kleinen Konferenz beraten die jeweils untersuchenden Mitglieder der verschiedenen Abteilungen, welche therapeutischen Schritte der Mutter zunächst zugemutet werden können und wer die Führung der Therapie zuerst übernimmt. Die therapeutischen Programme werden also individuell für jedes Kind bezüglich ihrer Quantität und Art zusammengestellt, der Mutter gezeigt und schriftlich fixiert mit nach Hause gegeben.

Je nach der Mehrfachbehinderung des einzelnen Kindes sind die therapeutischen Programme zu kombinieren. Die Sprachtherapie basiert auf Programmen der klassischen Logopädie und auf neu erarbeiteten Programmen der Verhaltenstherapie. Die krankengymnastische Therapie arbeitete in den ersten Jahren nach den Prinzipien der neurophysiologischen Therapie von Bobath-König und in den letzten Jahren fast nur noch nach der von Vojta entwickelten kinesiologischen Therapie. Für Kinder mit motorischen Störungen wird außerdem Reit- und Schwimmtherapie, im Winter Skitraining durchgeführt. Die Beschäftigungstherapie ist meist eng mit der Entwicklungstherapie verbunden. Zur Förderung der Grob- oder Feinmotorik wird die Beschäftigungstherapie mit der neurophysiologischen Therapie kombiniert; zur Therapie von Perzeptions- und Sprachstörungen wird sie mit der Entwicklungstherapie verbunden.

Im Rahmen dieser therapeutischen Bemühungen hat die Montessori-Einzeltherapie ihren Platz gefunden. Wie bei der Beschäftigungstherapie zeigt die Montessori-Therapeutin der Mutter heilpädagogische Programme, die aus der Montessori-Pädagogik stammen.

Bei Säuglingen und Kleinkindern bzw. bei schwerbehinderten Kindern, deren funktionelle Entwicklung noch auf einem niedrigen Niveau steht, wird Entwicklungstherapie durchgeführt. Der Mutter werden die einzelnen Lernschritte gezeigt, und sie führt sie zu Hause durch.

Bei Vorliegen von Verhaltensstörungen, insbesondere von Soziosen, wird eine Verhaltenstherapie durchgeführt. Die verhaltenstherapeutischen Bemühungen des Kinderzentrums basieren auf den Programmen von Lovaas. In den ersten Jahren haben wir im Münchner Kinderzentrum noch tiefenpsychologisch gearbeitet. Es hat sich indessen gezeigt, daß psychoanalytische Therapie in der Frühförderung des behinderten Kindes wenig hilfreich ist. Die Verhaltenstherapie wird auch in Kombination mit anderen Therapien eingesetzt, wenn z. B. ein Kind sich gegen eine Therapie wehrt, während der Behandlung schreit, oder wenn therapeutische Sitzungen durch Aggressionen der Kinder unterbrochen werden.

In jedem Fall wird die Therapie von einer eingehenden *Erziehungsberatung* begleitet. Sie ist in der Regel überhaupt die Voraussetzung für eine entsprechende Behandlung. Je nach Art der Behinderung, der Einsatzfähigkeit der Mutter, der therapeutischen Möglichkeiten der Familie und der Wohnungsnähe des Kindes erfolgt die weitere Betreuung in Abständen von acht Tagen, zwei Wochen oder einer längeren Zeit. Im Vordergrund steht bei den meisten Kindern der Abbau von Verhaltensstörungen.

Während der drei bis fünf Tage, die die Diagnostik beansprucht, wohnen die Eltern in München. Die ganze Diagnose und das Erstellen des Therapieplans erfolgen ambulant.

Die Koordination der verschiedenen therapeutischen Richtungen erfolgt in der täglichen *Morgenbesprechung*, auch »*Morgen-Visite*« genannt. Auf dieser Konferenz sind alle Mitarbeiter des Hauses anwesend; hier werden die Problemfälle ausführlich besprochen und diskutiert, wobei die Gesichtspunkte der verschiedenen Spezialisten erörtert werden.

Frühpädagogik ist in dieses Konzept eingegliedert

In diese Programme der mehrdimensionalen Frühdiagnostik und Frühtherapie wurden von vornherein als Programme der »Frühpädagogik« Erfahrungen von Sonderschullehrern aus dem Schulbereich einbezogen. Amtlicherseits stieß der an das Bayerische Staatsministerium für Unterricht und Kultus herangetragene Wunsch, Sonderschullehrer für die Frühpädagogik freizustellen, damals auf Ablehnung. Allzusehr wurde noch vor wenigen Jahren Sonderpädagogik nur als Sonder-Schul-Pädagogik gesehen.

Immerhin gelang es, für die Ambulanz des Kinderzentrums zusätzlich Sonderschullehrer zu gewinnen, die bei der Frühförderung mehrfach und verschiedenartig behinderter Kinder ihre speziellen Kenntnisse und Erfahrungen aus dem Bereich der Sonderschulpädagogik auf die Frühförderung übertrugen.

So ist seit dem Bestehen des Kinderzentrums ein Taubstummenlehrer in der Sprachabteilung nebenamtlich tätig, um neben der phoniatrischen und psychologischen Behandlung die schwerhörigen und gehörlosen Kinder sonderpädagogisch zu fördern. Die dabei gewonnenen Erfahrungen haben gezeigt, daß die unmittelbare Zusammenarbeit von Ärzten, Psychologen und Sonderschullehrern in der Frühförderung geradezu als Idealfall für die betroffenen Kinder angesehen werden muß.

Das gleiche gilt auch für die pädagogische Frühförderung der blinden Kinder. Es gelang, für die Betreuung der blinden und schwer sehbehinderten Säuglinge und Kleinkinder nebenamtlich einen Blindenlehrer zu finden, der die Erfahrungen der Sonderschulen für blinde und sehbehinderte Kinder in die Frühförderung einbrachte. Auch hier hat sich die Zusammenarbeit in der ärztlichen, psychologischen und sonderpädagogischen Frühförderung der blinden und sehbehinderten Kinder ganz ausgezeichnet bewährt.

Ein wichtiges Ergebnis dieses Schulversuchs auf dem Gebiet der Frühpädagogik ist es, daß eine optimale Frühförderung nur in Zusammenarbeit von Ärzten, Psychologen und Pädagogen möglich ist, daß aber eine isolierte pädagogische Frühförderung, etwa von einer Sonderschule ausgehend, ohne die gleichzeitige und fortlaufende ärztliche und klinisch-psychologische Betreuung insuffizient sein muß. Mehrfach behinderte Kinder zwingen zur Zusammenarbeit auch im pädagogischen Bereich.

KAPITEL 7

Unser Montessori-Kindergarten entstand aus sozialpädiatrischen Gründen

Aus den Erkenntnissen über die Beeinträchtigung der Sprach-, vor allem der Sozialentwicklung junger Säuglinge und Kleinkinder, aus den Erkenntnissen über das Entstehen von pathologischen Formen der kindlichen Sozialentwicklung und Sozialisation, aus den Erkenntnissen der hierdurch entstehenden Soziosen, ergaben sich diagnostische und therapeutische Konsequenzen, die vor allem das Kleinkindesalter betrafen. Im frühen Stadium der Konzeption des Kinderzentrums München mit Frühdiagnostik und Frühtherapie mehrfach und verschiedenartig behinderter Kinder ergab sich zwangsläufig das Problem der Diagnostik sozialer Störungen und vor allem, und daraus folgernd, das Problem der sozialen Eingliederung gesunder und behinderter Kinder.

Vorschulische Einrichtungen werden vom Kinderarzt anders beurteilt

In diesem Stadium der kinderärztlichen Überlegungen hatte ich als Mitglied des Ausschusses Vorschulische Erziehung des Deutschen Bildungsrates ein Schlüsselerlebnis. Dieser Ausschuß versuchte damals einen Überblick über vorschulische Einrichtungen in Europa zu erhalten. Systematisch wurden in verschiedenen Ländern verschiedene Systeme der »Vorschulischen Erziehung« besichtigt. Bei diesen Besuchen zeigte sich ein interessanter Unterschied zwischen dem sozialpädiatrischen Ansatz und dem sozialpädagogischen Ansatz in der Kleinkindererziehung und in der vorschulischen Behindertenhilfe.

Als eine ideale Institution wurde damals von den Pädagogen beispielsweise der Kindergarten der Schweizer Spende im Schloßpark von Schönbrunn zu Wien angesehen. Dieser Kindergarten liegt herrlich in einem Park. Nebeneinander sind dort im halbkreisförmigen Grundriß alle Möglichkeiten von Sonderkindergärten etabliert: Je ein Kindergarten für Hörbehinderte, für Sehbehinderte, für geistig Behinderte, für Verhaltensgestörte, auch für gesunde Kinder. Die Kinder werden isoliert pädagogisch betreut, haben aber Gelegenheit, beim Spiel im Park als gesunde und behinderte Kinder zusammenzukommen.

Während die Pädagogen von dieser speziellen sozial-pädagogischen Förderung begeistert waren, schien dies aus sozialpädiatrischer Sicht wenig empfehlenswert, denn letztlich bedeutet jede Sonderbetreuung des Kleinkindes auch soziale Isolierung und damit Absonderung. Wie wenig aber das durch die Sonderpädagogik geprägte Denken die Bedürfnisse des kleinen Kindes berücksichtigt, zeigte sich beispielsweise in der Kindergartengruppe für die sehbehinderten Kinder. Auf meine Frage, welche Sehstörungen denn diese Kinder hätten, die es notwendig machten, ihnen eine Sonderbetreuung angedeihen zu lassen, erhielt ich von der Kindergärtnerin die Antwort: »Sie schielen«.

Mit diesem Erlebnis fuhr ich nach München zurück und stellte mir im Geiste vor, daß vielleicht, wenn sich dieses Denken und das darauf begründete System der Sondererziehung verbreitet, 20 Jahre später Eisenbahnabteile für Brillenträger geschaffen werden müssen. Jedenfalls war ich negativ davon beeindruckt, daß hier das sonderpädagogische Denken eine spezielle Förderung von kleinen Kindern realisierte, während doch die kindliche Entwicklung in der Altersstufe des Kleinkindes eine Förderung der Sozialentwicklung und der Sozialisation besonders notwendig macht.

Das andere Schlüsselerlebnis im Ausschuß Vorschulische Erziehung des Deutschen Bildungsrates hatte ich in dem Montessori-Kindergarten, welcher der Anna-Schmidt-Schule in Frankfurt angeschlossen ist. Der Besuch des Montessori-Kindergartens galt den Pädagogen des Ausschusses Vorschulische Erziehung eigentlich eher als »Pflichtübung«, um das Bild der verschiedenen Wege vorschulischer Einrichtungen abzurunden. In der Diskussion erfuhr ich, daß die Montessori-Pädagogik zwar interessant sei, wissenschaftspädagogisch aber längst abgeschrieben war. So ging ich mit einem relativen Desinteresse in den Kindergarten hinein. Mein erster Eindruck von diesem Montessori-Kindergarten war denn auch eher negativ.

Ich sah kleine Kinder schreiben und rechnen, ich sah Kinder mit geographischem Material beschäftigt und überlegte, welche ehrgeizigen Eltern wohl hinter diesen Kindern stehen würden und was dies für ein pädagogisches System sei, in dem offensichtlich auf kognitive Prozesse des Kleinkindes ein so großer Wert gelegt schien.

Man muß hierzu bemerken, daß damals die Fragen des frühen Lesen- und Schreibenlernens in der pädagogischen Diskussion eine sehr große Rolle spielten. Entgegen der kinderärztlichen Skepsis hatten einige »Vorschul-Pädagogen« eine Welle des öffentlichen Interesses mit der Vorstellung geweckt, daß die Intelligenz-Entwicklung der Kinder erheblich gefördert werden könnte, wenn sie früh lesen und schreiben lernten.

Es ist bekannt, daß diese Welle abgeebbt ist und daß inzwischen – nicht zuletzt aufgrund eingehender jahrelanger intensiver Untersuchungen in den Vereinigten Staaten – sichergestellt werden konnte, daß frühes Lesenlernen ebensowenig wie frühes Rechnenlernen intelligenzfördernd wirkt und daß der kinderärztliche Standpunkt, nach dem die Programme der Sozialisation im Mittelpunkt der Kleinkinderziehung stehen müssen, sich nunmehr auch im Rahmen der Kindergarten-Pädagogik durchsetzt.

Ein Montessori-Kinderhaus wird zu einem Schlüsselerlebnis

Mein Schlüsselerlebnis im Montessori-Kindergarten in Frankfurt wurde durch zwei geistig behinderte Kinder geprägt. Ich beobachtete zwei Kinder mit Morbus-Down-Syndrom, die man gemeinhin auch als mongoloide Kinder bezeichnet. Meine Reaktion gegenüber der Montessori-Pädagogin, Frau Spelten, kann verstanden werden, wenn man aus der Sicht der Sonderpädagogik an Probleme der Behindertenhilfe herangeht.

Auf meine Frage, ob die geistig behinderten Kinder in dem Kindergarten unter den vielen gesunden Kindern nicht in ihrer pädagogischen Anleitung zu kurz kämen, oder ob, umgekehrt, nicht die gesunden Kinder durch die Unruhe und das Anderssein der geistig behinderten Kinder gestört würden, erhielt ich von Frau Spelten den Hinweis, daß das Montessori-Material eine solche individuelle pädagogische Erziehung eines jeden einzelnen Kindes gestatte, daß sowohl die gesunden als auch geistig behinderte Kinder durchaus gleichzeitig beisammen sein könnten.

Mit diesem Schlüsselerlebnis fuhr ich nach München zurück. Ich hatte ein pädagogisches System entdeckt, daß es grundsätzlich ermöglichte, gesunde und behinderte Kinder gemeinsam zu erziehen. Bei einigem Nachdenken konnte dieses System unsere Probleme lösen, welche wir bezüglich der Diagnostik und der Therapie sozial behinderter Kleinkinder hatten.

Wir hatten uns damals vergeblich nach psychologischen Meßmethoden umgeschaut, um Schädigungen der kindlichen Sozialisation im Kleinkindesalter zu objektivieren. Es fanden sich lediglich die Vineland-Social-Maturity-Scale-Tests, um den sozialen Entwicklungsstand des Kindes zu beurteilen. Diese Skalen waren aber derart grob, daß sie für die Bedürfnisse unserer Kinder kaum eine Hilfe brachten. Wir hatten zudem mehr und mehr erkannt, daß Pathologie der Sozialentwicklung nur meßbar war in einer Gruppe, d. h., wenn die Sozialentwicklung und Sozialisation der Kinder durch die Gruppe gefordert wurde.

Der Montessori-Kindergarten konnte hier also unter Umständen diagnostische Hilfe geben in dem Sinne, daß wir behinderte Kinder (mit entsprechenden Störungen ihrer Sozialentwicklung) oder aber auch sozial behinderte Kinder, d. h. gesunde Kinder mit Störungen ihrer Sozialisation und Sozialentwicklung, als solche in diesem Kindergarten erkennen konnten. Darüber hinaus gab der Montessori-Kindergarten vielleicht auch die Gelegenheit, die Sozialisation der Kinder anzuregen in dem Sinne, daß gesunde und behinderte Kinder ohne Beeinträchtigung ihrer Entwicklung in diesem Kindergarten gemeinsam erzogen wurden. Ich stellte mir vor, daß in dieser Pädagogik von dem behinderten Kind auf das gesunde Kind Impulse im Bereich der Sozialisation ausgehen müßten, welche die Sozialentwicklung des gesunden Kindes fördern würden.

Umgekehrt war es denkbar, daß die in der modernen Sonderpädagogik implizierte soziale Isolation durch ein Modell ergänzt werden konnte, in dem die Sozialisation des Kindes im Mittelpunkt der Erziehung stand, weil gesunde und behinderte Kinder systematisch gemeinsam gefördert werden konnten. Ich stellte mir vor, daß das behinderte Kind frühzeitig lernt, sich helfen zu lassen, ich stellte mir vor, daß das gesunde Kind frühzeitig lernt, dem behinderten Kind zu helfen.

Aus diesen Überlegungen heraus entstand der Wunsch, unserem Kinderzentrum in München von vornherein einen Montessori-Kindergarten einzugliedern.

Frau Aurin richtet unseren Montessori-Kindergarten für gesunde und behinderte Kinder ein

Es war ein Glückszufall, daß ich im Stadium dieser Überlegungen und Planungen in Garmisch Frau Margarete Aurin kennenlernte. Dieses Kennenlernen verdient hier festgehalten zu werden:

Vom ärztlichen Kreisverband Garmisch-Partenkirchen war ich zu einem Vortrag eingeladen worden. Dieser Vortrag bezog sich auf die Fragen der Entwicklungsdiagnostik und Entwicklungstherapie, wie wir sie damals in München erarbeitet hatten. Im Rahmen dieses Vortrages erwähnte ich mein Schlüsselerlebnis im Montessori-Kindergarten in Frankfurt. Ich wies darauf hin, daß wahrscheinlich in dieser Pädagogik eine Möglichkeit bestünde, die dringlichen Probleme der Sozialisation im Rahmen der Kindergartenerziehung als ärztliche Aufgabe einer Lösung zuzuführen, weil – wie ich dies erlebt hatte – es denkbar war, systematisch gesunde und behinderte Kinder gemeinsam zu erziehen. Ich erwähnte, daß ich zufällig gehört hätte, daß in Garmisch ein Montessori-Kindergarten bestehe als einzige Montessorieinrichtung in Bayern, und ferner, daß es für den Kinderarzt wahrscheinlich sehr interessant sei, sich mit dieser Pädagogik näher zu beschäftigen.

Unter den Zuhörern des Vortrages war Frau Margarete Aurin, eine unmittelbare Schülerin von Maria Montessori, die Jahre zuvor in Garmisch-Partenkirchen einen Montessori-Kindergarten eingerichtet hatte.

Sie war mit einer gewissen Empörung zu dem Vortrag gekommen, weil in dem Titel auch pädagogische Konsequenzen angekündigt wurden. Kurze Zeit vorher war ebenfalls ein Professor aus München gekommen, der Psychologe Professor Lückert. Er hatte auf die Dringlichkeit des frühen Lesen- und Schreibenlernens im Rahmen der vorschulischen Erziehung hingewiesen, wie es als »Heilskunde« für die Kleinkinderziehung von den Vereinigten Staaten in die Bundesrepublik verbreitet wurde. Frau Aurin befürchtete, daß dieser kinderärztliche Professor Hellbrügge ähnliche Gedanken äußern würde und war überrascht, nunmehr von einem Kinderarzt genau das Gegenteil zu hören, daß seiner Ansicht nach nicht Lesen und Schreiben, sondern die sozialen Interaktionen zwischen den Kindern im Mittelpunkt der Kleinkindpädagogik zu stehen hätten.

Es ist verständlich, daß hier auf Anhieb gegenseitige Sympathien entstanden. Am nächsten Morgen besuchte ich den Montessori-Kindergarten in Garmisch und erfuhr erstmalig von Frau Aurin Näheres über Montessoris pädagogische Ansätze und erlebte erstmalig mit offenen Augen die Kinder, die sich mit Montessori-Material beschäftigten. Frau Aurin war sofort bereit, meine Vorstellungen einer systematischen gemeinsamen Erziehung von gesunden und behinderten Kindern in die Tat umzusetzen. Es bedurfte keiner längeren Überredung; sie kam nach München und richtete den Kindergarten der Aktion Sonnenschein im Kinderzentrum München ein.

Ich hatte in der Zwischenzeit mit Hilfe der Aktion Sonnenschein Geld erbettelt. Frau Aurin fuhr nach Zelhem zur Firma Nienhuis mit dem Auftrag, Original-Montessori-Material für diesen Kindergarten so einzukaufen, daß er auch als Einrichtung vorbildlich für die Montessori-Pädagogik gelten konnte. Noch heute erinnere ich mich an das Telegramm, das sie damals beglückt aus Holland schickte: »Ich wühle.« Einen ganzen Lastwagen von Montessori-Material, vom Stühlchen bis zum Glockenspiel, brachte sie mit.

Vorher hatten wir die Parterre-Etage des Hauses Güllstraße 3, einem typischen Altbauhaus in München, in der Nähe der Universitätsklinik, umgebaut. Dieser Umbau bezog sich lediglich darauf, daß wir aus vier Räumen jeweils durch den Durchbruch der Zwischenwand (wobei ein kleiner Bogen entstand) zwei größere Räume machten. Die Küche wurde zum Waschraum, die Speisekammer zum »Klöchen«, ein weiterer kleiner Raum zum Büro und Besprechungszimmer der Kindergärtnerin.

Wichtig war vor allem, daß sämtliche Installationen so geändert werden mußten, daß sie leicht für die Kinder erreichbar waren. Erwähnenswert ist vielleicht der Spültisch. Er spielt in der Kindergarten-Pädagogik von Maria

Montessori eine größere Rolle. Das Kennenlernen des Elements Wasser und die damit verbundenen Tätigkeiten des Waschens, Abwaschens, Saubermachens, auch das Plantschen und des Spielens im und mit dem Wasser gehören zum ureigensten Element dieser Kleinkind-Pädagogik. Ich erwähne es an dieser Stelle, weil ich in der Zwischenzeit Kindergärten erlebt habe, in denen ebenfalls Spültische installiert waren, allerdings ohne Wasseranschluß. Man hatte Angst, daß kleine Kinder mit dem Wasser spritzen würden und auf diese Weise die gesamte Kindergarteneinrichtung zerstören könnten. So gestattete man ihnen lediglich Spülen als Phantom, d. h. ohne Wasser.

Unser Montessori-Kindergarten sieht wie alle Montessori-Kinderhäuser aus

Unser Montessori-Kindergarten – in der internationalen Montessori-Pädagogik spricht man in Anlehnung an »Casa de Bambini« von »Kinderhaus« – sieht wahrscheinlich genauso aus wie alle Kindergärten in aller Welt. Mir schien es wichtig, das klassische Montessori-Material und auch eine klassische Einrichtung zu installieren. Veränderungen und Ergänzungen im Hinblick auf das behinderte Kind sollten von dem internationalen Standard der Montessori-Einrichtungen und des Montessori-Materials ausgehen, um es auch andernorts im Hinblick auf das behinderte Kind leichter ergänzen zu können. Frau Aurin bereitete entsprechend alles mit Liebe für die Kinder vor.

So entstand ein Kindergarten mit einer Einrichtung, wie er bereits vor Jahrzehnten von Maria MONTESSORI beschrieben wurde:

»Die wichtigste Neuerung in Hinsicht auf die Möblierung ist die Abschaffung der Bänke. Ich habe Tische anfertigen lassen mit weiten, festen, achteckigen Beinen, die dem Tisch zu gleicher Zeit einen sehr sicheren Stand und leichte Beweglichkeit geben, so leicht, daß zwei vierjährige Kinder ihn mühelos umhertragen können. Diese Tische sind rechteckig und breit genug, daß an die Längsseite zwei Kinder gesetzt werden können; es ist sogar Platz für drei, wenn sie näher zusammenrücken. Außerdem haben wir weitere kleinere Tische, damit jedes Kind für sich arbeiten kann.

Zur Ausstattung gehört ferner ein Waschtisch, der so nieder sein muß, daß die Platte einem drei- oder vierjährigen Kind erreichbar ist, und der seitliche Bretter hat, diese wie das Ganze weiß und abwaschbar, auf denen Seife, Bürsten, Handtücher Platz finden . . .

Die Schränke sind ebenfalls nieder – die obere Platte ist so hoch wie die eines Tisches für Erwachsene –, aber sehr lang, so daß eine größere Zahl kleiner Türen Platz finden, von denen jede mit einem besonderen Schlüssel verschlossen werden kann. Das Schloß muß von den Kindern erreicht werden können, so daß sie öffnen, schließen und Gegenstände in die Fächer einräumen können.

Rings an den Wänden umher, so nieder, daß sie den Kleinen erreichbar sind, finden sich die kleinen Schiefertafeln aufgehängt, dazwischen Behältnisse für Kreide und Wischlappen. Über den Tafeln hängen Bilder mit Darstellungen von Kindern, Familienszenen, Landschaften, Haustieren – alles ganz einfache, anmutige Gegenstände.

Die Möbel im Kinderhaus sollen abwaschbar sein. Man könnte denken, daß dies nur aus hygienischen Gründen nötig ist. Der tiefere Grund aber ist der, daß abwaschbare Möbel den Kindern Gelegenheit zu einer willkommenen Arbeit geben. Dabei lernen sie achtgeben, sehen die Flecken und gewöhnen sich mit der Zeit daran, für die Sauberkeit alles dessen, was sie umgibt, verantwortlich zu sein.

Viele rieten mir, unten an den Tischbeinen Plättchen aus Gummi anzubringen und so Lärm zu vermeiden, aber ich ziehe den Lärm vor, da er jede heftige Bewegung des Kindes verrät.

Im Kinderhaus soll auch eine Anzahl zerbrechlicher Gegenstände vorhanden sein, Gläser, Teller, Vasen usw. Die Erwachsenen werden sicher ausrufen: ›Wie? In den Händen der dreijährigen und vierjährigen Kinder? Sie werden sie ja doch nur zerbrechen!‹ Auf diese Weise legt man mehr Wert auf das Glas als auf das Kind. Wir halten einen Gegenstand für wenige Groschen für wertvoller als die Bewegungserziehung des Kindes.

Im Arbeitszimmer dürfen zwei Ausstattungsstücke nicht fehlen. Das ist ein sehr langer Schrank mit großen Türen. Er ist sehr niedrig, so daß ein kleines Kind kleine Gegenstände wie Vasen mit Blumen usw. darauf setzen kann. In diesem Schrank befinden sich die Lehrmittel, die allen Kindern zusammen gehören.«

[Dieser Schrank ist inzwischen in allen Montessori-Kinderhäusern durch Regale, die vorne offen sind, ersetzt worden, so daß die Kinder ganz ungehindert Lehrmittel holen und wieder wegstellen können.]

»Das andere ist eine Kommode mit zwei oder drei Reihen kleiner Schubfächer, jedes mit einem hellen (oder einem vom Hintergrund abstechenden farbigen) Griff und einer kleinen, einen Namen tragenden Karte. Jedes Kind hat sein eigenes Schubfach, in das es die ihm gehörenden Dinge legt.«

Auch diese Ausstattung hat sich in späterer Zeit örtlich angepaßt gewandelt. Das ihr zugrunde liegende psychologisch-pädagogische Prinzip aber wird nach wie vor streng beachtet:

Die Ausstattung dieser Räume ist insofern eigenartig, als sie den Bedürfnissen *der Kinder*, nicht der Erwachsenen entspricht. Sie enthält nicht nur für die geistige Entwicklung des Kindes besonders geeignete Lehrmittel, sondern auch eine vollständige Ausstattung für den Haushalt der kleinen Familie.

Helene HELMING, welche die Montessori-Pädagogik nach dem letzten Kriege in der Bundesrepublik Deutschland maßgeblich gefördert hat, erzählt von einem modernen Montessori-Kindergarten:

»Unter den Fenstern an den Wänden stehen niedrige Tische mit dem bekannten Montessori-Material, das ich hier nicht näher beschreiben will. Jeder Gegenstand steht klar für sich an einem bestimmten Platz, an den das Kind, das ihn holt, ihn stets wieder zurückbringt. Es ist auch noch ein Waschtisch mit Becken, Kamm und allem Zubehör dann, ein Spiegel hängt darüber, und Kleider- und Schuhbürste sind da. Dieser Tage hatte ein Kind, das gewiß zu Hause stets ›angezogen‹ wird, offenbar all diese Dinge erst neu entdeckt und hantierte eine ganze Stunde damit, zog den Mantel an und wieder aus, um ihn zu bürsten usw. und war ganz hingegeben an sein Tun.

An der Rückwand des Raumes steht ein nach vorn offenes Regal mit Material. Die Ecke links ist frei. Es stehen aber kleine zusammengerollte Teppiche da für Kinder, die gern auf dem Boden arbeiten und sich zu diesem Zweck hier in der Ecke oder mitten im Raum einen der Teppiche ausbreiten. Da kann man fast täglich beobachten, wie kleine, im übrigen noch recht ungeordnete Kinder diese Teppiche nach ihrem Spiel ganz exakt wieder zusammenrollen und an ihren Platz stellen:

Auf einem Tisch an den Fenstern steht neuerdings ein Aquarium. Es sind Stichlinge darin und Fische, die auf seltsame Weise ihr Nest bauen und für die die Kinder reges Interesse haben. Es kommt noch ein kleines zweites Aquarium hinzu mit Fischen, die es anders machen. So können die Kinder deutlich die einen und die anderen sehen und unterscheiden.

Da sind Staubtücher, die ihren Platz haben, und kleine Besen. Da ist ein Eimer und ein Aufnehmer. Wenn eine Blumenvase umfällt, ist schnell ein Kind bei der Hand, den Aufnehmer zu holen und alles wieder sauberzumachen. Da ist eine Flasche Sidol und ein Schälchen dazu, in das das Kind, das putzen möchte, sich sorgsam ein wenig gießen kann, um die Türklinke oder das schöne Gießkännchen aus Messing noch blanker zu machen. Da hängt auch an seinem Platz ein Netz Bälle zum Spielen draußen. An den großem Raum schließt ein kleiner. In der Mitte steht ein Tisch, den die Kinder, wenn es bald 10 Uhr wird, zum Frühstück decken. Es gibt keine Schelle das Zeichen dazu, aber der Hunger meldet sich, und ungefähr immer um die gleiche Zeit fängt irgendein Kind von selbst an, das helle Tuch auf den Tisch zu breiten, die blauen Becher auf die gelben Teller zu stellen und die Milch herbeizuholen. Dann kommen die anderen, setzen sich um den Tisch, essen und trinken und plaudern und werden wieder von anderen abgelöst. Eine plötzlich in Arbeit und Spiel einfallende Frühstückspause, für die man die vielen Kinder – es sind mehr als 40 – aufruft und ordnet, unterbrach unser Kinderhausleben zu schroff und machte die Bewegungen der Kinder steif und unbeholfen. Das haben wir daher geändert. Es steht auch ein niedriger Kinder-Spültisch im Frühstücksraum, und jeden Tag finden sich genug Kinder zum Spülen.«

Die pädagogische Gemeinschaft gesunder und behinderter Kinder muß allmählich wachsen

Unser Kindergarten in der Güllstraße war für maximal 50 Kinder eingerichtet. Wir hängten ein Schild an das Haus: »Kindergarten nach Dr. Maria Montessori der Aktion Sonnenschein.« Es hatte sich bald herumgesprochen, daß in München der erste Montessori-Kindergarten entstand und deshalb dauerte es nicht lange, da hatten wir 80 Anmeldungen.

50 kleine Stühlchen warteten auf ihre Benutzer, als Frau Aurin 10 gesunde Kinder aufnahm. Auf meine erstaunte Frage, warum sie nicht 50 Kinder aufnehme, antwortete sie ebenso erstaunt: »Das ist doch unmöglich. Ein solches Unglück gibt es nur in der Schule, daß am ersten Schultag eine Lehrerin mit 25, 30 oder gar 40 ihr unbekannten Kindern konfrontiert wird. So entstehen lange Zeit hindurch soziale Schwierigkeiten zwischen Lehrern und Kindern, nicht zuletzt der Kinder untereinander. In der Montessori-Pädagogik ist der Erzieher Vorbild, und mehr als 8 bis 10 gesunden Kindern kann er zu Beginn nicht genügend Vorbild sein.«

So wurde mir gleich zu Beginn im Kindergarten vorgeführt, daß eine kindgerechte Pädagogik sich primär nur einer kleinen Gruppe von Kindern zuwenden kann und darf und daß sich der Aufbau einer pädagogischen Gemeinschaft allmählich vollziehen muß.

Nach meinen Vorstellungen sollten die gesunden Kinder im Kindergarten in jedem Falle in der Überzahl sein. Bekanntermaßen setzt in einer Gemeinschaft das Verhalten der Überzahl die soziale Norm. Nur derjenige fühlt sich nicht als Außenseiter, der sich in seinem Verhalten dem Verhalten der Allgemeinheit anpaßt.

Mit der Überzahl der gesunden Kinder sollten die behinderten Kinder ein ausreichendes Vorbild haben. Die Überzahl sollte gleichzeitig aber auch ein starkes Element der Hilfe sein.

Um den behinderten Kindern helfen zu können, hatte ich außerdem die Vorstellung, daß wir verschiedenartig behinderte Kinder in eine Gruppe nehmen müßten. Nur so erhält auch ein körperbehindertes Kind das Erlebnis des aktiven Helfens, wenn z. B. ein geistig behindertes Kind einem körperbehinderten Kind und umgekehrt ein körperbehindertes Kind einem geistig behinderten Kind Hilfe zu geben vermag. Auf der anderen Seite sollte dadurch verhindert werden, daß sich die Behinderten als eine »Gruppe« absondern konnten, weil alle Behinderungen identisch waren.

So entstanden nach und nach zwei Kindergartengruppen, in denen jeweils 15 bis 16 Kinder gesund und 6 bis 8 mehrfach, zumindest verschiedenartig behindert waren.

Die Unterscheidung gesund oder behindert wurde aufgrund der bei jedem Kind vor Aufnahme in den Kindergarten durchgeführten eingehenden ärztlichen und klinisch-psychologischen Untersuchung getroffen. Von dieser Eingangsuntersuchung wurde auch kein gesundes Kind ausgenommen. Es zeigte sich, daß eine Reihe von bis dahin als gesund geltenden Kindern zum Teil erhebliche motorische, sinnesphysiologische oder soziale Störungen aufwies.

Der Aufbau des Kindergartens vollzog sich ganz allmählich. Die Aufnahme von behinderten Kindern geschah grundsätzlich nach entsprechender Vorbereitung der gesunden Kinder.

Die behinderten »Neulinge« wurden in Abwesenheit vorgestellt. Es wurde darauf hingewiesen, daß z. B. Erich einen Hörapparat habe, an dessen Schnur nicht gezogen werden darf, daß Franzl kranke Füße habe und deswegen hinkt und selbstverständlich seinen Stuhl als Hilfe zum Vorwärtsbewegen durch den Raum schieben darf, daß Margret nicht laufen, nur kriechen kann etc.

Entsprechend wurden die behinderten Kinder erwartungsvoll aufgenommen. Ihre Besonderheiten fanden von vornherein Verständnis. Die gesunden Kinder gönnten den körperbehinderten Kindern, das Stühlchen als Stütze durch den Raum schieben zu dürfen; sie drängten stets danach zu helfen, hatten aber auch einen feinen Sinn, wenn sie merkten, daß ein behindertes Kind seine Arbeit selbst durchführen wollte. Es ist ein Erlebnis zu beobachten, wie kleine Kinder geduldig warten und gespannt sind auf das Gelingen von Übungen der behinderten Kinder und wie sie sich über deren Fortschritt freuen, wenn eine Übung gelungen ist.

Die gemeinsame Erziehung gesunder und behinderter Kinder ist in der Montessori-Pädagogik kein Problem

Die Art der Behinderung spielt nach unseren bisherigen Erfahrungen praktisch keine Rolle. Einzelne blinde Kinder bewegen sich so sicher im Kinderhaus, daß mehrfach eine augenärztliche Kontrolle angestellt wurde, um sicher zu sein, daß diese Kinder wirklich blind waren. Erstaunlich ist auch die Unbefangenheit, mit der gesunde Kinder beispielsweise mit blinden Kindern gemeinsam spielen oder sich unterhalten. Auch geistig behinderte Kinder – in jeder Kindergartengruppe sind ein oder zwei Kinder mit Down-Syndrom – machen keine wesentlichen Schwierigkeiten, wenn ihre Eingliederung in der Kleinkindergruppe richtig eingeleitet wurde und wenn die Kinder in dem Verhalten der Erzieherin ein entsprechend verständnisvolles Vorbild hatten.

Von seiten der gesunden Kinder wurde nie eine häßliche Ablehnung der Behinderten bemerkt, wohl aber Furcht vor zu starker Aggressivität. Es ist dann Aufgabe der Pädagogin, bei beiden Kindern die Schranken abzubauen. Meist waren die aggressiven Handlungen als unbändige und ungeschickte Freundschaftsbezeigungen zu deuten.

Bei den gesunden Kindern zeigten sich im Rahmen der integrierten Erziehung in besonderer Weise Eigenschaften wie: Hilfsbereitschaft, Rücksicht, Geduld, Mitgefühl, Verständnis, Eigenschaften, die man auf Anhieb bei einem kleinen Kind nicht ohne weiteres voraussetzen kann. Diese Eigenschaften treten aber bei allen Kindern in Montessori-Kinderhäusern hervor, sie sind primär nicht der integrierten Erziehung zuzuschreiben, fördern indessen integrierte Erziehung mit behinderten Kindern außerordentlich.

Die Bedeutung früher Erlebnisse mit behinderten Kindern läßt sich am besten aus persönlichen Gesprächen mit den Kindern ablesen. Inzwischen erlebe ich nämlich unser Kinderhaus aus der Sicht meiner Enkelkinder.

Nach einigen Wochen Aufenthalt im Kindergarten habe ich meinen Enkelsohn Theo gefragt, ob alle Kinder im Kindergarten gesund seien. Er hat kurze Zeit nachgedacht und erklärte dann bestimmt: »Alle sind sie gesund.« Ich habe ihn dann gefragt, ob alle laufen können. Daraufhin hat er überlegt und mir eine Antwort gegeben, die plastisch die Beziehung eines gesunden 5-jährigen zu einem behinderten Kind wiedergibt: »Aber das macht nichts, sie können ja kriechen.«

Wie eng soziale (und kognitive) Lernprozesse bei gesunden und behinderten Kindern im Rahmen der Montessori-Pädagogik verbunden sind, erlebte ich in den ersten Tagen, als Theo in den Montessori-Kindergarten kam. Gemeinsam mit einem geistig behinderten Buben mit Morbus-Down-Syndrom steckte er begeistert die Ziffern in die »Montessori-Uhr«. Diese Uhr besteht aus einem Holzquadrat, in dem an entsprechenden Stellen Vertiefungen angebracht sind. Gemeinsam steckten beide Kinder die Ziffern in diese Vertiefungen und waren sehr befriedigt, als keine Ziffer übrigblieb.

Natürlich war keine Ziffer an der richtigen Stelle angebracht, denn sie kannten beide weder die Zahlen noch kannten sie die Reihenfolge der Ziffern an der Uhr. Trotzdem hatten beide gemeinsam einen wichtigen Lernschritt gemacht: nämlich die Uhr kennenzulernen. Eine Fläche wird dadurch zu einem Zifferblatt, daß an bestimmten Stellen Zahlen angeordnet sind.

Kurze Zeit später hat Theo dann die Uhren entdeckt: zu Hause, auf der Straße, am Kirchturm. Er stellte fest, daß die Ziffern an allen Uhren die gleiche Stelle einnahmen. Das hat er seinem mongoloiden Freund erklärt. Dann haben sie gemeinsam die Ziffern an die richtigen Stellen der Montessori-Uhr gesteckt und als weiterer Lernschritt die Uhr kennengelernt.

Heute ist das alles längst vergessen. Das gesunde und geistig behinderte Kind lernten gemeinsam die Uhr kennen – der eine etwas schneller, der andere langsamer, aber gemeinsam.

Wie ein Vormittag in unserem Montessori-Kindergarten abläuft

Grundsätzlich kommen unsere Kinder in den Montessori-Kindergarten nur halbtägig. Ein Kind im Alter von 3 1/2 bis 4 Jahren ist in seiner Sozialentwicklung in keinem Falle so weit, daß ein ganztägiger Kindergartenbesuch erlaubt ist. Wir können Tagesstätten für Kleinkinder nennen wie wir wollen, sie bleiben immer Notbehelfseinrichtungen für Kinder, deren Eltern tagsüber keine Zeit haben oder für Kinder, deren Eltern tagsüber beide arbeiten müssen.

Aus der Sicht der Kinderheilkunde, insbesondere der Sozialpädiatrie als der Wissenschaft von den Wechselwirkungen zwischen Kind und Gesellschaft und der von der Gesellschaft geprägten Umwelt, ist es selbstverständlich, daß die positive Beeinflussung eines Kindes, insbesondere im Bereich seiner Sozialentwicklung und Sozialisation, altersspezifische Gesichtspunkte beachten muß. Das erklärt, warum Kindergärten grundsätzlich nur halbtägig belegt sein dürfen.

Da unser Montessori-Kinderhaus primär aus ärztlichen Gründen geschaffen wurde, war es selbstverständlich, daß auch unsere behinderten Kinder unter keinen Umständen ganztägig aufgenommen werden durften.

Die folgende Beschreibung betrifft also nur einen Vormittag:

Ab 8 Uhr können die Kinder kommen, oft dann, wenn Vater oder Mutter ihr Kind auf der Fahrt zur Arbeit abliefern, denn die Eltern nehmen manchmal bis zu einer Stunde Anfahrt zum Kindergarten in Kauf.

Diese Frühkinder sind manchmal noch etwas verschlafen, und ihre Tätigkeiten beginnen langsam. Sie sind zusammen in einem Raum, erzählen sich oft erst nur etwas, sehen sich Bilderbücher an, malen oder helfen der

Tante bei verschiedenen Vorbereitungen wie Zeichenblätter schneiden, Tücher falten, Blumen gießen . . .

Gegen 9 Uhr kommen alle Kinder und teilen sich in die gewohnten zwei Gruppen auf, die nun in zwei Räumen arbeiten, die vollkommen mit Montessori-Material ausgestattet sind. Die Kinder haben freie Beschäftigungswahl und haben sich meistens schon vorher eine Arbeit ausgedacht.

Maria Montessori nennt die Tätigkeit des Kindes in der Würdigung der Ernsthaftigkeit, die das Kind dabei offenbart, ›Arbeit‹.

Oft wiederholen die Kinder eine Arbeit vom vorhergehenden Tag, führen diese fort oder probieren weiter. Auch muß die Lehrkraft dem Kind anbieten, ihm weitere Schritte zu zeigen oder muß es mit einem neuen Material vertraut machen; immer nach dem Grundsatz: ›Hilf mit, es selbst zu tun.‹

Manche Kinder sind erfreut, daß nun das Material frei ist, das sie am Vortag nicht hatten benutzen können, da ein anderes Kind sich damit intensiv beschäftigt hatte. Die Arbeit mit demselben hatte das wartende Kind beobachtet, sich vielleicht dazu gesetzt, mitgearbeitet, oder auch begierig vom Nebentisch zugeschaut. Jedes Material ist nur einmal vorhanden, aber das Gesamtmaterial ist so zahlreich und so vielseitig, daß jedes Kind seine ›Arbeit‹ finden kann. Es herrscht stets eine rege Tätigkeit, denn ein Montessori-Kindergarten ist voller Aktivitätsmotive. Die Dreieinhalb- bis Vierjährigen stillen ihren Tatendrang meistens in der Durchführung der Übungen des praktischen Lebens: sie spülen wiederholt das Geschirr, waschen, putzen Fenster und Messing, reinigen die Teppiche oder den Fußboden . . . Andere arbeiten mit dem Sinnesmaterial, durch welches jeder Sinn angesprochen und geübt wird. Maria MONTESSORI nannte ihr Sinnesmaterial ›materialisierte Abstraktion‹, weil das Kind durch die Erfahrungen, die es damit erwirbt, zu klaren Abstraktionen kommt. (Farbe, Größe, Form, Beschaffenheit etc.)

Die älteren Kinder zeigen mehr Interesse für das mathematische Material oder das Sprachmaterial, vertiefen sich nach den entsprechenden Darbietungen allein oder mit einem Freund, auch in einer Gruppe darin.

Diese freie Arbeit führen die Kinder bis ½ 11 Uhr, manchmal auch bis 11 Uhr durch. Anschließend ist gemeinsames Frühstück, bei dessen Vorbereitung sich ein Kind als ›Kellner‹ betätigt.

Uns ist bekannt, daß in vielen Montessori Kinderhäusern die Kinder ganztägig betreut werden. Es mag dies in der Historie begründet sein, denn Maria Montessori entwickelte ihr erstes Kinderhaus ja für »Sozialwaisen«, d. h. für Kinder, deren Eltern tagsüber keine Zeit hatten. Diese Kinderhaus-Konzeption als Notbehelfseinrichtung muß entsprechend gewürdigt werden.

Aus grundsätzlichen sozialpädiatrischen Überlegungen – z. B. negative Phase der physiologischen Leistungsbereitschaft am Mittag, Unstabilität der frühkindlichen Sozialentwicklung des Kleinkindes und jungen Schulkindes – haben wir konsequent im Kindergarten nur Vormittags- oder Nachmittagsgruppen eingeführt. Auch für die behinderten Kinder war das von entscheidendem Vorteil.

KAPITEL 8

Unsere Montessori-Pädagogik im Erlebnis des Kinderarztes

Soziale Lernprozesse stehen im Vordergrund

In unserem Kindergarten erlebte ich jene sozialen Lernprozesse, von denen ich als Kinderarzt geträumt hatte. Wann immer man mit Pädagogen über die Montessori-Pädagogik spricht, wird man darauf hingewiesen, daß diese Pädagogik wohl in erster Linie dazu geschaffen wurde, kognitive Prozesse bei kleinen Kindern in Gang zu setzen. Das Erlebnis unseres Kinderhauses zeigte indessen, daß dies nur derjenige behaupten kann, der auf das Montessori-Material schaut und nicht auf die Kinder.

Es ist verständlich, daß sich in einer Kindergartengruppe, in der die Kinder unterschiedlich alt sind – oder, wie in unserem Montessori-Kinderhaus – die Kinder nicht nur unterschiedlich alt, sondern auch unterschiedlich gesund und behindert sind, sich vielfältige Lernprozesse im sozialen Bereich vollziehen.

Es besteht aber nach unseren bisherigen Erfahrungen kein Zweifel darüber, daß im Mittelpunkt der sozialen Lernprozesse die Erzieherin steht. Nur derjenige Erzieher, der überzeugt davon ist, daß es eine herrliche Aufgabe ist, gesunde und behinderte Kinder gemeinsam zu erziehen, bringt die notwendige Voraussetzung zum Leiten einer solchen Gruppe mit.

Wir haben auch in unserem Montessori-Modell erlebt, daß manche Erzieher erst überzeugt werden mußten, daß es für ein gesundes Kind besser ist, wenn es gleichzeitig mit einem behinderten Kind aufwächst, daß es für ein behindertes Kind von großem Vorteil ist, in der gleichen Gruppe mit gesunden Kindern erzogen zu werden, und daß soziale Lernprozesse wichtiger sind als frühes Lesen und Schreiben können.

Das soziale Feld in der Montessori-Pädagogik ist durch nichts besser gekennzeichnet als durch jenen Spruch, der – aus der Sicht des Kindes – jedem Montessori-Erzieher als Aufgabe gegeben ist: »Hilf mir, es selbst zu tun.«

Dieser Spruch bedeutet, daß der Erzieher ein helfender und nicht ein führender sein soll und daß seine Aufgabe in erster Linie darin besteht, die soziale Entwicklung, in diesem Falle die Selbständigkeit des Kindes, zu unterstützen. In diesem Spruch liegt aber auch begründet, daß der Erzieher dem Kinde die Freiheit geben muß, eine Arbeit selbständig zu verrichten und das Konzept einer Aufgabe selbständig herauszubekommen. Er darf dem Kind nur so viel helfen, daß es die Lösung allein findet.

Damit wird erklärt, daß der Erzieher nicht aktiv das pädagogische Geschehen beeinflußt, indem er auf das einzelne Kind oder die Kindergruppe einredet, sondern daß er sich als Helfer des Kindes versteht, der immer bereit ist, dem Kind ein Material anzubieten. Im geeigneten Moment zieht er sich aber zurück, damit sich die Eigenaktivität des Kindes entfalten kann.

Während der Erzieher äußerlich passiv erscheint, ist er innerlich höchst aktiv. Er überblickt die gesamte Gruppe und wendet sich dem einzelnen Kind oder der Teilgruppe zu, die ihn wirklich benötigen, die ihn direkt fragen, wenn Aufgaben oder Konflikte nicht allein gelöst werden können. Der Erzieher sorgt für die nötige Ruhe der in der Regel in ihre Arbeit versunkenen Kinder, er stört deren Konzentration nicht einmal durch verbale Anerkennung, verstärkt das Tätigsein des Kindes nur, wo nötig, durch soziale Zuwendung und gibt dem Kind Anerkennung, wenn es nach Beendigung seiner Arbeit danach verlangt.

In unserem Montessori-Modell werden die sozialen Interaktionen der Kinder untereinander weiterhin dadurch unterstützt, daß das soziale Feld zwischen gesunden und behinderten Kindern breiter ist als etwa in einer Geschwistergruppe oder in einer Kindergartengruppe mit gesunden Kindern unterschiedlichen Alters. Das hat sich als ein so großer Vorteil erwiesen, daß wir empfehlen möchten, in ähnlicher Weise in allen Kindergärten auch behinderte Kinder aufzunehmen, so daß »vorschulische Einrichtungen« für spezifisch behinderte Kinder in absehbarer Zeit überflüssig werden.

Die Besonderheiten des Kleinkindesalters erfordern in erster Linie soziale Lernprozesse. Sie sind umso eher möglich, je unterschiedlicher die Gruppe in ihrem Alter, in ihrer Entwicklung, in ihrem Verhalten ist. Man kann aus dieser Erkenntnis auch ablesen, daß »Vorschulklassen«, in denen 5-jährige aus dem Kindergarten herausgenommen werden, um Lesen, Schreiben oder Rechnen zu lernen (und sei es nur zur Vorbereitung), eine pädagogische Erfindung sind, die wiederum ausschließlich theoretischen Vorstellungen entspricht, aber nicht den Bedürfnissen des Kleinkindes gerecht wird.

Für die integrierte Erziehung im Kindergarten hat sich in unserem Modell gezeigt, daß in einer Gruppe von bis zu 25 Kindern 8 mehrfach und verschiedenartig behinderte Kinder aufgenommen werden können. Unter diesen ist ein Kind blind (im Sinne des Gesetzes mit einem Sehrest von unter 20/200). Ein Kind kann hör- oder sprachbehindert sein (es bedarf in jedem Falle einer zusätzlichen Betreuung durch eine Logopädin oder Taubstummenlehrer).

Ein bis zwei Kinder können körperbehindert sein mit einer Querschnittslähmung als »Rollstuhlkinder« oder als Spastiker mit einem Spastikerstuhl. Es empfiehlt sich, zwei Rollstühle und zwei Spastikerstühle anzuschaffen, damit auch von der Optik her das körperbehinderte Kind keine Ausnahme macht. Gesunde Kinder benutzen mit großem Vergnügen ebenfalls Rollstuhl und Spastiker-Stuhl. Ein bis zwei Kinder können geistig behindert sein. Keine Schwierigkeiten gab es, Kinder mit Morbus Down in einer Gruppe zu haben.

Eine solche Kindergarten-Gruppe sollte eine Assistentin haben. Sie muß nicht pädagogisch ausgebildet sein, sie sollte aber bei der Unterstützung der behinderten Kinder (insbesondere bei Spielen im Freien, Ausflügen, bei Verrichtungen wie Toilette, Waschen), auch in der Zuwendung Hilfe geben können.

Soziale Lernprozesse im Kindergarten können auf diese Weise in einem bislang nicht beschriebenen Ausmaß zum Vorteil gesunder und behinderter Kinder stattfinden. Es bedarf dies aber der Einsicht und der ständigen Anregung durch die Erzieherin.

Allerdings wäre es falsch, die sozialen Lernprozesse isoliert zu sehen. Ihre Bedeutung für kognitive Lernprozesse, also Lesen, Schreiben, Rechnen etc. kann aus kinderärztlicher Sicht nicht hoch genug veranschlagt werden.

Dies bezieht sich nicht nur auf die durch die Sozialentwicklung erreichte Selbständigkeit des Kindes, sondern auch auf die sozialen Interaktionen selbst.

In der Pädagogik scheint dies in Vergessenheit geraten zu sein, denn unser derzeitiges Schulsystem läßt üblicherweise soziale Interaktionen zwischen den Kindern nur noch während der Pause und der Freizeit zu. Im Mittelpunkt steht der Lehrer, der den Kindern »etwas beibringt«. Hier sind alte pädagogische Erfahrungen offensichtlich in Vergessenheit geraten. Man braucht nämlich nur bei PESTALOZZI nachzulesen, der die Bedeutung von Lernprozessen der Kinder untereinander als eine der wichtigsten pädagogischen Erfahrungen wie folgt beschrieb:

876. Jedes Kind wird, wie wir schon wissen, durch die elementarische Vereinfachung des ganzen Umfangs seiner Unterrichtsmittel instand gesetzt, das, was es auf jeder Stufe der Ausbildung, auf der es steht, selbst gelernt hat, seinen Geschwistern und jedem andern Kinde, das dieses nicht kann, mitzuteilen; und es ist jedem hierin wohlgeführten Kinde selber eine Herzensfreude, dieses zu tun, sowie es jeder unverkünstelten Mutter eine Herzensfreude wäre, ihm hierin selber behilflich zu sein, wenn sie es nur könnte.

Ich bin sogar überzeugt: tausend und tausend Mütter würden bei diesem Tun eines solchen Kindes wehmütig erkennen und bedauern, daß sie es selber nicht können, und mit Mutterfreude an ihrer Seite es ihnen abzulernen

suchen. Ich träume nicht: das Fundament dieser Überzeugung liegt im ge-
genseitigen Einfluß des allgemein instinktartig belebten Mutter- und Kin-
dersinns. Das ist in Rücksicht auf das Geben und auf das Empfangen dieses
Unterrichts gleich wahr. Es ist eine unwidersprechliche Tatsache, daß Kin-
der sich von Kindern unendlich lieber zeigen lassen, was sie noch nicht kön-
nen, als von irgendeinem erwachsenen Menschen, der nicht ein auffallend
zartes, mütterliches Gemüt oder ein ebenso auffallend kraftvolles väterli-
ches Herz in seinem Leibe trägt.

Feiern, Musik- und Kunsterziehung werden groß geschrieben

Als typisch für die Montessori-Pädagogik wird die Arbeit des Kindes in der
»Freiarbeitsphase« angesehen. Für den Erwachsenen ist es in der Tat faszi-
nierend zu beobachten, wie intensiv kleine Kinder mit dem Montessori-
Material beschäftigt sind und wie lange sie sich konzentrieren können.
Tagtäglich wiederholt sich in allen Montessori-Kinderhäusern jene Situation, die von Maria Montessori vor Jahrzehnten beschrieben wurde, nach
der sich kleine Kinder in einer unglaublichen Weise lange Zeit mit ein und
dem selben Gegenstand beschäftigen, wenn dieser Lernprozeß sie fasziniert
und wenn sie ihn in voller Freiheit aufgenommen haben.

Es wäre jedoch falsch anzunehmen, daß diese Freiarbeitsphase – so typisch sie auch für die Montessori-Pädagogik sein mag – das alleinige Element der Montessori-Pädagogik darstellt. Ich selbst habe an unserem Montessori-Kindergarten beinahe täglich das Erlebnis, wie wichtig Feiern sind.

Ich gehe mit einem Gast in unseren Montessori-Kindergarten hinunter,
um ihm die konzentrierte Arbeit unserer Kinder vorzuführen. Leider haben wir an diesem Tage »Pech«. Ein Kind hat Geburtstag. Dies bedeutet,
daß alle Fenster verdunkelt werden, daß Kerzen angezündet sind, daß ein
mitgebrachter Kuchen verteilt wird und daß entsprechend »Geburtstag gefeiert« wird.

Da wir in unserem Kindergarten 50 Kinder haben, bedeutet das, daß 50
mal im Jahr Geburtstag gefeiert wird. Es ist verständlich, daß das für ein
Kindergartenjahr eine geraume Zeit ist. Das gemeinsame Erlebnis des Ge-
burtstagfeierns – auch anderer Feiern, wie z. B. das Kirschenfest im Frühjahr, die Vorweihnachtszeit etc. – stellen ein auch zeitlich meßbares bedeutendes Element der Montessori-Pädagogik dar.

Die musikalische Erziehung spielt in der Montessori-Pädagogik ebenfalls eine große Rolle. Es ist selbstverständlich, daß in unserem Montessori-Kindergarten Lieder gesungen, daß neue Verse gelernt werden. Die
Vorerziehung für die Musikalität liegt ja in der Sinnesphysiologie des Ge-

hörs. Allzu wenig ist aber bekannt, daß Maria Montessori selbst auf die musikalische Erziehung größten Wert gelegt hat, wenngleich das in ihren bislang veröffentlichten Schriften nicht genügend zum Ausdruck kommen mag.

In unserem Kinderhaus – ebenso wie in unserer Schule – wird das Orff-Schulwerk angewandt. Wir haben das Vergnügen, daß im Kinderzentrum selbst Frau Gertrud Orff die notwendigen Impulse gibt. Diese »elementare Musik« spricht das Kind weit stärker an und ist weit mehr kindgerecht als die Musikerziehung, wie sie an anderen Schulen üblich ist. Man kann diesen Unterschied in Salzburg am Mozarteum erleben. Im Mozarteum selbst hört man von den Musikstudenten Geigen, Klavierspielen, Flötespielen etc. Im »Orff-Institut« lebt die elementare Musik, die vom Rhythmus und unmittelbaren musikalischen Empfinden der Kinder ausgeht.

Auch die Kunsterziehung wird in der Montessori-Pädagogik von außen kaum gesehen, weil jedermann fasziniert auf das Montessori-Material schaut. In jeder Kindergartengruppe steht z. B. eine Staffelei. Und täglich finden sich dort Kinder, die intensiv mit Farbe und Pinsel malen. Auch hier kann – wie Maria Montessori vor Jahrzehnten geschrieben hat – die schöpferische Phantasie des Kindes ihren Ausdruck finden.

Schließlich ist noch zu erwähnen, daß eigentlich zu einem Montessori-Kinderhaus auch ein Garten mit Blumen und Gemüsebeeten, mit Beerensträuchern und Obstbäumen gehört. Hier findet die »kosmische Erziehung« der Kinder statt, auf die Maria Montessori einen großen Wert gelegt hat. An der kosmischen Erziehung läßt sich der naturwissenschaftliche Ansatz der Ärztin Maria Montessori erkennen. Leider müssen wir in unserem Kinderhaus hier etwas kurztreten. Wohl säen unsere Kinder z. B. Kresse und beobachten täglich, wie die kleinen Pflanzen größer werden. Aber einen Garten haben wir leider nicht. Wir müssen eben auf die Theresienwiese ausweichen und dort die Sträucher und Bäume während des Jahres anschauen.

In jedem Montessori-Kindergarten gibt es – wie in jedem anderen Kindergarten auch – vielfältiges Material, mit dem die Kinder, z. B. aus Plastelin, phantasievolle Formen kneten.

In einem Montessori-Kindergarten vermißt man allerdings im Hinblick auf die emotionale Entwicklung des Kindes eine Puppenstube oder Tiere »zum Liebhaben«. Hier hat Maria Montessori offenbar Grenzen gesetzt, die allerdings begründbar sind.

Meine Anmerkung »zum Liebhaben« drückt aus, daß hier der persönliche Bereich auch des Kleinkindes angesprochen wird. Selbstverständlich darf es *seine* Puppe, *seinen* Teddybär mit in den Kindergarten bringen. Aber es wäre m. E. ein Verstoß gegen die emotionale Erziehung auch des Kleinkindes, wenn viele Kinder einer Gruppe jeweils mit einer fremden Puppe in einer fremden Puppenstube spielen würden.

Hier versteht sich die Montessori-Pädagogik offensichtlich als das, was eine gute Kindergartenerziehung immer sein sollte: als Ergänzung, nicht als Ersatz der Familie und des Elternhauses. Puppenspiele gehören wie der gesamte Bereich der emotionalen Erziehung im Kleinkindesalter zuvorderst noch in den Bereich der Familie.

Auf Bewegung und Bewegungserziehung wird besonderer Wert gelegt

Wer in unseren Montessori-Kindergarten kommt, ist auf Anhieb erstaunt über die Ruhe, die dort herrscht. Als wir unseren Kindergarten einrichten wollten, stießen wir zunächst auf den Protest der Nachbarn. Im Nachbarhaus ist eine Behörde untergebracht. Sie hat sich sehr dagegen gewehrt, daß Wand an Wand in der Parterre-Etage ein Kindergarten errichtet wird.

Nachdem wir bereits mehrere Wochen lang Kinder aufgenommen hatten und unser Kindergarten zu leben begann, erreichte mich ein Anruf des Verwaltungsleiters dieser Behörde, wann denn der Kindergarten käme. Sie warteten auf das Geschrei und den Lärm der Kinder. Ich habe den Herrn zu uns herübergeholt und ihm die Kinder gezeigt. Er stand fassungslos vor einer Gruppe kleiner Kinder, die so ruhig und so konzentriert spielte. Er konnte es nicht glauben, daß unser Kindergarten bereits einige Wochen »in Betrieb« war.

Wenn man indessen diesen Eindruck auf das System der Montessori-Pädagogik überträgt, könnte die Vorstellung entstehen, daß die »Montessori-Kinder« sich nicht bewegen dürfen. Das ist aber keineswegs der Fall, denn die Bewegungserziehung spielt in der Montessori-Pädagogik eine große Rolle.

Frau Aurin wollte unser Miethaus zuerst nicht für den Kindergarten akzeptieren. So gemütlich es darin ist – es gibt eben keinen Garten, keinen Spielplatz, denn das Haus Güllstraße ist ja ein gewöhnliches Wohnhaus und nicht für einen Kindergarten gebaut.

Wir haben lange überlegt, was wir machen können. Schließlich blieb als Ausweg die Theresienwiese. Unsere Eltern haben dort die Stadt München veranlassen können, einen Spielplatz einzurichten. So sieht man unsere kleine Schar, wann auch immer gutes Wetter ist, auf die Theresienwiese ziehen. Dort verhalten sich unsere Kinder – unabhängig ob gesund oder nicht – wie alle Kinder sich auf einem Spielplatz verhalten. Sie schreien, springen, sausen, toben herum usw.

Allerdings unterscheiden sie sich doch ein wenig von den Kindern, wie man sie natürlicherweise auf Spielplätzen – auch in Kindergärten – erlebt. Alles Toben hat nämlich dort ein Ende, wo das andere Kind verletzt werden könnte. Wir haben einen Film über unsere Montessori-Pädagogik gedreht mit Hilfe der Dialog-Filmgesellschaft in München. Dieser Film wird zum 18. Internationalen Montessori-Kongreß 1977 in München uraufgeführt. Er trägt den Titel »Aktion Sonnenschein« und hält in vielen Szenen fest, wie sich gesunde und behinderte Kinder in unserem Montessori-Modell auf dem Spielplatz trotz allen Tollens rücksichtsvoll begegnen. Szenen, so schön, daß der Kinderarzt eigentlich nur davon träumen kann!

Angeregt durch dieses Spielen auf dem Spielplatz haben wir »Bewegungserziehung« in unserem Montessori-Modell »systematisiert«.

In jeder Woche gehen unsere Kinder in die Turnhalle unserer Schule. Sie haben dort einen ganzen Vormittag »Turnen« und Bewegungsspiele. Wir wären natürlich glücklich, wenn wir bei unserem Kinderhaus in der Güllstraße gleichzeitig einen Spielplatz mit Sand, mit kindgerechten Turngeräten, mit Planschbecken und Rasen hätten. Das alles hat aber der Kindergarten in der Reutbergerstraße, und man sieht an schönen Tagen die Kinder in Scharen im Sandkasten intensiv spielen. Sie können sich von diesem Spiel oft nicht trennen, wenn die Eltern sie mittags abholen. Außerdem ist es selbstverständlich, daß unsere Kinder spazierengehen, daß sie die nähere Umwelt um den Kindergarten kennenlernen und daß im Rahmen dieser Spaziergänge auch Verkehrserziehung stattfindet.

Die Beweglichkeit wird aber vom Kind gesteuert. Es bestimmt letztlich selbst, wie stark es seinem Bewegungsdrang nachgibt. Trotzdem besteht aber offensichtlich ein Unterschied in den Bewegungselementen der »Montessori-Kinder« mit vergleichbaren Kindern aus anderen Kindergärten. Ich habe das ebenfalls bei meinem Enkelsohn erlebt:

Theo besuchte erst einen Kindergarten in der Nachbarschaft. Ich fand es durchaus richtig und hätte nie gewagt, meinem Sohn und meiner Schwiegertochter vorzuschlagen, Theo in unseren Montessori-Kindergarten zu geben. Als Großeltern darf und soll man nicht in die Erziehung der Enkelkinder hineinreden.

Das Erlebnis des Kindergartens stellte sich aus der Sicht der Familie so dar, daß Theo in dem Kindergarten regelrecht toben lernte. Schon nach wenigen Tagen Kindergartenbesuch fing er an, in der Wohnung herumzutollen und alles auf den Kopf zu stellen. So wie er im Kindergarten mit anderen Kindern herumtobte, so begann er auch mit seinen Geschwistern herumzubalgen und das bald in einer für eine kleine Großstadtwohnung unerträglichen Weise. Auf der Straße wurde sein unüberlegtes Tollen sogar gefährlich.

Als dieses Toben gewisse aggressive Züge erhielt, wurde es meiner Schwiegertochter zu viel. Sie beschloß, es mit Theo in unserem Montessori-Kindergarten zu versuchen, weil sie dort am Beobachtungsfenster häufig erlebt hatte, daß unsere Kinder nicht tobten, sondern nach außen hin erkennbar ganz ruhig waren.

So kam Theo in unseren Kindergarten. Er versuchte dort, ebenso wie vorher in dem anderen Kindergarten, mit den Kindern das Toben anzufangen. Der Unterschied zu dem anderen Kindergarten bestand aber darin, daß von unseren Kindern niemand an seinem Toben Gefallen hatte. Die Kinder schauten ihn völlig verständnislos an. Sie wußten gar nicht, was er eigentlich mit seinem Toben wollte. So entstand eine Situation, die aus der Sicht der Verhaltensmodifikation so interpretiert werden kann: Niemand war da, der Theos Toben »verstärkte«. Als niemand das Toben beachtete, legte er es nach zwei Tagen ab. Er fügte sich selbstverständlich in gleicher Weise ruhig in die neue Gemeinschaft ein, wie er das bei den übrigen Kindern erlebte.

Diese Episode erscheint mir deswegen erwähnenswert, weil ich vielfach von Besuchern – auch Pädagogen – gefragt werde, wo denn die Aggressionen unserer Kinder seien. Offensichtlich besteht eine weit verbreitete Ansicht, daß kleine Kinder von Natur aus aggressiv sind und ferner, daß es im Rahmen der Kleinkindererziehung notwendig ist, diesen Aggressionen nachzugeben. Man stellt sich vor, daß Aggressionen sich »austoben« müssen, damit die Kinder ruhig werden.

Diese Anschauung ist aus der Sicht neuerer lerntheoretischer Forschungen grundsätzlich falsch. Unsere Montessori-Kinder bestätigen das. Wenn wir hinter der Beobachtungsscheibe unseres Kindergartens stehen und das konzentrierte Spielen und Arbeiten unserer Kinder beobachten, kann ich nur erklären; bei unseren Kindern gibt es keine Aggressionen.

Da aber unsere Kinder ganz gewöhnliche Kinder sind, die sich in nichts von anderen Kindern unterscheiden, da auch unsere Kinder auf dem Spielplatz tollen, toben und schreien, sich mit großem Enthusiasmus bewegen und spielen, bleibt keine andere Schlußfolgerung, als daß die Aggressionen kleiner Kinder mehr von außen induziert werden. Sie entstehen einfach dadurch, daß die Umgebung sich falsch verhält und die Aggressionen verstärkt. Das geschieht dadurch, daß Aggressionen beachtet werden.

Das Beachten kann einmal dadurch geschehen, daß man die Aggressionen sich austoben läßt oder dadurch, daß man die Aggressionen bestraft. Beides »verstärkt«.

Wenn also im Rahmen unserer Montessori-Pädagogik die Kinder nicht toben, nicht aggressiv sind, dann bedeutet das, daß diese Pädagogik das Toben nicht verstärkt und daß kleine Kinder nicht sinnlos tollen, wenn wir ihrem Bewegungsdrang entsprechend andere Aktivitäten anbieten. Es besteht aber kein Zweifel darüber, daß aggressiv tobende gesunde Kinder eine Gefahr für behinderte Kinder sind. Diese Gefahr besteht im Rahmen unseres Montessori-Modells also nicht.

In der Montessori-Pädagogik lassen sich wichtige Elemente der modernen Lernforschung erkennen

Es wurde schon erwähnt, daß in unserem Montessori-Modell die sozialen Lernprozesse im Mittelpunkt stehen. Es wurde auch schon erwähnt, daß dies nicht bedeutet, daß soziale Lernprozesse und »kognitive Lernprozesse«, also »Schullernen«, verschiedene Lernprozesse sind, die nichts miteinander zu tun haben, sondern daß soziale Lernprozesse eine entscheidende Grundlage auch dafür sind, daß das Kind sich Schulwissen aneignet.

Trotzdem ist es frappierend, daß unsere Kindergarten-Kinder ebenso wie unsere Schulkinder Fortschritte machen, daß jedermann staunt – und dies ohne von der Erzieherin oder Lehrerin dazu aufgefordert worden zu sein, ohne Noten, ohne Hausaufgaben, ohne »Leistungsdruck«, ohne Klassenarbeiten, ja sogar ohne ein bestimmtes Hausaufgabenpensum.

Aus der Sicht der Regelschule fragt jedermann: Wie ist das möglich? Denn weitverbreitet ist die Anschauung, daß letztlich die Lernprozesse der Kinder und die Autorität unserer Lehrer auf den Schulnoten beruhen und daß ohne Zeugnisse keine Schulleistungen erbracht werden.

Versucht man hinter das Geheimnis der Montessori-Pädagogik zu kommen, muß man sich neueren Erkenntnissen der Lernforschung zuwenden, wie sie z. B. durch die neurophysiologischen Analysen von Lernprozessen von Ärzten und Psychologen erschlossen wurden. Diese kognitive Psychologie auf neurophysiologischer Grundlage beschäftigt sich mit Denk- und Erkennungsprozessen bzw. mit Prozessen der Informationsverarbeitung.

Dabei werden die Regeln entdeckt, die die Beziehungen zwischen Denkprozessen und Umgebung steuern. Es werden die neurophysiologischen Grundlagen von Lernprozessen erarbeitet und die Verarbeitung von neuen Reizen im Zusammenhang mit früheren im Gedächtnis gespeicherten Erfahrungen. Diese Lernforschungen beschäftigen sich damit, wie Einzelheiten wahrgenommen werden und aus diesen Erkenntnissen Übertragungen auf allgemeine Erkenntnisse gewonnen werden; sie analysieren, wie Kinder Einsicht in Zusammenhänge gewinnen, wie sie Symbole verarbeiten und wie sie lernen, das Ergebnis einer bestimmten erwarteten Reaktion vorauszusehen.

Komplexe Lernformen werden genau untersucht, wie z. B. »Lernen durch Wahrnehmung«, »Konzeptlernen«, d. h. durch Einsicht in Zusammenhänge, latentes Lernen, bei dem das Kind gewissermaßen etwas unterschwellig mitbekommt, vor allem aber das »Imitationslernen«, d. h. das Lernen durch Nachahmung, und nicht zuletzt die Denkprozesse, die durch den Spracherwerb zustande kommen, sind Gegenstand intensiver neuerer Forschungen geworden, weil sie letztlich die Denkprozesse auf einer höheren Ebene ermöglichen.

Diese Forschungsrichtung hat durch die Medizin entscheidende Impulse erhalten. In der Neurophysiologie spricht man z. B. von »Re-Afferenz« oder »Neuronen«, die als »feature detectors« wirken. So werden immer feinere Methoden gefunden, die höchst komplizierten Formen der Gehirnfunktionen zu untersuchen, wobei mehr und mehr die Bedeutung der frühen Kindheit offenbar wird.

Frederic VESTER hat diese neuesten Erkenntnisse der Neurologie, Physiologie, aber auch der Biochemie in seinem Buch »Denken – lernen – vergessen« einer breiten Öffentlichkeit verständlich gemacht.

Wenn man Kindern in der Montessori-Pädagogik zuschaut, wird man tagtäglich auf die Beziehungen zwischen Lernformen und Denkprozessen aufmerksam gemacht. Einige Hinweise sollen hier gegeben werden: Dadurch, daß das Kind mit dem Montessori-Material arbeitet, kommt es über das Greifen zum Begreifen. Maria Montessori hat ausdrücklich darauf aufmerksam gemacht, daß die Abstraktion über Sinneseindrücke leichter möglich ist.

Im Blicke neuerer Forschungen geht dieses Begreifen von den sogenannten »Propriozeptoren« im Bereich der Muskulatur aus, d. h., während die Muskeln tätig sind, gehen bestimmte Wahrnehmungseindrücke ständig an das Gehirn und informieren es über die Bewegungsabläufe. Diese »kinaesthetische Wahrnehmung« ist bislang in der Lernpsychologie noch kaum beachtet worden. Es besteht aber kein Zweifel, daß das Gehirn solche Informationen ständig aufnimmt, und zwar unabhängig von der Sprache, sie speichert, ohne daß dies dem Kind bewußt wird.

So wird es verständlich, daß das Lernen der Schrift mit Hilfe der Montessori-Buchstaben über eine solche kinaesthetische Wahrnehmung erfolgt: indem das Kind den Sandpapier-Buchstaben mit dem Finger folgt, entsteht ein neuromotorisches Engramm, das bereits als Information geprägt wurde, bevor das Kind überhaupt weiß, was das für ein Buchstabe ist.

Der Münchener Lernforscher PAPOUSEK hat darauf aufmerksam gemacht, daß die Koordination und Steuerung der Muskelaktivität eine der neurophysiologischen Grundlagen für die kognitive Integration von Wahrnehmungen und Erfahrungen darstellt und gewissermaßen als Organisationsmodell der kognitiven Integration angesehen werden darf. Er hat darauf hingewiesen, daß es wahrscheinlich an der Schwierigkeit der Motorik liegt, warum diese kinaesthetische Wahrnehmung als Grundlage von Lernprozessen gegenüber der akustischen und visuellen Wahrnehmung so lange vernachlässigt wurde.

Das Gesetz der »Re-Afferenz«, wie es von HOLST und MITTELSTAEDT entdeckt wurde, ist eine der wichtigen neurophysiologischen Grundlagen für die Rolle der »inneren Motivation«. Das erklärt wahrscheinlich, warum Kinder so leidenschaftlich gerne mit Montessori-Material arbeiten. Über das Sinnesmaterial nimmt das Kind Wahrnehmungen auf und integriert sie. Dadurch gewinnt es Erfahrungen über eine abgelaufene Bewegung und ihr Ziel und es kann verstehen, wie die nächste Bewegung aussehen soll, um das entsprechende Ziel von neuem zu erreichen.

BERNSTEIN spricht hier wissenschaftlich von einem »Sollwert«. Das Ziel der beabsichtigten Bewegung wird neurophysiologisch über Nervenbahnen in die Assoziationsfelder des Gehirns projiziert, dadurch wird ein Vergleich des voraussehbaren Erfolgs mit dem realen Ablauf und dem Erfolg der ausgeführten Übung (= Istwert nach BERNSTEIN) ermöglicht.

In dem Vergleich liegt nun nicht nur ein Anreiz die Übung durchzuführen (die Pädagogen sprechen von Motivation), sondern auch eine Befriedigung, die dadurch entsteht, daß das Erwartete erfüllt wird. Das ist mit angenehmen Gefühlen verbunden und löst bei Kindern z. B. Äußerungen von Freude aus, während bei Nichteintreffen des Erwarteten Kinder aller Altersstufen erneut anfangen zu üben. PAPOUSEK hat diese Gesetzmäßigkeit bereits für das Säuglingsalter bei den intensiven sozialen Interaktionen zwischen Mutter und Kind entdeckt und darauf hingewiesen, daß sie eine wichtige Grundlage für die ganz frühen Denkprozesse ist.

»Unabhängig von dem Grad der Belohnung, den die erreichte Umweltveränderung selbst darstellt, kann die Erfüllung der Voraussage, die erfolgreiche Lösung des Problems, als eine ›innere Belohnung‹ wirken, die den Ansporn zur Wiederholung gibt. Diese Art der Motivation spielt im Verhalten des Säuglings eine höchst wirksame Rolle. Die Enthüllung von Zusammenhängen zwischen eigener Tätigkeit und Umweltveränderungen stellt einmal einfachere, einmal sehr viel schwierigere Problemsituationen dar.«

Die von PAPOUSEK entdeckte »Rolle der eigenen Aktivität im Neugeborenenalter« zieht sich über die ganze Kindheit hin und ist ganz sicher auch beim Kleinkind und Schulkind noch feststellbar: nämlich bei der Fähigkeit, Zusammenhänge zwischen eigener Tätigkeit und Umweltveränderungen zu entdecken. PAPOUSEK hat hierzu ausgeführt: ». . . daß gerade die Informationsverarbeitung, die mit der motorischen Aktivität verbunden ist, nicht nur eine wirksame, sondern auch sehr früh angelegte Möglichkeit zur

Entwicklung und Einübung von ganz banalen und kognitiven Fähigkeiten anbietet.«

Auch wenn man die besonderen Formen kognitiver Lernprozesse näher analysiert, wie sie in den vergangenen Jahren in der Lernforschung erkannt worden sind, finden sich vielfältige Hinweise dafür, warum die Montessori-Pädagogik als ärztliche Pädagogik mit ihren sinnesphysiologischen Grundlagen nicht nur im sozialen, sondern auch im kognitiven Bereich so intensive Lernprozesse ermöglicht, wie wir dies bei unseren Kindern beobachten.

Einige Hinweise dazu:

Das Wahrnehmungslernen betrifft die Fähigkeit des Kindes, aus dem Sinneseindruck Informationen zu erhalten, und zwar als Ergebnis wiederholter Erfahrungen mit dem Sinneseindruck. Hier liegt der besondere Wert auf der Struktur des Sinneseindrucks, wie er von der Lernpsychologie lange vernachlässigt worden ist.

Das Montessori-Material ermöglicht es dem Kind, hier Differenzierungen zu treffen, die lernpsychologisch heute gut erklärbar sind. Es entdeckt Unterschiede in der Form der Körper, es entdeckt Regelmäßigkeiten im Montessori-Material und überträgt sie auf Strukturen in der Umgebung.

Unter »Konzeptlernen« versteht man das Erlernen des Gebrauchs von Klassen, Kategorien, Beziehungen (größer als, kleiner als etc.). Diese Art des Lernens ist bei allen höheren Tieren vorhanden, und wie PAPOUSEK oder BOWER nachgewiesen haben, kann schon der menschliche Säugling in bezug auf die dreidimensionale Umwelt Analysen anstellen.

Dieses Konzeptlernen wird dem Kind in der Montessori-Pädagogik durch das Montessori-Material in einer Weise ermöglicht, die dem Kinderarzt auf Anhieb kenntlich wird, wenn er die Kinder beim Tätigsein beobachtet. Dabei spielt einerseits das Erkennen des Details eine ebensolche Rolle, wie die Übertragbarkeit auf generelle Zusammenhänge.

Wenn sich die Lernpsychologie intensiv mit der Montessori-Pädagogik beschäftigen würde, wäre erkennbar, in welch genialer Weise SEGUIN, ITARD und später Maria MONTESSORI durch den Ansatz der Sinnesphysiologie Lernprozesse beim Kleinkind, aber auch beim geistig behinderten Kind, konzipiert haben.

Das Imitationslernen, das Lernen durch Nachahmung, wird von dem berühmten Schweizer Entwicklungspsychologen und Reformpädagogen PIAGET als eine der Hauptkomponenten für die Entwicklung von kognitiven Fähigkeiten angesehen. In der Montessori-Pädagogik imitiert das Kind den Erzieher, imitiert ein Kind ein anderes Kind, und da alles Material nur einmal vorhanden ist, findet Imitationslernen »gewissermaßen am laufenden Band« statt.

Der Unterschied zwischen Imitationslernen und verbalem Lernen, welch letzterem in unserem Schulsystem ein absoluter Vorrang gegeben wird, wurde und wird mit bei der Beobachtung unserer Montessori-Kinder in einer Weise deutlich, daß ich mich nachträglich an meine eigenen Kinder erinnere:

Mein ältester Sohn Theodor hatte in der 3. Klasse des Maximilian-Gymnasiums in München eine Mathematiklehrerin aus Dresden. Innerhalb von 3 Monaten hatte er über Imitationslernen perfekt sächsisch, aber über verbales Lernen keinen Hauch Mathematik gelernt. Einfacher kann man den Unterschied in der Effektivität zwischen Imitationslernen und verbalem Lernen nicht darstellen.

Es wäre sehr reizvoll, auf die Bedeutung der Montessori-Pädagogik im Sinne neuer kognitiver Theorien, etwa von Jean PIAGET oder Jerome S. BRUNER, einzugehen. Hier möge nur der Hinweis genügen, daß PIAGET seine Theorien auf dem Beobachten und experimentellen Analysen der kognitiven Entwicklung, auf der Auseinandersetzung des Kindes mit Gegenständen aufbaute. Das ist wohl der Grund, warum das Üben mit Gegenständen derzeit in der Pädagogik als etwas Neues so gefördert wird.

Aber PIAGET hat – was unser Montessori-Modell in besonderer Weise zeigt und was von PAPOUSEK schon für das Säuglingsalter in einzigartiger Weise als notwendig erkannt wurde, die engen Beziehungen zwischen kognitiver und sozialer Entwicklung in seinen theoretischen Überlegungen vernachlässigt. BRUNER dagegen hebt die Zusammenhänge zwischen sozialen Beziehungen und kognitiver Entwicklung sehr hervor.

Wenn sich die Lernforschung einmal intensiv mit der Montessori-Pädagogik beschäftigen wird, werden insbesondere die neurophysiologischen Aspekte moderner Lernforschung noch deutlicher hervortreten. Hier eröffnet sich in den nächsten Jahren für die Pädagogik ein interessantes Feld der wissenschaftlichen Betätigung.

Die Erfolge unseres Kindergartens werden in Testatblättern und Beobachtungsbögen festgehalten

Im folgenden werden die Erfahrungen aufgezeichnet, die bis jetzt im Rahmen des Schulversuchs der Aktion Sonnenschein speziell in den Montessori-Kindergärten als vorschulische Einrichtung gewonnen wurden: Zur Zeit bestehen sechs Gruppen von jeweils 20 bis 25 Kindern, die vormittags zusammenkommen, und vier Gruppen, in denen ca. 10 Kinder nachmittags vereint sind. Jeweils ein Drittel der Kinder ist mehrfach oder verschiedenartig behindert. Zwei Drittel der Kinder in jeder Gruppe sind gesund.

Eine Ausnahme bilden die Nachmittagsgruppen. Hier findet eine intensive Beschäftigung in Kleinkindergruppen statt, wobei das Verhältnis von zwei gesunden zu einem behinderten Kind nicht immer gegeben ist. Im Rahmen dieser Gruppen können wir gelegentlich beobachten, daß, wenn jüngere gesunde Kinder in der Minderzahl sind, sie ab und an pathologische Verhaltensweisen der behinderten Kinder vorübergehend imitieren. Eine wesentliche Bedeutung kommt dieser Imitation unserer Erfahrung nach nicht zu.

Insgesamt wurden seit Eröffnung unseres Montessori-Kindergartens im Herbst 1968 bis zum Schuljahresbeginn im Herbst 1975 373 gesunde und 237 behinderte Kinder betreut. Diese Kinder hatten die in der folgenden Tabelle festgehaltenen Störungen, Schäden, bzw. Behinderungen.

Unsere bisherigen Erfahrungen im Rahmen der Montessori-Kinderhäuser und der Kleingruppentherapie lassen erkennen, daß die Dauer der Anwesenheit in Kinderhaus und Therapie sich nach dem Alter und der Behinderung der Kinder richten muß.

Einen ganztägigen Aufenthalt kleiner Kinder halten wir in keinem Fall für zweckmäßig, weil nicht nur gesunde, sondern auch behinderte Kinder hierbei sowohl physiologisch als auch psychologisch und sozial überfordert werden. Es ist notwendig, darauf hinzuweisen, daß Tagesstätten, gleich welcher Art, nur als Notbehelfseinrichtungen für Kinder ohne elterliche Hilfe angesehen werden sollten, weil sie als ganztägige Einrichtung niemals jene Förderung des wie auch immer behinderten Kindes ermöglichen, die im Wechsel zwischen Elternhaus und Kindergarten beziehungsweise durch die Fortsetzung der Montessori-Einzeltherapie oder Kleingruppentherapie im Elternhaus erreicht wird.

Tabelle der Störungen, Schäden und Behinderungen der Kinder im Kindergarten (1968–1974)

Häufigkeit des Vorkommens

1. Cerebrale Bewegungsstörungen
(Athetosen, Ataxien, Spastizität, cerebrale oder muskuläre Hypotonie)   47

2. Geistiger Entwicklungsrückstand
(leichte bis schwere geistige Behinderung, Microcephalie, Morbus Down)   30

3. Cerebrale Anfallsleiden   7

4. Psychische Fehlentwicklungen
(Verhaltensstörungen bzw. neurotische Reaktionen, die die Anpassung des Kindes und eine normale seelische Entwicklung verhindern; Deprivation)   26

Es handelte sich um 129 Kinder. Da aber oft bei einem Kind mehrere Dia-gnosen gleichzeitig vorliegen, sind entsprechende Überschneidungen zu berücksichtigen. Die Summe der Behinderungen liegt also über 129.

Auch der Montessori-Kindergarten darf im Rahmen der integrierten Er-ziehung gesünder oder behinderter Kinder nur als Fortentwicklung und Unterstützung der Erziehung im Elternhaus angesehen werden. Wo das Elternhaus dieser seiner ureigensten Aufgabe nicht gerecht wird, kann ein Kindergarten niemals entsprechenden Ersatz bieten, es sei denn – so zeigen uns unsere Erfahrungen in der klinischen Abteilung des Kinderzentrums –, man erreicht einen Personalschlüssel von einem Kind zu einer Person oder mehr!

Zusammenfassend läßt sich feststellen, daß unser Schulversuch im Kin-dergartenbereich bestätigte, was Maria MONTESSORI im Rahmen einer Vorlesung des 24. I. Internationalen Montessori-Kurses 1939 feststellte: »Das Kind kann allein weniger gut arbeiten, als wenn es mit anderen Kin-dern freiwillig kooperiert. Der Austausch von Sympathie und Verständnis zwischen zwei oder mehreren geistigen Wesen erlaubt es der Intelligenz, zu wachsen und stärker zu werden. Die Intelligenz nimmt zu, während gleichzeitig die Persönlichkeit wächst. Das Zusammensein und die Koope-ration der Kinder in der Schule (Kindergarten) mag zu einer sozialen Erfah-rung werden, die wiederum das Wachstum moralischen Verhaltens hervor-ruft und dadurch der Gesellschaft zur Hilfe wird.«

Die von dem Kind in gewissen Zeiträumen erzielten Erfolge werden auf einem »Testatblatt« niedergeschrieben. In diesem Blatt ist – für die interna-tionale Montessori-Pädagogik einheitlich – festgehalten, was das Kind in den verschiedenen Wissens- oder Lernbereichen bereits kann oder nicht. Die folgenden Tabellen zeigen in der deutschen Übersetzung, welches Montessori-Material welchen Tätigkeiten zugeordnet wird und außerdem, welches Material für die Mathematik, für die Sprache und für die kosmische Erziehung den Kindern zur Verfügung steht. Siehe Seite 132–135.

Neben den Testatblättern führt die Erzieherin für jedes Kind Beobach-tungsbogen über das Arbeits- und Sozialverhalten des Kindes. Beim Über-

Die Tabelle gibt eine Übersicht über das Sinnesmaterial im Kinderhaus und die Übungen des praktischen Lebens. Die Erzieherin trägt mit Datum jeweils ein, wann ein Kind mit einem bestimmten Material selbständig arbeiten kann.

Name:		geb.:			Beginn:
Zylinder	Abmessungen	Rahmen	Farben	Geom. Körper	Geom. Figuren
Block A	Rosa Turm	Knöpfe	3 Paare	Körbchen	Anbietungsrahmen:
Block B	Br. Treppe	Druckknöpfe	11 Paare	Kugel	Schubladen
Block C	Rote Stangen	Haken – Ösen	Schattierungen	Ei	tasten
Block D	groß – klein	Schnallen	Gedächtnisübung	Ellipsoid	Karten 1. Serie
hoch – niedrig	dick – dünn	Schleifen	Variationen	Kubus	Karten 2. Serie
dick – dünn	lang – kurz	Reißverschluß	gelb	Kegel	Karten 3. Serie
groß – klein	Turm + Breite Treppe	Sicherheitsnadeln	rot	Zylinder	Namengebung
flach – dünn	Breite Treppe	Schuhknöpfe	blau	Pyramide	Konstruktive
Gedächtnisübung	Breite Treppe + Rote Stangen	Schnürsenkel	lila	Quader	Dreiecke
Aufbau ohne Block	Turm + Breite Treppe + Rote Stangen	schnüren + haken	rosa	3 seitiges Prysma	Rechteckkasten 1
2 Blöcke	Stangen		weiß	rollen	Blaue Kasten a1
3 Blöcke			schwarz	kippen	Dreieckkasten 2
4 Blöcke			grün	Bin. Würfel	Gr. Sechseckkasten 3
Knopflose Zylinder			braun	Trin. Würfel	Kl. Sechseckkasten 4
			grau		
			orange		

Tastübungen	Gehörsinn	Gewichtssinn	Zeichenfiguren	Freie ästhet. Entfaltung	Praktisches Leben
1. Brett rauh – glatt	Geräuschdosen	Gewichtstäfeln	1. Anbietung	malen	abstauben
2. Brett rauh – glatt	3 Paare	leicht – schwer	Figuren ausfüllen	modellieren	Blumen gießen
Graduierungen	6 Paare	mittelschwer – schwer	kombinieren	weben	waschen
paaren von	laut – leise		Blatt	flechten	Messing putzen
Stofflappen:	1 Glocke an- schlagen	leicht – mittel- schwer – schwer	schmücken	kleben	Schuhe putzen
Wolle	4 versch. Glocken	alle 3 blind sortieren	gr. Papier	reißen	abspülen
Baumwolle	paaren			schneiden	abtrocknen
Leinen Plastik	alle Glocken paaren			sticken	Fenster putzen
Jute	Diatonische Tonleiter			konstruieren	Tisch putzen
Samt Seide	Chromatische Tonleiter			bauen	kehren
Nylon Gaze	Lieder spielen			basteln	waschen
Temperatur- flaschen	Notenbrett				bügeln
Temperatur platten	Notenbrett lesen				wischen
Der geheimnis- volle Beutel	Notenkasten				Tafel reinigen

Die Tabelle gibt Hinweise auf die Montessori-Arbeit im Kinderhaus bezüglich Sprachmaterial sowie kosmische Erziehung (Biologie, Erdkunde etc.). Die Erzieherin trägt jeweils mit Datum ein, wann ein Kind eine Übung beherrscht.

Name   geb.   Beginn:

Vokale (kennen / schreiben)		Konsonanten		Wörter (legen / schreiben)	Lesen	Blaurote Stangen	Zählen
a	a	b	s	aus 2 Buchstaben	1. zum Wort den Gegenstand legen	1. Anbietung	1. Spindelkasten
e	ie	c	t	aus 3 Buchstaben		zählen bis 5	2. Spindelkasten
i	ei	d	v	aus 4 Buchstaben	2. zum Gegenstand das Wort legen	zählen bis 10	Ziffern – Chips
o	ai	f	w	aus 2 Silben		wiedererkennen	gerade – ungerade
u	eu	g	x	aus 3 Silben	Aufträge	benennen	1. Seguintafel
ä	au	h	y		kurze Sätze	die Ziffern	2. Seguintafel
ö	äu	j	z	Sätze legen	lange Sätze	1 6	100er Brett
ü		k			Bücher	2 7	Uhr ganz
y		l	ch			3 8	halb
		m	sch			4 9	viertel
		n	ng			5 10	Minute
		p	nk			Kombinationen	Geld: 1, 2, 5, 10, 50 Pf.
		qu	pf			Sandpapier-ziffern	1, 2, 5 DM
		r	st			Ziffern-schreiben	

Rechnen	Dezimalsystem	Biologie	Erdkunde	Bemerkungen
Bunte Perlen-stäbe	Anbietung des goldenen Perlenmat.	Blattfiguren	Globus	
addieren	Perlen und			
subtrahieren	Karten	Karten 1. Serie	Karten mit	
multiplizieren	Zahlen bilden	Karten 2. Serie	Landformen	
Die fressende Schlange	addieren	Karten 3. Serie		
Streifenbrett Addition	subtrahieren	Baum – Pflanze	Erdteile	
Streifenbrett	multiplizieren	Blume	Europa	
	dividieren		Fahnen	
		Wurzel		
Subtraktion	ohne Um-tauschen		Deutschland	
Kurze Perlen-ketten	mit Um-tauschen	Blatt		
Tausender Kette	Markenspiel			
Multiplikations-Tafel	Kl. Rechenrahmen			
Divisions Tafel				

gang in die Schule werden der Schule sowohl das Testatblatt als auch der Beobachtungsbogen übergeben. Die Eltern sind über alles orientiert. Im Kinderzentrum München wurden die »Berichte aus dem Kindergarten« einheitlich für jedes Kind in ein Schema gebracht. Dieses Schema betrifft folgende Bereiche, die das Kind im Kindergarten allmählich erlernt haben soll:

1. Arbeits- und Spielverhalten allgemein
2. Selbständigkeit
3. Sozialverhalten
4. Momentaner Leistungsstand des Kindes
5. Regelverhalten
6. Verhaltensauffälligkeiten
7. Zusammenarbeit mit den Eltern
8. Empfehlungen betreffend die behinderten Kinder für Betreuungsmaßnahmen

Im folgenden werden über einige gesunde und behinderte Kinder die entsprechenden Berichte der Kindergärtnerinnen Frl. Deutzmann und Frl. Deschle wiedergegeben:

Wolfgang

Aufnahme in den Kindergarten mit 4 1/2 Jahren. Vater Elektromechaniker – nicht behindertes Kind. Arbeits- und Spielverhalten allgemein: Wolfgang kann sich gut allein beschäftigen, bedarf jedoch manchmal der Aufforderung des Erziehers, bei der Aufgabe zu verweilen. Wolfgang verhält sich bei neuen Aufgaben interessiert und geschickt. Wolfgang kann gut in der Gruppe mitarbeiten, läßt sich jedoch gern von anderen Kindern ablenken.

Selbständigkeit: Wolfgang ist zwar selbständig, verhält sich jedoch manchmal linkisch und muß vom Erzieher geprüft werden, zum Beispiel ob er die Jacke richtig geknöpft hat, oder ob die Schuhe nicht vertauscht wurden.

Sozialverhalten: Wolfgang ist gegenüber Erwachsenen eher ängstlich und wortkarg. Er ist anschlußfähig und kontaktfreudig gegenüber behinderten und nicht behinderten Kindern. Wolfgang ist aber kein Kind, das gerne im Mittelpunkt steht. Sein Arbeits- und Spielverhalten ist sehr unauffällig und eher passiv teilnehmend. Wolfgangs Sozialverhalten unterliegt situationsbedingten Schwankungen.

Momentaner Leistungsstand des Kindes: Wolfgang ist sprachlich und altersgemäß entwickelt, auch seine Erzählungen werden größtenteils verstanden. Wolfgang zeigt keinerlei Rückstände im motorischen Bereich. Auch hier ist er altersentsprechend.

Regelverhalten: Wolfgang hält sich im großen und ganzen an die Arbeits-

und Spielregeln. Selbst wenn er einmal ermahnt wird, hat dies für ihn keinerlei frustrierende Auswirkungen.

Verhaltensauffälligkeiten: Keine.

Zusammenarbeit mit den Eltern: Die Eltern sind um das Weiterkommen ihres Sohnes bemüht und kooperativ.

Stefan

Stefan kam im Alter von 5 Jahren und 7 Monaten in den Kindergarten. Vater ist Elektro-Ingenieur. Stefan ist geistig behindert mit Morbus-Down-Syndrom.

Arbeits- und Spielverhalten allgemein: Stefans Arbeitsverhalten ist gut, zumal er sich sehr lange mit einer Sache beschäftigen kann. Der Junge arbeitet gründlich und konzentriert und läßt sich kaum ablenken. Stefan zeigt sich interessiert und geht bereitwillig mit (auch bei neuen Einführungen). Stefan arbeitet in der Gruppe gut mit, doch meistens verhält er sich ruhig.

Selbständigkeit: Stefans Selbständigkeit im An- und Ausziehen ist begrenzt. Er geht allein zur Toilette.

Sozialverhalten: Stefan zeigt sich Erwachsenen gegenüber aufgeschlossen. Er tendiert dazu, sich allein zu beschäftigen, verhält sich aber passiv. Das Sozialverhalten ist relativ stabil.

Momentaner Leistungsstand des Kindes: Stefan kann Geschichten aufnehmen und ist gleichzeitig in der Lage, Erzähltes wiederzugeben. Er ist im ganzen aber zurückgeblieben. Er kennt jedoch Buchstaben und Zahlen.

Regelverhalten: Stefan ist fähig, sich an Regeln zu halten.

Verhaltensauffälligkeiten: Keine.

Zusammenarbeit mit den Eltern: Die Zusammenarbeit mit den Eltern ist gut. Ausschlaggebend ist der Vater.

Empfehlungen betreffend weiterer Betreuungsmaßnahmen: Stefan benötigt den Erzieher, der die Vermittlerrolle zu den anderen Kindern übernimmt.

Esther

Esther kam im Alter von 5 Jahren und 1 Monat in den Kindergarten. Vater ist Hotelkaufmann. Esther hat eine schwere tetraplegische cerebrale Bewegungsstörung. Sie ist nicht in der Lage, selbständig zu laufen. Sie hat einen erheblichen Sprachentwicklungsrückstand.

Arbeits- und Spielverhalten allgemein: Esther beschäftigt sich allein, ist jedoch leicht ablenkbar. Sie schaut anderen Kindern zu. Gerne macht sie das, was ihre Freundinnen machen. Sie wartet auf Anregungen. Aufgeschlossen ist sie für jedes neue Material. Sie möchte alles selbst tun.

Selbständigkeit: Esther braucht jedoch Hilfestellung beim An- und Auskleiden, auf der Toilette. Sie braucht auch Hilfe, wenn sie auf einen Stuhl will oder wieder vom Stuhl herunter. Sie robbt langsam durch den Raum, öffnet langsam ihre Hand, sie ist in ihrer Selbständigkeit körperlich behindert.

Sozialverhalten: Esther ist sehr beliebt in der Kindergartengruppe. Sie hat gelernt, sich nicht immer verwöhnen zu lassen, sondern sich durchzusetzen. Sie ruft die anderen Kinder beim Namen, wenn sie Hilfe braucht, sie lehnt Hilfe ab, wenn sie es alleine kann oder wenn sie es allein probieren will. Esther wirkt ruhig, weiß aber, was sie will. Bei Gruppenspielen ist sie beobachtend. Kommt sie an die Reihe, macht sie immer aktiv mit. Konflikte läßt sie gern von anderen lösen. Sie schaut und hört gern zu.

Momentaner Leistungsstand des Kindes: Esther erzählt verständlich aus der Sicht des Wortschatzes und der Lautstärke ihrer Behinderung. Spricht sie zu leise, dann braucht sie einen Hinweis, etwas lauter zu sprechen. Sie ist ein freundliches, sonniges, ausgeglichenes Kind. Sie kennt die Zahlen bis 10, malt mit metallenen Zeichenfiguren.

Regelverhalten: Esther ist auf die Einhaltung der Regeln bedacht, auch wenn andere ihr helfen. Werden sie von anderen nicht eingehalten, ist sie leicht verwirrt. Sie möchte dann den Grund wissen, warum ein Kind die Regeln nicht eingehalten hat.

Zusammenarbeit mit den Eltern: Die Eltern haben eine gute Zusammenarbeit mit uns. Sie kommen zum Elternabend und helfen aktiv mit bei der Lösung von Problemen.

Empfehlungen für Betreuungsmaßnahmen: Esther braucht immer wieder Mut, Zuspruch und Bestätigung. Sie spricht zu leise, braucht dann den Hinweis, etwas lauter zu sprechen. Im Kindergarten hat Esther einen Korbstuhl für Kreisspiele, einen Spastikerstuhl mit Tisch für Arbeiten am Tisch. Sie sitzt aber auch gerne in einem Normalstuhl und an einem Normaltisch. Es ist selten, daß sie nach rechts oder links umfällt. Deshalb braucht sie noch den Spezialtisch. Esther bleibt weiterhin in krankengymnastischer Behandlung.

Elenie
Elenie kam im Alter von 6 Jahren und 3 Monaten in den Kindergarten. Sie ist das Kind eines griechischen Verkäufers. Sie hatte größte Schwierigkeiten in eine Schule zu kommen wegen ihrer Fremdsprache. Außerdem hat sie einen krankhaften Zwergwuchs: eine Achondroplasie.

Arbeits- und Spielverhalten allgemein: Elenie arbeitet allein, schließt sich gerne den Arbeiten anderer Kinder an. Sie braucht Einführung und dann Zuwendung zur Bestätigung. In der Gruppe macht sie gerne mit und ist darauf bedacht, daß alle zum Tun kommen. Sie ist ablenkbar, schaut aber, ob sie anderen Kindern helfen kann, ob sie gebraucht wird. Sie ist ein positiver Faktor, vor allem im sozialen Bereich.

Selbständigkeit: Durch ihre Selbständigkeit wird Elenie zur Hilfe in der Gruppe. Sie geht allein zur Toilette. Bei der Arbeit wählt sie weniger für sich aus, sondern mehr für andere Kinder, die es nicht können. Vorsicht ist angebracht, daß sie nicht zu viel hilft und dadurch andere verwöhnt und diese Kinder dann nicht zur gewünschten Selbständigkeit kommen. Aufträge führt sie korrekt aus. Hinweise nimmt sie gerne an.

Sozialverhalten: Elenie nimmt von sich aus Kontakt mit anderen Kindern auf. Für ihre eigene Beschäftigungswahl sind nicht behinderte Kinder Vorbild. Zu behinderten Kindern nimmt sie in mütterlicher Weise Kontakt auf. Erwachsenen gegenüber ist sie offen. Bei Konflikten läuft sie gleich zum Erzieher. Sie wird dann wieder zu den Kindern geschickt, damit sie lernt, selbst Konflikte zu lösen. Wenn sie wegen ihrer Sprachschwierigkeiten manche Situation nicht versteht, dann braucht sie vom Erzieher entsprechende Erklärungen.

Momentaner Leistungsstand: Sie wird von den anderen Kindern mehr und mehr besser verstanden. Möchte man von ihr etwas wissen, ist sie erst schüchtern und berichtet dann aber gerne. Griechisch kann sie uns kaum etwas sagen, deutsch lernt sie mehr und mehr und immer besser. Bringt lieber statt dessen etwas »Griechisches« mit. Im motorischen Bereich macht ihre Behinderung keine Schwierigkeiten. Bei ihr steht das soziale Helfen im Vordergrund, das Intellektuelle noch im Hintergrund. Am liebsten deckt sie den Tisch und alles, was damit verbunden ist.

Regelverhalten: Allgemeine Regeln beachtet sie. Hinweis auf ihre Hilfeleistung (zum behinderten Kind) verkraftet sie, wirkt aber anfangs eingeschüchtert. Sie ist darauf bedacht, daß alle Kinder Regeln einhalten.

Verhaltensauffälligkeiten: Bei Auffälligkeiten muß überlegt werden, woran es liegt. Bei der Erzieherin war es so, daß sie immer ihre »körperliche Größe« vergaß. Sie braucht Hilfeleistungen, zum Beispiel dabei, einen Hocker neben die Türe zu stellen, damit sie die Türklinke erreichen kann, oder einen Hocker neben einem Regal, damit sie auch sehen kann, was auf dem Regal steht.

Zusammenarbeit mit den Eltern: Es besteht wegen der Sprachschwierigkeiten leider nur wenig Kontakt. Die Eltern kommen aber regelmäßig zum Elternabend.

Empfehlungen für die Behindertenhilfe: Stuhl- und Tischhöhe müssen angepaßt sein. Die Ablagen für Kleider dürfen nicht zu hoch sein. Man muß ihr immer einen Hocker geben, damit sie alles erreichen kann. Sie darf gerne helfen. Man kann sie jederzeit rufen, aber man muß die Grenzen beachten, damit sie nicht zu viel hilft.

Rebecca

Beruf des Vaters nicht bekannt. Mutter Grafikerin. Kam im Alter von 3 Jahren in den Kindergarten.

Arbeits- und Spielverhalten: Rebecca beschäftigt sich gern in der Gruppe. Hat sie einmal eine Arbeit gewählt, führt sie diese zu Ende und läßt sich auch kaum beeinflussen. Neuen Aufgaben gegenüber zeigt sich Rebecca sehr interessiert. Rebecca bevorzugt Gruppenarbeit. Sie teilt sich den anderen Kindern mit, beobachtet jedoch auch die Arbeit der anderen und läßt sich teilweise dadurch anregen. Sie sucht Anerkennung und Bestätigung bei den Kindern und beim Erzieher. Rebecca verbindet Tätigkeit mit Kommunikation, für Spiele ist sie immer gerne bereit und nimmt die Anregungen anderer auf oder bringt viele eigene Beiträge. Rebecca ist flexibel in der Auswahl ihres Spiels.

Selbständigkeit: Rebecca ist sehr selbständig. Sie wählt ohne Aufforderung Material, nimmt jedoch auch bereitwillig Anregungen auf. Im Spielverhalten übernimmt sie oft eine dominierende Rolle, kann sich andererseits auch anpassen und unterordnen. Man kann sich auf Rebecca absolut verlassen, wenn es darum geht, insbesondere behinderten Kindern zu helfen.

Sozialverhalten: Rebecca hat zur gesamten Gruppe guten Kontakt. Sie wird von den anderen Kindern akzeptiert. Gegenüber Erwachsenen verhält sich Rebecca aufgeschlossen. Hier ist speziell Rebeccas innere Beziehung und spontane Hilfsbereitschaft gegenüber den behinderten Kindern hervorzuheben. Sie geht auf bewundernswerte Art auf diese ein, versucht bei der Arbeit oder im Spiel helfend einzugreifen und stellt oft ihre eigene Arbeit zurück. Sie hilft immer nur so viel wie notwendig erscheint, so daß das behinderte Kind seine erworbene Selbständigkeit aufrechterhalten kann. Bis zu einem gewissen Punkt versucht Rebecca Konflikte selbst zu lösen, ruft dann aber den Erzieher zur Hilfe. Sie fühlt sich sehr schnell verletzt und fängt dann zu weinen an. Ihr Sozialverhalten ist stabil.

Momentaner Leistungsstand: Rebecca besitzt einen guten Wortschatz. Sie ist fähig, Erzähltes zu verstehen und wiederzugeben. Läßt man sie frei erzählen, so schweift sie oft weit aus und phantasiert.

Regelverhalten: Rebecca hält sich im Allgemeinen an Regeln und erwartet dies auch von anderen Kindern.

Verhaltensauffälligkeiten: Keine.

Zusammenarbeit mit den Eltern: Zusammenarbeit mit der Mutter klappt gut. Sie ist an der Arbeit im Kindergarten interessiert.

Empfehlungen betreffend Betreuungsmaßnahmen: Rebecca gehört im Kindergarten zu den nicht behinderten Kindern. Sie hat aber einen Hydrozephalus und muß deshalb besonders beachtet werden. Es muß sofort der

Mutter Bescheid gegeben werden, wenn eine Infektionskrankheit in der Gruppe auftritt. Außerdem ist die Erzieherin angewiesen, bei Erbrechen oder Erblassen von Rebecca sofort den Arzt zu benachrichtigen.

Diese Berichte aus den Beobachtungsbögen mögen zeigen, wie die gemeinsame Erziehung gesunder und behinderter Kinder im Kindergarten keine Schwierigkeiten bereitet, ja im Gegenteil, wie behinderte Kinder für die gesunden ein Anlaß zur Hilfe sind und umgekehrt.

Ein Beispiel sei noch angeführt über die Erfolge des Kinderzentrums, wie sie sich in dem gemeinsamen Bemühen von Kinderärzten, Kinderpsychologen und Pädagogen schließlich zeigten:

Markus kam im Alter von 3 1/2 Jahren als »geistig behindert« in unser Kinderzentrum. Die mehrdimensionale pädiatrische, phoniatrische und klinisch-psychologische Diagnostik klärte auf, daß Markus normal intelligent war, aber nicht sprechen konnte, weil er infolge seiner Hörbehinderung keine Umgangssprache verstand.

Aus der Hörstörung war gleichzeitig eine schwere Verhaltensstörung erwachsen. Die Unfähigkeit zu sprechen in Verbindung mit der Verhaltensstörung hat zur Diagnose »geistige Behinderung« geführt. Nach der Diagnostik des Hörrestes erhielt das Kind eine Hörhilfe, logopädische Therapie verbunden mit Sprachtraining durch einen Taubstummenlehrer und schließlich Verhaltenstherapie, um seine schweren Verhaltensstörungen abzubauen.

Mit 4 1/2 Jahren wurde das Kind in den Montessori-Kindergarten aufgenommen. Dort hat es wochenlang in einer Ecke gesessen. Um sich herum hatte es eine Burg mit Montessori-Stangen aufgebaut. Aus seiner Burg heraus beobachtete es die übrigen Kinder. Die Kindergärtnerin war klug genug, ihn in seinem Beobachtungsstand zu belassen und zu warten, bis er durch Beobachten genügend soziale Sicherheit erworben hatte.

Nach einigen Wochen fügte sich das Kind wie von selbst in den Betrieb des Kinderhauses ein. Es hatte beim Beobachten der anderen Kinder mehr gelernt als durch eine »aktive Pädagogik« über einen Lehrer. Mit 6 Jahren kam der Junge in unsere Montessori-Schule, wo er sich gut in die Klassengemeinschaft einfügte. Neben der Schule ging die Spracherziehung kontinuierlich weiter.

Nach vier Jahren gemeinsamer Erziehung mit gesunden Kindern konnte Markus ohne Schwierigkeit die Aufnahmeprüfung in das Gymnasium bestehen. Er geht jetzt das dritte Jahr in das Gymnasium. Er hat gute bis sehr gute Noten. Lediglich in Deutsch reicht es – wohl ein Relikt des Ausfalls der frühen Sprachentwicklung – nur zu einer befriedigenden Note. Immerhin hat Markus keine Schwierigkeiten im Gymnasium, auch weiterhin mitzukommen.

Soweit die Erfolge unseres Kindergartens, dargestellt an einzelnen Kindern. Die Liste der Beschreibungen könnte beliebig weit fortgesetzt werden. Wir sind in der glücklichen Lage, diese Erfolge auch optisch zu zeigen. Unsere Besucher, die tagtäglich durch die Scheiben im Kindergarten schauen, erleben dies so, daß sie gesunde und behinderte Kinder auf den ersten Blick nicht unterscheiden können.

In unserem Film »Aktion Sonnenschein« – gemeinsame Erziehung gesunder und behinderter Kinder in München – haben wir zauberhafte Szenen festgehalten. Ich bin sicher, daß dieser Film für die Behindertenhilfe neue Möglichkeiten der integrierten Erziehung behinderter Kinder in den Kindergärten mit nicht behinderten Kindern setzen wird.

KAPITEL 9

Vom Montessori-Material geht eine unglaubliche Faszination aus

Im Mittelpunkt der Montessori-Pädagogik steht aber nicht das Material, sondern das Kind

Wenn von Montessori-Pädagogik gesprochen wird, denkt jedermann zunächst an das Montessori-Material. Man stellt sich vor, daß es genügt, Montessori-Material zu kaufen, sich eine schriftliche Anleitung zum Gebrauch zu holen und damit die Montessori-Pädagogik »einzuführen«.

Solche Vorstellungen messen dem Montessori-Material eine Bedeutung zu, das es in der Praxis der Montessori-Pädagogik nicht hat. Es mag damit zusammenhängen, daß für das Kind vom Montessori-Material eine unglaubliche Faszination ausgeht, damit zu arbeiten.

Wer sich jedoch die Mühe macht, etwa mit den Augen des Kinderarztes die Lernvorgänge in einem Montessori-Kindergarten zu erleben, der sieht, daß das Material nicht die Montessori-Pädagogik darstellt. Im Mittelpunkt der Montessori-Pädagogik steht nicht das Material, sondern das Kind.

Wenn im folgenden einige Hinweise zum Montessori-Material und seiner Darbietung gegeben werden, dann sei ausdrücklich hervorgehoben, daß dies aus der Sicht des Kinderarztes geschieht, der die Kinder beobachtet. Unter diesem Aspekt fällt mir auf, daß in einem Montessori-Kinderhaus verschiedene pädagogische Bereiche an das Kind gelangen.

Das Material hierzu bezieht sich auf:
1. Übungen des praktischen Lebens
2. Übungen der Sinne
3. Übungen der Sprache
4. Übungen der Mathematik.

Übungen der Sprache und Übungen der Mathematik werden auch unter dem Begriff des didaktischen Materials zusammengefaßt.

Dem Material liegen verschiedene Eigenschaften zugrunde, die immer wieder bei der Beobachtung der Kinder deutlich werden. Diese Eigenschaften betreffen z. B. den Aufforderungscharakter.

Das Material liegt zur freien Benutzung des Kindes in Regalen an den Wänden. Es ist so, daß kein Kind Schwierigkeiten hat, es zu greifen, um durch das Material zum Begreifen zu kommen. Wichtig ist, daß das Material immer seinen festen Platz hat. Die Ordnung des Materials und seine Vollständigkeit sind die Voraussetzungen für pädagogische Prozesse.

Der Kinderarzt wird daher an die Pedanterie erinnert, mit der kleine Kinder ihren Tagesablauf bestimmen. Die Mutter muß immer die gleiche Straßenseite bei einem Spaziergang benutzen. Beim Zubettgehen muß das Kissen immer an der gleichen Stelle sein. Der Teddybär muß an der gleichen Stelle im Stuhl sitzen etc.

Dieser Ordnungssinn des Kleinkindes ist offensichtlich die Grundlage für entscheidende Lernprozesse. Man hat den Eindruck, daß die Ordnung dem Kind Hilfe gibt, die Schwierigkeiten alles Neuen zu bewältigen, so wie ein Brückengeländer Hilfe gibt, wenn man über eine Brücke zu etwas Unbekanntem geht.

Eine weitere Eigenschaft des Montessori-Materials ist die Fehlerkontrolle, die es ermöglicht, daß das Kind unabhängig vom Erwachsenen die Lösungen selbst findet. Wir werden später noch darauf zurückkommen, woher diese »innere Motivation« kommt.

Schließlich ist noch zu erwähnen, daß das Material immer vorbereitet vorhanden ist. Die vorbereitete Umgebung bedeutet, daß das Kind sich schon bevor es in den Kindergarten geht oder bevor es in die Schule hineingeht überlegen kann, mit welchem Material es heute spielen will.

So erlebte ich bei meinen Enkelkindern, daß sie auf dem Weg zum Kindergarten erklärten: »Heute male ich Mutti ein Bild«, oder: »Heute werde ich zuerst Wäsche waschen«, oder: »Heute werde ich mit der Tausenderkette arbeiten, aber es wird drei Tage dauern, so lange muß ich mit ihr arbeiten.«

Damit das Material richtig in die Pädagogik eingeführt wird, kommt dem Erzieher eine tragende Rolle zu. Hier steht offensichtlich Imitationslernen, das vom Erzieher übernommen wird, im Vordergrund. Ein Beispiel, das mir zu Beginn unseres Kindergartens auffiel, verdeutlicht das:

Frau Aurin stand am Spültisch, sprach wenig. Eine kleine Kindergruppe stand gebannt um sie herum und schaute zu, wie mit Waschpulver schäumend Wäsche gewaschen wurde. Ich beobachtete die Mienen der Kinder, wie sie gespannt vor diesem Phänomen standen. In jedem von ihnen erwachte der Wunsch, in diesem Moment auch Wäsche zu waschen.

Diese Situation war voller sozialer Elemente. Ein Erwachsener wurde in seiner Tätigkeit vom Kind beobachtet. Das Kind wünschte seine Tätigkeit nachzuahmen. Es hatte gelernt abzuwarten, bis der Arbeitsgang abgeschlossen war. Vorher gingen intensive Übungen mit den Kindern voraus, in denen sie lernten, aufeinander Rücksicht zu nehmen. Zum Beispiel war ihnen klargemacht worden, daß man niemals einen Arbeitsgang eines ande-

Nur während der Arbeit läßt sich
erkennen, daß das blinde Kind
(oben) mit den Geräuschbüchsen
anders umgeht als das gesunde Kind
(unten).

Die Faszination der braunen Treppe
ist auch bei behinderten Kindern
unglaublich. –
Das spastisch gelähmte Kind
kann sich kaum aufrecht halten.

Ein mehrfach behindertes
Kind (links) arbeitet mit einem
spastisch gelähmten Kind, das
wenigstens knien kann.

Über Greifen läßt sich alles leicht begreifen. Wort, Bild und Gegenstand dienen beim Lesenlernen zur Fehlerkontrolle (oben). – Der Vergleich zwischen Perlen und Zahlen erleichtert das Rechnenlernen (unten).

Gemeinschaftlich fällt Lernen leicht. –
Die Lehrerin bietet die geometrischen Körper auf der Matte an (oben). – Die Kinder
warten gespannt, ob die Gewichtstäfelchen richtig erfühlt werden (unten).

Übungen des praktischen Lebens im Kindergarten: Nach dem Gießen wird die Flachschale sorgfälig ausgewischt.

Das Knöpfen läßt sich am Anziehrahmen leicht üben.

Man muß schon genau hinschauen, um zu erkennen, wer von diesen Kindern behindert ist: während des Unterrichts (oben), auf dem Pausenhof (unten).

Links: Die Dimensionen des rosa Turms faszinieren auch das blinde Kind.

Vertieft greifen und begreifen die Kinder in der Montessori-Pädagogik die Mathematik (hier Arbeit mit der Siebener-Kette).

ren Kindes oder eines Erwachsenen unterbrechen darf, sondern warten muß, bis der Arbeitsgang beendet ist.

In dieser Rücksichtnahme als sozialem Lernprozess liegt aber auch ein starkes pädagogisches Element des kognitiven Lernens. Dadurch, daß ein Kind zuwartet, beobachtet es die Tätigkeit eines anderen Kindes. In der Beobachtung lernt es einerseits, wie das andere Kind einen Gegenstand handhabt, eine Verrichtung erledigt und kann auch Einzelheiten dabei erkennen. Auf der anderen Seite kann es aus der Beobachtung heraus auch erleben, welche Fehler ein anderes Kind macht, um so selbst zu lernen, wie es diese Fehler vermeiden kann.

Diese Lernsituation wird verstärkt durch ein Prinzip, das wahrscheinlich nur in der Montessori-Pädagogik systematisch angewandt wird, das aber auch die Montessori-Pädagogik von den anderen pädagogischen Methoden ganz erheblich unterscheidet: Jedes Material ist nämlich nur einmal vorhanden.

In dem Moment, wo ein Kind (oder der Erzieher) mit dem Material tätig wird, erwächst bei dem anderen Kind sofort der Wunsch, mit dem gleichen Material tätig zu werden. Es gibt keine Untersuchung darüber, worin die Faszination liegt, etwas arbeiten zu wollen, was gerade ein anderes Kind oder ein Erwachsener arbeitet. Aber jedermann kennt diese pädagogische Situation:

Zuhause steht ein Roller ein ganzes Jahr lang unbenutzt in der Ecke. In dem Moment, wo Fritzchen sich entschließt, mit diesem Roller zu rollern, im gleichen Moment möchte Fränzchen, der Fritzchen rollern sieht, den gleichen Roller benutzen. Der dann entstehende Streit wird dadurch nicht aus der Welt geschafft, daß die Mutter Fränzchen einen zweiten Roller gibt. Es muß der gleiche Roller sein, mit dem Fritzchen rollert.

Dieser pädagogische »Trick« fördert offensichtlich im Rahmen der Montessori-Pädagogik das Bestreben des Kindes, etwas zu arbeiten oder etwas haben zu wollen, oder etwas zu lernen, was andere Kinder gerade tun.

So entsteht in einem Montessori-Kindergarten – ebenso wie in der Montessori-Schule – ein vielfältiges Feld sozialer und kognitiver Lernprozesse. Man sieht, wie wichtig es ist, daß erfahrene und unerfahrene Kinder beisammen sind, man sieht, daß es wichtig ist, daß ältere und jüngere Kinder gemeinsam lernen und arbeiten. Man kann auch leicht den Vorteil erkennen, der darin liegt, daß gesunde und behinderte Kinder beisammen sind.

Bei dieser Gelegenheit möchte ich schließlich darauf hinweisen, daß auch Lernprozesse dadurch verstärkt werden, daß die Kinder etwas zeigen bzw. erklären. Ein uralter lateinischer Spruch sagt: »Docendi dissimus«, durch Lehren lernen wir. Letztlich weiß der Universitätslehrer auf die Dauer nur deswegen mehr von seiner Materie, weil er durch das Lehren ständig gezwungen wird darüber nachzudenken, wie man etwas besser macht. Auch unsere Kinder lernen intensiv, wiederholen ihre Lernprozesse schlicht dadurch, daß sie den anderen Kindern bei ihrer Arbeit zuschauen, sie korrigieren und ihnen erklären, wie die Arbeit besser gemacht wird.

Die Tätigkeiten des praktischen Lebens werden systematisch geübt

Einige wichtige Übungen der Tätigkeiten des praktischen Lebens seien hier festgehalten, so wie es unsere Montessori-Kinder dem Beschauer tagtäglich vorführen.

Die Übungen des praktischen Lebens umfassen vier Bereiche:

Sorge für die Umgebung, Sorge für die Person, Betragen in der Gemeinschaft, Kontrolle der Bewegung.

Nach Aktivitätsmotiven geordnet beginnen die Montessori-Pädagogen kleinen Kindern meist Schüttübungen oder Übungen mit Wasser anzubieten. Übungen mit Wasser betreffen, Wasser aus einem Kännchen in das andere schütten, Hände waschen etc.

Dem Kind wird gezeigt, wie man Stühle trägt, Pakete trägt, Blumentöpfe vor die Tür setzt. Dem Kind wird demonstriert, wie man Tische bohnert, Messing putzt, Schuhe putzt und schließlich wie Türen leise geöffnet und geschlossen werden. Das gleiche bei Schranktüren, bei Fenstern, bei Schubkästen usw. Nach Funktionsübungen werden dem Kind Faltübungen wie sorgfältiges Falten von Tischtüchern, Staubtüchern, auch Bügeln gezeigt, ferner Schneidübungen mit der Schere (in jedem Montessori-Kindergarten sind Scheren, sie haben nur runde Spitzen), Blumenstiele schneiden oder auch mit einem Messer umgehen etc.

Angewandte Übungen des praktischen Lebens betreffen die Umgebung im Haus und außer Haus. Zu den Übungen im Haus gehören, Stühle und Tische nach dem Gebrauch ordnen, Gegenstände nach dem Gebrauch fortbringen, Fußbodenfegen, Mattenreinigen, Abstauben, Tisch decken, Tisch abräumen, Abwaschen, Möbel säubern und polieren, Fußboden säubern und bohnern, Silber reinigen, Messing putzen, Fenster putzen, Hauswäsche reinigen und plätten etc. Immer begeistert sind die Kinder dabei, wenn sie mit dem Bügeleisen Wäsche bügeln dürfen, die sie selbst gewaschen haben.

Zur Sorge für die Umgebung außerhalb des Hauses gehört sehr viel Gartenarbeit. Im Frühjahr werden Blumen gesät, Radieschen, Möhren etc., empfindliche Pflanzen werden geschützt, im Herbst werden gefallene Blätter zusammengefegt, es werden Wege geharkt, Beete gegraben usw.

Zur Sorge für die Umgebung gehört unter Umständen auch die Pflege eines Aquariums oder von Tieren.

Im Montessori-Kinderhaus wird auch gekocht oder es werden Mahlzeiten vorbereitet. Die Kinder mahlen Nüsse, zerstampfen mit Keule und Mörser, rühren Eier, schlagen Schnee, mischen und rühren Zutaten für Saucen, hülsen Erbsen und Bohnen aus, putzen Salat etc.

Die Sorge für die Person ist der zweite große Bereich der Tätigkeiten des praktischen Lebens. Hier werden alle Dinge der persönlichen Hygiene geübt, wie: Hände waschen, Zähne putzen, Haare bürsten und kämmen, Nagelpflege, aber auch Schuhe und Stiefel reinigen, Übungen des An- und Ausziehens, Anziehen von Pantoffeln, Pantoffeln fortstellen etc. Unter Betragen in der Gemeinschaft werden einfachste Übungen der Sozialisation systematisch geübt. Hierzu gehören verschiedene Grußformen wie Handgeben, Verbeugen, jemandem etwas freundlich anbieten oder entgegennehmen, auffordern, in einen Raum einzutreten, Platz zu nehmen, etwas an den richtigen Platz stellen, was ein anderes Kind falsch hingestellt hat, ein Kind begleiten, vermeiden, andere Kinder anzustoßen usw.

Die Kontrolle der Bewegung erfordert ein besonderes Eingehen, weil hierunter im Rahmen der Montessori-Pädagogik vor allem zwei Übungsbereiche angesprochen werden: Gehen auf der Ellipse und die Leisestunde. In jedem Montessori-Kinderraum ist auf dem Fußboden eine Ellipse. Sie kann gezeichnet oder mit Ölfarbe aufgemalt sein. Sie kann als Plastik eingelassen sein, jedenfalls ist sie deutlich erkennbar.

Das Gehen auf der Ellipse soll die Grobmotorik der Kinder erheblich verbessern. Sie machen Übungen, die in verschiedenen Stadien absolviert werden.

Im ersten Stadium geht das Kind mit natürlichen Schritten auf dieser Linie. Es achtet darauf, die ganze Länge des Fußes auf die Linie zu setzen. Die anderen Kinder schauen zu. Dann macht eine ganze Gruppe die Übung. Dann macht eine kleine Gruppe die Übung. Schließlich alle Kinder, die an dieser Übung teilnehmen wollen.

Im zweiten Stadium bemühen sich die Kinder, die gleiche Entfernung voneinander einzuhalten. Hier müssen sie nun nicht mehr nur auf den Strich achten, sondern auf den Vordermann, damit der Abstand gleich bleibt. Während alle in natürlicher Weise gehen, ist das nicht ganz einfach.

Im dritten Stadium schließlich gehen die Kinder so, daß die Ferse des einen Fußes die Zehen des anderen berührt. Diese Übungen benutzen wir auch in der ärztlichen Sprechstunde, um festzustellen, ob Kinder koordiniert gehen können.

Bei all diesen Übungen beobachtet die Erzieherin die Füße der Kinder sehr sorgfältig. Sieht sie, daß die Füße eines Kindes nicht auf der Linie sind,

so sagt sie etwa: »Denkt daran, euere Füße schön auf die Linie zu setzen.«
Niemals nennt sie den Namen eines einzelnen Kindes, das es nicht kann.

Die Übungen können verstärkt werden mit Musik, die während des Gehens spielt.

Weitere Übungen kommen erschwerend hinzu. Hierbei lernen die Kinder auch Haltungsfehler zu überwinden. Sie gehen nach vorn geneigt, bewegen gleichzeitig Arme und Schultern, oder sie halten Gegenstände wie kleine Fähnchen, ein Glas (sehr schwer, wenn das Glas mit Wasser gefüllt ist), etc.

Die Leisestunde ist ein typisches Element der Montessori-Pädagogik. Hier wird nicht nur geübt, Bewegungen zu unterlassen, die Geräusche hervorrufen, sondern man übt auch ganz leise aufstehen, einen Stuhl leise heben, ohne ein Geräusch zu verursachen.

Die Kinder werden gefragt, wer an der Leisestunde teilnehmen möchte. Sie sitzen mit der Lehrkraft in einer bequemen Haltung auf ihren Stühlen, die Leiterin dämpft durch Vorhänge die Helligkeit im Zimmer ab und bleibt mit den Kindern in einer vollkommen ruhigen Haltung. Jetzt werden Töne wahrgenommen, die das Kind ohne die Stille nicht hören kann; das Rollen eines Personenwagens, das Rollen eines Lasters, das Rufen von Menschen von einer Straßenseite zur anderen. Aus dem Garten um das Kinderhaus hört man das Zwitschern der Vögel und das Bellen eines Hundes. Aus dem Haus hört man plötzlich das Rauschen der Wasserleitung etc.

Nachdem die Kinder sich eine geraume Weile so bewußt der Stille und Unbeweglichkeit hingegeben haben, geht der Erzieher an die Tür, welche er zu einem anderen Raum oder Gang öffnet, und ruft mit gedämpfter Stimme den Namen eines Kindes. Dieses kommt, die Lehrkraft nachahmend, leise auf Zehenspitzen zu ihr und lauscht auf den anderen Namen, den die Erzieherin in den Raum ruft. Nachdem alle Kinder leise gerufen sind und sich wieder um die Kindergärtnerin versammelt haben, zieht sie den Vorhang wieder zurück. Die Leisestunde ist beendet. Sie hat dazu gedient, daß die Kinder lauschen lernen und ein Gehör bekommen für Geräusche aus ihrer Umgebung, die in der Großstadt allzu leicht verdeckt werden.

Wichtige Lernvorgänge erfolgen über das Sinnesmaterial

Als ärztliche Pädagogik basiert die Montessori-Pädagogik auf der physiologischen Erziehung, wie sie von SEGUIN in der Mitte des vorigen Jahrhunderts entwickelt wurde. So spielt das Sinnesmaterial im Montessori-Kinderhaus eine ganz große Rolle. Es ist hier nicht möglich, das gesamte

Montessori-Material vorzustellen. Es gibt meines Wissens auch keine Publikation, in der die Arten der Darbietung festgelegt sind. Das soll der Montessori-Pädagoge am Kind innerhalb der internationalen oder nationalen stattfindenden Montessori-Kurse unmittelbar erleben. Dabei legt jeder Montessori-Pädagoge sein »Materialbuch« an, in dem er das gesamte Material und seine Darbietung sorgfältig niederlegt. Das hat den Vorteil, daß auch der Montessori-Pädagoge selbst vom Greifen zum Begreifen kommt und daß er sich weitaus stärker mit dem Material und seiner Darbietung identifizieren muß.

Vorauszuschicken ist, daß das Kind mit dem Sinnesmaterial arbeitet. Diese »Sinnesspiele« lassen dem Kind vielfältige Freiheit. Es gibt in der internationalen Montessori-Pädagogik Aufzählungen darüber, wieviel Variationen (nach der ursprünglichen Darbietung des Materials durch den Erzieher) ein Kind schafft. Es ist in der Tat frappierend, daß die Kinder einer jeden Generation immer wieder aufs Neue andere Möglichkeiten des Umgangs und der Arbeit mit dem Sinnesmaterial »erfinden«. So kann es sein, daß das Kind die langen Stangen aufeinanderbaut, statt sie auf die Matte zu legen. Das eine Kind stellt die Prismen vielleicht vertikal hin, statt horizontal, oder es macht Kombinationen der braunen Treppe mit dem rosa Turm, oder es legt den rosa Turm hin, wie man die braune Treppe legt etc. etc. Der Erzieher hat die feste Anweisung, die Variationen nicht zu verhindern, weil das Kind dadurch schöpferisch tätig wird.

Auf der anderen Seite soll der Erzieher jedoch darauf achten, daß das Sinnesmaterial auf Dauer nicht zu reinen Phantasiespielen benutzt wird. Es bestehen keine Bedenken dagegen, daß ein Kind z. B. mit den Tausenderwürfeln Eisenbahn spielt. Es wird aber bald merken, daß diese Würfel ungeeignete Eisenbahnwagen sind und daß darin mehr steckt als nur ein Eisenbahnwaggon. So ist der Erzieher gehalten, das Kind auf die spezifischen pädagogischen Möglichkeiten des Sinnesmaterials geeignet aufmerksam zu machen. Niemals durch Verbot, sondern so, daß er es ihm in einer Weise darbietet, daß das Kind die Bedeutung des Materials leicht erkennt. Das Besondere liegt dabei im Detail der Darbietung. Das Kind beobachtet auch die Kleinigkeiten. Der Erzieher muß das besonders beachten.

Es gibt keine Ordnung, wie das Sinnesmaterial angeboten werden soll. Die besten Übungen sind offenbar diejenigen, bei denen eine mechanische Fehlerkontrolle leicht vorhanden ist, z. B. bei den Zylinderblocks.

Hier erkennen die Kinder auf Anhieb den Unterschied von dick, dünn, lang, kurz, breit, hoch etc.

Später wird der Erzieher dem Kind Sinnesmaterial anbieten, bei dem die Fehlerkontrolle von der Aufmerksamkeit und der Unterscheidungsfähigkeit des Kindes abhängt. Dies ist etwa bei den langen Stangen, bei der braunen Treppe oder bei dem rosa Turm der Fall. Schließlich bietet der Erzieher das Material für den Tastsinn an, für den Farbensinn, den Sinn für Klang, für Schwere, für den Geruch, später auch für den Geschmack, weil kleine Kinder das Bittere nicht so gern mögen.

Als letztes wird das Material angeboten, bei dem mehrere Sinne gleichzeitig angesprochen werden, z. B. die flachen Einsätze, der stereognostische Sinn etc.

Wenn man das Sinnesmaterial nach den verschiedenen Sinnen ordnet, ergeben sich etwa folgende Einteilungen:

Der Gesichtssinn soll dazu dienen, die Dimensionen unterscheiden zu lernen. Hierbei werden vor allem die Zylinderblocks, der rosa Turm, die braune Treppe, die langen Stangen und die Farbtäfelchen zur Unterscheidung der Farben benutzt.

Weitere Übungen, welche den Gesichtssinn betreffen, werden durch die sogenannte geometrische Kommode, die geometrischen Körper, den »geheimnisvollen Beutel« und Tätigkeiten des praktischen Lebens angeregt.

Der Tastsinn erfährt im Rahmen der Montessori-Pädagogik seine Anregung z. B. dadurch, daß das Kind verschiedene Brettchen mit glatten und rauhen Flächen abtastet. Dies geschieht unter Umständen mit geschlossenen Augen, wobei andere Kinder mit Interesse zuschauen, ob es gelingt oder nicht.

Das Material besteht beispielsweise aus zwei Kästen, die je fünf Paare von Täfelchen enthalten. Die Oberflächen sind verschieden rauh. Die Täfelchen können aus Karton sein, aber auch aus Holz. Sie sind alle gleich groß. Die Übungen bestehen darin, daß das Kind die gleichrauhen Täfelchen nebeneinanderstellt. So wird der Tastsinn geübt. Wenn das Kind diese Übung mit zugebundenen Augen macht, hilft sie ihm, die Aufmerksamkeit besonders auf den Tastsinn zu konzentrieren.

Die Fehlerkontrolle bei diesen Übungen kann darin liegen, daß hinter jedem Täfelchen wieder ein Symbol ist. Das Kind wird bei richtigem Herausfinden sofort belohnt; wenn die Symbole nicht übereinstimmen, übt es weiter.

Ähnlich wird der Tastsinn durch das Üben mit dem »Kasten mit den Stoffen« geschärft, wobei verschiedene Stoffe, Samt, Seide, etc. dem Kind helfen, Unterschiede zu tasten.

Der sogenannte *barische Sinn*, das heißt der *Sinn für Schwere*, wird durch die »barischen Brettchen« geübt. In drei Kästchen sind jeweils drei hölzerne Brettchen. Jeder Satz Brettchen ist aus einem anderen Holz. Die drei Sätze unterscheiden sich also im Gewicht und in der Farbe. Das Gewicht ist leicht, mittelschwer, schwer. Die Bedeutung dieser Übung liegt darin, daß die Aufmerksamkeit ausschließlich auf das Gewicht gelegt wird. Gleichzeitig ist es eine Hilfe zur Übung der Koordination und schließlich auch zur Konzentration, wenn das Kind die Übung mit zugebundenen Augen durchführt. Die Fehlerkontrolle liegt darin, daß das Kind, wenn es seine Augen öffnet, sofort den Fehler erkennt, weil die Brettchen ja verschiedene Farben haben.

Der Gehörsinn wird im Rahmen der Montessori-Pädagogik angeregt durch die Geräuschdosen und das Glockenspiel.

Die Geräuschdosen liegen in zwei Kästchen, in denen jeweils sechs rote oder blaue zylinderförmige Behälter sind. Jede Dose enthält eine kleine Anzahl von Perlen, Sand, Bohnen oder anderes Material. Sobald man die Dosen schüttelt, entstehen Geräusche. Da jeweils in parallelen Büchsen gleiche Inhalte sind, muß das Kind nun diese parallelen Büchsen durch die Unterscheidung der Geräusche herausfinden. Wenn ein Kind einen Fehler macht, d. h. wenn die Geräusche nicht zusammenpassen, wird dies unter den Büchsen wieder durch ein Symbol angezeigt.

Es ist erstaunlich, wie gern die Kinder mit den Geräuschdosen arbeiten. Das Ziel liegt aber nicht nur darin, Geräusche unterscheiden zu lernen, sondern damit verbunden ist auch eine Übung des Gedächtnisses und der Aufmerksamkeit.

Das Glockenspiel schließlich besteht aus einer Serie von zwei Glocken, deren Ton vom mittleren C bis zum hohen C geht. Die eine Serie hat schwarz-weiße Ständer und ähnelt den Klaviertasten, die andere Serie hat Ständer aus lackiertem Holz. Die Kinder üben so lange, bis sie das Paar mit dem gleichen Klang gefunden haben, wobei das Ziel darin liegt, Abstufungen von Tönen und Halbtönen zu entdecken. Das indirekte Ziel dient natürlich der musikalischen Erziehung.

Schließlich ist noch der *Wärmesinn* zu erwähnen. Hierzu gibt es Wärmefläschchen, die in gleicher Weise angeordnet sind wie die Geräuschbüchsen, acht kleine Behälter enthalten Wasser von verschiedener Temperatur. Das Kind versucht die richtigen Temperaturen herauszufühlen, die zusammenpassen.

Die Wärmeplättchen bestehen aus je zwei quadratischen Plättchen der selben Größe und Farbe aber aus verschiedenen Substanzen, z. B. Holz, Filz, Kork, Glas, Marmor, Eisen. Das Kind schließt die Augen und wählt die Plättchen aus, die zusammengehören.

Der *Übung des Geschmackssinns* dienen die »Geschmackskrüglein«. Es sind acht kleine Krüge mit Pipetten, von denen zwei Salzlösung, zwei süße Lösung, zwei bittere Lösung, zwei sauere Lösung enthalten. Der Deckel von einem Krüglein eines jeden Paares ist mit rot gekennzeichnet.

Die Erzieherin nimmt ein Krüglein und zeigt dem Kind, wie es Tropfen der Lösung auf seine Zunge bringt. Nun sucht sie unter den Krüglein eines nach dem andern aus. Wenn sie alle Krüglein geordnet hat, mischt sie sie wieder und lädt das Kind ein, die Übung zu versuchen. Nach jedem Schmecken muß der Mund ausgespült werden, indem das Kind ein Schlückchen Wasser trinkt. So gehört also zu diesen Übungen zur Vorbereitung auch ein Glas Wasser, ein Schälchen mit Wasser, ein Tuch und ein Löffelchen.

Das Kind lernt auf diese Weise die vier grundlegenden Geschmacksqualitäten zu unterscheiden. Die Fehlerkontrolle liegt darin, daß für jedes Paar das gleiche Farbenzeichen am Boden des Fläschchens ist.

Dem Geschmackssinn dienen auch die Geschmacksgläser. Acht Gläser stehen auf einem Tablett. Der Deckel hat einen Tropfer. Paarweise sind die Gläser mit verschiedenen Geschmacksrichtungen gefüllt, z. B. Zucker, Salz, Bittermandel, Zitrone.

Das Paar mit dem Zuckerwasser hat neben den Punkten der Fehlerkontrolle am Boden des Glases die Punkte auch am Flaschenhals, weil man mit diesem beginnt.

Bliebe schließlich noch der *Geruchssinn* zu erwähnen. Hierzu gibt es Geruchsbüchsen und Geruchsgläser, die in ähnlicher Weise den Geruchssinn anregen wie die Geschmackskrügelchen den Geschmackssinn oder die Geräuschbüchsen den Gehörsinn.

Die Einsatzzylinder, der rosa Turm und die braune Treppe

Zum »klassischen« Montessori-Material für den Laien gehören die Einsatzzylinder, der rosa Turm und die braune Treppe. An den folgenden Beispielen soll gezeigt werden, wie Erzieher und Kind mit dem Montessori-Material gemeinsam arbeiten und welche Anregungen das Kind hierbei bekommt.

Die Zylinderblocks bestehen aus vier in der Form gleichen Blöcken. Sie sind aus natürlichem, hellem, poliertem Holz. Jeder Block enthält zehn mit Knöpfen versehene Zylinder. Jeder Zylinder paßt in seine entsprechende Öffnung. Die vier Sätze der Zylinder sollen alle die Verschiedenheiten der Dimensionen dem Kind deutlich machen. So unterscheiden sich im Block A alle Zylinder durch ihre Höhe. Sie wachsen nacheinander regelmäßig um einen halben Zentimeter von niedrig zu hoch.

Im Zylinderblock B kann das Kind – ohne daß darüber gesprochen wird – den Unterschied zwischen Breite und Tiefe erleben. Die Zylinder wachsen nacheinander im Durchmesser von dünn zu dick. Ihre Höhe bleibt gleich.

Im Zylinderblock C sind die Zylinder in drei Dimensionen verschieden.

Während der Durchmesser zunimmt, nimmt die Höhe ab. Entsprechend wachsen die Zylinder von dünn zu dick durch Verlängerung des Durchmessers. Die Höhe verändert sich von hoch nach niedrig.

Im Zylinderblock D schließlich unterscheiden sich ebenfalls die Zylinder in drei Dimensionen. Sie nehmen sowohl im Durchmesser als auch in der Höhe zu. Ausgegangen vom kleinsten, nehmen alle an Breite, Tiefe und Höhe zu.

Die Art der Darbietung des Zylinderblocks geschieht etwa so, daß die Erzieherin zuerst den Block B einführt, denn dort bleibt die Höhe die gleiche. Es kann dabei keiner der Zylinder in einer großen Öffnung verlorengehen. Die Erzieherin zeigt dem Kind (ohne viel dabei zu reden), wie jeder kleine Knopf zwischen Daumen und dem ersten Finger angefaßt wird. Sie nimmt die Zylinder aus ihren Löchern und mischt sie. Dann beginnt sie mit dem dünnsten, da man ihn am leichtesten unterscheidet.

Sie faßt ihn mit Daumen, Zeigefinger und Mittelfinger an und fügt ihn in die richtige Öffnung ein. Dann nimmt sie einen anderen Zylinder und paßt ihn ein, bis alle Zylinder eingepaßt sind. Das macht die Erzieherin so lange, bis das Kind von sich aus den Wunsch äußert, die Zylinder selbst einzustecken. Zunächst nur mit einem Zylinderblock, dann mit zwei, schließlich mit drei, zum Schluß alle zusammen. Manche Kinder setzen sich zu zweit oder zu dritt nebeneinander und üben gemeinsam mit den Zylindern.

Das direkte Ziel dieser Übung liegt darin, die Größen durch Übungen des Gesichtssinns unterscheiden zu lernen. Das indirekte Ziel besteht darin, den mathematischen Geist des Kindes anzuregen, gleichzeitig aber zur Vorbereitung des Schreibens durch Haltung der Hand wie bei der Führung eines Bleistifts zu üben. Die Fehlerkontrolle liegt im Material. Die Übung wird schließlich noch dadurch gekrönt, daß am Ende einer Arbeitsperiode das Kind mit dem Material auch verbal umgehen lernt. Es weiß schließlich, daß Block A hoch-niedrig, Block B dünn-dick, Block D klein-groß sich deutlich unterscheiden lassen. Es bekommt ein Verständnis für Komparative und Superlative.

Der rosa Turm gehört zum klassischen Montessori-Material. Er besteht aus zehn Würfeln in rosa Farben, die in Bezug auf Länge, Breite und Tiefe verschieden sind. Ihre Größe nimmt progressiv in der algebraischen Reihe der dritten Potenz zu. Der kleinste Würfel ist 1 ccm groß, der nächstgrößere achtmal so groß, der dritte 27mal so groß usw.

Die Erzieherin bietet den rosa Turm auf einer Matte an. Das bedeutet, daß das Kind vorher eine der Matten, die in einem Gestell sind, holt und auf dem Boden ausbreitet. Dann nimmt die Erzieherin den größten Würfel und stellt ihn auf den Boden, gesondert von den anderen. Anschließend nimmt sie den nächstgrößten Würfel und stellt ihn sorgsam in die Mitte des ersten Blocks. So fährt sie fort, indem sie immer den an Größe nächsten nimmt und ihn auf den wachsenden Turm stellt. Sie macht das Kind darauf aufmerksam, daß es am besten aussieht, wenn die Seiten der Kuben und die Ecken miteinander korrespondieren. Jeden Kubus faßt sie mit einer Hand an. Dies übt sie so lange, bis das Kind nun selbst den rosa Turm aufstellen will. Es erhält auf diese Weise den Eindruck einer verschiedenen Größe und des verschiedenen Gewichtes.

Es können hier nicht die vielfältigen Übungen und die entsprechenden Darbietungen dargestellt werden. Festgehalten sei, daß die Fehlerkontrolle darin liegt, daß das Kind die Disharmonie bei dem Turm erkennt, wenn die Klötze nicht in der richtigen Reihenfolge aufeinandergestellt sind. Das direkte Ziel liegt darin, daß das Kind optisch die Verschiedenheit in der Größe durch seinen Gesichtssinn unterscheiden lernt. Das indirekte Ziel enthält natürlich gleichzeitig viele Übungen der Perzeption, der Bewegungsordnung, gleichzeitig ist es auch eine Vorbereitung des mathematischen Geistes. Letztlich wird auch wieder die Sprache angeregt, weil das Kind unterscheiden lernt zwischen groß und klein, Komparativ und Superlativ.

Die braune Treppe gehört ebenfalls zu dem typischen Montessori-Material. Sie besteht aus zehn Prismen der selben Länge. Alle sind in brauner Farbe, aber verschieden in Breite und Höhe. Diese Treppe wächst an Umfang allmählich in der algebraischen Reihe der zweiten Potenz. Dies bedeutet, daß

4 von Nr. 1 Nr. 2 ergeben

9 von Nr. 1 ergibt Nr. 3

16 von Nr. 1 ergeben Nr. 4 usw.

Die Erzieherin bietet die braune Treppe so an, daß sie ebenfalls auf einer Matte die Prismen mischt. Es ist selbstverständlich, daß die Erzieherin dabei auf dem Boden sitzt und sie nicht etwa im Stehen anbietet. In der Montessori-Pädagogik muß die Erzieherin ständig auf der Ebene des Kindes arbeiten.

Alle Prismen variieren in zwei Dimensionen. Deshalb wählt die Erzieherin zunächst das größte Prisma, faßt mit der Hand um seine Dicke, so daß der Eindruck von dick unbewußt von dem Kind verstanden wird. Dann nimmt sie das nächste Prisma, legt es neben das erste, so daß die Seitenwände der Stufen ganz eben sind. Darauf achtet sie. Wenn die Erzieherin diese Übung mit großem Ernst und großer Aufmerksamkeit durchführt, sieht das Kind bald, wie wichtig sie ist. Die Erzieherin fährt fort, bis das kleinste Prisma auf seinem Platz ist.

Das Kind sieht das und in der Einmaligkeit des Montessori-Materials liegt es nun, daß das Kind seinerseits mit der braunen Treppe arbeitet. Es imitiert die Übung der Erzieherin. Bald lernt es selbständig mit der braunen Treppe umzugehen.

Die Aufgabe der Erzieherin liegt nun darin, das Kind darüber aufzuklären, daß die breite Treppe nicht nur ein Spielzeug ist, sondern daß darin auch eine besondere Bedeutung liegt. So erfährt das Kind, daß das kleinste Prisma das Maß der Höhe jeder Stufe ist und daß zwei aufeinanderfolgende Prismen die Serie trennt. Das Ziel dieser Übung liegt darin, daß das Kind verschiedene Dimensionen unterscheiden lernt, z. B. dick oder dünn. Indirekt liegt in diesen Aufgaben auch eine Übung der Greiferziehung, ein Perzeptionstraining, eine Übung des kinästhetischen Sinnes. Gerade die Lernprozesse über den kinästhetischen Sinn – einfach ausgedrückt, vom Greifen zum Begreifen – sind in der Psychologie noch kaum entdeckt. Ihre Bedeutung wird aber lerntheoretisch immer klarer.

Montessori-Mathematik macht nicht traurig

Von Martin Luther soll der Ausspruch stammen: »Mathematik macht traurig.« Dieser Spruch hat wahrscheinlich in der Schule heute eine Bedeutung, wie nie zuvor. Pädagogische Theorien bescherten unseren Kindern die »Mengenlehre«. Während früher die Eltern noch einigermaßen wußten, wie sie an den Fingern abzählend ihren Kindern die Grundbegriffe des Rechnenlernens beibringen konnten, müssen sie nun kapitulieren. Da inzwischen aber auch die Kinder versagen, protestieren die Eltern, so daß mit großem Eklat eingeführte neue Methoden, wie z. B. die Mengenlehre, mit ministerieller Verordnung schon nach einem Jahr wieder zurückgezogen wurden.

Alle diese Schwierigkeiten gibt es in der »Montessori-Mathematik« nicht. Wir bauen die Lernprozesse nach und nach auf. Alles wird erst gegriffen und dadurch schließlich auch begriffen. Wenn ein praktisches Beispiel für kinästhetisches Lernen gegeben werden soll: die »Montessori-Mathematik« zeigt, wie eine ärztliche Pädagogik die Lernprozesse begünstigt.

Die Montessori-Mathematik hat eine gewisse Ordnung, in welcher das Zahlenmaterial nach und nach dargeboten wird.

Zur Einführung in die Zahl gibt es die »numerischen Stangen«, die »Sandpapierziffern«, die »numerischen Stangen mit Ziffern«, die »Spindeln«, »die Karten und die Chips«, die »Gedächtnisspiele«.

Zur Einführung in das Dezimalsystem werden die Perlen dargeboten, wird eine Dreistufenlektion mit Karten gegeben, werden Zahlen mit Perlen und Karten gebildet, kommt das Kind allmählich zur Addition, zur Subtraktion, zur Multiplikation, zur Division. Darüberhinaus dient zur Einführung des Dezimalsystems das »Markenspiel«, das »Punktspiel« und einfache Aufgaben.

Zur Einführung der Zahlen zwischen 10 und 20 und der Zehner werden wiederum die Perlen herangezogen. Hier spielen auch die heute noch so benannten »Séguinschen Tafeln mit Perlen«, ferner die »Zehnertafeln mit Perlen«, das »Lineare Zählen«, schließlich die berühmte »Hundertkette« und »Tausenderkette« sowie das »Zählen mit Überspringen«, schließlich die »Zahlenkette mit Quadraten und Kuben« eine große Rolle.

Zur Bewältigung der *Addition und Subtraktion* benutzen die Kinder das »Schlangenspiel«, die »Streifentafel« sowie verschiedene Tabellen, nicht zuletzt auch die »Blinde Tabelle«. Es gibt auch ein »Negatives Schlangenspiel« und zum Training der Subtraktion das sogenannte »Streifenspiel«. Immer werden dazu bestimmte Tabellen einschließlich der »Blinden Tabellen« benutzt.

Damit das Kind die Multiplikation begreift, werden die »Perlenstangen« ausgelegt, gibt es »Multiplikationstafeln« mit Tabellen sowie wiederum die »Blinde Tabelle«.

Die Division wird geübt mit der »Divisionstafel«, mit »Stufenordnungen«, mit dem »Rechenrahmen«. Dieser erlaubt, ähnlich den in Rußland weit verbreiteten Rechenschiebern, die Möglichkeit zu addieren, zu subtrahieren, auch einfache Multiplikationen auszuführen. Schließlich gibt es auch noch die »Divisionstafeln«, mit Einer, Zehner und Hunderter.

Diese Übersicht zeigt die Vielfalt, mit der nach und nach das mathematische Verständnis der Kinder geweckt wird. Im folgenden seien – weil dem Kinderarzt besonders einleuchtend – das Perlenmaterial sowie die Spindel vorgestellt. Beides erklärt auch, wie einfach die Mathematik in der Montessori-Pädagogik zu lernen ist und wie unbegreiflich schwierig Mathematik in unseren Schulen zur Zeit dargeboten wird.

Wenn ich mit einem Besucher in unseren Kindergarten komme, so versuche ich ihm die Mathematik in der Montessori-Pädagogik an den Perlen zu erklären. Hierzu gibt es in unserem Kindergarten ein kleines Tablett. Auf diesem Tablett liegen nebeneinander eine Perle (in einer Schale), ein Block mit zehn Perlen, die dort eingelassen sind, daneben eine Stange, auf der die gleichen zehn Perlen nebeneinander aufgereiht sind, ein Quadrat, in dem jeweils zehn Perlen als Stangen nebeneinander so festgemacht sind, daß aus den Linien ein Quadrat wird, und schließlich der »Tausenderwürfel«.

Ich gebe dem Besucher eine Perle in die Hand, bitte ihn, die Augen zu schließen, damit er die Perle greift und dadurch begreift, was eins ist.

Ich gebe ihm in die andere Hand die Stange, auf der zehn Perlen nebeneinander aufgereiht sind. Ich bitte ihn die Augen zu schließen und nun fest zu greifen und damit auch zu begreifen den Unterschied zwischen eins und zehn.

Gleichzeitig begreift auf diese Weise aber auch derjenige, der die Perlen in der Hand hat, den Unterschied zwischen einem Punkt und einer Linie.

Wir gehen jetzt an die Wand des Kindergartens. An einem Holzbrett hängen verschiedene Perlschnüre. Eine dieser Schnüre ist die Hunterterschnur. Jeweils zehn Perlen sind in einem kleinen Abstand hintereinander aufgereiht, so daß die Hunderterschnur aus zehn mal zehn Perlen besteht. Ich zeige dem Besucher (was jedes unserer Kinder weiß), wie die Hunterterkette zu einem Quadrat geformt wird. Dann erkläre ich, warum das Kind leicht erkennen kann, daß hundert als Kette lang ist, nebeneinandergereiht als Quadrat aber leicht in die Hand genommen werden kann. Jetzt bitte ich den Besucher, den Unterschied zwischen einem Punkt (eine Perle), einem Strich (zehn Perlen) und einem Quadrat (hundert Perlen) zu greifen und so zu begreifen. Viele Besucher haben auf diese Weise zum ersten Mal erfahren, wie schwer hundert sind.

Jetzt gehen wir zu der Tausenderkette. Sie hängt an der Wand in mehreren Schlangen. Das Kind nimmt die Tausenderkette und legt sie auf dem Gang aus. Das Kind greift und begreift, wieviel tausend sind.

Nachdem das Kind aber weiß, daß hundert ein Quadrat sind, versteht es, daß zehn Quadrate nebeneinandergestellt einen Würfel ergeben. Dieser Tausenderwürfel ist in der Hand relativ schwer. Viele Besucher erfahren auf diese Weise zum erstenmal auch, »was tausend ist«. Wenn sie in die andere Hand jeweils die Perle, den Strich, das Quadrat nehmen, können sie ohne Schwierigkeit begreifen, wieviel der Unterschied ist zwischen eins und zehn und hundert und tausend. Der Abstraktionsschritt, der nun folgt, besteht darin, daß Holzklötzchen gleich groß wie der Perlenkubus mit Papier beklebt sind, auf dem kleine Perlen aufgemalt sind. Effektiv sind es nur kubische Würfel. Für das Kind in Analogie zu dem Tausenderwürfel aber »Tausender«.

Jeder Besucher sieht auf diese Weise leicht ein, warum unsere vierjährigen Kinder spielen, wenn sie einen Turm aus dem Tausender machen: Eintausend, Zweitausend, Dreitausend, Viertausend und darauf legen sie Hundert, Zweihundert, Dreihundert.

So einfach ist Mathematik in der Montessori-Pädagogik.

Wie schwierig aber das mathematische Begreifen im üblichen Schulsystem ist, läßt sich leicht erklären, wenn man dem Besucher die »Spindeln« vorführt. Das Spindelmaterial besteht aus zwei gleichen Kästen, von denen jeder fünf Abteilungen hat. Am Rücken jeder Abteilung ist eine Ziffer aufgemalt. Die Spindeln haben entsprechend die Ziffern 0, 1, 2, 3, 4. In dem anderen Kasten 5, 6, 7, 8, 9.

Neben den Kästen liegen nun in einem anderen Kästchen Holzspindeln, d. h. einfache Holzstäbe, die glatt sind.

Die Erzieherin fordert nun das Kind auf, eine Spindel in ein Kästchen zu tun, dem eine Zahl zugeordnet ist. Dem Kind macht es keine Schwierigkeit, eine Spindel zu 1, zwei Spindeln zu 2, drei Spindeln zu 3 etc. hineinzugeben.

Aber große Schwierigkeiten bereitet es vielen Kindern zu begreifen, daß 0 nichts ist. Jede Zahl hat eine Spindel. Nur 0 soll nichts haben.

Jedem Besucher mache ich nun leicht verständlich, wie schwierig es für ein Kind zu begreifen ist, daß 1 und 0 (also nichts) mehr sein soll als 1. Auf diese Weise den Unterschied zwischen 1 und 10 zu erklären ist etwas, was über das Verständnis eines jeden Kindes hinausgeht.

Ich kann in diesem Rahmen nicht die vielfältigen Spiele erklären, die mit den Spindeln möglich sind. Hierzu muß man an einem Montessori-Kurs teilnehmen. Wenn man aber unsere Kinder beobachtet, dann sieht man, wie das Spiel mit den Spindeln zu gemeinsamen Arbeiten anregt:

Die Spindeln werden an eine Gruppe von Kindern verteilt. Jetzt bekommt jedes Kind eine Zahl. Die Zahl ist aus einem Kalender ausgeschnitten, die Ziffer ist verdeckt dadurch, daß das Kalenderblatt zusammengefaltet ist. Das Kind faltet jetzt das Papier auf, liest es, faltet es wieder zusammen, geht zu seinem Tisch zurück und legt die gefaltete Zahl vor sich hin.

Wenn nun alle Ziffern verteilt sind, steht eins nach dem anderen der Kinder auf und holt sich entsprechend seiner Zahl die Spindel aus den Kästen. Dies geschieht nacheinander so, daß das zweite Kind seine Spindel erst holt, wenn das erste an seinen Platz zurückgekommen ist. So geht das weiter. Eines der Kinder hat 0. Es kann leider nicht zu dem Spindelkasten gehen. Alle Kinder schauen mitleidig hin, daß es nur 0 hat und nicht zu dem Spindelkasten gehen kann. So begreifen allmählich auch die Kinder, daß 0 nichts und etwas sehr Bedauerliches ist.

Aber begreife ein Erwachsener, daß eine Zahl mit vielen Nullen (also vielen Nichts) soviel mehr sein soll als die Zahl selbst!

Das Ziel dieser Übung mit den Spindeln besteht darin, im Geist des Kindes die Idee, daß die Ziffern auch eine Quantität von einzelnen Gegenständen darstellen können, deutlich zu machen. Die Einführung von 0 ist dabei besonders schwierig. Sie muß immer wieder geübt werden.

Die Fehlerkontrolle dieses Materials liegt im folgenden: Wenn das Kind falsch gezählt hat, so sind entweder nicht genügend Spindeln da, um die 9 zum Schluß zu bringen, oder es bleiben welche übrig.

Wie gesagt, diese Beispiele des Perlenspiels und der Spindeln mögen genügen. Ein Hinweis sei aber noch gestattet.

Wenn die Kinder in die Schule kommen, finden sie nicht nur Tausend in Form eines Würfels (jetzt in Form eines Plastikwürfels) vor, sondern auch zehn Tausenderwürfel nebeneinander zu einer Stange. So begreifen sie in der Schule Zehntausend.

Aus dem gleichen Plastikmaterial sind auch zehn Stangen nebeneinander zu einem großen Quadrat geformt. So begreifen die Kinder: Hunderttausend.

Schließlich können zehn dieser dicken Stangen nebeneinander geformt zu einem großen Würfel vereint werden. Das ist eine Million. Ein kleines Kind muß sich schon sehr anstrengen, wenn es auf »eine Million« hinaufklettern will. Da aber alles aus Kunststoff ist, tut es niemandem weh, wenn tausend auf die Füße fallen.

Die Spracherziehung genießt in der Montessori-Pädagogik Vorrang

Immer mehr stellt sich heraus, daß in der kindlichen Entwicklung die Sprache eine Sonderstellung einnimmt. Das bezieht sich nicht nur auf die durch die Sprache möglichen kommunikativen, sprich sozialen Prozesse, sondern auch auf alle höheren Denkprozesse. Zwischen Sprache und Denken bestehen wechselseitige Zusammenhänge, die man am besten bei Taubstummen erkennen kann:

Wegen einer Hörbehinderung lernt ein Kind nicht sprechen. Es hört seine Mutter nicht und kann seine Sprache nicht an seinem Gehör bilden. Aus der Hörbehinderung entsteht eine weit schwerwiegendere Behinderung: Das Taubstummsein.

Es ist allzu wenig bekannt, daß taubstumme Menschen zeitlebens auf einem niedrigen Denkniveau verharren müssen, z. B. weil ihnen alle abstrakten Begriffe unerfahrbar bleiben. Sie können nur dasjenige, was sie fühlen und sehen, erkennen. Aber unsere Muttersprache zeigt schon, daß zwischen Greifen und Begreifen von dem Sinngehalt her ganz unterschiedliche Bedeutungen vorliegen. Wenn man aus einer Tageszeitung bei irgendeinem Abschnitt sämtliche Begriffe eliminiert, die man nicht unmittelbar sehen oder fühlen kann, hat dieser Abschnitt keine Bedeutung mehr. Taubstumme sind deswegen nicht einmal in der Lage, eine Tageszeitung zu lesen.

Alle höheren Denkprozesse sind aber an Abstraktionen gebunden, die letztlich nur durch die Sprache erfahren werden können. Dieses extreme Beispiel zeigt, wie bedeutsam die Sprache im Rahmen der Entwicklung des Kindes ist. So ist es wohl auch kein Zufall, daß Maria Montessori der

Spracherziehung des Kindes von vornherein eine große Bedeutung beigemessen hat. Es soll hier nicht auf Einzelheiten eingegangen werden. Aber
einige Hinweise zur Spracherziehung in der Montessori-Pädagogik seien
gegeben, wobei der umfassende Ansatz hervorgehoben sei in dem Sinne,
daß in die Sprachentwicklung auch die Entwicklung des Schreiben- und
Lesenlernens eingeschlossen ist.

So werden also im Rahmen der Sprachentwicklung auch die Vorbereitung auf Lesen und Schreiben, die Übungen des Lesens, die Lesespiele, die
Möglichkeiten der Bereicherung des Wortschatzes, die Übungen der Sprache, die Einführung des Schreibens zu erwähnen sein.

Wie für die Montessori-Pädagogik typisch, findet alles stufenförmig
nacheinander statt. Immer gibt es indirekte Vorbereitungen auf ein späteres
Ziel, von dem das Kind noch nichts weiß. Im Überblick dienen zur Einführung des Schreibens die »metallenen Einsätze«, die »Sandpapierbuchstaben«, das »bewegliche Alphabet«.

Zur Einführung in das Lesen dienen das »Spiel mit Gegenständen«, die
»Funktion der Wörter«, die »Phonogramme«, »Leseordnungen«, »Rätsel-
umschläge«.

Auf der höheren Stufe wird die Funktion der Wörter erklärt: Die Adjek-
tive werden mit dem »logischen Adjektivspiel« kennengelernt. Außerdem
mit dem »Spielen mit dem aufschlußreichen Adjektiv«. Die Bindeworte, die
Präpositionen, die Verben und schließlich auch die Adverben werden dem
Kind nach und nach so dargestellt, daß aus dem Greifen alles begriffen wird.

Schließlich kommt es auch noch zur Analyse des Gelesenen durch die
Darstellung einfacher Sätze und zur Analyse des Lesens. Einzelheiten dieses breit gefächerten pädagogischen Konzeptes der Spracherziehung des
Kindes können wir hier leider nicht erörtern. Auch dazu bedarf es einer intensiven Beschäftigung etwa im Rahmen eines Montessori-Kurses.

Als indirekte Vorbereitung auf Schreiben und Lesen dienen die Übungen
der Sinne und der Muskeln. Auf die Bedeutung des kinästhetischen Lernens
haben wir bereits hingewiesen. So dienen die Einsatzzylinder, auch die
geometrischen Einsatzfiguren, als Vorbereitung des Greifens der Finger.
Hier finden bereits für das Schreiben die ersten »Spielübungen« statt. Es
folgen weitere Übungen der Hände, z. B. daß Konturen nachgezogen werden. Hierzu eignen sich vorzüglich die geometrischen Einsätze. Als Vorbereitung für die leichte Berührung dient z. B. die Unterscheidung zwischen
rauhen und glatten Tastbrettern.

Als vorbereitende Übung zum Lesen kann man folgendes annehmen:
Die Korrektur der Aussprache, ein Hinweis auf die genaue Bedeutung eines
jeden Wortes. Die Erzieherin hilft dem Kind, den Wortschatz zu berei-
chern. Sie sammelt Bilder mit Darstellungen aus der Stadt, dem Bahnhof,

dem Transportwesen, dem Bauernhof usw. Die Erzieherin hilft dem Kind, Buchstaben wiederzuerkennen durch den Gesichtssinn, durch das Ohr. Hierzu geben die Sandpapierbuchstaben vielfältige Anregungen. Sie dienen auch der Vorbereitung des Schreibens.

Der Spracherziehung dient auch das Geschichtenerzählen und das Benennen bekannter Gegenstände, Kinder, Tiere etc. Die Kinder sollen ihrerseits erzählen und sollen damit früh beginnen.

Zur Bereicherung des Wortschatzes werden Gegenstände der Umgebung oder das Sinnesmaterial herangezogen. Die Erzieherin achtet darauf, daß die Kinder den genauen Namen von jedem Gegenstand der Umgebung kennen. Ähnliche Gegenstände werden hervorgehoben, z. B. Glas/Becher, Besen/Bürste. Gruppenspiele vertiefen diese Übungen.

Die Bezeichnungen für jedes Stück des Sinnesmaterials werden in den sogenannten »Dreistufen-Lektionen« in die Spracherziehung eingeführt. So eignen sich die Zylinder dazu, dick – dünn, tief – flach, hoch – tief auch sprachlich zu erklären. Die Thermaldosen geben Hinweise auf heiß – kalt, die Testbretter auf rauh – glatt, die Geräuschdosen auf laut – leise, der rosa Turm auf groß – klein, die roten Stangen auf lang – kurz, die braune Treppe auf dick – dünn, die Glocken auf hoch – tief, die Farben auf hell – dunkel und Namen wie hellrot, dunkelrot werden deutlich, die Geschmacksdosen weisen auf süß – bitter, sauer – salzig hin und die Gewichtsbrettchen auf schwer – leicht. Zum Begreifen der Komparative und der Superlative lassen sich die Namen der geometrischen Einsätze oder die Namen der biologischen Einsätze heranziehen.

So dient das gesamte Montessori-Material auch der Sprachentwicklung des Kindes. Es erweitert seinen Wortschatz mit Hilfe der geordneten Aufnahme seiner Umgebung.

Als Vorbereitung auf das Lesenlernen seien die Sandpapierbuchstaben erwähnt. Diese Buchstaben sind entsprechend dem Alphabet ausgeschnitten und auf einen dicken Karton oder auf Holz aufgeklebt. Die Konsonanten stehen auf roten Karten, die Vokale auf blauen Karten.

Die Erzieherin bietet dem Kind einen Buchstaben, zeigt ihn dem Kind und fährt mit zwei ersten Fingern der rechten (oder der linken) Hand dem Sandpapier nach. Die Bewegung soll ganz gleich sein, wie man dies beim Schreiben macht. Gleichzeitig spricht sie den *phonetischen* Laut des Buchstabens oder ein Wort, das diesen Laut enthält.

In Vorübungen ist es aber auch durchaus möglich, daß die Kinder den Sandpapierbuchstaben nachfahren, ohne daß sie wissen, daß dies ein Buchstabe ist. So können sie über den Tastsinn ihrer Finger und den kinästhetischen Sinn ihrer Muskulatur der Hand und des Armes bereits das motorische Engramm des Buchstabens erlernen. Wenn man ihre Augen mit einer

Binde verdeckt (solche Übungen bereiten den Kindern große Freude), können Kinder zwei gleiche Buchstaben durch Nachfahren des Sandpapiers heraussuchen und nebeneinanderlegen. Die Kontrolle findet statt, wenn sie die Binde abnehmen.

So lernen Kinder bereits »Schreiben«, unter Umständen bevor ihnen der Buchstabe bekannt ist. Andererseits kann die Erzieherin diese Buchstaben auch mit ihrem phonetischen Laut anbieten. Du hast »A«, du hast »O«. Aber niemals hat ein Kind »Be« geschrieben, sondern nur »B«. Wenn hier Konsonanten mit Vokalen versehen werden, ist das Lesenlernen hinterher umso schwieriger.

Es erscheint bemerkenswert und es muß darauf hingewiesen werden, daß diese Methode eine streng »analytische« Leselernmethode ist. Sie hat nichts mit der Ganzwort- oder Ganzheitsmethode zu tun. Auch das »gemeinschaftliche Buchstabenspiel« beruht letztlich darauf, daß einzelne Buchstaben zusammengefügt werden. Dabei legt die Erzieherin einige Buchstaben auf und sagt den Kindern: »Wir wollen sehen, welche ihr kennt.« Die Kinder nehmen der Reihe nach den Buchstaben, den sie zu kennen glauben. Dann sagt die Leiterin: »Wir wollen sehen, ob ihr sie wirklich kennt und wißt, wie man sie macht. Zieht sie mit eueren Fingern nach und legt die beiseite, die ihr kennt. Die anderen legt ihr zurück.« Jedes Kind überlegt, wieviele Buchstaben und Wörter es kennt. Diese Spiele werden oft wiederholt, auch ohne die Leiterin. Die Kinder verteilen die Buchstaben untereinander und lernen so Buchstaben und Wörter, die sie kennen, gleichzeitig lernen sie aber auch, Wörter auf ihre Laute hin zu analysieren.

Die Fehlerkontrolle liegt hier wieder im Sandpapier. Eine Hilfe zur Kontrolle liegt darin, daß die Finger des Kindes von dem Sandpapier abgleiten. So registriert es das Gefühl, daß auf der glatten Oberfläche des Kartons etwas anderes zu fühlen ist als auf dem Buchstaben.

Ob es an den Sandpapierbuchstaben, an den »Engrammen« der Buchstaben durch das kinästhetische Lernen oder an der »synthetischen« Methode des Lesenlernens liegt, daß unsere Kinder keine Schwierigkeiten mit dem Lesen haben, kann aus der Sicht des Kinderarztes nicht beantwortet werden. Immerhin darf festgestellt werden, daß es eine Legasthenie bei unseren Kindern nicht gibt. Wir haben vor zwei Jahren bei allen Kindern der Schule einen Legasthenietest durchgeführt. Es zeigte sich, daß diejenigen Kinder, die eine durchschnittliche Intelligenz hatten, mit dieser Methode alle ohne Schwierigkeiten lesengelernt hatten.

Zur Einführung in das Lesen hat Maria Montessori verschiedene Gruppen von Übungen genannt, die das Kind zu dem führen, was sie »totales Lesen« nannte. Das Wort »total« bedeutet dabei, das Kind soll vollständig nicht nur verstehen, was es liest, sondern auch den Stil und das Gefühl dafür bekommen, was es liest. Das wird erreicht durch besondere Leseübungen. Man muß jedoch wissen, daß diese Übungen nur ein Schlüssel zu einem viel umfassenderen Lesen des Kindes sind.

Hierbei ist nicht nur die genaue Bedeutung eines jeden einzelnen Wortes wichtig, sondern auch seine Stellung im Wortzusammenhang und im Satz. Diese Leseübungen sind auch eine indirekte Vorbereitung auf die Grammatik. So werden im Kinderhaus auf dem Weg über die Sprache bereits Impulse gegeben, die später in der Schule zur Selbstverständlichkeit werden.

KAPITEL 10

In unserer Montessori-Schule wurden die Kindergartenerfahrungen fortgeführt

Unsere erste Montessori-Klasse entstand auf Wunsch der Eltern

Unsere Erfahrungen im Kindergarten mit gemeinsamer Erziehung gesunder und behinderter Kinder waren so gut, daß von den Eltern der Wunsch geäußert wurde, diese Erziehung auch in der Schule fortzusetzen.

Unser Kindergarten bestand damals zwei Jahre, und einige Kinder wurden gerade sechs Jahre alt. Die Eltern fragten mich natürlich, wie es jetzt wohl weitergehe. Da ich nicht im Traum daran dachte, eine Schule zu gründen, habe ich den Eltern nahegelegt, für ihre Kinder die geeignete Schule zu suchen. Die Eltern unserer behinderten Kinder gingen also in die Münchener Sonderschulen und schauten sich dort die Kinder und den Unterricht an. Sie kamen zurück mit der Feststellung, daß ihre Kinder jetzt kaum mehr in dieses Unterrichtssystem hineinpaßten.

Die Mutter des kleinen Martin, eines mehrfach behinderten Buben, der nicht richtig sehen, nicht richtig hören konnte, in seiner Gehirnentwicklung zurückgeblieben war und als ziemlich hoffnungslos galt, suchte mich mehrfach auf. Martin hatte in unserem Kindergarten wider jedes Erwarten Lesen gelernt und war eines der Kinder, die so intensiv arbeiteten, daß alle ihr helles Entzücken an ihm hatten. Martin hätte als mehrfach behindertes Kind nach der amtlichen Einteilung in die Schule für geistig behinderte Kinder eingeschult werden müssen. Nach den Erfahrungen in der Montessori-Pädagogik hat mich die Mutter gefragt, ob wir nicht den Kindergarten als Schule fortsetzen könnten.

Dann kamen die Eltern der gesunden Kinder und fragten, warum sie ihre Kinder noch in die 1. Klasse einer normalen Grundschule geben sollten. Sie könnten ja schon rechnen und lesen. Wäre es nicht möglich, eine Schule zu gründen, in der unsere Kinder zusammen bleiben?

So haben unsere Kinder uns gezeigt, daß wir unsere gemeinsame Erziehung gesunder und behinderter Kinder im Rahmen der Montessori-Pädagogik aus dem Kindergarten in der Schule fortsetzen sollen. So entstand auf Wunsch der Eltern und ohne jede Vorplanung im Jahre 1970 unsere Münchener Montessori-Schule, in der gesunde und behinderte Kinder in der Montessori-Pädagogik gemeinsam unterrichtet werden.

Die erste Klasse war Gast im Dante-Gymnasium. Dieses Gymnasium war neu errichtet worden und wurde aufgebaut, um auch körperbehinderte Kinder aufzunehmen. Der Oberstudiendirektor Dr. Bergmann hatte seinen Buben in unserem Montessori-Kindergarten. Er stellte fest, daß im Gymnasium noch ein Raum für ein Jahr nicht benutzt würde. So begann die erste Klasse unserer Schule, in die auch geistig behinderte Kinder, hörbehinderte und körperbehinderte Kinder gingen, in einem Gymnasium. Vor die Klassentür hingen wir ein Schild »Montessori-Schule«, und alles war gespannt, was sich dort tun würde.

Frau Ockel, die in London ihre Montessori-Ausbildung absolviert hatte, kam von Frankfurt nach München und begann mit dem Aufbau.

Aufbau der Modellschule und Probleme der Einschulung

Die erste Klasse unseres Schulversuchs wurde zum Schuljahresbeginn 1970 zusammengestellt. Es erscheint bemerkenswert und man muß darauf hinweisen, daß auch diese Klasse nicht, wie in der Schule üblich, an einem Tage einheitlich ihre Arbeit aufnahm, sondern – wie in der Montessori-Pädagogik vorgesehen – ein größerer Teil der Klasse mit der Arbeit begann, während im Laufe des Schuljahres nach und nach weitere Kinder aus dem Kinderhaus hinzukamen. Dies geschah immer dann, wenn die Kindergärtnerin der Ansicht war, daß das Kind von einem bestimmten Moment an besser in der Grundschule gefördert werden könne.

Dies ist nur möglich, weil die Montessori-Pädagogik keine Jahrgangsklassen kennt. Optimale pädagogische Prozesse im Rahmen der Montessori-Pädagogik setzen wie gezeigt Unterschiede im Alter, im Verhalten und in den Fähigkeiten der Kinder voraus. Nur so ist es möglich, daß ältere, erfahrene, auch gesunde Kinder Tätigkeiten, Kulturtechniken und Schulfertigkeiten praktizieren, die von jüngeren, weniger erfahrenen oder behinderten Kindern imitiert werden können. Nur so ist es möglich, daß ältere und erfahrene Kinder zusätzlichen pädagogischen Gewinn haben, weil sie – als Wiederholung – die gleichen Tätigkeiten bei den jüngeren Kindern beobachten und gelegentlich verbessernd in deren Arbeiten eingreifen.

Leider wurde amtlicherseits die »tröpfchenweise« Einschulung nicht genehmigt, so daß mit Beginn des Jahres 1971 einmal im Jahr im Herbst die Kinder aus den Montessori-Kinderhäusern in die Schule aufgenommen werden müssen.

Die erste Klasse bestand aus 13 nicht behinderten Kindern, 10 behinderten Kindern und einem von Behinderung bedrohten Kind. Die ärztlichen und klinisch-psychologischen Diagnosen bei den behinderten Kindern waren in verschiedenen Variationen und Kombinationen folgende:

Dysgrammatismus

Minimale cerebrale Bewegungsstörung

Stottern

Spastische Lähmung mit Hemiplegie

Schwere Sprach- und Artikulationsstörung

Tetraplegie und cerebrale Bewegungsstörung

Innenohrschwerhörigkeit mit schwersten Sprachstörungen

Spastische Tetraplegie

Mikrocephalus

Hör-, Seh- und Sprachbehinderung

Cerebrales Anfallsleiden

Motorische Bewegungsstörung

Geistiger Entwicklungsrückstand bei Morbus Down-Syndrom

Chondrosystrophie und Sprachstörung

Frühkindlicher Hirnschaden

Legasthenie

Diabetes

Lernbehinderung

Minimale cerebrale Bewegungsstörung mit geistigem Entwicklungsrückstand.

Hinzu kamen bei fast allen behinderten – zum Teil auch bei den gesunden Kindern – mehr oder minder ausgeprägte Verhaltensstörungen.

Die 1. Klasse im Dante-Gymnasium wurde so eingerichtet, wie alle Montessori-Schulen eingerichtet sind. Ich erlebte, daß die pädagogischen Prinzipien schon vom Material her in der Schule die gleichen sind wie im Kinderhaus. Wie im Kindergarten wurde das Material zur freien Verfügung des Kindes in Regalen an den Wänden aufgestellt. Es war eine Freude zu sehen, daß der Übergang der Lernprozesse zwischen Kindergarten und Schule in der Montessori-Pädagogik fließend ist. Zum Teil wird in der ersten Klasse Grundschule das gleiche Material benutzt wie im Kindergarten, zum Teil ist das Material aber verfeinert, so daß das Kind von bekannten Lernprozessen aus neue, differenzierte Lernschritte tun kann.

Dieser fließende Übergang entspricht kinderärztlichen Vorstellungen. Die Entwicklung des Kindes vollzieht sich in keinem Bereich in Brüchen oder Sprüngen, immer baut ein Entwicklungsschritt auf dem anderen auf.

Dieser fließende Übergang zwischen Kindergarten und Schule ist deswegen weit kindgerechter als ein plötzlicher Einschnitt, wie er normalerweise durch die völlig unterschiedlichen Programme in den Kindergärten und Schulen in unserem Lande üblich ist.

Auch unsere erste Montessori-Klasse im Dante-Gymnasium machte deshalb einen ähnlich anregenden Eindruck durch die Fülle des Materials an den Wänden.

Auch hier mußten wir einen Spültisch einbauen, denn auch in der Schule werden die Tätigkeiten des praktischen Lebens fortgesetzt weitergeübt. Ich erlebte einen wichtigen Unterschied zwischen Montessori-Pädagogik und der Pädagogik in unseren normalen Schulen: daß nämlich das aktive Lernen des Kindes dadurch angeregt wird, daß auch geistige Lernprozesse intensiv mit manueller Betätigung einhergehen. Während in unserem Schulsystem das abstrakte Denken mit Hilfe pädagogischer Prozesse gelehrt wird, bei denen höchstens noch das Schreiben eine aktive Betätigung des Kindes erlaubt, entstehen in der Montessori-Pädagogik die abstrakten Denkprozesse auf der Basis konkreter Arbeit mit differenziertem Arbeitsmaterial.

Der Gegensatz zwischen Schule und außerschulischer Welt in dem Sinne, daß die Lebenspraxis außerhalb der Schule zu lernen sei, während in der Schule das geistige Denken im Mittelpunkt zu stehen habe, dieser Gegensatz besteht in der Montessori-Pädagogik offensichtlich nicht.

Im Klassenraum wurden neben dem autodidaktischen Montessori-Material aber auch weitere brauchbare Arbeitshilfen wie Tonband, Dia-Projektor, Schreibmaschinen für unsere spastisch gelähmten Kinder, ferner Arbeitsmaterialien wie Bücher und zusätzliche Arbeitsprogramme eingebaut, welche die Selbständigkeit des Kindes und dessen Selbstkontrolle fördern. Für unsere behinderten Kinder war es von Nutzen, daß dabei auch Erfahrungen einbezogen werden konnten, welche im Rahmen der krankengymnastischen Therapie und der Beschäftigungstherapie gewonnen wurden. Zum Beispiel konnten die Sitzmöbel, auch die Arbeitstische (Spezialtische für Schreibmaschinen bei spastisch gelähmten Kindern etc.) so verbessert werden, daß sie den ärztlichen Anforderungen entsprechen.

Nachdem im September 1970 mit 14 Kindern der Unterricht begonnen hatte, folgten im November 1970 sechs weitere Kinder und zu Beginn des Jahres 1971 trat ein weiteres Kind in die Klasse ein. Dieses Kind wurde aufgenommen, weil es wegen seines Zwergwuchses in der normalen Grundschule von den anderen Kindern so gehänselt wurde, daß sich eine schwere Verhaltensstörung entwickelt hatte.

Die Kinder dieser ersten Schulklasse entstammten verschiedenen Jahrgängen. Das älteste Kind war am 18. 1. 1961, das jüngste Kind am 27. 8. 1965 geboren. Es ist verständlich, daß die behinderten Kinder aus den Jahrgängen 1961–1963 stammten, denn sie benötigten ja vor Aufnahme in die Schule eine intensive Therapie und einen längeren Aufenthalt im Kindergarten. Die jüngeren Kinder waren mit Antrag eingeschult worden, d. h. mit einer Sondergenehmigung. Wir hatten also auch in der Zusammensetzung der 1. Klasse unsere Arbeit im Kindergarten konsequent fortgesetzt.

Die unterschiedliche Altersgruppe bot, wie im Kindergarten auch in der Schule, eine hervorragende Gelegenheit zu sozialen Lernprozessen und über diese zu kognitivem Lernen.

Beim weiteren Ausbau gab es Probleme

Im März 1971 – mitten im Schuljahr – wurde der Aufbau einer zweiten Klasse notwendig. Mehrere Kinder, die im Kinderzentrum ärztliche oder psychologische Therapie erhielten, konnten die Normalschule im zweiten Schuljahr nicht mehr besuchen, da sie dort wegen ihrer Behinderungen nicht angemessen gefördert werden konnten. Für diese behinderten Kinder wurde eine Gruppe mit gesunden schulpflichtig werdenden Kindern und bereits schulpflichtigen behinderten Kindern aus dem Montessori-Kindergarten zusammengestellt. Diese Gruppe umfaßte 11 Kinder, die bis zum Schulbeginn von Frau Müller geführt und auf den Schuljahresbeginn vorbereitet wurden. Frau Müller war die erste Lehrerin, die im Rahmen eines Montessori-Lehrgangs der Aktion Sonnenschein in München ausgebildet worden war.

Ihre »Klasse« setzte sich zunächst aus 11 Kindern zusammen. Da wir keine Schule hatten, benutzten wir zunächst einen Raum im Hause des Kinderzentrums. Es ist verständlich, daß eine solche, und sei es nur provisorische Unterbringung, mit den Vorschriften der Regierung über Schulklassen und dazugehörigen Einrichtungen kaum in Einklang zu bringen war.

Mit dem Schuljahresbeginn 1971/1972 entstand eine 3. Montessori-Klasse unter Leitung von Frau Gobbin, die ebenfalls aus Frankfurt als Montessori-Pädagogin zu uns gestoßen war. In der Zwischenzeit war die Klasse von Frau Müller aufgefüllt worden, so daß wir bereits mit drei Klassen in das neue Schuljahr hineingingen. Die Klasse von Frau Müller hatte 20 Kinder, die Klasse von Frau Gobbin ebenfalls 20 Kinder. In jeder Klasse waren 6 mehrfach und verschiedenartig behinderte Kinder, darunter jeweils auch ein geistig behindertes Kind.

Es war ein unbeschreibliches Glück, daß uns das Dante-Gymnasium noch eine Weile Gastrecht gewähren konnte. Es stand aber weiterer Zuwachs an, da einige Eltern ihre Kinder unbedingt in unsere Schule geben wollten. Da wir nirgends weiteren Schulraum auftreiben konnten, blieb keine andere Wahl, als selbst für Schulraum zu sorgen.

Die Stadt München wurde gebeten, einen geeigneten Platz in der Nähe des Kinderzentrums zur Verfügung zu stellen. So haben wir in der Reutbergerstraße im Erbbauzins ein Grundstück bekommen. Auf diesem Grundstück wurden Pavillons errichtet. Meine Überlegung war, Pavillons zu nehmen, wie sie überall in München von einer Firma als Zusatzschulräume errichtet wurden. Ich stellte mir vor, daß auf diese Weise die Vorschriften der Schulhygiene gewissermaßen automatisch beachtet seien, denn wenn die Stadt München in ihren Schulen solche Pavillons routinemäßig benutzt, konnte dies für die Aktion Sonnenschein aus der Sicht der Schulhygiene keine Schwierigkeiten geben.

In einem früheren Kapitel habe ich schon darauf hingewiesen, daß diese Schlußfolgerung – so vernünftig sie aus ärztlicher Sicht scheint – an den Realitäten der Behördenvorschriften völlig vorbeiging. Aber wie konnte ich damals wissen, daß für jede Sonderschulsparte gewissermaßen eine eigene Klassenzimmergröße vorgeschrieben ist, so daß unsere Pavillons zwar für eine normale Schulklasse geeignet, aber für eine Sonderschule nicht genehmigt werden konnten.

Es entstand eine Situation, die geradezu deprimierend war. Auch nachträglich erinnere ich mich ungern an damals. Wir hatten mit der Bayerischen Hypotheken- und Wechselbank einen Vorvertrag gemacht. Sie war bereit, uns über 1 Million DM zu leihen, damit wir die Pavillon-Schule errichten konnten. Wir hatten der Firma den Auftrag gegeben, die Pavillons standen im Rohbau fertig und unsere Kinder standen vor der Türe oder wurden bereits unterrichtet. Aus dem Dante-Gymnasium mußten wir ausziehen.

Der Rohbau mußte eingestellt werden, weil die Regierung von Oberbayern ihre Genehmigung versagte (es stimmte nicht nur die Klassengröße nicht, sondern es waren auch verbotene Faltwände zwischen den Klassenzimmern errichtet worden, etc.). Weil die Regierung den Bau nicht erlaubte, wurde der Bank nahegelegt, keinen Kredit zu geben, weil diese Schule niemals genehmigt werden würde.

So zog die Bank ihre Kreditzusage zurück. Damals bin ich von Bank zu Bank in München gelaufen, um 1 Million Mark Kredit für unsere Schule zu erhalten. Überall wurde ich abgewiesen, und es entstand eine geradezu verzweifelte Situation: Keine Genehmigung von der Regierung, ein Rohbau, der nicht weitergebaut wird, ein Unternehmer, der darauf drängt, den Rohbau finanziert zu bekommen, Eltern, die ihre Kinder einschulen möchten, Kinder, die einen Klassenraum brauchen und ein Kinderarzt, dem die Regierung schreibt:

»Die von Ihnen immer wieder vorgenommene Erweiterung der Schule überschreitet den Rahmen der Ihnen erteilten Genehmigung und ist daher rechtswidrig. Diese Rechtswidrigkeit kann erhebliche nachteilige Folgen für den Schulträger, für die Schule und deren Förderung haben.«

Die verzweifelte Lage hellte sich auf, als Direktor Kerkmann von der Bayerischen Landesbank mein Anliegen begriff und es trotz der Schwierigkeiten seitens der Regierung übernahm, den Kredit zu gewähren. Es war die glücklichste Stunde für unser Montessori-Modell.

Jetzt konnte weitergebaut werden, wir konnten abwarten, bis der Minister uns die Genehmigung gegeben hatte. Wir konnten abwarten, bis Staatssekretär Lauerbach mit einer kräftigen Bemerkung der Regierung die Auflage erteilte, die Schule trotz der Faltwände zu genehmigen. Unsere Kinder bekamen ein Dach über den Kopf.

Ein Jahr später, als unsere Schule gerade über dem Berg war, wurde mir die Theodor Heuss-Medaille, verbunden mit dem Preis, verliehen. Ein Brief der Direktion der Bayerischen Hypotheken- und Wechselbank, der als Glückwunsch kam, wird mir zeitlebens Freude bereiten.

»Ganz besonders möchten wir Sie zu Ihrem erfolgreich durchgesetzten Bau der Münchener Montessori-Schule beglückwünschen, den Sie mit Ihrem nimmermüden Elan und Ihrem Glauben an das Gute und seine Realisierung so couragiert auf die Beine gestellt haben, und der jetzt vor seiner Vollendung steht. Wir freuen uns mit Ihnen, sehr geehrter Herr Professor Hellbrügge, daß Ihnen und Ihren Freunden dieses zukunftsweisende Werk gelungen ist, obwohl wir Sie damals leider enttäuschen mußten. Wir waren »kleingläubig«. Sie aber haben gewonnen! Ein Bankinstitut mit seinen vielschichtigen Verknüpfungen und Verpflichtungen ist in unserer Gesellschaft bekanntlich anderen Gesetzen unterworfen als Ihr menschenfreundlicher Verein, dessen förderndes Mitglied wir auch weiterhin gern und aus Überzeugung bleiben möchten.«

Der Ruf unserer Kinder, gleich ob gesund oder behindert, brachte es bald mit sich, daß das Interesse an unseren Kindergärten und an unseren Schulen in München wuchs.

So wurde unsere Reutberger-Schule nach kurzer Zeit abermals zu klein. Weitere Kinder standen vor der Türe, und wie sollten sie untergebracht werden. Da kamen uns die Olympischen Spiele zu Hilfe.

Nach Beendigung der Spiele entstand in dem Beton-Barackenbau der Olympia-Baugesellschaft Platz, denn es gab nun ja nichts mehr zu bauen. Die Eltern unserer Kinder machten uns darauf aufmerksam, und so konnten wir nach und nach unsere Schule im Olympia-Park vergrößern. Vier weitere Klassen der Modellschule sind dort entstanden.

Daneben ergab sich ein weiteres Problem, das schon im Jahre 1971 erkennbar wurde. Das Verhältnis von 25% behinderten zu 75% nicht behinderten Kindern (den Begriff Gesunde möchten wir im Kinderzentrum ungern benutzen), empfanden wir als eine optimale Relation. Die gesunden Kinder sollten in der Überzahl sein, mehr behinderte Kinder in einer »Klasse« schienen uns nicht sinnvoll. Da das Kinderzentrum aber als Institution für mehrfach und verschiedenartig behinderte Kinder besteht, ergab sich zwangsläufig, daß wir zu viel behinderte Kinder hatten, als daß wir sie alle hätten in die Modell-Schule aufnehmen können. So haben wir uns damals entschlossen, eine Schulklasse mit nur behinderten Kindern zu eröffnen.

Aus dieser Gruppe sind nach und nach zwei Sonderschulen entstanden: Eine Sonderschule für geistig Behinderte und eine Sonderschule für Lernbehinderte. Diese Sonderschulen unterstanden zunächst der Sonderschullehrerin Frau Friedrich, derzeitig der Sonderschullehrerin Frau Voss.

Während dieses Buch geschrieben wird, besteht unser Montessori-Modell aus:

8 »Klassen« Modellschule, in der gesunde und behinderte Kinder gemeinsam unterrichtet werden,

5 »Klassen« der Sonderschule für geistig Behinderte,

6 »Klassen« der Sonderschule für lernbehinderte Kinder.

4 »Klassen« der Modell-Schule sind in der Reutbergerstraße untergebracht, die übrigen »Klassen« im Olympiapark. Die in diesem System gegebenen Möglichkeiten und Probleme sollen später noch besprochen werden.

Besucher erleben die gemeinsame Erziehung der gesunden und behinderten Kinder

Für den Kinderarzt läßt sich eine Schule am Besten beurteilen, wenn er die Kinder beobachtet. Jede Schule ist letztlich nur unserer Kinder wegen eingerichtet, und ob pädagogische Prozesse kindgerecht sind oder nicht, können uns die Kinder sehr gut zeigen.

So ist es vielleicht zweckmäßig, die gemeinsame Erziehung gesunder und behinderter Kinder so darzustellen, wie sie ein Besucher empfindet. Wir haben seit den 10 Jahren, die unser Kindergarten jetzt bald besteht, und den 6 Jahren, in denen unsere Schule aufgebaut wurde, so viele Besucher gehabt, daß unser Gästebuch davon voll ist. Fast habe ich den Eindruck, daß für die internationale Montessori-Pädagogik eine gleiche Situation in unserem Montessori-Modell entstanden ist wie vor 70 Jahren bei den Montessori-Kindern in San Lorenzo. Aus aller Welt kommen Besucher, um unsere Kinder zu bestaunen.

Die gemeinsame Erziehung gesunder und behinderter Kinder hat Klara OBERMÜLLER nach einem mehrtägigen Besuch unserer Montessori-Schule in der Baseler Nationalzeitung im Jahre 1976 wie folgt beschrieben:

»Man muß es gesehen haben, sonst hält man es leicht für einen schönen Traum. Und als Traum hat es eigentlich auch angefangen: als Traum eines Arztes von einer Schule, die nur dem Kind dient. Einer Schule, in der die Kinder keine Angst haben vor dem Sitzenbleiben, weil es keine Versetzung gibt, keine Angst vor Hausaufgaben, weil es kein festes Hausaufgabenpensum gibt, und keine Angst vor Noten, weil es keine Noten gibt:

›Eine Schule ohne Angst, eine Schule, in der die Sozialisierung des Kindes besonders gefördert wird; eine Schule, in der das gesunde Kind lernt, dem behinderten Kind zu helfen; in der das behinderte Kind lernt, sich helfen zu lassen. Dies ist der Traum des Arztes von der Schule.‹

Der Arzt, der diesen Traum Wirklichkeit werden ließ, heißt Theodor Hellbrügge, ist Leiter des Instituts für Soziale Pädiatrie und Jugendmedizin an der Universität München, Initiant und Leiter des Münchner Kinderzentrums der ›Aktion Sonnenschein‹, eines auf privater Basis betriebenen Diagnose- und Behandlungszentrums für das mehrfach behinderte Kind, und seit kurzem Vizepräsident des Executive Comittees der Internationalen Montessori-Gesellschaft.

Er hat vor sechs Jahren eine Schule ins Leben gerufen, in der gesunde Kinder zusammen mit mehrfach und verschiedenartig behinderten unterrichtet werden, und zwar im Verhältnis 2:1. Er hat damit gegen alle Normen und Richtlinien eines Schulsystems verstoßen, das nur die Regelschule für Normalbegabte einerseits, die verschiedenen Sonderschulen für Behinderte anderseits kennt. Beides in einem, das ist verwaltungstechnisch und meist auch gesinnungsmäßig nicht zu bewältigen. Und doch legt Hellbrügge gerade auf dieses Nebeneinander und Miteinander besonderen Wert, ›weil wir für das behinderte Kind unbedingt das Vorbild und die Anregung durch das gesunde benötigen und für das gesunde Kind die soziale Aufgabe, die das behinderte ihm stellt‹. Juristisch sieht das heute so aus, daß das Münchner Montessori-Modell als Sonderschule geführt wird und die gesunden Kinder wohl oder übel in die Sonderschule gehen. Der Gedanke scheint sie nicht zu stören, besser, sie realisieren es gar nicht, und vor allem: sie fühlen sich wohl dort, wo sie sind.

Dort, das ist die Reutbergerstraße 10 in München-Thalkirchen, Schulpavillons um einen großen Hof herumgebaut, helle, große Klassenzimmer, durch Faltwände voneinander getrennt, die meist offenstehen, niedrige, locker angeordnete Arbeitstische, den Wänden entlang Regale, auf denen das Arbeitsmaterial bereitliegt. Zwischen acht und halb neun trudeln die Kinder ein, begeben sich in ihre Klasse, ein Klingelzeichen gibt es nicht, die Arbeit beginnt auch so: zunächst von halb neun bis ungefähr um halb elf die sogenannte ›Freiarbeit‹, die wichtigste Arbeitsphase im Rahmen der Montessori-Pädagogik. Da wählt sich jedes Kind sein Arbeitsmaterial selbst, holt es sich aus dem Gestell und geht damit irgendwohin, wo sich gut arbeiten läßt. Das braucht nicht immer ein Tisch zu sein; mit sechs, sieben Jahren kann man ohnehin nicht lange stillsitzen.

Da sieht man Kinder bäuchlings auf dem Boden liegen, andere in kleinen Gruppen um einen Tisch herum sitzen, da wird diskutiert und verglichen, gefragt, geholfen und manchmal auch nur zugeschaut, unbefangen, lebendig, gelöst, jedoch nie laut, so daß das Kind, das daneben völlig versunken Zahlen in sein Heft schreibt, nicht gestört wird.

Da trifft man Kinder auf dem Flur vor langen ausklappbaren Bildgeschichten, die beschriftet werden müssen. Da sitzen zwei Mädchen vor der Kiste mit den Meerschweinchen und Hasen; sie schreiben Sätze in ein Heft, das Meerschweinchen sitzt davor und schaut zu.

Ein Junge ist mit dem Metermaß unterwegs; er hat sich die Aufgabe gestellt, das Zimmer auszumessen. ›Halt mal‹, sagt er, und drückt dem Besuch das Metermaß in die Hand – seine Arme reichen noch nicht über die ganze Fensterbreite. An der Tafel entsteht ein Gemeinschaftsbild. In einer stillen Ecke schreiben zwei Mädchen mit Kopfhörern ihr Rechtschreibdiktat ab Tonband. Am Nebentisch wird gerechnet mit bunten Perlen und Holzstäbchen. Eine ausgestopfte Taube steht daneben, ein Mädchen schaut sie sich an und streicht ihr zärtlich über den Kopf.

›Ein stilloses schulisches Geschehen‹, nannte das eine bayerische Oberschulrätin und Fachreferentin für Sonderschulen, ›es fehlen Planung, Ordnung, Steuerung und Ziel des unterrichtlichen Geschehens.‹

Ja, sie fehlen wirklich, aber stillos ist das, was sich da in diesen Morgenstunden an der Reutbergerstraße abspielt deswegen noch lange nicht. Man muß nur lange genug hinschauen, beobachten, aufnehmen, man muß vergessen, wie ein Klassenzimmer auszusehen, wie traditioneller Unterricht vor sich zu gehen hat, oder vielleicht auch gerade nicht vergessen, sondern sich an seine eigene Schulzeit erinnern und dann vergleichen.

Vergleichen und sich fragen, in welcher Atmosphäre sich Kinder zwischen sechs und neun Jahren wohler fühlen, in welcher sie lieber lernen: in dieser gelösten, heiteren Stimmung hier oder zu Stillsitzen, Maulhalten und Aufpassen verurteilt dort?

Wer sich Zeit nimmt zu schauen, und wer vorurteilslos schauen kann, wird bald einmal merken, daß da auf Tischen und Fußböden, im Flur und an der Wandtafel sehr intensiv gearbeitet und gelernt wird, freiwillig und ohne Zwang und vor allem sehr selbständig.

Die freie Wahl und die Selbständigkeit, das sind die beiden wichtigsten

Kriterien der Montessori-Pädagogik. Die Lehrerin – an der Reutberger-straße zusätzlich eine Assistentin – ist da, wenn sie gebraucht wird. Sie hilft, wo Hilfe nötig ist, sie macht Vorschläge, wenn ein Kind sich selbst noch nicht entschließen kann, sie kontrolliert, wo das Arbeitsmaterial nicht aus sich heraus die Möglichkeit zur Kontrolle bietet:

›Ein Grundsatz der Montessori-Pädagogik liegt in dem freien Angebot des Materials. Zur Anregung der verschiedensten Übungen und Tätigkeiten findet das Kind in Regalen an den Wänden das vorbereitete Material frei zugänglich vor. Jedes Material ist grundsätzlich nur einmal vorhanden.

Daraus ergeben sich entscheidende pädagogische Konsequenzen: Die Einmaligkeit des Materials bedingt, daß jeweils nur ein Kind oder einige Kinder, die sich einigen, mit diesem Material tätig werden können. Es besteht für die andern Kinder immer die Möglichkeit des Beobachtens, des späteren Imitierens. Bewußt liegt also der Montessori-Pädagogik als ein entscheidender pädagogischer Vorgang das Imitationslernen zugrunde.

Ein weiteres Charakteristikum des Montessori-Materials stellen die autodidaktischen Elemente dar. Das Material ist weitgehend so angelegt, daß das Kind durch Irrtum und eigene Erfahrung lernt . . . Die Fehlerkontrolle liegt weitgehend im Material selbst, so daß das Kind die Genugtuung und das Selbstbewußtsein erhält, die Arbeit wirklich ›ganz allein‹ vollzogen zu haben.‹ (Th. HELLBRÜGGE, »Pädagogik ohne Angst«, in: »Der Kassen-arzt«, 16, 1976.)

Nur diesen Prinzipien ist es zu danken, daß in eine Klasse von 22 bis 24 Kindern auch acht behinderte integriert werden können. Im herkömm-lichen Klassenbetrieb, wo der Lehrer vorne steht und verbal und weitge-hend abstrakt ›Lehrstoff‹ vermittelt, wo alle dasselbe machen und jeder Schüler an einer einzigen Norm, dem Klassenziel, gemessen wird, wäre das unmöglich. Hier hingegen lernt und arbeitet jedes Kind weitgehend für sich allein, so schnell oder so langsam, wie es eben geht.

Da gibt es Kinder, die in der 4. Klasse bereits Wurzeln ziehen und qua-drieren können, während ein anderes soeben mühsam den Zehnerübergang beim Addieren zu begreifen beginnt. Dennoch braucht das behinderte Kind nicht entmutigt zu werden: Seine Leistungen werden stets nur an *seinen* Fähigkeiten gemessen, niemals an denjenigen anderer, begabterer Kin-der.

Frage nie ein Kind, ob es kann, was ein anderes kann, sondern immer nur, ob es das kann, was es kann – dieser Grundsatz Pestalozzis hat hier Pate gestanden. Er wird sehr ernst genommen, nicht nur von den Lehrern, sondern auch von den Kindern selbst. Sie wissen genau, was es bedeutet, wenn der sprachbehinderte Mitschüler ein Gedicht fehlerfrei aufsagen oder ein spastisch gelähmtes Kind seinen Namen leserlich schreiben kann. Sie wissen, daß Leistung ein relativer Begriff ist. Das heißt natürlich, sie wissen es nicht, aber sie spüren es, sie bekommen es tagtäglich vorgelebt.

An dieser Schule ist jedoch nicht nur Leistung, hier ist auch Behinderung ein relativer Begriff. Wenn ein lernbehindertes, ein geistigbehindertes, ein seh- oder hörbehindertes Kind seinen Fähigkeiten entsprechend behandelt wird, wenn es von den andern Kindern in seiner Behinderung akzeptiert wird und lernt, seine Behinderung selbst anzunehmen, dann fällt diese Behinderung viel weniger ins Gewicht, als wenn sie stets nur an der Norm der Gesundheit gemessen wird.

Nun könnte man sagen, genau das wird automatisch der Fall sein, wenn gesunde und behinderte Kinder gemeinsam unterrichtet werden und die Behinderten stets das Vorbild der Gesundheit vor Augen haben. Nun, dadurch daß die Kinder individuell arbeiten und ihre Leistungen auch individuell gewertet werden, ist diese Gefahr gering.

Um so schwerer wiegt hingegen der Vorteil, daß das behinderte Kind von Anfang an in die Gemeinschaft sowohl gesunder als auch anders behinderter Kinder integriert ist und daß umgekehrt das gesunde Kind sehr früh schon lernt, mit behinderten Menschen umzugehen. Die Art, wie die Kinder dieser Schule es tun, ist der beste Beweis dafür, daß das verkrampfte, von Angst und Abscheu gekennzeichnete Verhalten Erwachsener dem geistig oder körperlich behinderten Mitmenschen gegenüber gesellschaftlich bedingt und anerzogen ist. Hier an der Reutbergerstraße ist davon noch nichts zu merken: Das Auffallende hier ist, daß nichts auffällt!

Man muß schon sehr genau und sehr bewußt hinschauen, bis einem Merkmale der Behinderung überhaupt ins Auge fallen: eine verkrampfte Hand vielleicht, die nur ungeschickt den Bleistift zu führen versteht, ein spezieller Stuhl, der dem gelähmten Körper mehr Halt gewährt, eine besonders starke Brille und vielleicht einmal ein Gesichtsausdruck, der anders ist, als wir es von Kindern in diesem Alter gewöhnt sind. Aber sonst deutet nichts darauf hin, daß hier Kinder beisammen sind, deren Intelligenzquotient zwischen 60 IQ und 160 IQ liegt.

Die Kinder selbst messen dieser Tatsache keine Bedeutung zu, die Lehrer fangen sie auf, indem sie dem schwachbegabten Kind eben kleine, bescheidene Lernschritte anbieten, das intelligente Kind jedoch rasch voranschreiten lassen und dabei stets darauf bedacht sind, daß im Unterrichtsgeschehen niemand isoliert ist. Denn Isolation – das hat Theodor Hellbrügge erkannt – verstärkt die Behinderung statt sie zu mildern.

Kinder in Sonderschulen, wo lauter Sehbehinderte, lauter Spastiker, lauter Mongoloide wie in einem Ghetto beisammen sind, ohne die Möglichkeit, mit anders gearteten, anders behinderten und auch gesunden Kindern Kontakt aufzunehmen, sich mit ihnen zu messen, mit ihnen zurechtzukommen, werden nachgewiesenermaßen weniger gefördert als Kinder in einer integrierten Schule. Und noch etwas: fürs spätere Leben sind sie denkbar schlecht vorbereitet; denn weder ihre Familie noch ihre spätere Umwelt besteht ausschließlich aus Blinden, Tauben oder Mongoloiden.«

Soweit der Bericht von Klara OBERMÜLLER.

Der Unterricht mit Lehrern und Assistenten

Immer wieder stoße ich in Vorträgen und Gesprächen auf Skepsis, wie das möglich ist, daß gesunde und behinderte Kinder gemeinsam unterrichtet werden. Hat doch die Normalschule »Mittelpunktschulen« eingerichtet, um Jahrgangsklassen für den Unterrichtsbetrieb zu ermöglichen. Millionen werden ausgegeben, um Kinder von ihrem Wohnort in Gesamtschulen zu transportieren, damit dort Leistungsgruppen unterrichtet werden können. Millionen werden ausgegeben für die Bauten von Sonderschulen, damit spezifisch behinderte Kinder pädagogisch gefördert werden.

In dieser Situation von integrierter Erziehung zu sprechen und davon, daß Unterschiede in der Intelligenz und den Fähigkeiten des Kindes nicht nur die sozialen Lernprozesse, sondern letztlich auch kognitive Lernprozesse fördern, scheint pädagogisch abstrus und es wird auch so gesehen, wenn man mich darauf aufmerksam macht, daß letztlich unsere Schule ja ein übersteigertes »Dorfschulmodell« sei.

So erhebt sich die zentrale Frage, wie denn ein Unterricht in unserem Montessori-Modell abläuft. Der Ablauf des Unterrichts gleicht grundsätzlich dem im Kindergarten. Da auch das gleiche Montessori-Material die gleiche Atmosphäre schafft, haben die Kinder keine Schwierigkeiten, wenn sie vom Kindergarten in die Schule kommen. Der technische Ablauf des Unterrichts vollzieht sich grundsätzlich als Halbtagsschule, und zwar an fünf Vormittagen in der Woche. Wir halten einen ganztägigen Unterricht in der Grundschule aus sozialpädiatrischen und pädagogischen Gründen nicht für vertretbar. Dagegen spricht die negative Phase des Tagesganges der physiologischen Leistungsbereitschaft in den Mittagsstunden, dagegen spricht, daß das Kind außerhalb der Schule Zeit und Gelegenheit haben muß, mit anderen Kindern als nur den Mitschülern einer Klasse Kontakt aufzunehmen. Dagegen spricht zuletzt insbesondere auch, daß für die behinderten Kinder Zeit für die sehr wichtige zusätzliche Spezialtherapie bleiben muß.

Der Unterricht beginnt in der Frühe zwischen 8.00 und 8.15 Uhr. Kein Kind braucht Angst zu haben, nicht pünktlich im Unterricht zu sein. Das selbständige Tätigsein im Rahmen der Montessori-Pädagogik erlaubt, daß jedes Kind mit Eintreffen in der Klasse automatisch mit einer Arbeit beginnt. Die ersten 1½ Stunden dienen der »freien Arbeit«.

Im Anschluß an die freie Arbeitszeit ist Frühstückspause mit gemeinsamem Frühstück in der Klasse und anschließendem Spülen, Aufräumen des Geschirrs. Nachher wird der Hof zu Spiel und Sport aufgesucht.

Während der Frühstückspause oder nach dem Frühstück kommt es zu einem gemeinsamen Gespräch über die verschiedensten Themen aus dem Lehrplan. Auf diese Weise soll das Interesse der Kinder für den Fortgang des Unterrichts angeregt und vertieft werden.

Der Rest des Vormittags dient einer mehr lehrerzentrierten Arbeit und der Gruppenarbeit. Das Ende des Unterrichts ist täglich um 12.15 Uhr. Die Kinder verbringen also nicht mehr als vier Stunden pro Tag in der Schule.

Der Lehrer, der eine »Schulklasse« leitet, lernt viel von den Kindern. Er sieht, wie sie auf die Dinge zugehen, wie sie die Dinge handhaben und wie sie durch die Arbeit mit anderen Kindern Kontakt aufnehmen. Er sieht, wie Selbständigkeit und Ausdauer der Kinder wachsen.

Der Lehrer lernt es, sein Programm nach dem Rhythmus der Kindergruppe einzurichten. Er stellt neues Arbeitsmaterial bereit, und er gibt zu neuer Arbeit anregende Einzel- und Gruppenlektionen. Außerdem sind auch Zeiten vorgesehen, in denen regelmäßig gemeinsame Tätigkeiten ausgeführt werden. Es gibt Stunden für Religion, Musik, Turnen, Werken und Zeichnen.

In jeder Klasse ist es wegen der behinderten Kinder notwendig, die Hilfe eines »Assistenten« zu haben. Er hat die Aufgabe, dort zuzugreifen, wo ein zweites Paar Augen und ein zweites Paar Hände gebraucht werden: Beim An- und Ausziehen der Behinderten, beim Gang zur Toilette, beim Aufzeichnen der Arbeiten, die die Kinder am Vormittag tun, und Hilfestellung bei der Arbeit selbst zu geben. Nach Unterrichtsschluß gehört es hauptsächlich zu seiner Aufgabe, die Instandhaltung und Neuanfertigung von Materialien sowie das Eintragen der Arbeiten in die Beobachtungsbögen der Kinder vorzunehmen. Assistenten sind im derzeitigen Stadium des Schulversuchs auch deswegen wichtig, weil sie z. B. am Nachmittag zusätzliche Arbeitsmaterialien vorbereiten helfen.

Der Assistent muß nicht unbedingt eine pädagogische Ausbildung haben. Er ist in diesem Sinne nur Hilfe des Lehrers, um Aufgaben beim schwerbehinderten Kind mitzuerledigen. Es wäre denkbar, daß der Assistent von einem Elternteil der Kinder gestellt wird.

Während der Zeit des Schulversuchs, d. h. bis zum Dezember 1976 hat sich gezeigt, daß Assistenten auch pädagogisch eine hervorragende Unterstützung des Lehrers sein können, wenn der Lehrer in der Lage ist, die Assistenten entsprechend einzusetzen. Dieser Hinweis soll Bemühungen um den Einsatz pädagogischer Assistenten unterstützen. An vielen Schulen werden pädagogische Assistenten neben dem Lehrer bereits erfolgreich verwendet. Auch in unserem Schulversuch hat sich gezeigt, daß Assistenten die Aufgabe des Lehrers auch pädagogisch erweitern und verbessern helfen, so daß wir auch in Zukunft bestrebt sein wollen, in jeder Klasse Assistenten systematisch einzusetzen. Hierzu bieten sich zahlreiche Praktikanten an, die als Vorpraktikanten, Berufspraktikanten, Jahrespraktikanten etc. aus den verschiedenen Berufen zu uns kommen. Sie erhalten auf diese Weise einen unmittelbaren Einblick in die pädagogische Arbeit am Kind.

So wichtig die pädagogischen Assistenten in der Hilfe beim körperbehinderten Kind sind – wenn in einer Gruppe zwei schwer körperbehinderte Kinder sind, bedürfen diese Kinder einer solchen Hilfe, daß dies im Rahmen einer Klasse von 24 Kindern unmöglich ist.

Wenn in einer Klasse 5 bis 8 behinderte Kinder, darunter 2 körperbehinderte Kinder sind, bedarf der Lehrer unbedingt eines Assistenten. Ungern möchten wir allerdings diesen Assistenten auf die Lehrer-Kinder-Relation angerechnet wissen, denn Lehrer im Sinne des Lehrer-Schüler-Verhältnisses der üblichen Schulen ist er nicht.

In dieser Hinsicht ist es aufschlußreich, daß unser Unterrichtsbetrieb im Prinzip nicht mehr Lehrer benötigt als in den übrigen bayerischen Schulen auch sind. Folgende Berechnung mag dies erläutern:

Die Frage, ob der Montessori-Schulversuch als solcher finanziell wesentlich aufwendiger ist als eine normale Sonderschule bzw. eine Regelschule, darf aufgrund der Erfahrungen dahin beantwortet werden, daß der finanzielle Aufwand, gemessen an den übrigen Schulen, nicht wesentlich größer ist.

Wenn man beispielsweise das Lehrer-Schüler-Verhältnis im Regelschulsystem mit unserem Schulversuch vergleicht, lassen sich folgende Zahlen anführen:

Bayerisches Regelschulsystem, globale Einschätzung:

16 gesunde Kinder:	51% eines Lehrers
8 behinderte Kinder:	59% eines Lehrers
insgesamt:	1,1 Lehrer pro 24 Schüler
oder	22 Schüler pro Lehrer

Bayerisches Regelschulsystem, differenziertere Sicht:

16 gesunde Kinder:	51% eines Lehrers
3 lernbehinderte Kinder:	17% eines Lehrers
5 anderweitig behinderte Kinder:	60% eines Lehrers
insgesamt:	1,28 Lehrer für 24 Kinder
oder	18 Schüler pro Lehrer

Regelschulsystem des gesamten Bundesgebietes:

16 gesunde Kinder:	50% eines Lehrers
8 behinderte Kinder:	65% eines Lehrers
insgesamt:	1,15 Lehrer für 24 Kinder
oder	21 Schüler pro Lehrer

Integrationsschule:

24 Kinder haben:	90% eines Klassenlehrers (25 Stunden pro Woche)
außerdem	20% Fachlehrer und Sonderschullehrer (6 Stunden pro Woche)
insgesamt	1,1 Lehrer für 24 Schüler
oder	22 Schüler pro Lehrer

Aus diesen Berechnungen geht hervor, daß die integrierte Erziehung gesunder mit mehrfach und verschiedenartig behinderten Kindern finanziell nicht aufwendiger ist als eine getrennte Erziehung im üblichen Regel- und Sonderschulsystem.

In unserer Schule lernen die Kinder mehr als in der Regelschule

Als Lernziele unserer Montessori-Schule stellten wir uns folgendes vor:

Dem Kinde zu ermöglichen, eine gute Arbeitshaltung zu gewinnen, seinen eigenen Willen und damit seine Persönlichkeit zu entwickeln, eine Bindung zum Erwachsenen, zu einem gleichaltrigen Partner und zu einer ihm entsprechenden Gruppe zu finden.

Die Entwicklung der Arbeitshaltung wurde unter folgenden Aspekten betrachtet: Interesse an Sachen und Lerninhalten, Interesse an Tätigkeiten, Interesse an partnerschaftlicher Zusammenarbeit, üben von Konzentration und Ausdauer.

Das soziale Verhalten der Kinder sollte folgende Kriterien beachten: Fähigkeit, auf den Partner Rücksicht zu nehmen, Fähigkeit, auf die Gruppe Rücksicht zu nehmen, Fähigkeit, die eigenen Sachen in Ordnung zu halten, Fähigkeit, Verantwortung für die vorbereitete Umgebung, d. h. für die Arbeitsmittel und die Klasse mitzutragen.

Bezüglich der Gemeinschaft zwischen behinderten und nicht behinderten Kindern konnten in der Schule die gleichen positiven Erfahrungen gemacht werden wie im Kindergarten. Offensichtlich empfinden die Kinder bei integrierter Erziehung eine Behinderung als einen Mangel, der akzeptiert werden muß. Dieser Mangel fällt indessen bei der täglichen Arbeit in der Klasse kaum ins Gewicht.

So wenig, wie sich im Kindergarten auf den ersten Blick erkennen läßt, welche Kinder zum Teil schwerbehindert und welche gesund sind, so wenig ist auch in der Schule auf Anhieb beim Betreten der Klasse auszumachen, welche der Kinder behindert sind oder nicht. Erst wenn das Kind mit der spastischen Lähmung aufsteht, sich von seiner Schreibmaschine fortbewegt, zeigt sich die schwere Bewegungsstörung. Erst wenn das durch seine spastische Lähmung schwer in seiner Sprache beeinträchtigte Kind den Mitschüler im Gespräch zum geduldigen Zuhören zwingt, zeigt sich, daß das homogene Bild der Klasse bezüglich der Gesundheit der Kinder und ihrer Behinderung täuscht.

Bei der schulischen Förderung im Rahmen des Montessori-Modells steht das Interesse des einzelnen Kindes im Vordergrund. Deswegen sind die üblichen Stoffverteilungspläne ohne zeitliche Begrenzung verteilt.

Das Kind soll aus Liebe zur Sache lernen und sein Können dadurch vermehren. Es soll lernen, seine Rolle in der Gemeinschaft zu spielen, was es nur kann, wenn es seine eigenen Kräfte kennenlernt. Diese hinwiederum kann es aber nur durch eigene selbstgewählte Tätigkeit entfalten. Das Kind soll kritisch werden und fähig zu eigenem Urteil sowie gewandt genug, seine eigenen Interessen im Rahmen einer Gemeinschaft zu verwirklichen. Dazu braucht das Kind die tägliche Übungsmöglichkeit in einem freien »Spielraum«.

Die Stoffverteilungspläne beziehen sich grundsätzlich auf den Zeitraum von vier Jahren. Der Lehrer richtet den Raum so mit Lehr-, Lern- und Arbeitsmaterial ein, daß die Kinder die Möglichkeit haben, sich den Stoff anzueignen, der nach den amtlichen bayerischen Lehrplänen gefordert wird.

Die grundlegenden Arbeitstechniken und Kenntnisse, die erworben werden sollen, sind:

Schreiben: Erlernen der Schrift

Lesen: Text erfassen, Sinn entnehmen können, mit Ausdruck lesen

Sprache: Eigene Gedanken einem Partner mitteilen können

Eigene Gedanken einer Gruppe mitteilen können

Gelesenes sprachlich wiedergeben vor einer Gruppe (Das Gelesene kann sein: ein kurzer Sachverhalt, eine kleine Geschichte, ein Märchen, ein Bericht)

Erlernen der Rechtschreibung

Erkennen der Wortarten

Analysieren des Satzes in seine Teile

Aufsatzschreiben

Theaterspielen – ein Stück schreiben
Rechnen: Begriff von Mengen und Gruppierungen
Begriff von Zahlsystemen
Begriff von geometrischen Formen
Unterscheiden von Größenverhältnissen und diese in Beziehung zueinander setzen
Kenntnis von allgemeinen Ausdrucksweisen (Algebra)
Technik der vier Grundrechenarten
Verständnis für Textaufgaben
Beobachten: physikalischer und chemischer Vorgänge (Sammeln von Erkenntnissen)
Gewinnen von Vorstellungen: über das Werden der Erde, der Pflanzen, der Tiere und Menschen
Sehen und Erkennen: der Zusammenhänge zwischen Dingen und Lebewesen
Gestalten mit den Händen: um innerlich Geschautes darstellen zu können und um Kunstverständnis zu erwerben
Musizieren und sich bewegen: um die eigene Lebensfreude zu fördern und um Musikverständnis zu erwerben
Leibeserziehung: Training der Grobmotorik und Feinmotorik
Spiel und Bewegung mit einem Partner oder in der Gruppe
Befolgen von Spielregeln
Lernen, auch Verlierer sein zu können

Als Kinderarzt war mir ursprünglich nicht klar, welche Bedeutung für die Schule amtliche Lehrpläne haben. Erst allmählich ging mir auf, daß ein Ministerium letztlich jeder Schule und damit auch jedem Lehrer für seine Klasse vorschreibt, was den Kindern in einem bestimmten Zeitraum gelehrt werden soll. So erhielt ich Kenntnis von den amtlichen Bayerischen Lehrplänen.

Bei den Schwierigkeiten, welche wir mit Regierungsstellen hatten, habe ich bereits erwähnt, daß ich offiziell gefragt wurde, was denn unsere Kinder lernen. Ich habe daraufhin Fräulein Ockel gefragt: »Was lernen denn unsere Kinder?« Fräulein Ockel antwortete: »Den Stoff der amtlichen bayerischen Lehrpläne.«
Daraufhin gab ich diese Antwort an die Regierung weiter und wurde dann von dort gefragt: »Welche Lehrpläne?« Und ich habe geantwortet: »Haben wir denn verschiedene Lehrpläne in Bayern?«

Erst auf diesem Umweg entdeckte ich, daß blinde Kinder andere Lehrpläne haben als sprachbehinderte, diese wiederum andere als körperbehinderte, hörbehinderte oder gesunde, ja, daß die Pädagogik gewissermaßen für jede Behinderung ein eigenes Weltbild aufbaut.

Über diese Feststellung war ich ziemlich erstaunt, denn unsere Erfahrungen am Kind gingen eben nicht von einer Behinderung aus, sondern vom Kind – unabhängig ob gesund oder behindert.

Als Ziel dienten die amtlichen bayerischen Lehrpläne, indem wir für jedes Kind versuchten, daß es entsprechend seinen Fähigkeiten die Aufgaben dieser Lehrpläne in unterschiedlichen Zeiten erfüllen lernte.

Mehrfach schon wurde auf die inneren Beziehungen zwischen sozialen und kognitiven Lernprozessen hingewiesen und wie sehr soziale Lernprozesse im Sinne der Selbständigkeitsentwicklung und im Sinne des Helfenlernens, auch im Sinne der Zuwendung durch den Lehrer und durch andere Kinder, die kognitiven Lernprozesse verstärken.

So ist es vielleicht erklärlich, warum unsere Kinder keine Schwierigkeiten haben und hatten, die amtlichen Lehrpläne zu erfüllen, ja unter Umständen schneller zu erfüllen als die in vergleichbaren Schulen.

Wenn man in unsere Schule kommt, erlebt man unglaubliche Lernszenen. Man sieht einen neunjährigen Buben an der Tafel stehen, ganz allein, kein Lehrer, kein anderes Kind daneben. Er rechnet Aufgaben, an die ich mich nur noch vom Gymnasium her erinnere wie 9.427611×4.327612, und er rechnet intensiv und läßt sich durch nichts stören. Jedesmal, wenn er die Lösung gefunden hat, geht er an die Tür, dort liegt ein kleiner Taschenrechner. Mit Hilfe des Taschenrechners überprüft er, ob seine Aufgabe an der Tafel richtig ist; stimmt sie, ist er überglücklich; stimmt sie nicht, rechnet er weiter.

Ich denke, was ist dies für eine Schule? Und ich erinnere mich an meine eigene Schulzeit: Ich hätte erst den Taschenrechner bedient und das Ergebnis abgeschrieben. Aber Kinder, die Freude an ihrer eigenen Rechenleistung haben, das scheint mir etwas Besonderes.

Mit einer Besucherin, Prof. Emma Planck aus Cleveland, einer Montessori-Pädagogin, die zu Anfang unseres Jahrhunderts die erste Montessori-Schule in Wien gegründet hat, komme ich in die Schule hinein.

Aus einer Klasse stürmen mit einem lauten »Uiii« zwei achtjährige Buben. Jeder kann sich vorstellen, wie so ein Ausruf der Begeisterung bei achtjährigen Kindern klingt. Ohne uns zu beachten, bemerkt der andere plötzlich, daß sein Aufjauchzen stören könne, und er sagt: »Pst« und plötzlich gehen beide leise über den Flur weiter. Solche Szenen der Rücksichtnahme auf andere Kinder, auch unabhängig vom Lehrer, faszinieren mich.

Wir gehen in die Klasse. Dort sitzt ein spastisch gelähmtes Kind an seiner Schreibmaschine. Wir haben diese Schreibmaschine mit Hilfe der Beschäftigungstherapeutin so verändert, daß der Junge trotz seiner athetotischen Bewegungen (ungleiche wurmartige Bewegungen) die Buchstaben richtig erwischt.

Ich begehe die Dummheit und frage den Buben, ob er dem Besuch zeigen kann, wie er Schreibmaschine schreibt. Meine Frage wird nicht beachtet. Er sieht überhaupt nicht Frau Planck und mich neben sich stehen. Er reagiert überhaupt nicht, er ist wie in einem Trancezustand. Dann kommt die Lehrerin und macht uns darauf aufmerksam: »Der läßt sich durch Sie nicht stören, warten Sie ruhig ab, reden Sie nicht.« Während der fünf Minuten des Wartens sehen wir, wie der Bub aus seinem Buch alles mit der Schreibmaschine schreibt, was er vorher gelesen hat. Er schreibt nicht ab, er hat gelesen und bringt es nun aus dem Kopf auf die Schreibmaschine zu Papier.

Mehr noch aber fasziniert mich, wenn dieser spastisch gelähmte Junge durch die Klasse geht und die anderen Kinder nicht lachen, weil er einen ganz unmöglichen Gang hat, und sie auch nicht verächtlich hinschauen, weil er nicht richtig greifen kann und daß sie geduldig bleiben, wenn er in seiner kaum zu verstehenden Spastikersprache mit ihnen redet. Schon als Arzt erfordert es Geduld, einem Spastiker zuzuhören, bis er seinen Satz beendet hat. Unsere Kinder lernen das im Kindergarten und in der Schule so nebenbei.

So wird man vielleicht die Überschrift verstehen, daß die Kinder in unserer Schule mehr lernen als in anderen Schulen des Landes. Aber es erhebt sich die Frage, ob dies nicht doch auf Kosten des Lernens der amtlichen Bayerischen Lehrpläne geht.

Unsere Kinder erfüllen selbstverständlich auch das vorgeschriebene Lehrpensum

Nach sechs Jahren Schule läßt sich auch diese Frage beantworten. Jahrelang habe ich mich vergeblich bemüht, über die Grundschule hinaus in den Sekundarbereich hineinzugehen und jahrelang war ich im Interesse unserer Kinder unglücklich darüber, daß dies nicht genehmigt wurde. Ein maßgeblicher Ministeriale im Bayerischen Staatsministerium für Unterricht und Kultus meinte noch vor 1 1/2 Jahren, daß weitere Anträge für den Sekundarbereich eher Papierverschwendung seien.

Vom Grundsatz her ist dies auch verständlich, denn im Sekundarbereich wird nun alles schwieriger. Während nämlich im Grundschulbereich für unsere Kinder nur die Diskrepanz zwischen Grundschule und Sonderschule zu berücksichtigen bleibt, kommt im Sekundarbereich noch die Diskrepanz von Gymnasium, Realschule und Hauptschule hinzu. Was ist dann eine solche Klasse, wenn wir sie in den Sekundarbereich führen: Gymnasium? Und welche Art von Gymnasium? Realschule? Hauptschule? Sonderschule? Und dann welche? Nachdem ich einen Einblick in die feste Verwaltungsstruktur dieser Schulabteilung gewonnen habe, erschrecke ich selbst ein wenig bei dem Gedanken vor einer Klasse im Sekundarbereich, von der der Kinderarzt träumt.

Nach sechs Jahren Modellschule sehe ich dieses Problem realer. Heute bin ich sehr froh darüber, daß der Sekundarbereich bis jetzt nicht genehmigt wurde. So mußten unsere Kinder nach vier Jahren Grundschule in das Bayerische Regelschulsystem einpassieren und sie mußten nach vier Jahren beweisen, ob und was sie gelernt haben.

Es ist nicht schwierig, eine Schule zu errichten, die gewissermaßen die Kinder in einem Schonraum hält, wo sie nur mit Spielen beschäftigt werden und in der Lernanforderungen sehr gering sind. Man könnte sich gut vorstellen, daß eine solche »Schonschule« den Kindern keine Schwierigkeiten macht, daß man hier keine Noten braucht, daß die Kinder versetzt werden, daß sie keine Angst vor Klassen- oder Hausaufgaben haben etc.

Wenn wir unsere Kinder von der Grundschule in den Sekundarbereich hätten überführen können, bin ich sicher, daß hier Kritiker darauf hingewiesen hätten, daß eine solche Schule wahrscheinlich keine Leistungen erbringe und deswegen überall als »Spielraum für Kinder« errichtet werden könnte.

Da unsere Modellschule nicht staatlich genehmigt, sondern nur staatlich anerkannt ist, mußten und müssen unsere Kinder nach vier Jahren eine Aufnahmeprüfung in die Gymnasien bestehen. Diese Aufnahmeprüfung wird von fremden Lehrern durchgeführt und findet in fremden Schulen statt, stellt also an unsere Kinder zumindest die gleichen, wenn nicht überhöhte Anforderungen.

Fräulein Ockel war bei der vorletzten Prüfung ganz aufgeregt. Sie meinte, die Aufgaben seien für unsere Kinder eher schwerer. Ich habe ihr erklärt, daß wir das von unseren Kindern ruhig fordern dürfen. Und unsere Kinder haben alle bis jetzt die Aufnahmeprüfungen bestanden.

Sie haben auch keine Schwierigkeit gehabt, sich in den Gymnasien zu bewähren und das, obwohl sie sich in dem Stil des Unterrichts, der Benotung und der Schulorganisation völlig umstellen mußten. Das folgende Schema mag einen Überblick geben, wodurch sich die Montessori-Schule von der traditionellen Schule unterscheidet. Dieses Schema stammt aus den Vereinigten Staaten, es wurde von mir ergänzt durch die Lernprozesse, die in unserer Montessori-Schule stattfinden.

Montessori-Schule	Traditionelle Schule
Selbstverwirklichung des Menschen als Grundmotivation	auf Noten, Leistungstest und Konformität wird in allen Bereichen besonders viel Wert gelegt
keine Jahrgangsklassen (Spanne von zwei oder drei Jahren)	Jahrgangsklassen
Schüler »arbeiten« an Tischen, auf dem Boden; Bewegungsfreiheit	die Schüler sitzen beim Klassenunterricht die meiste Zeit an ihren Pulten
die Kinder beschäftigen sich einzeln oder in kleinen Gruppen mit verschiedenen Teilen der Lernumgebung und in selbstgewähltem Lerntempo	die Klasse als Ganzes beschäftigt sich immer nur mit einem Thema
die Kinder befinden sich in unmittelbarem Kontakt mit ihrer Umgebung; natürliche, sensorische und kulturelle Erfahrungen	die Kinder werden von »Wahrheitsvermittlern« unterrichtet (Lehrer, gesellschaftskonforme Werte)
die Kinder haben viel Zeit zur Entwicklung einer unschätzbaren Konzentrationsfähigkeit	feste Stundenpläne schränken das Engagement des Kindes am Lehrstoff ein
verhältnismäßig wenig Unterbrechungen	verhältnismäßig viel Unterbrechungen: Schulglocke, Eingriffe der Erwachsenen
die entscheidenden kognitiven Fähigkeiten werden vor dem sechsten Lebensjahr im Kindergarten entwickelt	die Entwicklung der kognitiven Fähigkeit wird bis zum ersten Schuljahr hinausgeschoben
flexiblere, alle Sinneswahrnehmungen einbeziehende Lehrmethoden fürs Lesen und Schreiben	Erstlesebücher
die Kinder lernen von ihren Altersgenossen und mit Hilfe von Lehrmaterial, das Selbstkorrektur ermöglicht; der »Lehrer« fungiert als Helfer	der Lehrer, die Gesellschaft »korrigieren« die »Fehler« der Schüler

Entsprechend den Erfahrungen unseres Montessori-Modells ist dieses Schema wie folgt zu ergänzen.

Montessori-Modell München	Regelschulsystem
keine soziale Isolation behinderter Kinder. Verbleiben im Elternhaus.	Soziale Isolation (spezifisch für Kinder in Tagesstätten und Heimen)
Soziales Lernen steht im Vordergrund.	Soziales Lernen weitgehend unbekannt.
Kinder arbeiten selbständig.	Kinder arbeiten auf Anweisung der Lehrer.
Kinder lösen Aufgaben gemeinsam.	Kinder müssen allein arbeiten.
Kinder sprechen miteinander im Unterricht.	Kinder dürfen nicht sprechen.
Soziale Lernvorgänge verstärken kognitives Lernen.	Es wird nur an kognitives Lernen gedacht.
Kinder haben keine Angst.	Kinder haben Angst vor Noten, Klassenarbeiten, Zuspätkommen, Sitzenbleiben.
Tägliche Bewegungserziehung. (Schulhof und Turngeräte stehen jederzeit zur Verfügung der Kinder).	2 Stunden Turnunterricht pro Woche.
Jedes Kind lernt entsprechend seinen Fähigkeiten. Manche Kinder sind den offiziellen Anforderungen weit voraus, andere weniger weit.	Hochintelligente Kinder müssen auf den Klassendurchschnitt warten. Lernbehinderte Kinder haben ständig Schwierigkeiten.
Der Lehrer als Helfer der Klasse.	Der Lehrer als Führer der Klasse.

Immer wieder werde ich danach gefragt, wie es denn möglich sei und woran es liege, daß unsere Kinder keine Schwierigkeiten hätten. Als Kinderarzt habe ich bis heute keine andere Antwort als die, daß sie selbständig und konzentriert arbeiten gelernt haben, daß sie gelernt haben, selbständig auch eine unbekannte Arbeit anzugehen und daß sie gelernt haben, in der Gruppe gemeinsam mit anderen Kindern zu arbeiten. Zumindest in diesen Eigenschaften sind die Kinder unserer Schule anderen Kindern in der Regel überlegen.

Auch unsere behinderten Kinder, die nach vier Jahren gemeinsamer Erziehung mit nicht behinderten Kindern zum Teil in die Sonderschule überführt werden mußten, haben dort keine Schwierigkeiten gehabt. Ob sie gegenüber anderen Kindern, die – bei gleicher oder ähnlicher, z. B. geistiger Behinderung – in entsprechenden Sonderschulen ihre Grundschulzeit verbrachten, eher bessere Leistungen aufweisen, vermögen wir zur Zeit noch nicht zu beantworten. Durch ein Forschungsprojekt, das wir bei der Bund-Länder-Kommission beantragt haben und dessen Finanzierung durch das Bundesministerium für Bildung und Wissenschaft erfolgen soll, hoffen wir, über diese Frage in den nächsten Jahren besser Bescheid zu wissen. Wir wollen jedem einzelnen Kind nachgehen, das aus unserer Schule in das Regelsystem übergetreten ist, wie wir umgekehrt auch diejenigen Kinder näher untersuchen wollen, die nach Scheitern im Regelschulsystem nachträglich in unsere Schule gekommen sind.

Die Übersicht im folgenden Abschnitt zeigt, wie viele Kinder bis jetzt erfolgreich in den Sekundarbereich des Regelschulsystems aus unserer Schule übergewechselt sind. Soweit uns bekannt ist, hat keines der Kinder bislang Schwierigkeiten gehabt oder Schwierigkeiten gemacht.

Beachtenswert erscheint an dieser Übersicht, daß nicht nur gesunde Kinder erfolgreich die Gymnasien und Hauptschulen besuchen, sondern auch behinderte Kinder und sogar solche, denen man ursprünglich eine sehr schlechte Vorausschau bezüglich ihrer Schulleistungen gegeben hat. Hierzu sei auf das Beispiel des Buben hingewiesen, der im Alter von 4 Jahren vermutlich als geistig behindert in unseren Kindergarten kam und der heute nach 4 Jahren Montessori-Schule durchaus erfolgreich ein normales Gymnasium besucht.

Schulklassen

Die Erfahrungen in den Jahren von 1968 bis 1972 stützen sich auf:

1. Eine Klasse mit integrierter Erziehung gesunder, mehrfach und verschiedenartig behinderter Kinder über einen Zeitraum von 4 Jahren.
2. Zwei Klassen mit integrierter Erziehung gesunder, mehrfach und verschiedenartig behinderter Kinder über einen Zeitraum von 3 Jahren.
3. Eine Klasse mit lernbehinderten Kindern und integrierter Erziehung verschiedenartig behinderter Kinder über einen Zeitraum von 2 Jahren.
4. Eine Klasse mit integrierter Erziehung gesunder, mehrfach und verschiedenartig behinderter Kinder über einen Zeitraum von 2 Jahren.
5. Zwei Klassen mit integrierter Erziehung gesunder mit mehrfach und verschiedenartig behinderten Kindern über einen Zeitraum von 1 Jahr.

Voraussetzung für die Aufnahme in das Schulmodell ist es, daß jedes Kind mindestens im Ansatz zeigen soll, daß es im Kindergarten gelernt hat, für seine Person zu sorgen. Es soll sich also in der Regel bewegen können. Ist dies nicht möglich, kann ein Rollstuhl oder ein Rollator als Hilfsmittel der Fortbewegung dienen.

Im Jahr 1976 wurden zwei weitere Klassen aus dem Schulversuch in den Sekundarbereich entlassen. Da wir am Anfang des Schulversuchs die Kinder das ganze Jahr über eingeschult haben und keine Jahrgangsklassen hatten, waren es keine vollständigen 4. Klassen, sondern gemischte 3./4. Klassen.

So wurden nach vier Jahren Grundschule aus den beiden Klassen 1975 nur 22 Kinder in den Sekundarbereich entlassen.

Von diesen 22 Kindern kamen 8 in ein Gymnasium, nachdem sie die offizielle Aufnahmeprüfung in die staatlichen Gymnasien bestanden und erfolgreich am Probeunterricht teilgenommen hatten. Unter den 8 Gymnasiasten war ein Kind mit schwerer Spastik und Sprachstörungen.

8 Kinder kamen in eine Hauptschule. Von diesen Kindern war ein Kind pädagogisch als lernbehindert einzustufen, es hatte außerdem eine Epilepsie. Ein weiteres Kind, das in die Hauptschule entlassen wurde, hatte ein schweres »Psychosyndrom«. Es war wenige Jahre vorher als nicht schulfähig erklärt worden.

4 Kinder kamen in das 5. Schuljahr einer Sonderschule für Lernbehinderte, ein Kind in das 6. Schuljahr einer Sonderschule für Lernbehinderte, ein Kind in das 4. Schuljahr einer Sonderschule für Geistigbehinderte. Die in die Sonderschule für Geistig- bzw. Lernbehinderte übergewechselten Kinder hätten ohne weiteres im Sekundarbereich einer Montessori-Modellschule weitergefördert werden können.

Insgesamt sind bislang 72 Kinder aus dem Schulversuch in verschiedenen Klassen ausgeschieden und in das Regelschulsystem übergewechselt. In den unteren Klassen war der Wechsel u. a. durch Wohnungswechsel der Eltern bedingt. Keines der aus diesem Schulversuch in das Regelschulsystem entlassenen Kinder hat unseres Wissens dort Schwierigkeiten gehabt. Soweit dies bisherige Recherchen ergeben haben, bewährten sich die Kinder sogar mit guten Noten, gleichgültig, ob sie in das Gymnasium, in eine Hauptschule oder in eine Sonderschule eingetreten sind.

Es sei an dieser Stelle aufgrund einer inzwischen fast sechsjährigen Erfahrung außerdem hervorgehoben, daß mehrere Kinder aus dem Regelsystem in unseren Schulversuch übernommen wurden, wenn sie in der normalen Grundschule zu scheitern drohten bzw. wegen schlechter Leistungen in die Sonderschule überführt werden sollten. Diese Kinder hatten im Rahmen des Schulversuchs der Aktion Sonnenschein keine Schwierigkeiten sich anzupassen, sondern reagierten im Gegenteil bei integrierter Erziehung mit einer ganz erheblichen Verbesserung ihrer früheren Leistungen.

Das Entlassen gesunder und behinderter Kinder nach vier Jahren integrierter Erziehung im Schulversuch der Aktion Sonnenschein in den normalen Sekundarbereich beweist ebenso wie die erfolgreiche Eingliederung von Kindern aus der normalen Grundschule in den Schulversuch, daß der Schulversuch für das gesamte Regelsystem durchlässig ist. Dieses Ergebnis erscheint uns deswegen bemerkenswert, weil es zeigt, daß integrierte Erziehung neben einer segregierten Erziehung durchaus möglich ist. Es ermutigt, weitere Modelle integrierter Erziehung einzuführen. Die Erfahrungen des Schulversuchs der Aktion Sonnenschein deuten zumindest für die Montessori-Pädagogik darauf hin, daß die Kinder ohne jede Schwierigkeit aus dem Regelschulsystem in den Schulversuch und umgekehrt aus dem Schulversuch in das Regelschulsystem überwechseln können.

Diese Erfahrungen zeigen, daß die Montessori-Pädagogik in erster Linie ein pädagogischer Weg ist und weniger ein pädagogisches Ziel. In dieser Hinsicht unterscheidet sie sich deshalb auch eindeutig z. B. von der Waldorf-Pädagogik. Die Waldorf-Pädagogik wird wesentlich durch die Anthroposophie bestimmt. Ihr sind die – in jeder Hinsicht auch kindgerechten – Lernprozesse untergeordnet. Da über längere Zeit bestimmte Lernprozesse gleichrangig sind, ist es für ein Kind in der Waldorf-Pädagogik schwierig, in das normale Schulsystem jederzeit überzuwechseln.

Im Rahmen der Montessori-Pädagogik besteht diese Schwierigkeit nicht. Am Beispiel unserer Kinder zeigt sich, daß diese jederzeit aus unserer Schule in das Regelschulsystem erfolgreich überwechseln, und umgekehrt, Kinder, die Schwierigkeiten im Regelschulsystem hatten, jederzeit in unser Montessori-Modell eingegliedert werden konnten. Die Kinder in unserer Montessori-Schule lernen die amtlichen bayerischen Lehrpläne ebenso wie die Kinder in der Regelschule. Sie lernen sie nur leichter, ohne Angst und Noten.

Ein beispielhaftes Ergebnis des integrierten Schulversuchs der Aktion Sonnenschein nach der Pädagogik von Maria Montessori kann bis 1974 für die Kinder jener Klasse gegeben werden, die vier Jahre lang im Schulmodell waren und im Herbst 1974 in andere Schulen überführt werden mußten. Diese Kinder lassen sich in fünf Gruppen aufteilen:

1. Gruppe: fünf vorzeitig eingeschulte Kinder, drei Kinder davon bestanden die Übernahmetests zu den Gymnasien;
zwei Kinder besuchten das fünfte Schuljahr in der Hauptschule.

2. Gruppe: sechs auf Antrag eingeschulte Kinder, vier Kinder davon bestanden die Übernahmetests an den Gymnasien;
ein Schüler davon verließ nach dem dritten Schuljahr unsere Schule und besuchte mit Erfolg als Gastschüler das Klenze-Gymnasium. Der Schüler lebt jetzt wieder in Griechenland. Über seine jetzige Beschulung liegen keine Informationen vor; ein Kind davon hat noch das fünfte Schuljahr der Hauptschule besucht.

3. Gruppe: sieben als schulpflichtig eingeschulte Kinder, ein Kind davon verließ unsere Schule schon nach dem ersten Schuljahr wegen Umzug; ein Kind davon bestand die Tests mit überdurchschnittlichen Leistungen;

ein Kind davon, das als Schwerhöriger mit nur wenig Sprech- und Sprachvermögen eintrat, bestand die Übernahmetests zu den Gymnasien;

zwei Kinder davon werden das fünfte Schuljahr Grundschule in einer Regelschule wiederholen;

4. Gruppe: vier zurückgestellte oder während des Schuljahres als Wiederholer aufgenommene Kinder;

zwei Kinder davon wurden als zurückgestellte Kinder ins erste Schuljahr aufgenommen. Sie wurden in Sonderschulen für Lernbehinderte oder Geistigbehinderte überwiesen;

zwei Kinder davon wurden als Wiederholer eines Schuljahres in die zweite Klasse aufgenommen. Sie besuchten das fünfte Schuljahr einer Hauptschule.

5. Gruppe: zwei zurückgestellte sowie als wiederholende Kinder eines Schuljahres aufgenommene Schüler;

ein Kind davon wurde als zurückgestelltes sowie zweimal das erste Schuljahr wiederholendes Kind gleich zu Beginn unserer Schule aufgenommen. Es trat in das sechste Schuljahr einer Sonderschule für Lernbehinderte ein. Ein Kind davon ging, nachdem es ein Jahr zurückgestellt worden war, bis ins vierte Schuljahr einer Regelschule. Da vollkommenes Versagen drohte, wurde dieses Kind noch einmal bei uns ins dritte Schuljahr aufgenommen. Es trat in ein fünftes Schuljahr einer Hauptschule ein.

Von der schulischen Leistung her läßt sich feststellen: Von 23 Kindern, die unsere Schule bis zum Abschluß des vierten Schuljahres 1974 besuchten, wurden:

zehn Kinder ins Gymnasium,

fünf Kinder in das fünfte Schuljahr der Hauptschule,

drei Kinder als Wiederholer des vierten Schuljahres einer Grundschule, vier Kinder in das fünfte Schuljahr einer Sonderschule für Lernbehinderte und ein Kind in das fünfte Schuljahr einer Sonderschule für Geistigbehinderte aufgenommen.

Von den abgegangenen Schülern liegen bisher nur positive Berichte vor. Besonders erstaunlich ist die Tatsache, daß der schwer hörbehinderte Junge, der die Aufnahme ins Gymnasium geschafft hat, nun auch schon seine erste »1« in Latein nach Hause gebracht hat und auch im zweiten Jahr Gymnasium gute Noten – in Latein weiterhin sehr gut – im Zeugnis hat.

Ein Pensenbuch beurteilt gerechter als Zeugnisnoten

Not und Noten sind in unserer Muttersprache nicht nur eng beisammen, sondern sind nahezu identisch. Man darf dies entsprechend den derzeitigen

Umständen sicher auch von Schulnoten und Schulnot sagen. Nirgendwo spiegelt sich Schülerelend besser als in Schulnoten und entsprechend – durch schlechte Noten bedingt – im Sitzenbleiberelend. In der Bundesrepublik haben wir derzeitig die Rekordhöhe von nahezu 400000 Sitzenbleibern pro Jahr erreicht. Eine Notsituation, die nur derjenige sich auszumalen vermag, der die Nöte und Schulnoten der Kinder tagtäglich in der Sprechstunde erlebt.

Wissenschaftlich gesehen sind Schulnoten nichts anderes als Rangkorrelationen, was nichts anderes bedeutet, als daß in einer Schülergemeinschaft – der Klasse – in der Regel die beste Leistung auch die beste Note und die schlechteste Leistung die schlechteste Note erhält. Durch Zwischennoten versucht der einzelne Lehrer in einem Notensystem, das von 1 bis 6 – in anderen Ländern von 1 bis 10 oder von 20–10 – geht, etwas mehr Gerechtigkeit hereinzubringen dadurch, daß er jedem Kind eine individuelle Note als Zwischennote gibt, womit die Rangkorrelation als solche sich für ihn extrem darstellt.

Dabei wird dann in der Regel noch so etwas wie eine »statistische Beurteilung« angelegt, in dem Sinne, daß entsprechend einer Gauss'schen Verteilungskurve der größte Teil der Schüler einer Klasse um einen mittleren Notenwert, der jeweils kleinere Teil mit sehr guten oder sehr schlechten Noten abschneidet.

Mit Statistik hat das natürlich nichts zu tun, denn dazu ist die Stichprobe nicht auslesefrei, ist das Notengebungsverfahren nicht objektiv und die statistische Größe, d. h. die Zahl der Kinder oder die Zahl der Arbeiten, viel zu gering.

Selbst wenn man diese statistischen Überlegungen außer acht läßt, ist es klar, daß Rangkorrelationen sich immer nur auf eine Klasse beziehen können. Das bedeutet, daß eine sehr gute Note in einer Schule (in dieser durchschnittlichen Klasse war es die beste Arbeit) mit einer mittleren Note in einer anderen Schule mit einem hohen Leistungsstand (in dieser Klasse war es eine mittelgute Leistung), und eine mittelgute Leistung in einer guten Klasse also eine sehr gute Leistung in einer schlechten Klasse sein kann.

Der Kölner Psychologe UNDEUTSCH hat zur Frage der Notengebung in den Schulen umfangreiche wissenschaftliche Untersuchungen angestellt. Er hat den gleichen Deutsch-Aufsatz sehr vielen Deutschlehrern zur Beurteilung gegeben und dann festgestellt, daß die Beurteilung des gleichen Aufsatzes so unterschiedlich war, daß darin kein System zu erkennen war. Er hat auch andere Schulleistungen, selbst Mathematikaufgaben, einer vielfältigen pädagogischen Bewertung unterzogen und kam beinahe auf soviel Noten (mit Zwischennoten) wie Lehrer.

Schulnoten sind also in keinem Fall ein objektiver Leistungsmaßstab.

Obwohl das seit langem bekannt ist, hält jedermann an diesem beliebten Spielchen mit den Noten fest. Ja, es gibt nicht wenige Pädagogen, die auf den Vorschlag, z. B. wenigstens Religion oder Turnen aus dem Notensystem herauszunehmen, antworten, ohne Noten würden die Schüler kein Interesse mehr an den betreffenden Fächern haben und letztlich beruhe das Interesse und das Leistungsstreben der Kinder ausschließlich auf Noten.

Unsere Montessori-Schule zeigt – wie alle Montessori-Schulen auf der ganzen Erde –, daß das alles nicht richtig ist. Bei unserem Montessori-Modell insbesondere war es ganz ausgeschlossen, daß wir Noten geben konnten. Immer hätten die Kinder mit dem hohen Intelligenzstand sehr gute Noten bekommen, immer wären unsere geistig behinderten Kinder mit einem Sechser nach Hause gegangen. Wir hätten eine Not produziert, die in einer Klasse die ganze Schulnot nach Noten dargeboten hätte.

Trotzdem – eine Leistungsbeurteilung in der Schule ist notwendig. Eine Schule würde ihrem Sinn nicht gerecht, wenn sie nicht jedem Kind eine Leistungsbeurteilung zukommen ließe, die diesem gerecht wird. Kinder wünschen sich eine Anerkennung ihrer Leistung, und ohne diese Anerkennung würden sie keine Freude daran haben, mehr zu leisten. Nur, Noten sind eine positive Anregung nur für einen ganz kleinen Teil der Schüler, während sie für den überwiegenden Teil eine Enttäuschung sind, wenn sie nicht gar als Strafe empfunden werden.

Die Problematik einer gerechten Leistungsbeurteilung haben die Lehrer unseres Montessori-Schul-Modells, insbesondere Frau Ockel und Frau Gobbin, in einer hervorragenden Weise durch die Einführung des von ihnen so genannten »Pensenbuches« gelöst.

In den Klassen unseres Modellversuchs haben die Kinder ein sehr unterschiedliches Lern- und Leistungsvermögen. Die Streuung, gemessen an den Intelligenzquotienten, reicht von 50 bis 150. Da schon in der Regelschule die Ermittlung des Leistungsstandes mit Hilfe von Noten problematisch ist, wurde in unserem Schulmodell von vornherein auf die übliche Zensierung durch Noten verzichtet. Statt dessen wurde ein »Pensenbuch« erarbeitet, in dem die Lerninhalte in kleinen Schritten beschrieben sind. Jeder Lernschritt, der von einem Kind nach einer gewissen Zeit bewältigt wurde, ist dort festgehalten. Zur Orientierung seien zwei Seiten aus einem Pensenbuch nachstehend aufgeführt:

Bereich Deutsch
III. Erlernen der Schreibschrift
1. Kennt und schreibt Buchstaben
a) einige
b) alle

2. Schreibt Wörter in Schreibschrift ab
3. Schreibt Wörter in Schreibschrift ohne Vorlage
4. Legt und schreibt Sätze in Schreibschrift ohne Vorlage
a) mit vielen Fehlern
b) mit wenig Fehlern
c) fast immer ohne Fehler
5. Schreibt kleinen Text in Schreibschrift aus dem Kopf
a) mit vielen Fehlern
b) mit wenig Fehlern
c) fast immer ohne Fehler
6. Ergänzt vorgegebene Wortgruppen in Schreibschrift

Bereich Rechnen
Zahlenverständnis-Mengenbegriff
1. 1 bis 10
a) Feste Menge (Stangen)
b) Zahlensymbol 1–10
c) Lose Menge Spindeln zu geordneter Zahl
d) Lose Menge Chips zu losen Zahlen in geordneter Reihe legen
2. Zahlen von 1–10 in sich zerlegen
a) 1, 2, 3,
b) 4, 5, 6,
c) 7
d) 8
e) 9
f) 10
3. Zahlenbilden 1–19 mit Seguintafel I
Zahlenbilden 1–99
a) mit Seguintafel II
b) Zahlenreihe 1–100 legen
100er Kette in Zehnerschritten

Mit Hilfe des Pensenbuches spielt es keine Rolle mehr, wann und wie ein Kind den Lernschritt macht. Der Leistungsstand kann jederzeit unabhängig vom Vergleich mit anderen Kindern abgelesen werden. Dadurch entfällt der übliche Leistungsdruck und die ständige Frustration der Kinder, die in ihrem Lerntempo langsamer sind. Jedes Kind lernt sein Pensenbuch nach und nach kennen und richtet sich in seinem Lernverhalten danach. Wenn es mit persönlicher Genugtuung einen Lernschritt in einem bestimmten Fach bewältigt hat, wendet es sich einer nächsten Arbeit zu, um den folgenden Lernschritt zu tun.

Ein wesentlicher Bestandteil des Pensenbuches ist ein *Beurteilungsbogen*, der über das Arbeits- und Sozialverhalten des Kindes Auskunft gibt. Darin werden beurteilt:

Arbeitsweisen nach folgenden Kriterien: Aufnahmebereitschaft für Arbeitsanweisungen; richtet sich nach Arbeitsanweisungen; kann konzentriert arbeiten; sucht selbständig nach Hilfsmitteln; zeigt Ausdauer bei der Arbeit; führt seine Arbeit in angemessener Zeit aus; versteht Arbeitsanweisungen; beginnt seine Arbeit sofort; hat geordnete Bewegungen bei der Arbeit; arbeitet eigenständig und originell; bringt seine Arbeit zu Ende; äußert den Wunsch, weiter fortzuschreiten.

Soziales Verhalten, beurteilt nach folgenden Kriterien: Ordnet sich den Regeln der Klassengemeinschaft ein; arbeitet gut mit anderen Kindern oder in einer Gruppe; zeigt überlegte Handlungsweisen; übt guten Einfluß auf seine Kameraden aus; ist hilfsbereit; kann sich selbst kritisch beurteilen.

Führung, beurteilt nach folgenden Kriterien: Zeigt höfliches Verhalten Erwachsenen gegenüber; geht verantwortlich mit fremden Sachgütern um.

Die Beurteilung erfolgt in sechs Stufen: für gewöhnlich immer, oft, häufig, zeitweise, selten, nie.

Da die Eintragungen alle halbe Jahre gemacht werden, entsteht in vier Jahren eine gut ablesbare Übersicht.

Das Pensenbuch existiert in dreifacher Ausfertigung:

1. zur Information für die Eltern 2. als Dokument für die Schule 3. als Dokument für den Schüler.

Es wird alle halbe Jahre wie das übliche Zeugnis den Eltern zur Einsicht und Unterschrift vorgelegt.

An dieser Stelle muß gesagt werden, daß sich das Pensenbuch grundsätzlich bewährt hat. Es wurde in den letzten Jahren im Rahmen der wissenschaftlichen Begleitung dieses Schulversuchs neu bearbeitet und umgestellt.

Das Pensenbuch gliedert sich jetzt in ein »Arbeitsprogramm«, das in den Händen der Kinder ist, und ein »Zeugnisheft«, welches aus einem Beobachtungsbogen und einer dem Pensenbuch ähnlichen Leistungsbeurteilung für Deutsch und Mathematik besteht.

Das gesamte neue Pensenbuch wurde unter dem Titel »Zur Organisation des Unterrichts bei integrierter Erziehung gesunder mit mehrfach und verschiedenartig behinderten Kindern« von B. OCKEL unter Mitarbeit aller Lehrer und unter wissenschaftlicher Beratung von S. PRELL veröffentlicht.

Diejenigen Kinder, die im Herbst 1974 nach Beendigung einer vierjährigen Zeit in unserem Schulversuch in weiterführende Schulen überführt wurden, erhielten ein »Zwischenzeugnis«. Dieses Zwischenzeugnis berücksichtigte die Anforderungen der bayerischen Bildungspläne, und zwar – je nach Kind und dessen Fähigkeiten unterschiedlich – die Anforderungen der Regelschule oder die Anforderungen der Sonderschule. In gleicher Weise wurde auch bei dem »Zwischenzeugnis« für die im Herbst 1975 in den Sekundarbereich entlassenen Kinder verfahren.

Aus kinderärztlicher Sicht erscheint mir das Wichtigste an der Leistungsbeurteilung durch das Pensenbuch, daß in diesem Buch bereits auch ein Anreiz zur Arbeit liegt. Das Kind erhält das Buch zu Beginn des Jahres vorgelegt. Es kann damit übersehen, welches Pensum es in einem Jahr bewältigen soll.

Auf diese Weise wird das Pensenbuch nicht nur zu einem Leistungsbeurteilungsbuch, sondern gleichzeitig auch zu einem »Leistungsbuch«. So wie ein Sportler daran interessiert ist, in seinem Leistungsbuch alle Leistungen eingetragen zu bekommen, die dort stehen, so wird das Kind durch das Pensenbuch angeregt, eine Aufgabe nach der anderen zu erfüllen.

Mir persönlich scheint das wesentlich besser als das, was im Moment in den Schulen praktiziert wird. Kein Elternteil, kein Kind weiß zu Beginn eines Schuljahres, was in diesem Schuljahr alles geleistet werden soll. Wohl können sich die Eltern nach den amtlichen bayerischen Lehrplänen erkundigen. Die sind aber viel zu kompliziert, als daß sie dem Kind Orientierung darüber geben könnten, was es lernen soll. Ein Kind, das weiß, welches Pensum es in einem Jahr erledigen soll oder darf, wird das lieber tun als ein Kind, das nicht über seine Arbeit orientiert ist.

KAPITEL 11

Die Erfolge der integrierten Erziehung behinderter Kinder werden von Lehrern geschildert

Nichts kann die positiven Erfahrungen, die wir mit der integrierten Erziehung gemacht haben, so verdeutlichen wie ein Bericht aus der Schule von den Lehrerinnen Frau Gisela Müller und Frau Heide Christiane Gobbin über die Schülerjahrgänge 1971–1975 und 1972–1976. Die folgenden Berichte geben allerdings nur die Schulerfahrungen wieder, nicht die vor der Schulzeit gelegenen therapeutischen Bemühungen des Kinderzentrums und die pädagogische Arbeit im Kindergarten.

Eine Vorbemerkung ist notwendig:

Schon nach einem halben Jahr seit Beginn der 1. Modellschulklasse im Herbst 1970 war eine 2. Modellschulklasse mit einer Gruppe von Kindern, die als Versager aus der öffentlichen Grundschule sich hilfesuchend an das Kinderzentrum München gewandt hatten, vorbereitet worden. Diese Gruppe bestand aus 12 Kindern und wurde von Frau Gisela Müller in den gemieteten Räumen in der Lindwurmstraße geleitet. Außerdem wuchsen uns Kinder aus den eigenen Montessori-Kindergärten mit integrierter Erziehung (25 % verschiedenartig und mehrfachbehinderte und 75 % nichtbehinderte Kinder) sowie aus dem Montessori-Kindergarten am Westkreuz zu. So kam es, daß wir zum Schuljahr 1971/72 zwei erste Schuljahre unter der Leitung von Frau Müller und Frau Gobbin eröffneten.

Am Ende des ersten Schuljahres, also im Sommer 1972, gab es Schwierigkeiten mit dem Transport der Kinder. Bisher waren auch die nichtbehinderten Kinder, weil sie für das Integrationsmodell lebenswichtig waren, mit Taxis und Fahrgemeinschaften befördert worden. Diese Vergünstigung mußte aus finanziellen Gründen aufgegeben werden. So kam es, daß einige Kinder, die zu weit weg wohnten oder einen zu umständlichen Weg hatten, um mit öffentlichen Verkehrsmitteln fahren zu können, unsere Schule verließen.

Im Herbst 1972 zogen die ersten vier Klassen in unsere endlich fertiggestellten Pavillons in der Reutberger Straße 10. Die Pavillons waren bei der Planung nur für einen Grundschulzug mit 4 Klassen konzipiert worden. Das brachte im Schuljahr 1972/73 erneut Probleme, da wir nun schon 5 Klassen hatten, aber in den Pavillons nur Platz für 4 Klassen zur Verfügung stand. Zum Glück konnten wir die überzählige erste Klasse noch im Dante-Gymnasium lassen, bis wir in den Pavillons der Olympia-Baugesellschaft Will-Gebhardt-Ufer 32 eine Dependance errichten konnten. Zu dem Standortwechsel trat noch ein weiteres Handicap hinzu, da wir inzwischen auch einen Grundschulzug für Lernbehinderte und einen für Geistigbehinderte begonnen hatten und diese beiden neuen Schulen eine Sonderschulleiterin brauchten. Diese Sonderschulleiterin hatte die erste Schulklasse 1972/73 geführt. Da die Lehrerin für unseren Schulversuch ausfiel und kein Ersatz zu finden war, mußte diese Klasse aufgeteilt werden. Dadurch waren wir gezwungen, auch in den anderen Klassen Verschiebungen vorzunehmen, und es entstanden teilweise gemischte Jahrgangsklassen.

Nun einige Fälle, die als besonders typisch gelten können, in der Schilderung der jeweiligen Pädagogin:

Georg

geb. 1965, schulpflichtig 1971

Familie:	Vater: Wissenschaftlicher Direktor
	Mutter: Hausfrau
Diagnose:	14 Tage zu spät geboren. Schwere Geburt (Asphysie = Sauerstoffmangel). Cerebrale Schädigung (Athetose mit tonischen Spasmen), Bewegungsstörung, Sprachstörung.
	1974 HAWIK IQ 117
Therapie:	Physiotherapie (Bobath) 1966–1975
	Logopädie 1966–1975
	Beschäftigungstherapie 1970

Eintritt in den Montessori-Kindergarten: ab Nov. 1969 nachmittags
Eintritt in den Montessori-Kindergarten: ab Sept. 1970 vormittags
Eintritt in die Montessori-Schule: September 1971

Beschreibung und Entwicklung der Persönlichkeit

Georg war ein mittelgroßer, schmal gebauter Junge. Seine Gesichtszüge waren verkrampft, seine Körperhaltung schief; seine Bewegungen ruckartig ausfahrend und nicht unter Kontrolle zu bringen. Er schwankte beim Gehen mit zuckenden Bewegungen, verlor sehr oft das Gleichgewicht und fiel ohne sich halten zu können zu Boden.

Oft gelang es ihm, das Fallen so zu steuern, daß er auf den Kopf aufschlug, was er mit viel Tapferkeit ertrug. Inwieweit Gewöhnung seine Knie unempfindlich gemacht hatte, wage ich nicht zu ermessen.

Verlor er das Gleichgewicht nach hinten, so war sein Kopf stets in höchster Gefahr. Es ist nicht zu zählen, wie oft sein Kopf oder sein Gesicht irgendwo angeschlagen sind, aber nur bei überheftigem Schmerz habe ich ihn jemals weinen sehen.

Georg konnte zunächst seinen Speichel noch nicht unter Kontrolle bringen. Er lief unaufhaltsam zentral über die Unterlippe. Am Ende des Schultages war sein Pullover durchnäßt und jedes Schreibpapier hatte seine unverwechselbaren Spuren. Der Tisch und die Arbeitsmittel, die er benutzte, waren abwaschbar.

Manchmal sagte Georg etwas. Niemand konnte ihn verstehen, nicht die Lehrerin, erst recht nicht die Kinder.

Es gab in seiner Klasse Kinder, die ihn durch gemeinsamen Kindergartenbesuch kannten und solche, die ihn nicht kannten. Kinder, die ihn kannten, tolerierten seine Anwesenheit und kümmerten sich weiter nicht um ihn. Kinder, die ihn nicht kannten, lehnten ihn völlig ab, betrachteten ihn mit verwirrtem Entsetzen, gingen ihm aus dem Weg, wollten nicht neben ihm sitzen. Allgemeines Urteil: Der muß doof sein, er kann weder gescheit gehen, noch reden, noch seinen Speichel im Mund behalten. Das machte ihn eklig.

Georges Mutter besaß die Klugheit, mich sofort in den ersten Schultagen zu einer Kaffeestunde einzuladen. Ein vor Freude zappelnder Junge empfing mich an der Tür und stieß jubelnde Schreie aus.

Zunächst wurde das Kinderzimmer besichtigt. Georg sprach viel; ich verstand kein Wort, aber die Mutter wiederholte es für mich. Ich konnte gar nicht begreifen, daß es ihr möglich war, aus diesem Silben- und Buchstabensalat auch nur das geringste herauszuhören. Sie lächelte, als sie mein Staunen bemerkte.

Später beim Kaffeetrinken fiel mir der komplizierte Satzbau auf, den Georg benutzte. Ich hätte angenommen, daß er kurz und sparsam sprechen würde, um schnell fertig zu sein mit dem, was er mitteilen wollte. Aber es war ganz anders. Er wollte seine Intelligenz unter Beweis stellen und sich gewählt ausdrücken, *das* zentrale Problem für ihn: hochintelligent zu sein mit so vielen Barrieren, es der Umwelt mitzuteilen.

In seiner Erziehung stand Selbständigkeit an oberster Stelle. Er aß mit den Fingern, aber selbständig, er trank mit Hilfe eines dicken Saugrohrs, aber selbständig. Erst als er in seiner Konzentration ermüdete (wieviel er in jeder Minute davon aufbringen mußte für die bewußte Steuerung jeder auch nur der kleinsten bei uns automatisierten Bewegung, ist unvorstellbar), wurde er von der Mutter gefüttert.

Dann besaß die Mutter die Kühnheit, mich mit Georg ins Wohnzimmer zu schicken und alleinzulassen. Er führte mich zur Schreibmaschine und demonstrierte mir, wie er mit ihr umgehen konnte. Dies kannte er durch die Beschäftigungstherapie des Kinderzentrums. Buchstaben, Wörter, Zahlen – herrliche Verständigungsbrücken. Es gelang mir, einige Wörter zu verstehen, weil ich wußte, was er sagen würde. Schließlich hockten wir vor einer Landkarte und er erklärte mir, wo seine Mutter und sein Vater geboren waren und daß sie jetzt zu dritt in München leben. Wir verstanden uns. Das Experiment war geglückt, obwohl ich wußte, daß es noch manche Verständigungsschwierigkeiten geben würde, sobald er in der Schule von mir unbekannten Dingen reden würde. Doch zunächst war eine Vertrauensbasis gewonnen.

Der nächste Schritt war, der Klasse zu beweisen, daß Georg sehr intelligent sei. Sobald die ersten kleinen Additionen bekannt wurden, nahm ich im gemeinsamen Unterricht Georg besonders häufig dran. Da ich wußte, was herauskommen mußte, konnte ich leicht verdolmetschen, und die Kinder staunten, daß es Georg viel schneller wußte als sie selbst. Durch mein Wiederholen bekamen sie zusätzlich eine Ahnung, daß die verstümmelten Klangfetzen aus Georgs Mund tatsächlich 3 oder 8 hießen. An einem anderen Tag ließ ich Georg vorlesen und übersetzte zeilenweise. Sein Ansehen wuchs zusehends.

Nun wagte ich auch, über Georgs Behinderung zu sprechen, von seiner Atemnot während der Geburt, von den abgestorbenen Gehirnzellen und seiner Schwierigkeit, Befehle in die Muskeln zu schicken. Von den verkrampften Muskeln, die sich so schwer entspannen lassen und oft von ganz allein zusammenzucken. Ich versicherte den Kindern, daß Georg liebend gerne wie sie gerade und sicher gehen würde, daß er es aber nicht könne und schon unendliche Mühe aufgewendet hätte, es zu lernen. Ich stellte es als großen Erfolg heraus, daß er gelernt hätte, so geschickt zu fallen, daß er nun keinen Sturzhelm mehr tragen müsse. Außerdem betonte ich, daß er sich genau so herzlich freuen, Spaß und Ärger haben könne wie sie.

Georg, der bei dieser Besprechung anwesend war, wußte nun, daß die Kinder ein Gespür für seine Schwierigkeiten bekommen haben mußten. Er lächelte zufrieden und dankbar.

Fortan wurde er nicht mehr abgelehnt oder gemieden, ja es wurde sogar notwendig, die Welle der Hilfsbereitschaft behutsam wieder einzudämmen, um seine Selbständigkeit nicht zu gefährden.

Georgs Fleiß, seine Anstrengungsbereitschaft, Konzentration und Ausdauer waren bewundernswert. Er wußte stets genau, was er machen wollte, stürzte sich zielsicher in eine Arbeit und schaffte drauflos. Die Organisation des Unterrichts mit der Möglichkeit zur individuellen Arbeit halfen ihm entscheidend, zu seinem Recht zu kommen. Einerseits brauchte er nicht auf das Gros der Klasse zu warten, um in seiner intellektuellen Bildung voranzuschreiten, andererseits behinderte er niemanden durch mühevolle Langsamkeit in seiner Ausdrucksfähigkeit.

Am gemeinsamen Unterricht nahm er immer voll Interesse teil. Er meldete sich häufig, und ich bemühte mich, ihn ebenso oft dranzunehmen wie die anderen, auch wenn ich wußte, daß seine Beiträge Zeit in Anspruch nahmen. Gleiches Recht für alle, das war hier oberstes Gebot.

Wenn Georg sprach, mußte die Klasse immer ein hohes Maß an Ruhe zustandebringen. Bei allem Wohlwollen, das sie ihm im Laufe der Zeit entgegenbrachten, war dies immer wieder eine kritische Situation. Vielleicht lag es daran, daß das nichtbehinderte Kind auch dann verstanden wird, wenn es noch einige Nebengeräusche in der Klasse gibt und die Kinder nicht so schnell auf Georgs Anspruch auf absolute Stille in der Klasse umschalten konnten, wenn er dran kam.

Ich versuchte, die auf Georgs Beitrag konzentrierte Aufmerksamkeit immer auch zu seinem Verständnis zu benutzen. Mehr und mehr konnte ich es wagen zu fragen: »Wer hat ihn verstanden?« Und mehr und mehr Kinder meldeten sich dann im Laufe der Zeit. Ja es kam vor, daß ich Georg unterbrach, weil ich völlig den Faden verloren hatte, und die Kinder wußten, was er gesagt hatte. Dann waren sie natürlich besonders stolz.

Georgs Devise beim Turnunterricht hieß: dabeisein und mitmachen. Es gab keine Übung, die er ausließ, wobei er und ich natürlich mit Phantasie die Übung für ihn modifizierten. So wurde das Seil angehalten, damit er darübersteigen konnte, während die anderen darübersprangen oder hindurchliefen. Hilfestellung beim Handstand, Balancieren oder Bockspringen wurde nie zurückgenommen, und es genügte, wenn der Ball von ihm nur von Hand zu Hand gereicht wurde. Bei Abwurfspielen verlangte er selbst, wie alle anderen behandelt zu werden, aber die Kinder hatten jedenfalls das Feingefühl, ihn nicht als ersten aufs Korn zu nehmen.

Eine Besonderheit bedarf noch der Erwähnung. Wenn die Kinder dicht zusammstanden, um gemeinsam die Klasse zu verlassen, genügte für Georg ein leichter Druck von vorne oder von der Seite, um ihn wanken und hinfallen zu lassen. In einem solchen Fall sah ich die Kinder immer zurückweichen, so daß er tatsächlich fiel. Da ich selbst erfahren hatte, wie leicht es war, ihn aufrechtzuerhalten und zu stabilisieren, wenn man seinen eigenen Körper als Stütze anbot, bat ich die Kinder, es ebenso zu machen. Ich hatte aber damit nur bei einigen Erfolg. Das Zurückweichen war bei vielen stark wie ein Instinkt. Erst gegen Ende des 4. Schuljahres wurde es bei mehreren zur Gewohnheit und dann auch oft durch kleine, scherzhafte Bemerkungen begleitet: »Nanu, wo willst du denn hin?« »He, Georg, hier ist oben!«

Ein wichtiger Aspekt der Integration ist noch nicht beschrieben worden. War Georg nur aufgenommen in der Kindergruppe oder würde er freundschaftliche Beziehungen haben können?

Zum Glück löste sich dieses Problem ohne meine Förderung, obwohl sich ein Lehrer darum kümmern sollte, wenn es sich nicht von allein ergibt.

Johannes erkor eines Tages Georg zu seinem Freund. Johannes hatte viel emotional ungesteuerte Liebe zu verschenken, und Georg war für Zuwendung saugfähig wie ein Schwamm, sie konnte ruhig ein wenig überschäumend, überschießend sein. Er ging darin auf wie ein »Pfannkuchen«. Man könnte auch schlicht sagen, er war selig.

Georg war durch seine elektrische Schreibmaschine an einen bestimmten Platz in der Klasse gebunden, fortan besetzte Johannes auf Dauer den Platz neben ihm und verteidigte ihn konsequent. Er hielt im Ankleideraum einen Platz für ihn frei, trug ihm die Mappe, nahm ihn gerne auf den Schoß, umarmte ihn mit großer Herzlichkeit, wenn sie sich zwischen den Tischen in der Klasse irgendwo begegneten, und manchmal gab er ihm einen lautstarken Kuß.

Für die Klasse war das ein goldglänzendes Beispiel. Ohne soviel Tamtam wäre es vielleicht gar nicht genug aufgefallen, daß es da jemanden gab, der Georg für wert hielt, als Freund auszuerwählen. Die Freundschaft hielt in überzeugender Ausschließlichkeit monatelang, begleitet von vielen nachmittäglichen Besuchen zum gemeinsamen Spiel. Während dieser Zeit zeigte sich auch, wie herzlich Georg lachen konnte, wie faustdick er es hinter den Ohren hatte, daß er bereit war, Lausbübereien mitzumachen, daß er tolerant sein konnte und bei Streitigkeiten gerne den Ausgleich versuchte, auch wenn seine Argumente nur in der Klasse wirklich »gehört« wurden.

Mit großem Geschick löste sich Georg selbst aus der ausschließlichen Freundschaft zu Johannes, ohne sie zu zerstören. Er wendete sich einem ebenfalls körperbehinderten Mädchen zu, das einen Rollstuhl benötigte. Es war für mich unfaßbar, daß Johannes diesen Schritt gelassen hinnahm, zunächst noch eine Dreierbeziehung aufrechterhielt und sich dann frei und heiter anderen Kindern zuwandte, ohne eine ähnliche Bindung zum zweitenmal anzustreben.

Er mußte durch seine Freundschaft mit Georg selbst innerlich gesundet sein.

Nun möchte ich schildern, wie die Gruppe am Ende des 4. Schuljahres Georg in ihr Theaterschulspiel integrierte.

Nachdem sich die Klasse auf eines von sieben vorgeschlagenen Themen geeinigt hatte, ging es darum, die Gruppe zusammenzustellen, die das Stück schreiben sollte. Dafür sollte jedes Kind fünf Namen auf einen Zettel schreiben, Namen von Kindern, von denen es glaubte, daß sie in dieser Gruppe besonders gut mitarbeiten würden.

Als das Ergebnis öffentlich ausgezählt wurde, kam deutlich heraus, daß Georg, der leistungsfähig mit an der Spitze der Klasse stand, bis auf zwei Stimmen nicht genannt worden war. Georg war natürlich der erste, der das bemerkte. Vernehmlich laut und tief enttäuscht sagte er: »Ich habe nur zwei Stimmen.« Der Sieger dieser Abstimmung vereinigte dagegen vierzehn

Stimmen auf sich, und die geringste Stimmenzahl, um zu den ersten fünf zu gehören, betrug acht. Hier wird deutlich, daß der Lehrer immer wieder in bestimmten Situationen bereit sein muß, einem so schwer behinderten Kind bei der Integration in die nichtbehinderte Gruppe zu helfen und auch der Gruppe zu helfen, die Integrationsleistung nicht zu vergessen. Für mich bestand die Frage darin, ob die Kinder hier nur jemanden übersehen hatten, oder ob sie mit Überlegung Georg nicht genannt hatten, weil sie glaubten, daß er sich in dieser Arbeitsgruppe doch nicht so gut verständlich machen könnte.

Ich fragte die Kinder direkt und ihre spontane Reaktion war, daß sie Georg wirklich »nur« übersehen hatten. Sie waren erschrocken, bekümmert, enttäuscht über sich selbst. Daraufhin wurde Georg als sechster Mitarbeiter mit überzeugender Einmütigkeit in das »Dramaturgenteam« aufgenommen. Georg verabschiedete sich an diesem Tag von mir mit den Worten: »Danke für die Hilfe.«

In der Schreibgruppe notierte Georg auf seiner Schreibmaschine, was die anderen an Ideen beisteuerten, wobei er seine eigenen Beiträge direkt mit einbrachte. Er beteiligte sich lebhaft am Gespräch, und so oft ich kurz einmal in die Gruppe kam, um nach dem Rechten zu sehen, erlebte ich, wie die Kinder ihm (ohne meine Aufforderung) geduldig zuhörten und seine Beiträge aufnahmen oder auch kritisierten. Er wurde als voller Partner akzeptiert. Andere Beobachter berichteten, daß er es wäre, der die Gruppe immer wieder bei der Stange hielt und zum Weiterarbeiten anregte.

Bei der Verteilung der Rollen waren alle damit einverstanden, daß Georg einen der Räuber spielen durfte. Es war sehr deutlich, daß die Kinder ihn dabei weder bevorzugten noch benachteiligten. Gerade dieses Gleichgewicht empfinde ich als besonders wichtig. Für uns alle wurde diese Aufführung ein besonderes Erlebnis und ein Heidenspaß.

Da unsere Montessori-Schule bis jetzt nur bis zur 4. Klasse genehmigt wurde, kann Georg leider nicht in unserer Schule weiter unterrichtet werden.

Georg verließ unsere Schule, um anschließend das Gymnasium im Rehabilitationszentrum in Neckargemünd zu besuchen. Nachdem sein Durchschnittswert in den Tests zur Übernahme an weiterführende Schulen 1,6 betrug, war ich sicher, daß er leistungsmäßig den dortigen Anforderungen gewachsen sein würde. Nach Aussage der Eltern liegt er auch dort an der Spitze der Klasse. Seine Erzieherin betonte, daß sie sich in bezug auf ihn völlig umstellen müsse, denn solche Selbständigkeit in der Arbeitshaltung wäre ihr neu.

Da man an seinen Intellekt, seine Aufnahmebereitschaft und seinen

Lernwillen hohe Anforderungen stellen kann, scheint es möglich, bei ihm eine akademische Laufbahn anzustreben. Zur Entwicklung seiner Persönlichkeit ist es unerläßlich, ihm vielfältige menschliche Kontakte zu ermöglichen – besonders mit nichtbehinderten Menschen –, wobei die Verbesserung seiner Sprachfähigkeit meines Erachtens wesentlicher ist als eine unauffälligere körperliche Bewegung.

Johannes

geb. 1965, schulpflichtig 1971
Familie: Vater: Maschinenbauingenieur
              Mutter: Hausfrau
Diagnose: Unklare frühkindliche Hirnschädigung bei normaler Intelligenz. Geburtstrauma. (3 1/2 Wochen zu früh, Geburtsdauer 40 Stunden). Anfallsleiden. Hirnorganisches Psychosyndrom mit folgenden Zeichen:
              Allgemeine Unruhe
              Kontaktstörung
              Neigung zu polarer Einstellung der Psyche
              Überschießende Motorik der Hände
              Überschießende Affektäußerungen
              Konzentrationsschwäche
              Geringe Leistungsbereitschaft
              Geringe Ausdauer
              Ärztlicherseits wurde bescheinigt, daß Johannes einer normalen Grundschule nicht gewachsen sein würde.
              1973 HAWIK IQ 115
Einzeltherapie: Keine. Ärztliche Untersuchung mit EEG jedes halbe Jahr.

Beschreibung und Entwicklung der Persönlichkeit
Als Johannes eingeschult wurde, zeigte er schwerwiegende Verhaltensauffälligkeiten.

Zunächst war es nicht möglich, ihn an einer Arbeit längere Zeit festzuhalten. Er lief unstet in der Klasse umher, hatte Freude daran, wenn etwas in Unordnung geriet und reizte seine Mitschüler gerne zum Unfugmachen an. Im gemeinsamen Unterricht störte er durch hemmungsloses Hineinrufen und übertriebenes Lachen.

Wenn er sich über irgend etwas ärgerte, demonstrierte er lautstark sein Repertoire von Ausdrücken rund um die genitale Zone, wenn nötig in immer neuen Kombinationen und rhythmischen Gliederungen. Er liebte es, mich zu beschimpfen und mir furchterregende Vergeltung anzudrohen.

Nur wenn er an der Tafel malte, zeigte er Konzentration und Ausdauer. Zunächst ging es nur darum, bunte Kreise zu »benutzen«. Er verarbeitete Kreide in großen bunten Kreisen, die er mit so viel Wasser wieder auswischte, daß der Fußboden weithin »schwamm«. Danach mußte der Schwamm ausgewaschen werden, was mit viel, sehr viel und noch mehr Seifenschaum in Verbindung stand. In diesem Schaum wühlte er lange und begeistert herum. Schließlich begann er das Spiel von vorne und malte neue bunte Kreise.

Nach einiger Zeit fing er mit gegenständlichen Bildern an. Er malte Mörderwale und Haie. Meist nahm ein Tier die ganze Tafelhälfte ein, die anderen kleineren gruppierten sich rundum. Die Rachen waren oft weit geöffnet, bedrohten andere Tiere oder fraßen sie. Er erzählte gerne und ausführlich von dem Geschehen auf seinen Bildern. Es war immer etwas Bedrohliches und Aufregendes los. Das konnte sich z. B. so anhören: »Hier schwimmen zwei Pottwale, die wollen den Tintenfisch fressen. Hier ist ein Wal, der langweilt sich. Dies ist ein Blauwal, der ist der größte Fisch des Meeres. Der Zahnwal will sich mit dem einen Butzkopfwal einen Fisch teilen. Und dieser Butzkopfwal frißt den kleinen Fisch da. Da ist lauter Fressen auf dem Bild! Die Giftschlange frißt auch einen Fisch und hier der kleine Krebs langweilt sich auch.«
Wenig später postierte er sich mitten in die Klasse, deutete auf einzelne Kinder und rief: »Ich fress' dich und dich und dich!« und nach einer Weile: »Jetzt spuck ich euch alle wieder aus, und da seid ihr alle wieder da.«

Als der Schulzahnarzt kam, bemerkte er sehr ernst: »Der kann sich meine Fischzähne ruhig ansehen.« Kurz vor unserem ersten Faschingsfest beschäftigte es ihn sehr, in welchem Kostüm er am gefährlichsten und furchterregendsten wirken würde. Fauchend und brüllend wälzte er sich auf dem Boden oder robbte über die Tische. Als Ungeheuer mit vier Köpfen malte er sich an die Tafel und war sehr zufrieden. Zum Fasching kam er als Gespenst und spielte seine Rolle mit Intensität.

Ein anderes Tafelbild gibt Einblick in eine andere, aber genauso bezeichnende Seite seines Wesens.

Da hatte er doch über einem großen Fisch einen kleinen gemalt. Dazu erzählte er: »Da ist ein junger Hai und seine Mutter. Die zeigt ihm gerade, wo es etwas zu Fressen gibt. Der junge Hai hat sich ganz fest an seine Mutti ›angebappt‹ (er hält sich mit seinen Flossen an ihrem Rücken fest – er reitet auf ihr). *Er ist fast selbständig, aber er will es noch nicht.*«

Ein ähnliches Phänomen war seine Sehnsucht nach Schutz und Geborgenheit. Eine Zeitlang gruppierte er Stühle und Tische so um seinen Arbeitsplatz, daß es weder Eingang noch Ausgang gab. Dann fühlte er sich wohl und arbeitete.

Lange Zeit hatte Johannes große Schwierigkeiten mit Gemeinschafts-
spielen, bei denen es zum Schluß Einzelsieger (Wer hat Angst vor dem
schwarzen Mann) oder Siegerparteien (Brennball, Jägerball, Völkerball
o. ä) gab.

Es war für ihn zwingend notwendig, daß er siegte oder zu der Siegerpar-
tei gehörte. Wenn es ungünstig für ihn aussah, fing er an zu mogeln oder
störte den Spielverlauf. Zum Schluß wollte er bestätigt haben, daß er der
Sieger sei, auch wenn es nicht stimmte. Wenn er die Bestätigung nicht erhielt, drohte er mir fürchterliche Vergeltung an, wollte mich fressen, kratzte
mir symbolisch das Fleisch von den Knochen und ringelte sich um meine
Beine.

Als einmal ein Taxifahrer ausgetauscht werden mußte, beschimpfte er die
Sekretärin und drohte mir, wenn ich zu ihr halten würde, die ganze Schule
zu verzaubern.

Nachdem Johannes sich im ersten Schuljahr vorwiegend mit Malereien
abreagiert und erlebt hatte, daß man sich über sein bedrohliches Verhalten
nicht sonderlich aufregte, kam im 2. Schuljahr ein weiteres Erlebnis hinzu,
das seiner inneren Gesundung ein Stück weiterhalf.

Er freundete sich mit Georg an. Die Freundschaft war plötzlich da und
ereignete sich entsprechend Johannes' schwer steuerbaren Gefühlsäuße-
rungen mit großer Vehemenz. Johannes überschüttete Georg mit der ganzen Fülle seiner Liebe, und Georg blühte auf in dem Glück, daß sich ihm
ein echter Freund in völliger Ausschließlichkeit zuwandte. Ein für die Lehrerin besonders erfreuliches Nebenprodukt war, daß Georg Johannes zum
Arbeiten verführte. Johannes stabilisierte sich zusehends, und zwar derart,
daß, als Georg sich aus der Ausschließlichkeit löste und eine Freundschaft
zu einem gehbehinderten Mädchen aufbaute, dies von Johannes ohne
Drama akzeptiert wurde. Ich stand ziemlich fassungslos vor diesem Wunder.

Das 4. Schuljahr schließlich brachte nach und nach alle Verhaltensauffälligkeiten von Johannes zum Verschwinden.

Zum Vorschein kamen eine große Hilfsbereitschaft, auch der Lehrerin
gegenüber, eine auffallende Höflichkeit und Rücksichtnahme, Einsatzbe-
reitschaft und Mitdenken für die Belange der Gruppe und die Fähigkeit,
eigene Wünsche in angemessener Form zu äußern, gleichzeitig aber auch
sich mit dem Unabänderlichen zu arrangieren. Selbst der Zwang, siegen zu
müssen, verschwand und gipfelte in dem Bemühen, andere zu trösten oder
zu ermutigen.

Auch im Leistungsbereich machte er große Fortschritte. Im 1. Schuljahr
war er fast nur zum Rechnen zu bewegen gewesen, er las ungern und
sträubte sich hartnäckig gegen das Schreiben. Im 2. und 3. Schuljahr schrieb

er gerne phantasievolle Geschichten, aber die Rechtschreibung lag sehr im argen. Spezielle Programme und unerschütterliche Konsequenz zusammen mit der positiven psychischen Entwicklung ergeben am Ende des 4. Schuljahres einen Notendurchschnitt zwischen befriedigend und ausreichend.

An dieser Stelle möchte ich noch auf ein Phänomen hinweisen, das ich bisher noch bei keinem Kind in dieser Klarheit beobachten konnte, und zwar die Polarisation der Aufmerksamkeit mit seiner beruhigenden, zur inneren Ordnung führenden therapeutischen Kraft.

Johannes erfuhr diese innere Ordnung am Wurzelbrett. Nach der Einführung in die Handhabung stellte er eine Quadratzahl nach der anderen dar. $10 \times 10 / 11 \times 11 / 12 \times 12$ usw. Er schrieb die Aufgaben auf, stellte sie mit Steckern auf dem Brett dar, errechnete die Quadratzahl zunächst im Kopf, später schriftlich, schrieb das Ergebnis auf, tauschte, wenn nötig, die Stecker in größere Einheiten um, wendete sich der nächsten Zahl zu.

Er arbeitete vertieft, kontinuierlich fortschreitend, die Umwelt vergessend, anhaltend. Er nahm sich täglich diese Arbeit. Er wollte sehen, wie weit er bauen konnte, wie lang die Stecker reichten. Er mutete sich viel Kopfrechenarbeit zu. Er wollte etwas Schweres bezwingen. Er entdeckte selbständig Gesetzmäßigkeiten und schaffte es, logisch vorauszudenken. Nach seiner Arbeit war er auffallend freundlich, umgänglich, sozial angepaßt. Und das war keine flüchtige, sondern eine bleibende Erscheinung.

Bei unserem Theaterstück gelang ihm in besonders amüsanter Weise die Gestaltung einer Rolle. Zunächst setzte er sich sehr dafür ein, einen Räuber zu spielen, der sich von dem gemeinsam erbeuteten Geld siebzehn S-Bahnwagen kaufte. Das hatte für Johannes eine besondere Bedeutung, denn durch Monate hindurch hatte er sich mit S- und U-Bahn identifiziert und möglicherweise seine Klassenkameraden mit dieser Phase so stark beeindruckt, daß sie dieses Motiv in das Stück eingebaut hatten. Eigentlich war es undenkbar, daß Johannes gestatten würde, daß ein anderer diese Rolle übernahm.

Da ereignete sich der seltsame Umstand, daß ein Mädchen, das eine verführerische Räuberin, die Labelina, darstellen sollte, sich zu steif bewegte und gar nicht verführerisch wirkte. Johannes machte ihr deshalb vor, wie sie sich drehen und wenden müsse und wirkte so überzeugend, daß alle der Meinung waren, Johannes müsse die Labelina spielen. Und er ging darauf ein, wobei das erstaunlichste war, daß er sich von seinen siebzehn S-Bahnwagen trennte. Er hatte eine innere Kraft gewonnen, sich von seinen zwanghaften Identifikationen zu trennen und neue reizvolle Aufgaben, die man ihm von außen antrug, anzunehmen.

Er machte seine Sache so gut, daß Labelina zu einer der drei Hauptrollen des Spiels wurde.

Johannes wäre bei Einschulung in eine Regelschule mit Sicherheit nach einiger Zeit an eine Sonderschule weitergegeben worden. In den halbjährigen, außerhalb des Kinderzentrums durchgeführten Untersuchungen wurde immer wieder betont, daß die gute Entwicklung von Johannes auch in dem geeigneten Schulklima zu suchen sei. Er erhielt ständig Medikamente zur Stabilisierung der Anfallsauffälligkeit. In der Schule konnten jedoch keine Absencen beobachtet werden.

Empfehlung für die weiterführende Schulplanung
Johannes wird im Anschluß an das 4. Grundschuljahr ein 5. Schuljahr in einer öffentlichen Hauptschule besuchen. Er braucht eine verständnisvolle Lehrkraft, die bei auftauchenden Schwierigkeiten vermittelt.

Ulla

geb. 1962, schulpflichtig 1969
Familie: Vater: Bauingenieur
                Mutter: Hausfrau
Diagnose: Spastische Tetraplegie, Beine stärker betroffen als die Arme.
                Lernbehinderung.
                Jan. 1970 SIT IQ 77, Sept. 1970 HAWIK IQ 74, April 1971
                KRAMER IQ 86
Therapie: Physiotherapie 1964–1968
                Physiotherapie 1970–1975
                Montessori-Einzeltherapie Januar 1971–Mai 1971
Eintritt in den Montessori-Kindergarten: Mai 1971
Eintritt in die Montessori-Schule: Januar 1973

Beschreibung und Entwicklung der Persönlichkeit
Als Ulla schulreif wurde, machte sie einen so retardierten Eindruck, daß man sie in eine Sonderschule für Geistigbehinderte einwies. Da sie auf ihren Beinen weder stehen noch gehen konnte, mußte die Mutter während des Vormittags in der Schule bleiben, um Ulla auf die Toilette zu bringen und in der Turnstunde und in der Hofpause zu betreuen. Ulla machte keinerlei schulische Fortschritte und litt sehr unter der ständigen Unterforderung, denn – wie sich später herausstellte – war sie nur leicht lernbehindert.

Nach der Übernahme ihrer Betreuung im Kinderzentrum im Jahre 1971 durchlief sie die Stationen Krankengymnastik Montessori-Einzeltherapie, Kindergarten, Integrationsmodell 2. Schuljahr, und kam im Jahre 1973 zu uns in ein 3. Schuljahr. Die Anwesenheit der Mutter war durch die Assistenten in den verschiedenen Betreuungsgruppen entbehrlich geworden.

Sie war ein großgewachsenes kräftiges Mädchen, das im Rollstuhl saß, weil es weder stehen noch gehen konnte. Auch die Hände zeigten die typische Haltung spastisch gelähmter Kinder. Ullas Sprache klang etwas verwaschen, aber sie war gut zu verstehen. Ihre Augen sprühten vor Fröhlichkeit. Sie lachte gerne und herzlich und fand leicht Anschluß an andere Kinder, weil sie von sich aus auf sie zuging und sie ansprach. Bei Streitigkeiten schlug sie die besten Lösungsmöglichkeiten für Probleme vor. Ulla arbeitete mit großem Eifer, zielstrebig und mit erstaunlicher Ausdauer. Nach kurzer Zeit hatte sie gelernt, ihre Klassenkameraden anzusprechen, wenn sie ein Material brauchte, damit es ihr geholt würde. Sie lernte, einen Stift so sicher zu führen, daß ihre Schrift trotz gewisser Zittrigkeiten gut leserlich war. Nebenbei lernte sie eine Schreibmaschine zu benutzen. Im mündlichen und schriftlichen Ausdruck zeigte Ulla große Wendigkeit, Anschaulichkeit und Humor. Sie lernte fließend und mit Betonung zu lesen. Die Rechtschreibung und besonders das Rechnen bereiteten ihr dagegen größere Schwierigkeiten. Sie hatte zwar eine gute Merkfähigkeit, aber es dauerte oft lange, bis sie eine Rechenart verstand. Unter Zeitdruck traten Angsterscheinungen auf, die ihr Denken völlig blockierten. Das kam aber nur selten vor und trübte nicht ihre allgemeine Arbeitsfreude.

Ihr Kontakt zu Klassenkameraden war sehr vielseitig und herzlich. Eine besonders intensive Freundschaft verband sie mit Georg, einem ebenfalls gehbehinderten Kind. Ulla verließ unsere Schule als selbstsicheres, fröhliches, kontaktfähiges Mädchen, das seine Persönlichkeit voll entfaltet hatte und dadurch zu erstaunlichen Lernleistungen gekommen war.

Empfehlungen für die weiterführende Schulplanung
Bei Ullas Mehrfachbehinderung wird es immer schwierig sein, die richtige Schule zu finden. Die Mutter möchte eine Erziehung unter körperbehinderten Kindern vermeiden und entschied sich für eine Überweisung in eine Sonderschule für Lernbehinderte. Wahrscheinlich braucht Ulla dort individuelle Anregungen, um eine neuerliche Unterforderung zu vermeiden.

S. G.

geb. 1965
Familie: Vater: Kaufmännischer Angestellter
             Mutter: Hausfrau
Diagnose: Gesund, IQ 102
Eintritt in das Integrationsmodell: Herbst 1971
Übertritt in die Hauptschule: Herbst 1976

Beschreibung der Persönlichkeit:

S. ist ein fröhliches, aufgeschlossenes Mädchen, das aber jedem überfordernden Druck durch Passivität begegnet und schnell zu entmutigen ist.

Anfangssituation:

Es handelte sich bei S. G. um ein gesundes Kind mit einem IQ von 102. Sie wurde 1971 eingeschult und 1976 im 4. Schuljahr entlassen, d. h. sie blieb ein Jahr länger. Dieses Kind brauchte für den Lernstoff von 4 Jahren die Zeit von 5 Jahren, da sie eine sehr langsame Auffassungsgabe hatte und vor allem im Rechnen außerordentlich viel Zeit für den kleinsten Lernfortschritt brauchte.

Anläßlich einer Vorstellung der Schüler der 3. Klasse im Jahr 1973 bei einer »Morgenbesprechung« schilderte ich S. G. wie folgt:

Ihre Lernschritte vollziehen sich außerordentlich langsam. S. arbeitet fleißig und konsequent, langsam, ordentlich und gewissenhaft.

S.s sprachliche Leistungen sind durchschnittlich. Sie kann frei über Erlebnisse berichten, bei der Reproduktion von Gehörtem zeigt sich jedoch häufig, daß sie den Sinngehalt nicht ganz erfaßt hat. Erst jetzt faßt sie Mut, sich schriftlich zu äußern, sie schreibt kleine Geschichten einfachsten Stils . . . aber sie schreibt!

S. wird in der Klassengemeinschaft voll akzeptiert. Sie ist ein fröhlicher Spielgefährte und immer hilfsbereit. Die Mitschüler erkennen ihre Schwierigkeiten bei der Verarbeitung von Wissensstoff. Sie helfen ihr oder gehen großzügig darüber hinweg und ergreifen ihre Partei, wenn es sein muß.

S. ist ein typisches Beispiel für ein Kind, das angewiesen ist auf individuelle Betreuung mit einem großen Spielraum an Zeit. Jede Normalschule hätte die fröhliche Unbekümmertheit S.s zerstört und ihr bleibende Entmutigungen zugefügt, ganz besonders durch den dort ständig ausgeübten Notendruck.

Heute kann ich hinzufügen, daß S. in einer Normalschule zum letzten Drittel gehört hätte und mit großer Wahrscheinlichkeit das Sitzenbleiberelend erfahren hätte. S. verblieb in dem ihr bekannten Klassenverband der gemischten 3/4. Klasse. Als die S.s Alter entsprechenden Mitschüler die Schule verließen, bedeutete das zwar einen Abschied, aber S. blieb in dem ihr vertrauten Raum bei der gleichen Lehrerin und dem Rest der bekannten Mitschüler.

Selbst bei weniger günstigen Umständen, d. h. wenn S. als einzige aus einer reinen 4. Klasse zurückgeblieben wäre, hätte sie die Wiederholung in der nur durch eine Faltwand getrennten Nachbarklasse absolviert, aus der sie sowohl die Lehrerin als auch die Kinder gut kannte.

Am Ende des 5. Jahres war S. G. so gefestigt, daß sie die 5. Klasse einer Hauptschule besuchen konnte, jedoch mußte der übernehmende Lehrer über ihre langsame Arbeitsweise informiert werden. Es bleibt zu hoffen, daß es S. G. gelingt, einen qualifizierten Hauptschulabschluß zu erreichen, ohne vom Leistungsdruck aus der Bahn geworfen zu werden.

S. E.

geb. 1963
Familie: Vater: Selbständiger Kaufmann
              Mutter: Hausfrau
Diagnose: Cerebrale Bewegungsstörung, Mikrocephalie, Sehbehinde-
              rung durch grauen Star
              IQ 76 (später 84)
Einzeltherapie: 1970 einmal wöchentlich
Eintritt in den Montessori-Kindergarten: April 1971
Eintritt in die Montessori-Schule: September 1971 (bis Sept. 1976)

Beschreibung der Persönlichkeit/Schulische Entwicklung
S. wurde mit 6,8 Jahren in eine Sonderschule für Lernbehinderte aufgenommen. Hier hatten sich jedoch Schwierigkeiten ergeben, da er der
Jüngste in der Klasse war und auch noch nicht lesen und schreiben konnte
wie die anderen Kinder, die Normalschulversager waren. Durch die Einzeltherapie im Kinderzentrum, die S. wöchentlich einmal besuchte, ergab
sich die Möglichkeit, ihn in den im April 1971 eröffneten Kindergarten der
Aktion Sonnenschein aufzunehmen. S. fand sich ohne Schwierigkeiten sofort in diese Gemeinschaft hinein und wurde von allen Kindern voll akzeptiert. Durch sein zärtliches, freundliches Wesen, aber auch durch sein Vermögen, an den wildesten Spielen gleichrangig teilzunehmen, war er bei
seinen Kameraden ein beliebter und geschätzter Partner.

Er fiel oft hin, stieß sich auch häufig, da er Hindernisse nicht sofort erfassen konnte, wurde jedoch von den Kindern getröstet, abgelenkt und spielte
weiter. Aus seinen Zuneigungen machte er kein Hehl, ging auf die Kinder
zu, sagte ihnen, daß er sie gern mochte, und die Kinder gaben ihm diese
Liebe unvoreingenommen zurück. Das zeigte sich auch in der Freiarbeit,
in der S. stets mit einem oder mehreren Kindern zusammenarbeitete. Sie
alle waren daran interessiert, ihm etwas zu erklären, ihm zu helfen. S.
brachte es fertig, ein sehr ich-bezogenes Mädchen, das aus einer Normalschule im 2. Schuljahr zu uns kam und ihn anfangs wegen seines Äußeren
ablehnte, im Laufe der Zeit für sich zu gewinnen und sie dadurch völlig zu
ändern. Sie wurde eine geduldige Helferin, die ihre Person völlig in den

Hintergrund stellen konnte, die auf dem Hof kein Gemeinschaftsspiel ohne ihn machte und die seine Interessen vertrat, wenn es notwendig schien. S. wurde viel eingeladen, sei es zu Geburtstagen, zu Spielnachmittagen oder über das Wochenende. S. war voll integriert.

S.s schulische Leistungen waren geprägt von dem Willen zu lernen. Wie quälte er sich mit dem Merken von Buchstaben, dem Erlesen von Silben und Wörtern, stark durch seine Sehschwäche behindert. Am Ende der Schulzeit konnte er jedoch nur kurze Sätze lesen oder nach Diktat schreiben, und er hatte gelernt, den Rechencomputer zu benutzen, da er Rechenoperationen über 10 nicht mehr mit dem Kopf bewältigen konnte. Verbal hatte S. am meisten profitiert, er diktierte dem Assistenten kleine Geschichten, erzählte Erlebnisse im Zusammenhang und konnte Gedichte in freiem Stil aufsagen, d. h. er trug sie so vor, wie er sie sich gemerkt hatte. Sie reimten sich nicht mehr so genau, aber der Inhalt stimmte. Vor allem aber im Zusammensein mit den Kindern konnte er sich völlig frei äußern, Bedürfnisse anmelden und mitsprechen, wenn es um Spielplanung ging. Die Mutter entschied, S. noch ein 5. Jahr in der Schule zu belassen, sie wollte ihm noch ein Jahr gönnen, ein ganz normales Kind zu sein.

Empfehlungen für die weiterführende Schulplanung
S. E. besucht heute eine private Sonderschule für geistig und mehrfach behinderte Kinder.

Gertrud

geb. 1964, schulpflichtig 1971
Familie: Vater: Kundenberater
                Mutter: Hausfrau
Diagnose: Lippen-Kiefern-Gaumenspalte (mehrere Operationen), cerebrale Bewegungsstörung mit leichten Spasmen, Lernbehinderung
                1970 MINNESOTA IQ 98, 1973 HAWIK IQ 71
Therapie: Physiotherapie Sept. 1965 – Sept. 1971
                Sprachtherapie Sept. 1968 – Sept. 1971
                Sprachtherapie lückenhaft Jan. 1972 – Jan. 1973
                Sprachtherapie intensiv März – Aug. 1973
                Sprachtherapie Jan. – Juli 1975
Eintritt in den Montessori-Kindergarten: Dezember 1969
Eintritt in die Montessori-Schule: September 1971

Beschreibung und Entwicklung der Persönlichkeit

Gertrud war ein schmächtiges, langgliedriges Mädchen mit normaler Körpergröße. Ihre Bewegungen waren durch ihre motorische Ungeschicklichkeit etwas schlaksig und besonders beim Laufen unrhythmisch tapsend. Da sie die beiden letzten Finger beider Hände nach innen eingezogen hielt, hatte sie Schwierigkeiten beim Greifen. Die Operationsnarben am Mund waren noch sichtbar und die Nase noch nicht voll aufgerichtet. Ihre Sprache war noch nicht klar verständlich.

Gertrud zeichnete sich durch einen unermüdlichen Arbeitseifer aus. In der Wahl der Arbeit war sie sehr zielstrebig und selbstbewußt. Frustrationen jeglicher Art konnte sie dagegen nur schwer verkraften. Sie verzagte sehr schnell, wenn die Lernerfolge sich nicht so rasch einstellten wie bei den anderen Kindern. Dann schob sie das Material ärgerlich beiseite und grollte. Es war sehr schwer, sie wieder zur Arbeit zu motivieren. War das Material, mit dem sie arbeiten wollte, schon besetzt, lehnte sie es häufig ab, etwas anderes zu nehmen. Wollte sie etwas erreichen, was man ihr versagen mußte, versuchte sie, durch abrupt einsetzendes Weinen oder Trampeln ihren Willen durchzusetzen. Wenn sie damit keinen Erfolg hatte, verkroch sie sich demonstrativ unter einen Tisch. Wenn auch das keine Beachtung fand, gab sie ihr Fehlverhalten auf und fügte sich in die Gemeinschaft wieder ein. Sie war sehr leicht verletzbar und schnell beleidigt. Sie verteidigte ihre Rechte nicht, sondern zog sich schmollend in sich selbst zurück und verlangte durch ihre vorwurfsvolle Haltung, daß man sich ihr zuwenden und sich um sie bemühen solle. Ihrer Umwelt unterstellte sie, daß man sie ablehne, und sie mußte immer wieder bewiesen bekommen, daß dies nicht der Fall sei. Zu mündlichen Äußerungen war sie nur schwer zu bewegen.

Gertrud lernte langsam und sehr mühevoll. Das Hantieren mit anschaulichem Material, ihr Eifer und die intensiven regelmäßigen Übungen mit der Mutter brachten sie aber zu guten, ihrem Vermögen angemessenen Leistungen.

Ganz besonders hervorstechend war Gertruds Hilfsbereitschaft. Sie war nicht nur die erste, die herzusprang, wenn die Gruppe allgemein angesprochen und um eine Hilfeleistung gebeten wurde, sondern sie sah auch selbst mit Umsicht und Aufmerksamkeit, was getan werden mußte und erledigte es schnell und ohne Aufhebens davon zu machen. Das unbeliebte Amt des Abwaschens übernahm sie mit offensichtlichem Vergnügen. Sie wischte gerne die Tische ab und säuberte mit Hingabe den Fußboden. Die vielen Erfolgserlebnisse, die sie dadurch bekam, die häufigen Gelegenheiten, sie vor der Gemeinschaft zu loben, trugen sehr entscheidend dazu bei, sie in die Kindergruppe zu integrieren. Sie gewann mehr und mehr Freunde und fühlte sich schließlich sichtlich wohl. Im gleichen Maße stärkte sich ihr

Selbstbewußtsein, ihr Selbstvertrauen, ihr Mut und ihre Frustrationstoleranz.

Ihre Fehler quittierte sie schließlich mit einem lächelnden »Macht nichts« und war bereit, sie zu verbessern. Sie wurde flexibel, wenn ihre Vorstellungen sich nicht verwirklichen ließen und suchte nach einer anderen Lösung. Sie überwand ihre Empfindlichkeiten und lernte es, ihre Meinung zu sagen oder auf ihre Rechte hinzuweisen. Sie suchte sich Partner zur gemeinsamen Arbeit und mischte sich auf dem Hof in Spielgruppen ein. Im Gesprächskreis sprach sie schließlich lebhaft mit und beteiligte sich aktiv. Im Schulspiel übernahm sie die Rolle eines Räubers und hatte die schwere Aufgabe, mehrmals die Gesprächsabläufe einzuleiten, was an ihre Konzentration einen hohen Anspruch stellte.

Empfehlung an die weiterführende Schulplanung

Da Gertruds Sprachfähigkeit noch unvollkommen ist, wäre es wünschenswert, wenn sie auf diesem Gebiet noch weiter gefördert werden könnte. Bislang hat sie es noch schwer, sich in einer fremden Umgebung verständlich zu machen, da sie zu hastig spricht. Ihre intellektuellen Fähigkeiten, die auf der Grenze zwischen Normalbegabung und Lernbehinderung liegen, erschweren die Entscheidung, in welcher Schulform sie am besten gefördert wird.

In der Hauptschule könnte sie sprachlich nicht mithalten und würde psychisch zu starken Belastungen ausgesetzt sein. Unter diesen Bedingungen würde ihre Lernfähigkeit rapide absinken.

Aus diesem Grunde ist sie zunächst in eine Lernbehindertenschule eingewiesen worden.

Gertruds praktische Fähigkeiten sollten weiterhin gefördert werden und wie bisher die Grundlage ihrer Erfolgserlebnisse abgeben.

Enrico

gab. 1963, schulpflichtig 1970, 1 Jahr zurückgestellt
Familie: Vater: Versicherungskaufmann
             Mutter: Hausfrau
Diagnose: Cerebrale Schädigung durch die Geburt. Lernbehinderung.
             Leichte Spastizität in den unteren Gliedmaßen. Gleichgewichtsstörungen. Stabismus (sieht nur rechts).
             Sprachkoordinationsstörung, Näseln, partielles Stammeln, Entwicklungsrückstand. Anfällig gegen Krankheiten.
             1969 MINNESSOTA IQ 83, 1970 HAWIK IQ 88, 1971 SIT IQ 92, 1973 HAWIK IQ 87

Therapie: Physiotherapie Nov. 1968 – Febr. 1975
                danach Mitgliedschaft im Turnverein
                Sprachtherapie Nov. 1968 – Febr. 1973
                intensive Sprachtherapie März 1974 – August 1974
Eintritt in den Montessori-Kindergarten: Nov. 1968
Eintritt in das Integrationsmodell: September 1971

Beschreibung und Entwicklung der Persönlichkeit

Enrico war klein und zart, so daß man ihm sein Alter nicht ansah. Er bewegte sich langsam und vorsichtig, aber doch zielgerichtet und sicher. Zunächst nahm er eine abwartende Haltung ein. Er blieb vorwiegend an seinem Platz und schaute den anderen Kindern zu. Erst nach und nach wagte er sich an eigene Arbeiten heran, zeigte dann aber, daß er durchaus fähig war, sich für eine Arbeit zu entscheiden. Häufig verließ ihn während der Arbeit die Konzentration. Er träumte dann vor sich hin und mußte immer wieder zur Arbeit angeregt werden. Willig nahm er dann einen neuen Anlauf. Im Gesprächskreis hielt sich Enrico sehr zurück und mußte zur Mitarbeit stets aufgefordert werden. Teilweise schaltete er geistig ab. Er sprach sehr leise und nicht klar verständlich. Eine Intensivtherapie durch eine tschechoslowakische Therapeutin hat die Koordinationsfähigkeit seiner Sprechmuskulatur sehr gebessert.

Seine Verehrung für einen sehr großen und kräftigen Jungen wirkte sich zwar arbeitshemmend und ablenkend, aber persönlichkeitsbildend und körperkräftigend aus. Da dieser Junge behutsam und fair mit ihm umging, traute sich Enrico spielerische Raufereien zu und beteiligte sich unermüdlich am Fußballspielen.

Hervorstechend war Enricos genaue Beobachtungsgabe. Er bemerkte Dinge in seiner Umgebung, an denen andere achtlos vorübergingen, z. B. den Mond am hellen Vormittagshimmel oder Fabrikschornsteine, die trotz Nebel noch schemenhaft zu erkennen waren. Er erkannte die Besonderheit dieser Erscheinungen und sprach darüber. Dieser logischen Denkfähigkeit standen seine Merkschwäche und Ausfälle im schulischen Lernen gegenüber. Was er im Rechnen oder in der Rechtschreibung mühsam seinem Gehirn eingeprägt hatte, war oft nach kurzer Zeit wieder wie »weggeblasen«, so daß er von vorne beginnen mußte. Da Enrico diese Schwäche wahrnahm, litt er oft unter lebensgefährdenden Depressionen und verzagte leicht an den Mühsalen des Lernens.

Unter diesen erschwerten Bedingungen, die durch sein häufiges Fehlen wegen Infektionskrankheiten noch verstärkt wurden, hat Enrico nur geringe, immer wieder gefährdete Fortschritte erzielt.

Demgegenüber hat er in seiner Persönlichkeitsentwicklung gute Erfolge gehabt. Er konnte gut mit Kindern zusammenarbeiten, äußerte ohne Scheu seine Wünsche und war hilfsbereit und aufmerksam für die Bedürfnisse anderer. Er entwickelte sich zu einem fröhlichen, selbstsicheren Jungen.

Empfehlungen für die weiterführende Schulplanung
Auch an einer Sonderschule für Lernbehinderte wird es Enrico nicht leicht haben. Er wird sicherlich Hilfestellung bei der Überwindung seiner Zurückhaltung brauchen, Erfolgserlebnisse und Anerkennung benötigen und bei Konzentrationsschwächen und Ausfallerscheinungen auf verständnisvolle Anleitung angewiesen sein.

KAPITEL 12

Unser Montessori-Modell setzt auch in der Montessori-Pädagogik Meilensteine

Die Montessori-Pädagogik muß für das behinderte Kind neu entdeckt werden

Es erscheint merkwürdig, ja unglaubwürdig, daß eine ärztliche Pädagogik, die ihre Wurzeln in der »Physiologischen Erziehung der Schwachsinnigen« von SEGUIN hat und die durch Maria Montessori bei behinderten Kindern neu entdeckt wurde, das behinderte Kind im Laufe der Jahre fast völlig vergessen hat.

Soweit wir auch international übersehen können, ist die Montessori-Pädagogik zur Zeit fast ausschließlich auf das gesunde Kind ausgerichtet. Wo auch immer in aller Welt in den vergangenen Jahren Montessori-Kinderhäuser und Montessori-Schulen errichtet werden, sie beschäftigen sich beinahe nur mit gesunden Kindern. So ist auch das Montessori-Material, wie es – international weitgehend einheitlich – benutzt wird, heute noch in erster Linie für gesunde Kinder bestimmt.

Für unser Montessori-Modell ist diese Feststellung deswegen wichtig, weil in weiten Bereichen unseres Landes durch die Arbeit des Kinderzentrums München mit dem behinderten Kind und das Einbeziehen der Montessori-Pädagogik in diese Arbeit der Eindruck entstanden ist, die Montessori-Pädagogik sei in erster Linie Heilpädagogik, und das Montessori-Material diene vor allem dazu, in der Behindertenhilfe eingesetzt zu werden. Diese Vorstellungen entsprechen nicht im geringsten dem derzeitigen Stand der Montessori-Pädagogik.

Wir haben das in den vergangenen Jahren manchmal mit Bedauern bemerkt, wenn wir behinderte Kinder aus dem Kinderzentrum München in auswärtige Montessori-Kinderhäuser oder Montessori-Schulen eingliedern wollten. Wir stießen fast immer auf Ablehnung, die weniger damit begründet wurde, daß die behinderten Kinder abgelehnt würden, als vielmehr damit, daß es im Rahmen der Montessori-Schulen – die meisten Schulen verstehen sich als Elite-Schulen – ausgeschlossen sei, behinderte Kinder mit zu unterrichten, und ferner, daß das Montessori-Material wohl kaum dem behinderten Kind helfen könne.

Erst durch besondere Initiative, sei es, daß wir die auswärtigen Kindergärtnerinnen zu uns eingeladen haben, einige Tage oder Wochen in unserem Montessori-Kindergarten zuzuschauen, sei es, daß ich durch Vorträge und Unterweisungen versuchte, örtlich für eine gemeinsame Erziehung gesunder und behinderter Kinder zu werben, ist es uns an einzelnen Orten gelungen, behinderte Kinder in bestehende Montessori-Häuser und -Schulen einzugliedern.

Die bei unseren Kindern gewonnenen Erkenntnisse, daß in der Pädagogik die gemeinsame Erziehung gesunder und behinderter Kinder nicht nur für das gesunde Kind, sondern vor allem für das behinderte Kind große Vorteile bietet, ist nicht nur für die Sonderpädagogik, sondern auch für die Montessori-Pädagogik eine neue Erkenntnis.

Darüber hinaus weisen unsere Erfahrungen mit dem behinderten Kind auch für die internationale Montessori-Pädagogik einen neuen Weg. Daß das so gesehen wird, läßt sich vielleicht daran ablesen, daß sich der 18. Internationale Montessori-Kongreß 1977 in München zum ersten Mal seit Bestehen der Montessori-Pädagogik mit dem Thema »Das behinderte Kind« beschäftigt. Es ist eine Bestätigung unserer Bemühungen, daß Mario Montessori, der Sohn von Maria Montessori und derzeitiger Generalsekretär der Association Montessori Internationale, dieses Thema in den Mittelpunkt eines internationalen Montessori-Kongresses gestellt hat.

Dadurch sollen die an einzelnen Stellen in der Welt im Rahmen der Montessori-Pädagogik bestehenden Aktivitäten für das behinderte Kind intensiviert werden. Wir freuen uns deshalb, wenn es zu einem entsprechenden Erfahrungsaustausch mit Montessori-Pädagogen kommt, wie z. B. Dr. John Osterkorn und Miss Hildegard Solzbacher vom Penfield's Children Center und Montessori-Institut Milwaukee, die seit Jahren mit mehrfach und verschiedenartig behinderten Kindern im Rahmen der Montessori-Pädagogik arbeiten, mit Senora Augusta Grosso, welche eine Tagesstätte für geistig behinderte Kinder über Jahre in Turin mit Erfolg geführt hat, mit Miss Nancy Jordan, die aus der engsten Verbindung mit Maria Montessori ein Kinderhaus und eine Schule »Benin Casa« für verhaltensgestörte Kinder in Dublin schuf, oder mit Madame Pasquier aus Paris, die mit kranken, verhaltensgestörten Kindern arbeitet, sowie anderen Montessori-Pädagogen. Wir versprechen uns von den Gesprächen, auch mit Sonderschullehrern, die in der Bundesrepublik in Sonderschulen nach der Montessori-Pädagogik arbeiten, gute Impulse, um die Möglichkeiten der Hilfe für das behinderte Kind im Rahmen der Montessori-Pädagogik besser auszuloten.

Wie groß die bislang kaum genutzte Chance der Hilfe für das behinderte Kind in der Montessori-Pädagogik ist, macht das unmittelbare Erleben unserer behinderten Kinder jedem Beobachter deutlich.

Die Tätigkeiten des praktischen Lebens sind der Bereich, in dem geistig behinderte Kinder ihre Bestätigung finden. Im Kindergarten haben sie dabei nach unseren Erfahrungen größere Erfolgserlebnisse als in der Schule. Die Stoffpläne der Sonderschulen z. B. für geistig behinderte Kinder sehen meines Erachtens viel zu wenig »Übungen des praktischen Lebens« vor. Unausgesprochen steht auch für die Sonderschul-Pädagogik bei geistig behinderten Kindern noch im Vordergrund, daß die Schule vorwiegend kognitive Lernprozesse fördert, also Lesen, Schreiben, Rechnen etc. Ich glaube aber, daß es viel besser ist, wenn körper- und geistig behinderte Kinder zunächst lernen, die Tätigkeiten des praktischen Lebens souverän zu beherrschen und hierin ihre Freude erleben. Die Sonderschul-Pädagogik versucht allzu sehr, Lernprozesse aus der »gesunden« Schule in die Sonderschule zu übertragen.

Eine weitere, einzigartige Chance der Hilfe liegt im Sinnesmaterial. Es bietet sich zur Kompensation von Sinnesstörungen ja geradezu an. Ein blindes Kind kann, so meine ich, nicht leichter die Mathematik lernen als durch die Montessori-Mathematik und die Montessori-Perlen. Ein hörbehindertes Kind erhält durch die Geräuschbüchsen oder die Glocken ein Training seines Gehörrestes, wie es in einem anderen Kindergarten-Material nicht bekannt ist.

Aber das Sinnesmaterial in der vorliegenden Form muß für behinderte Kinder noch verbessert werden. Als Beispiel seien Ergänzungen angeführt, die der in der Frühpädagogik des Kinderzentrums München arbeitende Blindenlehrer, Herr Hauser, vornahm. Er brachte an den Montessori-Buchstaben unseres Kindergartens kleine Braille-Schrift-Punkte an. So haben unsere blinden Kinder nicht nur die Gelegenheit, über das Nachfahren der Sandpapierbuchstaben die normalen Buchstaben zu ertasten, sie haben nicht nur die Möglichkeit, über ihr »Muskelbewegungs-Gedächtnis« das Schreiben normaler Buchstaben zu üben, sondern sie ertasten gleichzeitig auch die Buchstaben der Blindenschrift.

Für das Erlernen der Ziffern wurden in den Spindelkästen die Zahlen in Braille-Schrift angebracht. Die Kinder können also bei den Grundlagen der Mathematik gleichzeitig auch die Blindenschrift-Ziffern erlernen.

Mir scheint aber wesentlich, daß wir dieses ergänzte Material in gleicher Weise auch unseren gesunden Kindern anbieten. Sie haben dabei die Gelegenheit, Blindenschrift kennenzulernen, ohne daß darüber groß gesprochen wird. Ich denke, daß dies eine gute Erfahrung ist, denn die meisten Erwachsenen wissen ja gar nicht, daß es eine Blindenschrift gibt und wie diese sich »anfühlt«.

Da blinde Kinder meist noch einen geringen Sehrest haben, und dieser Sehrest so intensiv wie möglich geübt werden soll, haben wir die blau-roten Stangen des Montessori-Materials in blau-gelbe Stangen verwandelt. Der Kontrastunterschied zwischen blau-gelb ist größer als zwischen blau-rot.

Gleichzeitig haben wir die 10-Zentimeter-Abstände dieser Stangen durch Einkerbungen deutlich gemacht. So können bei unseren blinden Kindern nicht nur die vorhandenen Sehreste besser trainiert werden, sondern die Kinder können gleichzeitig durch ihren Tastsinn die Lernprozesse im Dezimeterbereich vertiefen.

Wir sind uns aber darüber im klaren, daß das Montessori-Material, so wie es jetzt angeboten wird, vor allem für körperbehinderte Kinder der Ergänzung, unter Umständen auch der Umwandlung bedarf. Für den Spastiker sind die feinen Knöpfe einfach zu klein. Spastisch gelähmte Kinder müssen frühzeitig lernen, mit der Schreibmaschine zu arbeiten.

Hier ist noch viel zu tun, um das Montessori-Material und die pädagogischen Prozesse für das behinderte Kind nutzbar zu machen.

Wir wollen uns bemühen, das Montessori-Material in den nächsten Jahren entsprechend zu verändern. Diese Verbesserungen werden aber eine geraume Zeit benötigen, denn letztlich müssen sie aus Erfahrungen resultieren, die unmittelbar am Kind gemacht werden.

In der Montessori-Einzel- und Kleingruppentherapie wird behinderten Kindern geholfen

Unsere behinderten Kinder im Kindergarten gaben uns bald den Hinweis, welche Möglichkeiten das Montessori-Material in der Hilfe für das behinderte Kind bot. Wir erlebten, wie intensiv ein blindes Kind mit dem mathematischen Material arbeitete. Wir erlebten, mit welcher Intensität geistig behinderte Kinder die Geräuschdosen benutzten oder sich den Tätigkeiten des praktischen Lebens zuwandten. So begannen wir, das Montessori-Material nicht nur im Kinderhaus, sondern auch in der Therapie systematisch einzusetzen.

Aus der Konzeption der mehrdimensionalen Diagnostik, wie sie aus der Münchner Funktionellen Entwicklungsdiagnostik heraus entstand, erhielt die Beschäftigungstherapie im Kinderzentrum München mehr den Schwerpunkt einer »Entwicklungstherapie« in dem Sinne, daß zurückgebliebene Funktionsbereiche entsprechend ihrer natürlichen Entwicklung systematisch gefördert wurden. Dabei bot nun das sinnesphysiologische Material eine wichtige Hilfe zum Training von Kompensationstechniken an. Die Übungen des praktischen Lebens bei schwer behinderten Kindern gaben außerdem eine gute Anregung, im häuslichen Bereich mit Hilfe der Eltern systematisch zu üben. So haben wir für schwer behinderte Kinder, die noch keineswegs für eine Gruppenerziehung im Kindergarten geeignet waren, die »Montessori-Einzeltherapie« erfunden.

Im Rahmen unseres Montessori-Schulversuchs wurden schon frühzeitig wichtige Elemente der Montessori-Pädagogik als »Montessori-Einzeltherapie« und »Montessori-Kleingruppentherapie« verwendet. Diese systematische stufenförmige Förderung behinderter Kinder wird unseres Wissens erstmalig als frühpädagogische Maßnahme für die gesamte internationale Montessori-Pädagogik in unserem Kinderzentrum praktiziert.

Ausgebildete Montessori-Pädagogen bieten im Prinzip in gleicher Weise wie im Montessori-Kinderhaus den wie auch immer behinderten Kindern das Montessori-Material an. Es handelt sich dabei um geistig behinderte, körperbehinderte, seh- und hörbehinderte Kinder im Entwicklungsalter zwischen drei und sieben Jahren, die gegenüber normal entwickelten Kindern in verschiedenen psychomotorischen Funktionen deutlich zurück sind.

Im Gegensatz zum Kindergarten ist die Mutter während der Einzeltherapie grundsätzlich dabei. Der Mutter werden Übungen gezeigt, die sie auch zu Hause mit ihrem Kind systematisch durchführen soll. Die Übungen werden am Montessori-Material in der Therapiestunde am Kind erarbeitet.

Nicht selten ist die Montessori-Einzeltherapie zunächst eine »Müttertherapie«, denn es gilt, die Mutter für die Behandlung zu gewinnen. Aus diesem Grunde ist es gelegentlich notwendig, die Mutter zunächst von der Therapie auszuschließen. Dies ist der Fall, wenn das Kind lernen muß, sich langsam von der Mutter zu lösen, kleine Entscheidungen und Aufträge allein durchzuführen, ohne das zustimmende oder hemmende Eingreifen der Mutter.

Es ist auch möglich, daß die Mutter des behinderten Kindes es noch nicht zuläßt, daß sich ihr Kind frei entscheidet oder daß es selbständig arbeitet. Manche Mütter unterbrechen – in der Regel unbewußt – ständig die Arbeit ihres Kindes und stören es durch Wort, Handlung oder Blick.

So ist die Montessori-Einzeltherapeutin gelegentlich gezwungen, die Mutter aus dem Zimmer zu bitten, beziehungsweise mit ihr klärende Gespräche zu führen. Manche Erklärung regelt sich von selbst, da der Therapieraum eine Einwegscheibe besitzt, hinter der die Mutter beobachten kann, wie mit ihrem Kind gearbeitet wird.

In Abweichung von dem Prinzip der Montessori-Pädagogik des vielfältigen freien Angebots wird bei der Einzeltherapie dem Kind nur ein kleines Angebot von Montessori-Material gemacht. Die Übungen des praktischen Lebens und das Sinnesmaterial stehen zur Verfügung des Kindes frei im Raum. Das Kind hat die Möglichkeit, ein bestimmtes Material zu wählen.

Dann allerdings verharrt die Montessori-Pädagogin solange wie notwendig mit dem Kind bei diesem Material. Sie bietet es ihm über längere

Zeit in kleineren Schritten als üblicherweise an und verstärkt – wenn notwendig – das Anbieten dadurch, daß sie dem Kind die Hand führt, daß sie seine optische und akustische Aufmerksamkeit konzentriert auf das Material richtet und daß sie unter Umständen die Mutter in die Tätigkeit mit dem Material mit einbezieht.

Durch die Montessori-Einzeltherapie wird einerseits die Feinmotorik des Kindes geübt, seine Sinneswahrnehmung geschärft und die Perzeption verbessert, andererseits gibt das Material in seiner Konstanz dem Kind mehr und mehr Sicherheit, vom Material zu abstrakten Denkprozessen überzugehen.

Wählt sich das Kind nicht selbst ein Material, so muß es in der Montessori-Einzeltherapie von der Therapeutin zum Material geführt werden. Das gilt sowohl für die Tätigkeiten des praktischen Lebens als auch für das Sinnesmaterial. Unsere Erfahrung geht dahin, daß behinderte Kinder längere Zeit bei einem Material verweilen und immer wieder auf das Material zurückkommen, bei dem sie bereits ein Erfolgserlebnis hatten. Es ist also Aufgabe der Montessori-Therapeutin, das Kind an immer neues Material heranzuführen und mit dem Kind die Tätigkeit mit dem Material intensiv zu üben.

Das Erfolgserlebnis des Kindes wird zur Anerkennung und Belohnung des Kindes eingesetzt. Übt die Montessori-Therapeutin mit einem neuen Material, das dem Kind zunächst Schwierigkeiten bereitet, so darf es als Belohnung anschließend ein Material wählen, das ihm gefällt. Die soziale Zuwendung durch die Mutter oder Therapeutin spielt eine große Rolle in der Montessori-Einzeltherapie. Bei schwierigen Kindern hilft der Psychologe durch eine Verhaltensbeobachtung, die Schwierigkeiten näher zu analysieren. Er bespricht mit der Montessori-Therapeutin weitere Maßnahmen.

Auf diese Weise lernen auch schwer behinderte Kinder in der Einzeltherapie wichtige Begriffe, wie zum Beispiel hoch – tief, laut – leise, dick – dünn, groß – klein, rauh – glatt usw., systematisch zunächst durch Abtasten zu begreifen. Das Montessori-Material bietet in dieser Hinsicht eine bislang noch keineswegs genügend analysierte Hilfe der Einzeltherapie. Aufgabe der Mutter ist es – sie wird hier von der Montessori-Therapeutin unterstützt –, die anhand des Montessori-Materials in der Einzeltherapie gemachte Erfahrung auf Gegenstände des täglichen Lebens umzusetzen.

Im Montessori-Material liegen weitere Hilfen für Kinder mit Teilleistungsstörungen, zum Beispiel auch Perceptionsstörungen. In einzelnen Fällen haben wir dies bei Schulkindern benutzt, die wegen einer Legasthenie in das Kinderzentrum überwiesen wurden. Wir haben die Montessori-Therapeutin angewiesen, den Eltern zu zeigen, wie sie mit ihren Kindern Montessori-Buchstaben üben können. Auf diese Weise gelang es, über das

Training des »Muskel-Gedächtnisses« (als kinästhetischem Lernen) die Schreib- und Leseschwäche der Kinder zu überwinden.

Diesen Einzelbeobachtungen müssen wir in den nächsten Jahren nachgehen. Hierzu wird es notwendig sein, die Montessori-Einzeltherapie auch auf das Schulalter auszudehnen. Bislang wenden wir sie nur bei jüngeren Kindern an. Ich bin aber sicher, daß wir gerade bei Kindern mit Schulschwierigkeiten in der Montessori-Einzeltherapie weitere Möglichkeiten der Hilfe zu erwarten haben.

In diesem Zusammenhang ist zu erwähnen, daß auch in unserem Kinderzentrum der Unterschied zwischen Therapie und Pädagogik deutlich wird. Von der Konzeption her liegen hier so große Unterschiede vor, daß selbst unsere Montessori-Schulpädagogen sich kaum in die Notwendigkeiten und Grundlagen einer Einzeltherapie einfühlen können. Offensichtlich ist der Umgang mit dem Kind bei einer Behandlung und im Rahmen der Pädagogik so unterschiedlich, daß wir in den nächsten Jahren versuchen müssen, unter ärztlichen und vor allem klinisch-psychologischen Aspekten die Möglichkeiten des Montessori-Materials und der Darbietung für die Therapie des wie auch immer behinderten Kindes herauszufinden.

Die Montessori-Einzeltherapie ist in erster Linie für Kinder wichtig, die in ihrer Sozialentwicklung noch nicht einen derartigen Reifegrad erreicht haben, so daß sie erfolgreich gemeinsam mit anderen Kindern gefördert werden können. Stellt die Montessori-Therapeutin fest, daß die Sozialentwicklung des Kindes Fortschritte gemacht hat, so daß eine gemeinsame Förderung mit anderen Kindern zweckmäßig und notwendig ist, so nimmt sie das Kind in die »Montessori-Kleingruppentherapie«. Gruppen von zwei, drei, fünf oder sogar acht Kindern werden zunächst gemeinsam mit den Müttern zusammengeführt, wobei die Mütter nach und nach mit dem Größerwerden der Gruppen »ausgeblendet« werden. Es wird erreicht, daß die Behinderung in der Sozialentwicklung durch einen stufenförmigen Aufbau des Selbständigwerdens allmählich kompensiert wird.

Auch im Rahmen der Montessori-Kleingruppentherapie hat es sich als zweckmäßig erwiesen, daß nicht gleichartig behinderte, sondern verschiedenartig behinderte Kinder zusammenarbeiten. Außerdem ist es auch bei der Kleingruppentherapie – wie in der Montessori-Pädagogik vorgeschrieben – wichtig, daß behinderte Kinder unterschiedlich alt sind. Dieser Altersunterschied sollte sowohl im chronologischen Alter als auch im »Entwicklungsalter« nicht mehr als zwei bis drei Jahre betragen.

In dieser Hinsicht unterscheidet sich auch die Montessori-Kleingruppentherapie eindeutig von den Vorstellungen der Sonderpädagogik, nach denen die Gruppen der behinderten Kinder homogen sein sollen. Nach unserer Erfahrung ist es dagegen von großem Vorteil, wenn auch in der Kleingruppentherapie unterschiedlich behinderte und verschieden alte Kinder gemeinsam gefördert werden.

Haben die Kinder in der Gruppe einen gewissen Grad von Selbständigkeit erlangt, das heißt, können sie ihr Material teilweise selbständig auswählen, sind sie in der Lage, gemeinsam mit einem anderen Kind zu arbeiten; haben sie positiven Kontakt zu anderen Kindern aufgenommen, dann kommen sie aus der Kleingruppentherapie in die Nachmittags- oder unter Umständen auch in die Vormittags-Kindergartengruppe. Dieser Übergang wird dadurch erleichtert, daß die letzten zwei oder drei Kleingruppentherapiestunden im Kindergarten stattfinden, wobei die ein oder zwei »kindergartenfähigen« Kinder von der Montessori-Therapeutin und der Montessori-Kindergärtnerin eingeführt werden.

Wir halten die Einführung der Montessori-Einzeltherapie mit dem Übergang in die Montessori-Kleingruppentherapie und dem weiteren Übergang in den Kindergarten für eine wichtige Voraussetzung zur erfolgreichen Integration des behinderten Kindes in die gemeinsame Erziehung mit gesunden Kindern. Die Behinderung als solche spielt nach unseren Erfahrungen bei diesem Vorgehen nur eine sekundäre Rolle.

Pädagogische Probleme des behinderten Kindes lassen sich am besten gemeinsam mit den Eltern lösen

Die Erkenntnis, daß die Sozialentwicklung von allen psychomotorischen Funktionsbereichen derjenige Bereich ist, der die größte Beachtung verdient, führte – wie erwähnt – dazu, die mehrdimensionale Therapie des mehrfach und verschiedenartig behinderten Kindes im Kinderzentrum München systematisch in die Hand der Eltern zu legen. So war es verständlich, daß die Erfahrungen, die wir mit »Eltern als Ko-Therapeuten« gewonnen hatten, auch auf den Bereich der Montessori-Pädagogik übertragen wurden.

Dies galt nicht nur für die Einzel- und Kleingruppentherapie vor Aufnahme in die Schule, sondern war insbesondere auch notwendig als begleitende Elterntherapie für behinderte Kinder, wenn sie in die Schule gekommen waren. Im Rahmen der Schule ist es nämlich äußerst schwierig, wenn nicht unmöglich, einem wie auch immer behinderten Kind gleichzeitig in genügender Qualität und Quantität eine zusätzliche spezielle Therapie anzubieten.

Derzeitig ist die Vorstellung verbreitet, daß im Rahmen einer Tagesstättenbetreuung behinderter Kinder, eine bestmögliche Gelegenheit besteht, den Kindern auch eine spezielle Behandlung im Sinne der Krankengymnastik, der Beschäftigungstherapie, der Musiktherapie, der Sprachtherapie etc. anzubieten. Diese Vorstellungen gehen indessen an der Realität weitgehend vorbei.

Man braucht nur einmal in eine Tagesstätte hineinzugehen und die dort vorhandenen therapeutischen Kapazitäten mit der Anzahl der Kinder zu vergleichen, dann läßt sich schon rechnerisch feststellen, daß für die Behandlung eines jeden Kindes praktisch nur wenige Minuten bleiben. Fügt man hinzu, daß das therapeutische Personal die Kinder meist noch in den Therapieraum trägt, Kinder aus- und anzieht, beim Waschen hilft etc., dann leuchtet bald ein, daß der personale Aufwand derart groß wäre, und die effektive Zeit für die Behandlung des einzelnen Kindes noch weiter vermindert würde.

Hinzu kommt, daß die Kinder für jede Therapie aus dem Unterricht herausgenommen, und soziale Lernprozesse gestört würden.

Aus diesem Grunde haben wir schon von vornherein darauf verzichtet, Therapie in der Schule zu geben, obwohl unsere Eltern dies aus verschiedenen Gründen gewünscht hätten. Sie haben aus dem Vorbild anderer Tagesstätten manchmal nicht einsehen wollen, daß sie als Eltern, auch wenn ihr Kind in die Schule gekommen ist, nach wie vor die wichtigsten pädagogischen Bezugspersonen sind, und daß eine wirksame Hilfe in der Therapie für ihr behindertes Kind sowohl quantitativ als auch qualitativ (dies ist eine Aufgabe der therapeutischen Fachkräfte!) optimal nur durch sie selbst gegeben werden kann. Hier war und ist es immer wieder notwendig, die Prinzipien des Kinderzentrums München auch auf den pädagogischen Bereich zu übertragen.

Die Arbeit des Kinderzentrums mit mehrfach und verschiedenartig behinderten Kindern steht dem Schulversuch nicht nur als Vorbereitung für die pädagogische Arbeit im Montessori-Kinderhaus und in der Montessori-Schule, sondern auch als »Begleittherapie und begleitende Erziehungsberatung« zur Verfügung. Hier hat sich im Verlaufe der letzten Jahre ein interessantes Problem gezeigt, das mit großer Wahrscheinlichkeit für die gesamte Behindertenhilfe gilt:

In den vergangenen Jahren hat in der Hilfe für das behinderte Kind die Sonderschulbetreuung so sehr im Vordergrund gestanden, daß demgegenüber die Probleme der Frühdiagnostik und Frühtherapie – auch die Probleme der beruflichen Eingliederung – von der Bevölkerung als zweitrangig angesehen werden. Die Folge davon ist, daß die Eltern im Rahmen der Frühtherapie alles dransetzen, um ihr Kind in das Sonderschulsystem zu bringen. Von dem Moment an fühlen sie sich in der Verantwortung für ihr Kind weitgehend entlastet. Mit der Einschulung übernimmt aus der Sicht der Eltern gewissermaßen die Schule nunmehr die Verantwortung für die gesamte Erziehung des Kindes, einschließlich der dazugehörigen notwendigen Therapie.

Diese Einstellung hat sich als sehr nachteilig erwiesen, denn es ist ausgeschlossen, von einem, wie auch immer gearteten Sonderschulsystem zu verlangen, daß es ärztliche, psychologische und therapeutische Aufgaben übernimmt. Gerade die Erfahrungen des Münchner Kinderzentrums und die bisherigen Erfahrungen im Schulversuch deuten darauf hin, daß es dringend notwendig sein wird, allgemein in dem gesamten Sonderschulsystem weit mehr als bisher ärztliche, psychologische und therapeutische Gesichtspunkte zum Tragen zu bringen. Dies kann zum Beispiel dadurch geschehen, daß die entsprechenden Berufe mit ihren Anliegen für das behinderte Kind stärker in das Sonderschulsystem integriert werden. Weit effektiver dagegen ist es, diese nicht pädagogischen Hilfen neben dem Sonderschulsystem weiterhin durch das Elternhaus zu aktivieren.

Dies bedeutet, daß die Sonderschule auch in ihrer zeitlichen Beanspruchung genügend Raum für zusätzliche Therapie lassen muß. Es wird zweckmäßig sein, daß bestimmte Sonderschulen in Zukunft mit bestimmten therapeutischen Institutionen und Zentren enger zusammenarbeiten. Das kann aber nur geschehen, wenn die Eltern begreifen, daß auch mit der Einschulung ihres Kindes die therapeutischen Probleme weiter bestehen, so daß zum Beispiel die Sprachtherapie bei einem Kind mit cerebraler Bewegungsstörung oder die neurophysiologische Therapie bei einem hörbehinderten Kind, das gleichzeitig auch eine Sprachstörung hat, unbedingt weitergehen muß. Es war beabsichtigt, diese Probleme in den nächsten Jahren im Schulversuch stärker zu akzentuieren. Mit dem Auslaufen der finanziellen Förderung unseres Schulversuches kann dies leider nicht mehr geschehen.

Der Münchner Schulversuch der Aktion Sonnenschein läßt für zusätzliche Therapie Zeit, da die Kinder grundsätzlich nur halbtags in die Schule gehen. Aber es wird notwendig sein, Programme zu entwickeln – hier vor allem durch die begleitende Verhaltensdiagnostik und -therapie –, mit deren Hilfe die therapeutische Aktivität der Eltern besser realisiert werden kann.

Es kann hier nicht auf die Voraussetzungen einer erfolgreichen Elterntherapie näher eingegangen werden. Auf sie wurde an anderer Stelle hingewiesen (HELLBRÜGGE 1970). Hier sei lediglich festgehalten, daß den Eltern nur kleine Programme mitgegeben werden dürfen, daß es einen für die Eltern feststellbaren Erfolg bringt, daß die Programme in Einzelheiten erklärt, klar formuliert und durchtrainiert werden, da durch sie eine lückenlose Kontinuität im Entwicklungsprozeß des Kindes erreicht werden soll.

Die Vorteile eines systematischen Einsatzes der Eltern als Ko-Therapeuten liegen auf der Hand. Sie engagieren sich mehr für ihr behindertes Kind. Sie fühlen sich für den Therapieerfolg mitverantwortlich. Eventuell vorhandene Schuldgefühle werden durch die Therapie entlastet. Durch – wenn auch kleine – Erfolgserlebnisse wird das Selbstvertrauen der Eltern gefestigt, und die Schulung der therapeutischen Fähigkeiten der Eltern verändert ihre Einstellung zur Behinderung ihres Kindes.

Es sei aber ausdrücklich noch einmal festgehalten, daß alle diese Vorteile mit dem Aufhören der Elterntherapie bald wieder verlorengehen und daß es eine der wichtigsten Erkenntnisse unseres Schulversuchs darstellt, Eltern als Ko-Therapeuten auch neben der Sonderschule weiter zu aktivieren.

Dies war der Grund, im Rahmen der wissenschaftlichen Begleitung dieses Schulversuches systematisch Eltern-Trainingsprogramme zu entwickkeln, um die pathologischen Interaktionen zwischen Eltern und Kindern abzubauen.

Es sei bemerkt, daß die Frühbehandlung eines geschädigten Säuglings und Kleinkindes durch die Eltern in der Familie zur Zeit noch mit großen Schwierigkeiten belastet ist. Sie entstehen einerseits durch den nicht zu unterschätzenden Schock, den die Eltern bekommen, wenn sie erfahren, daß ihr Kind nicht gesund ist. Sie entstehen weiterhin durch die soziale Diskriminierung, wenn ihre Umgebung erfährt, daß sie ein behindertes Kind haben. Jede Fahrt in ein Therapiezentrum kann so zu einer zusätzlichen Belastung werden, weil die Eltern fürchten, daß die Behinderung ihres Kindes dadurch frühzeitig bekannt wird.

Schließlich entstehen den Eltern oftmals auch unerträgliche finanzielle Belastungen, selbst wenn die ärztlichen Aufwendungen als solche durch die Krankenkasse gedeckt sind. Mit Recht fordern Kinderärzte und Kinderpsychologen seit langem ein »Erziehungsgeld« oder »Müttergeld«, das schon zur Sicherung der Pflege eines gesunden Säuglings notwendig ist, denn junge Familien werden mit der Geburt eines Kindes in der Regel sozial stark beeinträchtigt, weil die außerhäusliche Erwerbstätigkeit der Mutter entfallen muß.

Die Pflege eines behinderten Kindes indessen erfordert weit größeren zeitlichen Aufwand, so daß es der oftmals an die Grenze des Zumutbaren belasteten Frau nicht möglich ist, etwas zusätzlich zu verdienen.

Wenn die Behandlung im Elternhaus erfolgreich sein soll, wird es auf die Dauer notwendig sein – beispielsweise im Rahmen der gesetzlichen Krankenversicherung –, auch die therapeutische Leistung der Eltern finanziell anzuerkennen.

Diese Forderung ist nicht nur vom ärztlichen Standpunkt aus zu begründen. Welche finanziellen Einsparungen damit möglich wären, zeigt folgendes Beispiel:

In der Ambulanz des Kinderzentrums München wird eine Präspastik oder eine Präatethose bei einem drei Monate alten Säugling diagnostiziert. Die Mutter ist fähig und willens, die Behandlung nach Vojta zu übernehmen. Diese Behandlung ist sehr anstrengend und soll drei- bis fünfmal am Tag zehn Minuten lang durchgeführt werden. Ohne finanzielle Hilfe ist dies der Mutter nicht möglich, denn der Vater ist krank und sie muß arbeiten gehen.

Da eine Behandlung schnell und intensiv erfolgen muß, wird an die Krankenkasse der Antrag gestellt, der Mutter für ihre Therapie monatlich 1000 DM als Hilfeleistung zu geben. Andernfalls wäre es notwendig, das Kind in die Klinik des Kinderzentrums stationär aufzunehmen, was monatlich bei einem Tagessatz von 165 DM fast 5000 DM kostet.

Der Krankenkasse wird das geschrieben und sie schreibt zurück, daß sie bedauert, mitteilen zu müssen, daß sie aufgrund der gesetzlichen Bestimmungen sofort bereit ist, die 5000 DM für die stationäre Behandlung zu bezahlen, daß es ihr aber nicht erlaubt ist, der Mutter 1000 DM zu geben.

So werden wichtige Chancen der Elterntherapie vertan, einfach deswegen, weil in der Öffentlichkeit – und gesetzliche Regelungen gehen immer über die Öffentlichkeit – nicht genügend Verständnis dafür vorhanden ist, wie die Familie auch in Therapie und Pädagogik eingesetzt werden könnte.

Aber Hausaufgaben und Elterntraining sind zweierlei

Aus der Sicht der Eltern besteht eine große Not in unserem Schulsystem derzeitig darin, daß die Kinder zu viel Hausaufgaben machen müssen. Wir konnten schon vor 20 Jahren in einer Repräsentativ-Untersuchung bei 11jährigen Oberschülern in München (HELLBRÜGGE und RUTENFRANZ, 1955, 1956) nachweisen, daß die für Hausaufgaben verwendete Zeit – ermittelt an fast 8.900 Tagesverläufen – bei Vormittagsunterricht im Durchschnitt 2,13 Stunden betrug. Die daraus zu berechnende wöchentliche Beanspruchung durch Hausaufgaben lag bei den 11jährigen Kindern bei 12 Stunden. Diese Zeit wurde noch erhöht durch eine beinahe obligate Wochenendarbeit, denn 86% der Kinder arbeiteten damals über das Wochenende für die Schule. Samstag Nachmittag machten 37%, sonntags 14% und an beiden Tagen 35% der Schüler Hausaufgaben.

Die übermäßigen Hausaufgabenzeiten kommen vor allem dadurch zustande, daß Fachlehrer, ohne voneinander zu wissen, an bestimmten Tagen gleichzeitig Hausaufgaben aufgeben. Unsere damaligen Untersuchungen zeigten, daß die effektive Hausaufgabenzeit im Einzelfall erheblich länger war. Eine spätere Studie (HELLBRÜGGE und RUTENFRANZ, 1959), bei der

Zeiten für Hausaufgaben

nach Untersuchungen an Oberschülern in München

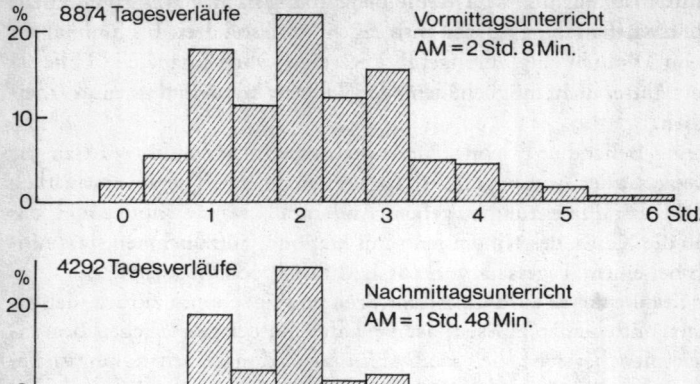

Prozentuale Verteilung von Hausaufgabenzeiten bei 11jährigen Oberschülern (aufgegliedert nach Zeitzonen zu je 30 Minuten).

Beim Vormittagsunterricht erledigten die Kinder in München ihre Hausaufgaben – ermittelt aus 8874 Tagesverläufen – durchschnittlich in 2 Stunden und 8 Minuten, beim Nachmittagsunterricht betrug die durchschnittliche Dauer der Hausaufgaben – ermittelt aus 4292 Tagesverläufen – 1 Stunde und 48 Minuten.

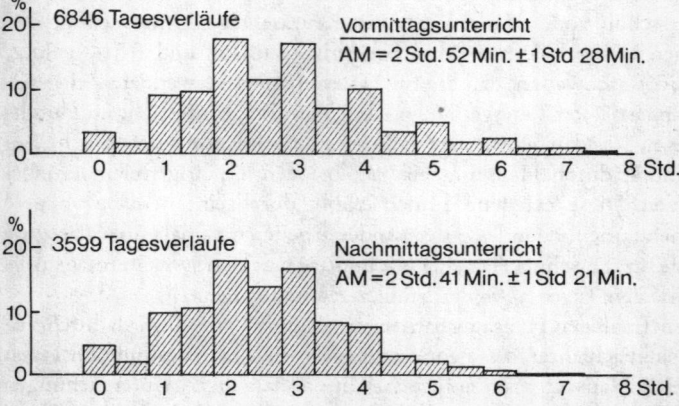

Prozentuale Verteilung von Hausaufgabenzeiten bei 16jährigen Oberschülern (aufgegliedert nach Zeitzonen zu je 30 Minuten).

auch 16jährige Oberschüler aus Dortmund einbezogen wurden, zeigte das in der Abbildung dargestellte Ergebnis. Man erkennt, wie hoch der Prozentsatz der 11jährigen und 16jährigen Oberschüler schon damals war, die drei Stunden, 3 1/2, 4 Stunden, 5 Stunden und länger Hausaufgaben machten.

Dieses Ergebnis wurde vielfältig von Pädagogen so interpretiert, daß der hohe Mittelwert in erster Linie durch die allzu langen Hausaufgabenzeiten bei minderbegabten Kindern zustandekommen. Gleichzeitig wurden wir darauf hingewiesen, daß an unseren Untersuchungen vor allem wohl die Eltern minderbegabter Kinder teilgenommen hätten, weil sich die Eltern der überdurchschnittlich begabten – mit kurzen Hausaufgabenzeiten – für solche Erhebungen kaum interessieren würden.

Um die Hypothese eines Zusammenhanges zwischen langen Hausaufgabenzeiten und minderer Begabung zu prüfen, wurde damals eine Korrelation zwischen der »Höhe der Belastung« durch Hausaufgaben der Kinder und der »Prozentualen Beteiligung der Eltern« bei den einzelnen Schulklassen vorgenommen. Wir haben diese Korrelation damals bei den Münchner Kindern errechnet und fanden, daß keine Zusammenhänge zwischen der Länge der Hausaufgabenzeit und der prozentualen Beteiligung der Eltern bestanden.

Darüber hinaus zeigte eine Analyse der Hausaufgaben an den einzelnen Wochentagen, daß an ganz bestimmten Wochentagen übermäßig lange Hausaufgaben zustande kamen, und daß an anderen Wochentagen dies weniger der Fall war.

Es blieb damals wie heute keine andere Schlußfolgerung, daß übermäßiglange Hausaufgabenzeiten in erster Linie durch eine Aufsplitterung des Unterrichtes in mehrere Lehrer zustande kommt.

Inzwischen ist aber der Hausaufgabendruck auf die Kinder so groß geworden, daß manche Eltern resignieren. In weiten Kreisen wird seitens der Schule erwartet, daß die Hausaufgaben der Kinder gemeinsam mit den Eltern durchgeführt werden, zumindest, daß die Eltern die Hausaufgaben überwachen. So sind die Eltern unmittelbar in den »Hausaufgaben-Druck« eingeschaltet.

Nicht wenige Eltern glauben nun, daß mit der Einführung der Ganztagsschule dieses »Hausaufgaben-Elend« ein Ende haben würde in dem Sinne, daß die Kinder ihre Hausaufgaben in der Schule machen. Langjährige Erfahrungen in Ganztagsschulen haben indessen gezeigt, daß dies eine Utopie ist. Im Gegenteil, in den meisten Schulen machen die Kinder noch anschließend an den Ganztagsunterricht Hausaufgaben, und deswegen haben sie praktisch keine frei verfügbare Zeit mehr. Da aber frei verfügbare Zeit ein wesentliches Element kindlicher Reifungsvorgänge bedeutet, bleiben entscheidende Entwicklungsprozesse bei diesen Kindern durch die »Dauer-Lernerei« zurück.

Im Rahmen unseres Montessori-Modells haben wir von vornherein diesen Hausaufgaben-Druck vermeiden wollen. Es schien uns auch aus Gründen der integrierten Erziehung, d. h. der gemeinsamen Erziehung gesunder und behinderter Kinder wichtig, keine Pflichtaufgaben zu Hause durchführen zu lassen. Wenn nämlich die ganze Klasse ein Hausaufgabenpensum bekommt, sind in einer Schule wie der unsrigen, die schwächer begabten Kinder in jedem Falle auf das Schwerste benachteiligt. Sie würden über Stunden an ihren Hausaufgaben sitzen, während die intelligenten Kinder der gleichen Klasse diese Hausaufgaben schnellstens erledigen könnten.

So haben unsere Lehrer darauf verzichtet, Hausaufgaben als Pflichtleistung aufzugeben, in dem Sinne, daß die Kinder ein bestimmtes Pensum bis zum nächsten Tag erledigen müssen.

Nun haben aber Hausaufgaben im Rahmen von Schullernprozessen eine wichtige Funktion. Das Kind kann zu Hause in Ruhe selbständig arbeiten. Es kann dabei als Eigenleistung die Lernprozesse vollziehen, die ihm unter Umständen in der Gruppe Schwierigkeiten bereiten. Aus diesem Grunde wurden die Eltern gebeten, die Kinder anzuhalten, eine bestimmte Zeit zu Hause Hausaufgaben zu machen.

Von den Schülern der ersten und zweiten Klasse wird täglich eine halbe Stunde, von denen der dritten und vierten Klasse täglich eine Dreiviertelstunde Hausarbeit erwartet. Erste und zweite Klasse, bzw. dritte und vierte Klasse bezieht sich dabei auf das Alter der Kinder, weniger auf die Klasse selbst. Die Kinder sollen hier lernen, ihre Arbeit selbst zu planen und ihre Zeit einzuteilen. Die Selbständigkeit des Kindes steht also bei den Hausaufgaben im Rahmen unseres Montessori-Modells im Vordergrund.

Die Eltern werden ausdrücklich gebeten, den Kindern bei den Hausaufgaben nicht zu helfen. Nur so kann der Lehrer am nächsten Morgen beurteilen, ob ein Kind in der Lage ist, eine bestimmte Arbeit daheim selbständig zu erledigen. Dieser Hinweis gibt dem Lehrer eine wichtigere pädagogische Information, als dies derzeitig in unseren Schulen über die Hausaufgaben geschieht. Jedermann weiß, daß ein Großteil der Hausaufgaben von den Eltern erledigt wird. Letztlich belohnt also der Lehrer, wenn er die Hausaufgaben anschaut und beurteilt, die Arbeit der Eltern und weniger die des Kindes.

Im Rahmen unseres Montessori-Modells ist das genau umgekehrt. Wenn der Lehrer die Hausaufgaben etwa einmal in der Woche einsammelt, nachsieht und kommentiert, kann er sehen, was das Kind selbständig geleistet hat. Er gibt den Kindern dann ihre Bestätigung und macht Vorschläge, wie sie die Fehler korrigieren können.

Diese Praxis, Hausaufgaben zu machen und aus den Ergebnissen der Hausaufgaben wichtige Schlüsse auf die Fähigkeit des selbständigen Arbeitens des Kindes zu ziehen, stößt derzeitig in der Schulpädagogik offensichtlich auf Mißverständnis.

An dieser Stelle ist es von besonderer Wichtigkeit, auch auf unser »Eltern-Training« kurz einzugehen. Im Rahmen der wissenschaftlichen Begleitung des Schulversuches ergab sich nämlich die Möglichkeit, »Eltern-Trainings-Programme« zu erarbeiten. Zur sozialen Förderung des Kindes in der Familie wurde ein »Eltern-Gruppen-Training« in verhaltensändernden Techniken mit spezieller Ausbildung der Eltern zu Ko-Therapeuten mit Effektivitäts-, Fremd- und Nachkontrollen durchgeführt. Es wurde dabei unter anderem versucht, auf die Strukturierung des Tagesablaufs des behinderten Kindes in der Familie einzugehen. Dabei wurden auch Elternabende als Lehrer-, Eltern-, Kleingruppentraining veranstaltet.

Es ist hier nicht der Ort, auf die Art des Eltern-Trainings näher einzugehen. Dieses Eltern-Training war vielfach aber Voraussetzung einer erfolgreichen Eltern-Therapie neben der Schule. Anhand der Einwände des Bayerischen Staatsministeriums für Unterricht und Kultus wurden nun die Protokolle näher untersucht, welche Programme bzw. welche Themen für Eltern-Training im Rahmen des Schulversuchs durchgeführt wurden. Im folgenden einige Themen:

»Anja wirft die Gäste abends heraus, sie will nicht ins Bett.«
»Sabine will nicht essen.«
»Birgit läuft beim Spazierengehen immer weg, sie kann keine Gefahren abschätzen.«
»Die Mutter fordert immer zuviel von Christian.«
»Christian kann beim Spielen nicht verlieren.«
»Wulf muß sich immer mit seinen Schwestern zanken.«
»David kann sich nichts merken.«
»Mario will immer seinen Willen durchsetzen, will ständig fernsehen.«
»Nicole will morgens nicht aufstehen.«

An diesen Themen kann man sehen, daß das Eltern-Training sich so gut wie überhaupt nicht auf das Erledigen der Hausaufgaben bezog, obwohl auch hierfür interessante Trainigsprogramme entwickelt wurden. Falls mit dem Eltern-Hausaufgaben-Training im Rahmen des Eltern-Trainings-Programms Hausaufgaben besprochen wurden, dann nur in der Weise, daß die Eltern davor gewarnt wurden, mit den Kindern zuviel Hausaufgaben zu machen. Die entsprechenden Themen hießen dann:

»Macht nur eine halbe Stunde Hausaufgaben, was dann nicht geschafft wird, bleibt liegen.«

»Lobt auch die kleinsten Lernschritte bei den Hausaufgaben und zwingt die Kinder nicht, Hausaufgaben zu machen.«

»Falls Sie merken, daß Ihr Kind nichts verstanden hat, sollten Sie es ermuntern, zum Lehrer zu gehen und nicht selbst etwas zu erklären versuchen.«

Man sieht an diesen Beispielen, daß das Hausaufgabenproblem in unserer Montessori-Schule ein ganz anderes Konzept hat, als dies normalerweise in den Schulen üblich ist.

Leider zeigt sich immer wieder bei den Elternabenden, insbesondere bei den Eltern der neu in die Schule aufgenommenen Kinder, daß die Eltern noch zu wenig Sinn für unser Konzept haben. Sie glauben, mit allen Mitteln aus ihren Kindern »mehr herausholen zu können«, wenn sie ihnen Hausaufgaben machen. In der Regel endet es damit, daß Kinder überhaupt nicht mehr mitmachen und geradezu bockig neben ihren Eltern sitzen. Die Eltern »belohnen« diese Bockigkeit durch entsprechende Reaktionen, wodurch die Kinder noch bockiger werden. Auf diese Weise entstehen Katastrophen innerhalb der Familie, die alles andere tun, als die Schullernprozesse zu fördern.

Unsere Erfahrungen mit integrierter Erziehung behinderter Kinder lassen sich auf die ganze internationale Montessori-Pädagogik übertragen

Das »Schlüsselerlebnis«, das ich anläßlich meines ersten Besuchs in einem Montessori-Kindergarten hatte, in dem zufällig auch zwei behinderte Kinder waren, wurde durch unser Montessori-Modell in jeder Hinsicht bestätigt. Wir können heute feststellen, daß es ohne Schwierigkeiten möglich ist, in jedem Montessori-Kindergarten der Welt behinderte Kinder aufzunehmen.

Obwohl die Möglichkeiten der Montessori-Pädagogik im Hinblick auf die Hilfe für mehrfach und verschiedenartig behinderte Kinder bislang keineswegs genügend bekannt sind, und es nach unserer Erfahrung notwendig sein wird, das Montessori-Material, wie es weltweit ziemlich einheitlich benutzt wird, im Hinblick auf das behinderte Kind zu ergänzen oder zu modifizieren, kann aufgrund unserer Erfahrung festgestellt werden, daß es keine Schwierigkeit bereitet, behinderte Kinder in Montessori-Kindergärten aufzunehmen.

Dabei gehen wir von der Erfahrung aus, daß das wie auch immer behinderte Kind in jedem Falle in der Minderzahl sein soll und daß die gesunden

Kinder durch die Montessori-Pädagogik angeleitet werden, den behinderten Kindern zu helfen.

Da unser Montessori-Modell auf der klassischen Montessori-Pädagogik beruht, wird es für eine ausgebildete und erfahrene Montessori-Pädagogin keine Schwierigkeit bereiten, behinderte Kinder richtig zu betreuen.

Hier zeigt sich eben, daß diese Pädagogik ihre Wurzeln in der »Physiologischen Erziehung der Schwachsinnigen« hat und daß sie deswegen grundsätzlich sowohl für gesunde als auch für behinderte Kinder geeignet ist. Hier zeigen sich die Vorteile, daß die »Binnen-Differenzierung« der pädagogischen Prozesse unmittelbar das einzelne Kind betrifft, d. h. jedes Kind individuell auch im Rahmen der Gemeinschaft gefördert wird.

Vor der Aufnahme eines behinderten Kindes in einen Montessori-Kindergarten sollte eine gute ärztliche und klinisch-psychologische Diagnostik durchgeführt werden, um die Montessori-Pädagogin über die Schwierigkeiten des einzelnen Kindes zu orientieren, damit sie auf jedes einzelne Kind eingehen kann. Dies gilt insbesondere für mehrfach geschädigte Kinder, bei denen neben der Körperbehinderung auch eine mehr oder minder starke geistige Störung vorliegt. Dies gilt auch für sinnesbehinderte Kinder, insbesondere für blinde und hörgeschädigte.

Es wäre aber falsch anzunehmen, daß die Montessori-Pädagogik als solche für das behinderte Kind allein eine volle Hilfe zu geben vermag. Bei spezifisch behinderten Kindern muß neben der Erziehung im Kindergarten eine entsprechende Behandlung durch Fachkräfte (Psychotherapie, Sprachtherapie etc.) weitergehen.

Auch für die Montessori-Schulen – so zeigen unsere Erfahrungen – bestehen grundsätzlich keine Schwierigkeiten, daß sie behinderte Kinder aufnehmen. Dies gilt in erster Linie für körperbehinderte Kinder. Wir haben jahrelange Studien bei Contergan-Kindern durchgeführt. Sie kamen schwer gliedmaßengeschädigt zur Welt, weil ihre Mütter in den ersten Monaten ihrer Schwangerschaft das damals als harmlos geltende Beruhigungsmittel Contergan eingenommen hatten. Diese Kinder wurden in München einer systematischen Frühbehandlung unterzogen. Sie lernten z. B. mit den Füßen schreiben, bevor sie in die Schule kamen. Wir haben keine Schwierigkeiten gehabt, diese Kinder in die normalen Schulen einzugliedern. Sie gehen heute zum Teil auf das Gymnasium und sind beliebt in ihren Klassen.

Im Rahmen der Montessori-Pädagogik bestehen überhaupt keine Schwierigkeiten, körperbehinderte Kinder einzuschulen. Daneben ist es aber auch möglich, lernbehinderte Kinder, in den ersten Klassen der Grundschule auch geistig behinderte, sowie sinnesgeschädigte Kinder (sehschwache, hörgestörte und verschiedenartig behinderte Kinder) in einer Montessori-Klasse zu haben.

Es ist von großem Vorteil, wenn der Einschulung eines behinderten Kindes in eine Montessori-Schule eine systematische Vorerziehung in einem Montessori-Kindergarten vorausgegangen ist. In einzelnen Fällen hat sich aber gezeigt, daß auch später noch durchaus erfolgreich schwierige Kinder in eine Montessori-Schulklasse eingeschult werden können:

Kai kam im Alter von 8 Jahren und 8 Monaten in das Kinderzentrum, weil seine Schulschwierigkeiten in der normalen Volksschule in der 3. Klasse unerträglich geworden waren. Bei Kai lag eine motorische Störung vor, die vermutlich auf eine perinatale Asphyxie zurückzuführen war. Dies führte zu einer gewissen Schwerfälligkeit im Bewegungsablauf, die sich schon in der 1. Klasse der Grundschule so äußerte, daß er Schwierigkeiten beim Schreiben hatte. Kai kam deswegen in eine psychologische Beratung mit anschließender 1½ Jahre dauernder Legastheniebehandlung und Spieltherapie. Trotz dieser Behandlung verschlechterten sich die Schulleistungen so, daß Kai selbst völlig resignierte und jede Lust verlor, in der Schule oder außerhalb der Schule etwas zu lernen. Die Lehrerin stellte für Kai die schlechteste Prognose trotz seines im Hamburg-Wechsler-Intelligenztest nachgewiesenen überdurchschnittlichen Intelligenz.

Die klinisch-psychologische Untersuchung des Kinderzentrums konnte diese Befunde bestätigen. In dem Diagnosetest zur Erkennung minimaler cerebraler Bewegungsstörungen erreichte Kai nur 10 Punkte statt 21. Der Perzeptionstest nach Frostig bestätigte auch bezüglich der Feinmotorik die Schwierigkeiten.

Wir haben Kai dann in unsere Montessori-Schule aufgenommen. Er war völlig erleichtert, daß es kein festes Hausaufgabenpensum gab. Seine Skepsis vor der Schule wich bald, weil er keine schlechten Noten mehr bekam. Er erlebte, daß auch die kleinste Leistung, die er in der Schule vollbrachte, entweder durch das Material selbst oder durch die Montessori-Pädagogin belohnt wurde. Nach und nach nahm er immer intensiver am Unterricht teil und seine »Schul-Schwierigkeiten« wurden so gering, daß er nach 2 Jahren Schule nunmehr die Aufnahmeprüfung in das Gymnasium geschafft hat.

Für den Kinderarzt erhebt sich die Frage, ob es notwendig war, daß Kai erst zu einem lernbehinderten Kind werden mußte, und ob es nicht besser sei, durch eine kindgerechte Pädagogik Kinder wie Kai vor diesem Schicksal zu bewahren. Nicht in jedem Ort gibt es eine Montessori-Schule, in die Kinder wie Kai aufgenommen werden können, um sich innerhalb von 2 Jahren zu normalisieren.

Eine Einschränkung bezüglich der integrierten Erziehung ist bei denjenigen Kindern zu machen, die nicht oder noch nicht gemeinschaftsfähig sind.

Schwierigkeiten treten mit sogenannten verhaltensgestörten Kindern auf. Es handelt sich dabei weniger um Kinder, die einnässen, einkoten, Daumen lutschen oder sonstige, unter dem Begriff der Verhaltensstörung zusammengefaßte Besonderheiten zeigen, als vielmehr in erster Linie um Kinder, die unter den Begriff der Soziosen (HELLBRÜGGE, 1975) fallen. Dies sind Kinder, die in der Regel infolge eines frühkindlichen Deprivationssyndroms, praktisch dem Nichtvorhandensein einer stabilen Hauptbezugsperson in der prägenden Zeit der Sozialentwicklung, zu sozialbehinderten Kindern wurden. Ihre Hauptsymptome sind Aggression, Provokation und soziale Apathie.

Agressiv verhaltensgestörte Kinder würgen, treten, beißen, schlagen ihre Mitschüler immer dann, wenn der Lehrer sich gerade abwendet. Es hat sich gezeigt, daß ein solches Kind zu einem Tyrannen der ganzen Klasse werden kann, und daß insbesondere körper- und geistigbehinderte Kinder ihnen ziemlich wehrlos ausgeliefert sind.

Provokativ verhaltensgestörte Kinder provozieren die Lehrerin durch ständiges Dazwischenreden, an das Fenster Laufen, Aufstehen usw., solange, bis diese schließlich »aus der Haut fährt«. Nach den Erfahrungen unseres Schulversuchs können diese Kinder im Rahmen der integrierten Erziehung nicht behalten werden. Zweifellos stellen sie auch in der Regelschule ein Problem dar, dem mit herkömmlichen pädagogischen Mitteln offenbar nicht beizukommen ist.

Nach dem derzeitigen Stand der Erfahrungen sei festgehalten, daß ein Kind im Rahmen der integrierten Erziehung eine entwicklungsfähige Arbeitshaltung aufweisen muß und daß es in seinem Verhalten nicht so aus dem Rahmen fallen darf, daß die Mitschüler durch sein Benehmen dauernd gestört werden. Wir prüfen jetzt, ob durch den zusätzlichen Einsatz von Verhaltenstherapie innerhalb und außerhalb der Klasse die bislang schwierige Integration aggressiv verhaltensgestörter Kinder auf die Dauer möglich wird. Die erstmalig in der wissenschaftlich-psychologischen Begleitung angestellten Untersuchungen sind sehr ermutigend.

Unsere Erfahrungen haben gezeigt, daß diese Kinder einer intensiven Therapie bedürfen. Unter Umständen müssen sie – obwohl schulpflichtig – eine Zeitlang aus der Klasse entfernt und während dieser Zeit einer Verhaltenstherapie unterzogen werden. Nach dieser Therapie sollten diese Kinder nicht wieder in ihre alte Klasse zurückkehren, denn in Erinnerung des aggressiven Verhaltens würden die ehemaligen Mitschüler sofort eine Konfrontation einnehmen, die ihrerseits wieder Fehlverhalten bei diesen Kindern erzeugt und unter Umständen den Therapieerfolg gefährdet. In einer anderen Klasse, in die das Kind nach der Therapie neu eintritt, haben sich solche Schwierigkeiten dann nicht ergeben.

Die sechsjährige Erfahrung hat gezeigt, daß in einer Klasse des Integrationsmodells 20 bis 24 Kinder eine angemessene Zahl sind. Auch das Verhältnis 1:3 bzw. 25% behinderte zu 75% nicht behinderten Kindern hat sich bewährt. In der Regel sollte nicht mehr als ein schwer körperbehindertes Kind, das einer zusätzlichen Betreuung in der Klasse bedarf, in der Klasse sein. Vier weitere Kinder sollten möglichst nicht gleichartig behindert sein, weil sie sich dann leichter integrieren lassen, als wenn sie gleichartig behindert sind.

Nicht mehr als ein oder zwei weitere Kinder sollten behinderungsbedroht sein. Diese Kinder sind zwar nach dem Gesetz nicht als behindert anzusehen, aber aufgrund der ärztlichen und psychologischen Diagnostik, nicht zuletzt auch aufgrund des Urteils der Kindergärtnerin, ist leicht vorauszusagen, daß ein solches Kind in der normalen Regelschule versagt. Es handelt sich meistens um jene Kinder mit leicht cerebraler Schädigung, die an der Grenze der Lernbehinderung liegen und damit auch an der Grenze der Sonderschulbedürftigkeit.

Was die Integration selbst angeht, so macht sie im Rahmen der internationalen Montessori-Pädagogik deswegen keine Schwierigkeiten, weil die Integration als solche in der persönlichen Begegnung gesunder und behinderter Kinder liegt. Unsere Erfahrungen, daß die Kinder möglichst verschiedenartig behindert sein sollen, verstärkt diesen personalen Bezug, denn ein jedes Kind ist ja anders behindert, so daß keine »Behindertengruppe« als spezifisch behindert in einem Klassenverband integriert werden muß.

Für die internationale Montessori-Pädagogik eröffnet also das Münchner Montessori-Modell ein weites Feld der Hilfe für behinderte Kinder. Wir möchten wünschen, daß aufgrund unserer Erfahrungen alle Montessori-Kindergärten und Montessori-Schulen bereit werden, auch behinderte Kinder aufzunehmen.

Keinesfalls aber darf integrierte Erziehung auch im Rahmen der Montessori-Pädagogik erzwungen werden. Notwendig ist eine Vorbereitung und die Bereitschaft des Pädagogen, behinderte Kinder zu akzeptieren; notwendig ist die Vorbereitung der gesunden Kinder, daß sie behinderten Kindern helfend begegnen; notwendig ist auch eine Vorbereitung der Eltern, die lernen müssen, daß die gemeinsame Erziehung mit behinderten Kindern auch für gesunde Kinder eine Bereicherung darstellt.

Wir möchten deshalb empfehlen, zunächst einzelne behinderte Kinder zu integrieren, damit die Eltern selbst die Erfahrung machen können, daß dies von Vorteil ist. Es ist dann nicht schwierig, nach und nach auch andere behinderte Kinder aufzunehmen.

»Integrierte Erziehung«, wie sie in unserem Münchner Montessori-Modell gewachsen ist, bedarf eines behutsamen Aufbaus. Integrierte Erziehung, d. h. die gemeinsame Erziehung gesunder mit behinderten Kindern – erst recht mit mehrfach und verschiedenartig behinderten Kindern – kann nicht dadurch gelingen, daß man behinderte und gesunde Kinder in einen Klassenraum steckt und einen Lehrer, gleich ob Sonderpädagoge oder nicht, dazu zwingt, diese Kinder gemeinsam zu unterrichten.

»Integrierte Erziehung« darf nicht zur Ideologie werden in dem Sinne, daß – wie in der Schule üblich – auf dem Verwaltungswege plötzlich ein Modell der integrierten Erziehung als Obligat für das ganze Schulsystem eingeführt wird. So etwas ist im Jahre 1975 in Turin passiert.

Jahrelang hat man dort die Montessori-Pädagogik bei der Erziehung von geistig behinderten Kindern systematisch angewandt. Augusta Grosso, Präsidentin der Sektion Turin der Opera Nazionale Montessori, hat sich dabei große Verdienste erworben, die Prinzipien der Montessori-Pädagogik und auch das Montessori-Material systematisch in der Erziehung geistig behinderter Kinder einzusetzen. Sie konnte sich in Turin – ähnlich wie das bei unserem Montessori-Modell in München der Fall ist – auf die Zusammenarbeit mit einer Arbeitsgruppe berufen, die aus Neuropsychiatern, Sozialfürsorgern, Psychologen und Pädagogen mit Erfahrung in Montessori-Pädagogik bestand. Ähnlich wie in München zeigte es sich auch in Turin, daß eine wirkliche Hilfe bei behinderten Kindern in der Schule einer engen Zusammenarbeit mit Ärzten, Psychologen, Sozialfürsorgern, Beschäftigungstherapeuten, Physiotherapeuten, Musiktherapeuten etc. bedarf.

Fast möchte man sagen, wie bei Schulbehörden üblich, mußten diese jahrelangen Bemühungen in Turin im Oktober 1975 ganz plötzlich abgebrochen werden. Die Sonderschule wurde unter dem Motto »integrierte Erziehung« seitens der Behörden geschlossen, die behinderten Kinder in normale Schulen eingegliedert. Das Ergebnis war fast vorauszusehen. Frau Grosso beschreibt es als ein »Chaos«, weil von seiten der Schul- und Verwaltungsbehörden integrierte Erziehung überstürzt eingeführt wurde und nicht die Erfahrungen aus dem Sonderschulbereich in Turin behutsam übertragen worden sind.

Wie der Aufbau einer »integrierten Erziehung« geschehen kann, läßt sich an unserem Montessori-Modell in München gut ableiten: Aus der Frühdiagnostik und Frühtherapie entsteht allmählich eine Frühpädagogik, die wir als »Montessori-Einzeltherapie« bezeichnet haben. Die Montessori-Einzeltherapie wird langsam in eine Kleingruppen-Therapie umgewandelt, bei der unter Umständen auch schon Geschwister und gesunde andere Kinder mit behinderten Kindern Kontakt haben.

Sobald sich das wie auch immer behinderte Kind in der Kleingruppen-Therapie bewährt hat – d. h., daß seine Sozialisation so weit fortgeschritten ist, daß es in der Gruppe gut gefördert werden kann –, beginnt die »integrierte Erziehung« zunächst in einer kleineren Gruppe im Nachmittags-Kindergarten. Vom Nachmittags-Kindergarten erst schließlich wird das Kind in die Vormittags-Kindergartengruppe übernommen, in der nunmehr auf 16 gesunde Kinder 8 mehrfach und verschiedenartig behinderte kommen.

Aber selbst bei dieser Behutsamkeit gelingt es ab und an nicht, ohne Schwierigkeiten behinderte Kinder so weit zu integrieren, daß sie voll von der Gruppe akzeptiert werden. Einer der Gründe, warum dies geschieht, kann darin liegen, daß die Kindergärtnerin oder der Lehrer das Prinzip der integrierten Erziehung ablehnt, weil sie zum Beispiel glauben, daß behinderte Kinder besser in einer Sondergruppe gefördert werden. Diese Erfahrung zeigt, wie wichtig die innere Einstellung des Pädagogen zur integrierten Erziehung ist – daß es notwendig ist, den inneren Konsens des Pädagogen zu gewinnen, gesunde und behinderte Kinder in eine Gruppe zu nehmen.

KAPITEL 13

In der Wissenschaftlichen Begleitung des Montessori-Modells wurden wichtige Erkenntnisse gesammelt

Durch die großzügige Unterstützung des Bundesministeriums für Bildung und Wissenschaft, konnte unser Montessori-Modell mit integrierter Erziehung mehrfach und verschiedenartig behinderter Kinder als Schulversuch nach Maria Montessori der Aktion Sonnenschein in München im Jahre 1972 zusätzlich durch eine Wissenschaftliche Begleitung ergänzt werden. Damit bestand die Möglichkeit, nicht nur unsere Kinder intensiver zu beobachten, sondern auch neue Erkenntnisse zu sammeln, die über den Schulversuch als solchen hinaus dazu beitragen konnten, »Schulnot« näher zu analysieren und beseitigen zu helfen.

Dieser Schulversuch ist meines Wissens der einzige, der nicht nur isoliert den pädagogischen Bereich betrifft, sondern in dem Ärzte, Psychologen und Pädagogen erstmalig intensiv im Rahmen der Schul- und Unterrichtshygiene gemeinsam Probleme am Kind zu lösen suchten.
Entsprechend umfaßte dieser Schulversuch

einen kinderärztlichen Bereich,
einen psychologischen Bereich,
einen pädagogischen Bereich.

Der kinderärztliche und klinisch-psychologische Bereich wurde von Wissenschaftlern aus dem Kinderzentrum München und dem Institut für Soziale Pädiatrie und Jugendmedizin der Universität München bearbeitet.

Die Wissenschaftliche Begleitung im psychologischen Bereich wurde gemeinsam mit dem Max-Planck-Institut für Psychiatrie, im pädagogischen Bereich mit dem Institut für Pädagogik II der Universität München bearbeitet.

Im folgenden werden aus diesen Bereichen einige wichtige Ergebnisse kurz dargestellt. Der Schulversuch lief offiziell am 31. 12. 1976 aus. Bis zu diesem Zeitpunkt wurde auch die Wissenschaftliche Begleitung durch das Bundesministerium für Bildung und Wissenschaft gefördert. Die bis dahin angelaufenen Daten konnten nur zu einem geringen Teil bereits ausgewertet werden. Durch Doktoranden und Diplomanden des medizinischen Fachbereichs, beziehungsweise des Fachbereichs für Psychologie und Pädagogik der Universität München werden Detailfragen weiterhin bearbeitet. Die in der Wissenschaftlichen Begleitung dieses Modells gewonnenen Ergebnisse werden auch in den nächsten Jahren weiter Wissenschaftler beschäftigen.

Wir hoffen, daß das Bundesministerium für Bildung und Wissenschaft die von uns erbetene Nachfolgestudie genehmigt, damit die meines Erachtens für die gesamte Schulpraxis wichtigen Erkenntnisse in absehbarer Zeit zusammenfassend dargestellt werden können. Ein wichtiges Ergebnis sei allerdings vorab hier mit Nachdruck festgehalten:

Die Probleme der Schule sind so komplex, daß es dringend notwendig ist, daß in Zukunft im Interesse der Kinder, Kinderheilkunde, Psychologie und Pädagogik in Forschungsprojekten zusammenarbeiten. Dabei sollten diese Forschungsprojekte nicht am Grünen Tisch erledigt, sondern unmittelbar in der Schulpraxis durchgeführt werden.

Die kinderärztliche Diagnostik für schulschwierige Kinder muß verbessert werden

Die Erfahrungen im Münchner Kinderzentrum kann man dahingehend zusammenfassen, daß die integrierte Erziehung gesunder mit mehrfach und verschiedenartig behinderten Kindern kein isoliertes pädagogisches oder sonderpädagogisches Problem darstellt. Das Gelingen der integrierten Erziehung in der Schule wurde offensichtlich entscheidend gefördert von dem gemeinsamen Bemühen ärztlicher, psychologischer, pädaudiologischer, phoniatrischer, physiotherapeutischer und heilpädagogischer Zusammenarbeit, und zwar bereits vor Eintritt in die Schule.

Notwendige Voraussetzung für die integrierte Erziehung behinderter Kinder, aber auch für die Prophylaxe von Schulschwierigkeiten insgesamt, ist eine subtile Diagnostik der wichtigsten psychomotorischen Funktionen aller im Rahmen der integrierten Erziehung unterrichteten Kinder. Nur wenn der Lehrer über die körperlichen, geistigen und sinnesphysiologischen Mängel jedes Kindes orientiert ist, kann er im Unterricht daraus erwachsende Schwierigkeiten der Kinder genügend berücksichtigen. Andernfalls läuft er Gefahr, Schwierigkeiten in der schulischen Erziehung etwa auf eine falsche Einstellung des Kindes zum Schulgeschehen und nicht auf eine nicht erkannte Behinderung zurückzuführen.

Die Aufgaben des medizinischen Bereichs der wissenschaftlichen Begleitung im Rahmen des Modellversuches lagen deshalb in erster Linie darin, neue Untersuchungstechniken zu entwickeln, um insbesondere Kinder mit mehrfacher und verschiedenartiger Behinderung besser zu diagnostizieren. Es hat sich gezeigt, daß eine Reihe von Kinder, die als geistig behindert galten, bei eingehender pädiatrischer, auch phoniatrischer Untersuchung nicht als geistig behindert, sondern zum Beispiel als hörbehindert diagnostiziert wurden.

Die Notwendigkeit einer besseren ärztlichen, vor allem neurologischen Diagnostik vor Aufnahme in die Schule, insbesondere bei integrierter Erziehung, zeigte sich nicht zuletzt bei epidemiologischen Untersuchungen »gesunder Kinder«, die im Rahmen verschiedener Forschungsvorhaben des Kinderzentrums durchgeführt wurden. So deckten Untersuchungen des Instituts für Soziale Pädiatrie und Jugendmedizin der Universität München auf, wie häufig »verborgene Schäden« selbst bei als gesund geltenden Kindern sind (HELLBRÜGGE, SCHIRM, SCHUH, PUCHER bzw. HELLBRÜGGE, BARTL, BRACK, WITTROCK).

Diese latenten Schäden beanspruchen ein großes pädagogisches Interesse, denn nach den Erfahrungen des Münchner Kinderzentrums haben vor allem Kinder mit leichten Schädigungen die größten Schwierigkeiten in der Schule. Während Kinder mit auffälligen Behinderungen entweder von vornherein speziellen Sonderschulen zugeführt werden oder wenigstens in der Regelschule auf ihre Behinderung entsprechend Rücksicht genommen wird, gelten beispielsweise Kinder mit dem Syndrom der minimalen cerebralen Dysfunktion bis zu deren Diagnostik als gesund. Ihre Bewegungsungeschicklichkeit wird falsch eingeschätzt, die daraus resultierende Schreib- bzw. Leseschwäche als spezielle Behinderung oder gar Minderbegabung gedeutet, und die mit der leichten zentralen Koordinationsstörung verbundene spezifische Unruhe beim Sitzen sogar als Bösartigkeit angesehen.

Die falsche Beurteilung dieser Kinder schon im Elternhaus, erst recht in der Schule, führt zu Sekundärneurosen mit Lernunwilligkeit. Die betroffenen Kinder stellen zur Zeit wahrscheinlich das größte Kontingent von Kindern mit Schulschwierigkeiten dar. Diese Schulschwierigkeiten dürfen nicht der integrierten Erziehung angelastet werden, sie sind bei dem derzeitigen Leistungsdruck unserer Normalschule allerdings häufiger als bislang zu registrieren.

Im Rahmen der wissenschaftlichen Begleitung wurden neue diagnostische Modelle der neurologischen und motoskopischen Diagnostik von Vorschulkindern entwickelt, um insbesondere Kinder mit leichter cerebraler Dysfunktion früh genug zu erkennen (WITTROCK, GERSTENMAIER und BORST, 1974). Diese Untersuchungstechniken wurden im Rahmen größerer epidemiologischer Untersuchungen bei vermeintlich gesunden Vorschulkindern systematisch angewendet. Bei diesen Untersuchungen wurden weiterhin Störungen der somatischen Entwicklung, der Sinnesfunktionen, ferner auffallende Verhaltens- und Sprachstörungen, sowie Störungen der inneren Organe mit einbezogen. Die Erhebungen erstreckten sich ent-

sprechend auf eine Hörprüfung mit Hilfe von Audiometern, auf eine Seh-
prüfung mit Hilfe der spezifischen Sehtestgeräte Rodatest 4 und 5, sowie
auf ein motoskopisches beziehungsweise neurologisches Untersuchungs-
programm.

Im Rahmen einer ärztlichen Untersuchung an 391 Kindergartenkindern
im Alter von 3,3 bis 7,5 Jahren in München wurden im Jahre 1971 die in
der nachfolgenden Tabelle aufgeführten Ergebnisse erzielt. Es sei festgehalten, daß es sich um gesunde Kinder handelte und daß die verschiedenar-
tigen Störungen den Eltern bis zu dieser Untersuchung unbekannt waren
(HELLBRÜGGE, SCHIRM, SCHUH, PUCHER).

Die Notwendigkeit einer besseren klinisch-psychologischen Diagnostik
als Voraussetzung für eine bessere schulische Integration des gesunden und
behinderten Kindes zeigte sich vor allem im Rahmen einer epidemiologischen Untersuchung von Ärzten und Psychologen in einem geschlossenen
Vorort von München, bei der 325 Kinder im Alter von vier bis sechs Jahren,
und zwar über 97% der dort lebenden Kleinkinder, untersucht werden
konnten. Vor allem war aber bemerkenswert, daß bei fast 15% der als gesund geltenden Kleinkinder pathologische Auffälligkeiten in den neurologischen und motoskopischen Befunden festzustellen waren, ohne daß dies
den Eltern vorher bekannt war. Auch bei diesen Kindern im Alter von fünf
bis sechs Jahren wiesen 3% bis dahin unerkannte Hörstörungen, 10% bis
dahin unerkannte Sehstörungen auf (HELLBRÜGGE, BARTL, BRACK, WITT-
ROCK, SCHUH).

Tabelle

Störungen in der körperlichen Entwicklung	6%
Sehstörungen (Strabismus, Visusfehler)	9%
Hörstörungen	3%
Sprachstörungen	2,8%
Zahn- und Kieferschäden	1,7%
Störungen im Abdominal- und Genitalbereich	1,9%
Krankheiten der inneren Organe	1%
Abnormes und pathologisches EEG	3%
Störungen im Bewegungs- und Skelettsystem	10,8%
Störungen in der Bewegungsgeschicklichkeit	11%
Geschädigte Kinder insgesamt	22%

Im Hinblick auf die Lernprozesse in der Schule und damit auch als Grundlage für eine integrierte Erziehung war die Häufigkeit von Verhaltensstörungen interessant. Sie wurden im Rahmen der gleichen Untersuchung, also

bei einem unausgelesenen, weil geschlossenen Kreis von Kleinkindern mit Hilfe eines Anamnese- und eines Verhaltensbogens über die Eltern eruiert. Die Ergebnisse wurden bereits an anderer Stelle publiziert (HELLBRÜGGE, BARTL, BRACK, WITTROCK, SCHUH). Sie können als durchaus repräsentativ für die Situation unserer Kinder vor der Einschulung angesehen werden. Sie lassen sich bezüglich Spielverhalten, Sprache, Schlafgewohnheiten, Sauberkeitserziehung und Sozialverhalten wie folgt kurz zusammenfassen:

In ihrem Spielverhalten bezeichneten die Eltern 25% der Kinder als motorisch unruhig, 9% als zerstörerisch.

Sprachstörungen zeigten sich bei 11% der Kinder, etwa, weil sie noch nicht in Sätzen sprechen konnten. Bei 20% wurde eine auffällig unordentliche Sprechweise festgestellt, bei 27% Sprechstörungen im Sinne von Stammeln, Lispeln, bei 12% Stottern einschließlich leichtem Stottern.

20% der Knaben im Alter von vier bis fünf Jahren, 30% im Alter von fünf bis sechs Jahren, 13% im Alter von sechs bis sieben Jahren näßten noch ein, wobei auch seltenes Einnässen einbezogen wurde. Bei den Mädchen waren es im Alter von vier bis fünf Jahren 26%, von fünf bis sechs Jahren 9%, von sechs bis sieben Jahren 10%, die noch einnäßten.

Ein besonderer Wert wurde bei diesen Untersuchungen auf das Sozialverhalten der Kinder gelegt. Krankhaftes Sozialverhalten etwa im Sinne von Wutausbrüchen, Ungezogenheit oder herausfordernder Haltung gegenüber anderen Kindern wurde bei rund 2% der gesunden Kinder angegeben. Pathologisches Sozialverhalten korrelierte positiv mit Zerstörung beim Spiel, Essensauffälligkeiten, nächtlichem Aufschreien und Einnässen. Häufig dagegen, und zwar zwischen 15% und 30%, waren Schüchternheit, Absonderung von anderen Kindern, krankhafter Trotz und schlechtes Auskommen mit den Geschwistern aufgeführt.

Diese Ergebnisse möchte ich deswegen herausstellen, weil das Sozialtraining einer der Schwerpunkte in der bisherigen Kindergarten-Erziehung war. Dieser Schwerpunkt ist in der Diskussion um die sogenannte vorschulische Erziehung praktisch unbeachtet geblieben und auf »Leistungsverhalten« umgemünzt. Es bedeutet aber nach unseren Erfahrungen einen Nachteil für die Sozialerziehung kleiner Kinder, daß die »Vorschulklassen« aus dem Kindergartenbereich systematisch herausgenommen werden.

Am interessantesten sind aber unsere Ergebnisse bezüglich der sozialen Bedingtheit solcher krankhafter Verhaltensstörungen. Hier ist zu bemerken, daß die Stadtrandgemeinde von München, bei der wir diese Untersuchungen durchführten, praktisch keine ungelernten Arbeiter hatte, während die Schicht der Akademiker und Beamten deutlich überrepräsentiert war. Die auf diese Weise erzielten Ergebnisse geben aber ein gutes Bild über die Situation mancher Kleinkinder in der Bundesrepublik: So waren stotternde Kinder mit 20% bei Akademikerkindern signifikant häufiger als bei den Kindern der übrigen Schichten mit 8% bzw. 10%. Daumenlutschen war bei den Akademikerkindern mit 51% signifikant häufiger als bei den Kindern der übrigen Schichten. Arbeiterkinder wurden signifikant weniger oft als unordentlich bezeichnet als die Kinder der Akademiker. Letztere wurden am häufigsten als beim Essen unruhig gegenüber anderen Schichten angegeben. Akademikerkinder schrien auch häufiger nachts als die Kinder der übrigen Schichten.

Es ist nicht ganz leicht, diese Ergebnisse zu interpretieren. Aber man hat den Eindruck, daß das »Leistungsverhalten« gegenüber Kleinkindern derzeitig in den Kreisen der Akademiker und der Mittelschicht so stark ausgeprägt ist, daß die Kinder darunter leiden. Hier wird es dringend notwendig sein, um der gesunden Entwicklung der Kinder willen, die von der Schulpädagogik induzierten Leistungscurricula in Kindergärten und Schulen wieder auf einen Stand zurückzubringen, welcher der Entwicklung der Kinder gerecht wird.

Einzelheiten über weitere Ergebnisse aus dem ärztlichen Bereich der Wissenschaftlichen Begleitung dieses Schulversuchs werden an anderer Stelle veröffentlicht. Hier sei aber festgehalten, daß nicht nur im Rahmen der integrierten Erziehung eine subtile schulärztliche Diagnostik aller Kinder notwendig ist. Die bisherigen Ergebnisse zeigen, daß es zweckmäßig sein wird, neue und bessere ärztliche und klinisch-psychologische Untersuchungsprogramme zu entwickeln, um vor allem leichte Störungen im audiovisuellen, im neurologisch-motorischen und im perzeptiven Bereich vor Aufnahme der Kinder in die Schule zu diagnostizieren, da solche Störungen offensichtlich bei den erhöhten Schulanforderungen der Regelschule zu Lernbehinderungen führen.

Wie notwendig eine Verbesserung der ärztlichen und klinisch-psychologischen Diagnostik nicht nur vor Aufnahme in die Schule, sondern auch während der Schulzeit ist, zeigten Untersuchungen im Münchner Kinderzentrum bei Kindern im Alter von sieben bis zehn Jahren, die wegen Verhaltens- und/oder Lernstörungen, motorischer Ungeschicklichkeit sowie Hyperaktivität auf Anregung von Lehrern untersucht wurden. Diese Kinder hatten besondere Schulschwierigkeiten.

Die eingehende pädiatrisch-neurologische und klinisch-psychologische Untersuchung dieser Kinder deckte auf, daß ihre Intelligenzquotienten zwischen 90 und 154 (nach Hawik) normal bis sehr gut waren, denn bei 40% lagen sie über 120. Es wurde festgestellt, daß nur 18% der Kinder keinen Hinweis auf das Vorliegen einer minimalen cerebralen Dysfunktion zeigten, 34% leichte, aber 48% deutliche Zeichen einer minimalen cerebralen Dysfunktion aufwiesen.

Dieser Prozentsatz von Zeichen einer minimalen cerebralen Dysfunktion, vor allem von minimaler zentraler Bewegungsstörung, liegt deutlich über dem, der bei eingehenden Untersuchungen von Kindern im Vorschulalter und Schulalter gefunden wurde. Näheres sei folgenden Publikationen zu entnehmen, die im Rahmen dieses Schulversuchs veröffentlicht worden sind: BAUMHAUER (1973); BÖHME und BOTZLER (1975); BÖHME (1974); WITTROCK, GERSTENMAIER und BORST (1974); HELLBRÜGGE (1973a); SCHIRM und HELLBRÜGGE (1971); WITTROCK, HÖGER und MACKE (1975); MÖBUS und LAJOSI (1974); SCHIRM, BAHL und RANDOLPH (1972); RAUTENSTRAUCH und WITTROCK (1974); WITTROCK und RAUTENSTRAUCH (1973); SPRINGMANN (1974a und 1974b); SCHETELIG und HELLBRÜGGE (1976); SCHIRM und HELLBRÜGGE (1971); WITTROCK (1973); WITTROCK (1974).

Die Qualität von ärztlicher Therapie und schulischer Pädagogik einerseits und die Überbetonung pädagogischer Prozesse in der Behindertenhilfe andererseits haben dazu geführt, daß therapeutische Programme der Nachsorge, das heißt Programme der Krankengymnastik, der Sprachtherapie, der Beschäftigungstherapie usw. in den vergangenen Jahren von der Medizin für das Schulalter kaum weiterentwickelt worden sind. Dies ist aber dringend notwendig, denn solche therapeutischen Programme setzen entsprechende ärztliche diagnostische Grundlagen voraus. Es war deswegen erforderlich – in Zusammenarbeit mit Psychologen und Pädagogen –, auch im Rahmen der wissenschaftlichen Begleitung dieses Schulversuchs vorhandene Ansätze der Therapie auf ihre Effizienz zu überprüfen und weiter fortzuentwickeln.

Wir erinnern in diesem Zusammenhang beispielsweise an die Therapie von Schulkindern mit minimaler cerebraler Bewegungsstörung. In der Regel werden diese Kinder bislang geschont, weil man ihre motorische Ungeschicklichkeit nicht belasten will. Notwendig ist aber das Gegenteil, das heißt ihre Grobmotorik und ihre Feinmotorik muß in speziellen Programmen der Krankengymnastik durch Belastung gefordert werden. Daß dabei Elemente der Schwimmtherapie, der Reittherapie usw. in Zukunft mehr herangezogen werden sollten, sei nur am Rande erwähnt.

Es wird also notwendig sein, zur Verbesserung der integrierten Erziehung spezielle krankengymnastische Programme, spezielle beschäftigungstherapeutische Programme sowie sprachtherapeutische Programme so zu erarbeiten, daß der Lehrer in der Schule mehr noch als bisher in die Diagnostik und hiervon ausgehend in die notwendige Therapie der Kinder eingeweiht wird. Dies setzt aber auch voraus, daß der Arzt, insbesondere der Kinderarzt – und nicht nur als Schularzt –, mehr als bisher in Bereichen des Sonderschulwesens neben der Schule und in der Schule tätig wird, und daß ärztlich geleitete Therapeutinnen – unter laufender diagnostischer Kontrolle – neben dem Unterricht und im Unterricht mitwirken.

Psychologische Tests sollen nicht nur die Intelligenz, sondern auch das Sozialverhalten der Kinder messen

Ein Schwergewicht der Wissenschaftlichen Begleitung lag auf dem Gebiet der Psychologie. Zusammen mit den Kinderärzten hatten die Psychologen die Aufgabe, die behinderten Kinder zu behandeln. Da jede ärztliche und klinisch-psychologische Behandlung unabdingbar auf einer klaren Diagnostik aufbaut, ergab sich das Problem, für die behinderten Kinder entsprechende diagnostische Kriterien zu finden, welche einerseits die sogenannte Intelligenzdiagnostik, andererseits die Verhaltensdiagnostik betrafen.

Hier zeigte sich allerdings, daß die derzeitig üblichen Testverfahren keineswegs eine genügend gute Grundlage bildeten, um dem Lehrer in der Schule jene Hinweise geben zu können, deren er schon in seiner richtigen Einstellung zum behinderten Kind bedurfte.

So wurde im Rahmen der Wissenschaftlichen Begleitung versucht, vorhandene psychologische Tests auf ihre Eignung bei behinderten Kindern zu überprüfen.

Praktisch sind alle psychologischen Tests bei gesunden Kindern entwickelt worden. Die spezifischen Besonderheiten oder Bedürfnisse verschiedenartig oder mehrfach behinderter Kinder wurden nur bei wenigen Tests berücksichtigt. Diese haben darüber hinaus den Nachteil, daß sie isoliert als klinisch-psychologische Methoden konzipiert wurden.

Uns sind keine Testverfahren bekannt, bei denen zum Beispiel eingehende neurologische oder sinnes-physiologische Untersuchungen zunächst abgeklärt hätten, ob und inwieweit die »normalen« Kinder Störungen aufweisen, beziehungsweise, ob bei behinderten Kindern vorher nicht diagnostizierte Störungen oder Behinderungen vorhanden waren.

So entstanden eine Reihe klinisch-psychologischer Publikationen über vorhandene Tests und ihre Anwendung bei behinderten Kindern. Die darin niedergelegten eigenen Erfahrungen basieren auf der interdisziplinären Diagnostik des Münchner Kinderzentrums. Einzelheiten sind Veröffentlichungen von BAUMHAUER, BUCHHOLTZ, BRACK, CONSTANTIN, COULIN, EHLE, HAIBÖCK, HEMPELMANN, LANGSCHMIDT, LEDERER, MENGEN, SCHMITZ, SPRINGMANN, STEINMANN, TASCHLER, MOSEL und THIESEN zu entnehmen.

An dieser Stelle kann auf Einzelheiten der in der Wissenschaftlichen Begleitung unseres Montessori-Modells gewonnenen Erfahrungen nicht näher eingegangen werden. Zusammenfassend ist aber festzustellen, daß die Psychologie lernen muß, die soziale Entwicklung des Kleinkindes und krankhafte Abweichungen davon so früh wie möglich zu erkennen, um die Kinder selbst und auch andere Kinder vor Unglück zu bewahren.

Auch eine noch so intensive Intelligenzförderung des Kleinkindes nutzt nichts, wenn die Bedürfnisse seiner Sozialentwicklung und Sozialisation nicht genügend berücksichtigt werden.

Was aber zu wenig bekannt ist: Die Intensivierung sozialer Lernvorgänge in Kindergarten und Schule unterstützt entscheidend auch kognitives Lernen, wie es zur Zeit landläufig unter dem Begriff der »Intelligenzförderung«, auch zur »Chancengleichheit« in Kindergarten und Schule diskutiert wird.

Wie sich unser Montessori-Modell in der Wissenschaftlichen Begleitung darstellt

Die Erfahrungen, welche im Rahmen der Wissenschaftlichen Begleitung unseres Montessori-Modells gewonnen wurden, sollen an anderer Stelle in einem umfassenden Bericht veröffentlicht werden. Hier sei festgehalten, daß es für die Mitarbeiter der Wissenschaftlichen Begleitung ein interessantes Erlebnis war, ärztliche, psychologische und pädagogische Argumente bei der Untersuchung ständig austauschen zu müssen. Ein solcher interdisziplinärer Ansatz für die pädagogische Begleitforschung liegt meines Wissens bislang nicht vor.

Aus der Wissenschaftlichen Begleitung entstanden bereits einige Veröffentlichungen, auf die an dieser Stelle hingewiesen sei:

»Verhaltensmodifikationen in der Schule«,
(herausgegeben von Manfred Cramer, Peter Gottwald und Heinrich Keupp); in dieser Schrift stammen einige Kapitel aus unserem Schulversuch
»Sozialtraining mit behinderten Kindern«
von Waltraud Sladky 1976
»Forschungskonzept und angewandte Forschungsmethoden im Münchner Schulversuch zur Integration behinderter und nichtbehinderter Kinder nach Maria Montessori«
von Wolfgang Gufler, 1976
»Schulschwierigkeiten durch Fehlverhalten des Lehrers«
von Paul Innerhofer, 1975

»Sozialisation in der Schule und Therapieversuche bei sozialgestörten Kindern einer Sonderschule«
von Paul Innerhofer, 1975
»Kooperation und Elterntraining geistig behinderter Kinder bei der Therapie ihrer eigenen Kinder«
von Paul Innerhofer und Andreas Warnke, 1977

Die Lehrer unserer Schule haben im Eigenverlag der Aktion Sonnenschein einige Berichte herausgegeben:

»Ist die Integration behinderter Kinder in der Grundschule möglich? Utopie oder Wirklichkeit?« Abschlußbericht nach vier Jahren über die Entwicklung der ersten Kinder des Integrationsmodells 1970–1974
von Brigitte Ockel
»Rechenprogramm für das erste Schuljahr und Vorbereitung auf das zweite Schuljahr«
von Brigitte Ockel und Rosemarie Mehner
»Arbeitsunterlagen aus dem Schulversuch der Aktion Sonnenschein erwachsen«
von Brigitte Ockel
»Zur Organisation des Unterrichts bei integrierter Erziehung gesunder mit mehrfach und verschiedenartig behinderten Kindern in der Privaten Sonderschule der Aktion Sonnenschein«
von Brigitte Ockel unter Mitarbeit von Anne Fengler, Hannelore Geiges, Ingrid Glüder, Heide Gobbin, Christa Holzinger, Klaus-Dieter Kaul, Gerda Kroczek, Gisela Müller, Jolanthe Salewski, Helga Voss, Christl Zollner. Wissenschaftliche Beratung: Siegfried Prell
Weitere Bücher, die erschienen sind:
»Ko-Therapeuten in der Verhaltenstherapie«
von Edgar Schmitz, 1976
»Elternprogramm für behinderte Kinder«
von Edgar Schmitz, 1976

Eine eingehende Beschreibung aller Ergebnisse, vor allem auch der pädagogischen, wird in einem zusammenfassenden Bericht und in weiteren Veröffentlichungen erfolgen. An dieser Stelle seien lediglich die Unterschiede zwischen unserer Montessori-Schule und dem Regelschulsystem festgehalten, wie sie Wolfgang GUFLER aus der Sicht der Pädagogik im Rahmen unseres Schulversuches beschrieb:

Das herkömmlich vertikal strukturierte Schulsystem ist in dem Maß ins

Kreuzfeuer der Kritik geraten, in dem sich gezeigt hat, wie wenig es in der Lage ist, die Erreichung der von ihm proklamierten Lernziele zumindest für die Mehrzahl der Kinder zu gewährleisten, wie sehr die permanente Leistungsdruckverschärfung, und hier vornehmlich an Grundschulen, von der eigentlichen Aufgabe zu unterrichten abhält und diese auf mehr oder weniger deutliche Maßnahmen selektiven Charakters beschränkt.

Das Problem läßt sich in vereinfachender Form durch den Kreislauf zwischen der permanenten Anwendung normorientierter Leistungsmessung, dadurch »institutionalisierten« Leistungsdrucks, Schulangst und Leistungsversagen von seiten des Schülers und der teilweisen oder gänzlichen Selektion durch die Schule beschreiben.

Die Montessori-Schule versteht sich als eine humane Alternative zum herkömmlichen Grund- und Sonderschulwesen, denn

– als integrierte Schule des Primarbereichs kann sie fast völlig auf selektive Maßnahmen verzichten
– durch weitgehende Individualisierung des Unterrichts und der Lernanforderungen gibt es kein »Durchfallen«
– anstatt normorientierter Leistungsbeurteilung werden kriterienorientierte Verfahren eingesetzt; die mit negativen Konsequenzen verbundene Notenvergabe entfällt völlig
– durch freie Unterrichtsformen wird das Kind zur freien, spontanen, von innen her motivierten Arbeit angeleitet.

Die positiven Möglichkeiten der Montessori-Schule im Bereich der sozialen Förderung behinderter und nichtbehinderter Kinder werden in der Regel gesehen und anerkannt. Kritik richtet sich daher gegen den Anspruch der Schule, alle Kinder leistungsmäßig adäquat zu fördern.

Die im folgenden referierte Untersuchung greift diese Kritik auf und setzt sich mit folgenden Fragestellungen auseinander:

1. Arbeiten die Kinder an unserer Schule entsprechend den Lernzielen des für die entsprechenden Grundschulklassen geltenden Lehrplans?
2. Erreichen die Kinder an unserer Schule – trotz weitgehend anders strukturierter Lernsituationen – gleiche oder bessere Ergebnisse im Leistungsbereich?
3. Von welchen situativen Bedingungen hängt der subjektiv erlebte Leistungsanspruch der Kinder ab?

Die Datenerhebung zu den Fragen erfolgte über ein in den Unterrichtsablauf integriertes System zur Erfassung und Beurteilung der von den Kindern während der Freiarbeitsphase ausgeführten Arbeiten.

Vor Beginn jeder Arbeit holt sich das Kind ein »Beurteilungskärtchen«. Das Kind füllt das Kärtchen soweit wie möglich selbständig aus. Ergänzende Einträge (z. B. genaue Materialbezeichnungen) werden während der Arbeit vom Lehrer oder dem Lehrerassistenten vorgenommen.

Name		Datum	Deutsch	Rechnen	Sachkunde	Material						
selbst-gewählt	A	Lehrplan										
	B	wie schwer die Aufgabe für mich war										
empfohlen	C	wie gut und schnell ich gearbeitet habe										
	D	wie schön und genau ich gearbeitet habe										
gegeben	E	wie selbständig ich gearbeitet habe										
			1	2	3	4	5	6	7			
demon-striert	allein	zu zweit	Gruppe									

Nach Abschluß der Arbeit wird diese gemeinsam von Lehrer und Kind durchgesprochen und anhand verschiedener Kriterien beurteilt. Die Handhabung des Systems im Unterricht erfüllt damit neben der Datensammlung im Rahmen der Untersuchung weitere wichtige Funktionen:

– der Lehrer erhält einen exakten Überblick über alle vom Schüler bearbeiteten Materialien. Er kann jederzeit die Leistungen des Kindes mit den im Lehrplan formulierten Kriterien vergleichen (kriterienorientierte Messung) und steuernd eingreifen, wenn das Kind in bestimmten Bereichen entscheidend in Verzug gerät. Die Handhabung des Systems strukturiert den Ablauf des Arbeitsprozesses vor, was sich speziell für behinderte Kinder als vorteilhaft erweist. Die Lehrerzuwendung wird gleichmäßiger über die einzelnen Kinder verteilt, und es wird gewährleistet, daß jedes Kind Rückmeldung für angefertigte Arbeiten erhält.

– Für das Kind hat das Holen des Kärtchens Zeichencharakter, es wird damit zum diskriminativen Stimulus für gezielte, absichtsvolle, planvolle Beschäftigung.

Nach Beendigung jeder Arbeit wird diese mit dem Lehrer durchgesprochen. Das Kind erhält somit sofortige Rückmeldung. Je unmittelbarer die Konsequenz (Beurteilung), desto wirksamer (produktiver) ist sie. Das Gespräch mit dem Lehrer wirkt als soziale Verstärkung. Durch das Gespräch mit dem Lehrer erfährt das Kind, was von ihm erwartet wird; es ist in der

Lage, die ihm angemessenen Maßstäbe zu setzen und eigene Leistungen objektiv einzuschätzen.

Die Definition der Beurteilungskategorien:
Die abgeschlossene Arbeit eines Schülers wird anhand von fünf Beurteilungsdimensionen bewertet. (Aus Platzgründen in diesem Auszug nicht weiter erläutert.) Die Dimensionen sind als unabhängig voneinander zu betrachten. Die auf den Kärtchen selbst aufgeführten Definitionen sind kindgemäße Formulierungen. Sie sind nicht als Orientierungshilfe für den Lehrer gedacht. Sie könnten – so verwendet – zu einer falschen Vorstellung der Beurteilungsdimensionen führen.

Die Ergebnisse der Untersuchung werden im folgenden exemplarisch an einer dritten Klasse des Modells dargestellt; in die Auswertung gingen sämtliche von den Kindern bearbeiteten Materialien aus der ersten Hälfte (Oktober mit Februar) des Schuljahres 1975/76 ein. Beurteilungskriterium für die Dimension »Lehrplan« war der offizielle bayerische Grundschullehrplan. Er wurde auch für die behinderten Kinder angelegt, da von ihnen speziell der zeitliche Abstand zu den nichtbehinderten interessierte.

Die Ergebnisse werden anhand der Abbildung auf Seite 252 diskutiert.

1. Die nichtbehinderten Kinder orientierten sich in ihren Arbeiten (selbstgewählt und vorgegeben) weitgehend an den Forderungen des Grundschullehrplans; dieses Ergebnis ist im Zusammenhang mit zusätzlich durchgeführten Schulleistungstests (hier AST 3) zu sehen, bei dem durchschnittliche bis überdurchschnittliche Ergebnisse erzielt wurden. *Die Ergebnisse berechtigen zu der Aussage, daß nichtbehinderte Kinder auch im Rahmen integrierter Erziehung und ohne herkömmliche Leistungsdruckmechanismen voll die Anforderungen der Grundschule erfüllen.* Da gleiche Lernziele zu annähernd gleichen Zeitpunkten erreicht wurden, kann die Schule generell als offen gegenüber normalen Grundschulen gelten; dies gilt sowohl für Wechsel in die wie für Wechsel von der Modellschule.

Die behinderten Kinder bearbeiten Materialien und Arbeitsblätter im Durchschnitt ein Jahr später als die nichtbehinderten; zieht man zur Beurteilung den jeweiligen Sonderschullehrplan heran, so liegen sie über oder in der Normbreite.

Für den Bereich Sachkunde erreichten die behinderten Kinder fast die Normbreite des Grundschullehrplans; die Basis für eine produktive kooperative Arbeit zwischen Behinderten und Nichtbehinderten ist in diesem Fach am größten.

2. Die Einschätzung der subjektiven Schwierigkeit korreliert hoch mit den objektiven Anforderungen laut Lehrplan.

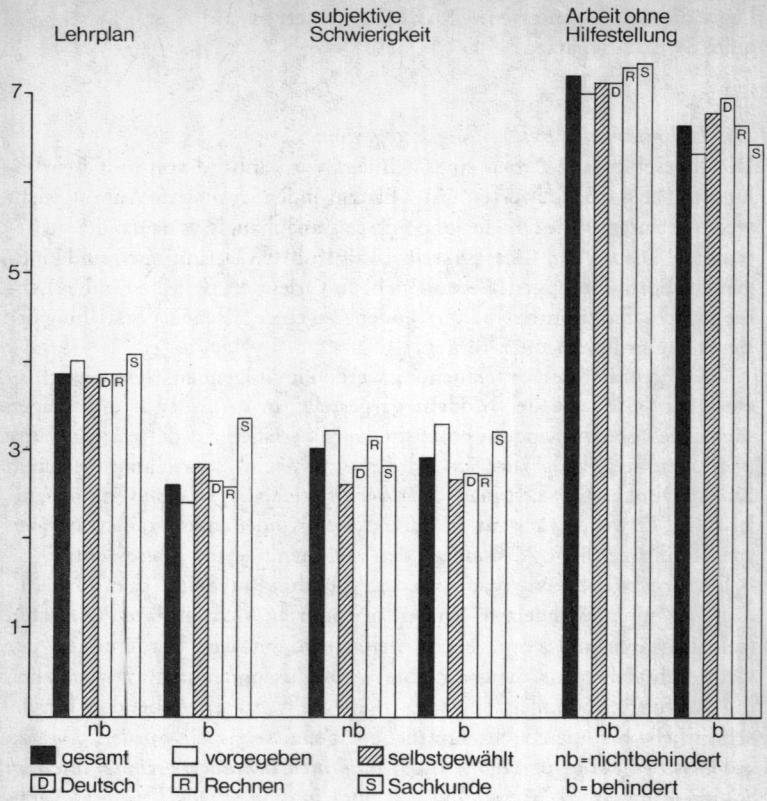

■ gesamt   □ vorgegeben   ▨ selbstgewählt   nb = nichtbehindert
Ⅾ Deutsch   Ⓡ Rechnen   Ⓢ Sachkunde   b = behindert

Zwischen den Gruppen »behindert« und »nichtbehindert« ergaben sich bei Mittelwertvergleichen keine statistisch bedeutsamen Unterschiede. Das bedeutet, daß es trotz objektiver Leistungsstreuung in der Klasse eine subjektive Leistungshomogenisierung gibt; die Tatsache, daß jedes Kind im Unterricht auf seinem Niveau in vergleichbarem Ausmaß gefordert wird, sollte für das allgemeine »Arbeitsklima« in der Klasse von großer Bedeutung sein.

3. Wurden die Aufgaben in der Freiarbeitsphase nicht von den Kindern gewählt, sondern vom Lehrer vorgegeben, so stiegen die Werte auf der Skala »subjektive Schwierigkeit«. Dieser Effekt war für die behinderten Kinder auch dann sehr deutlich zu sehen, wenn die vorgegebenen Arbeiten in ihrem objektiven Anspruchsniveau (Lehrplan) niedriger lagen als frei gewählte Aufgaben. Der hier aufgezeigte Effekt läßt sich nur als Leistungs-

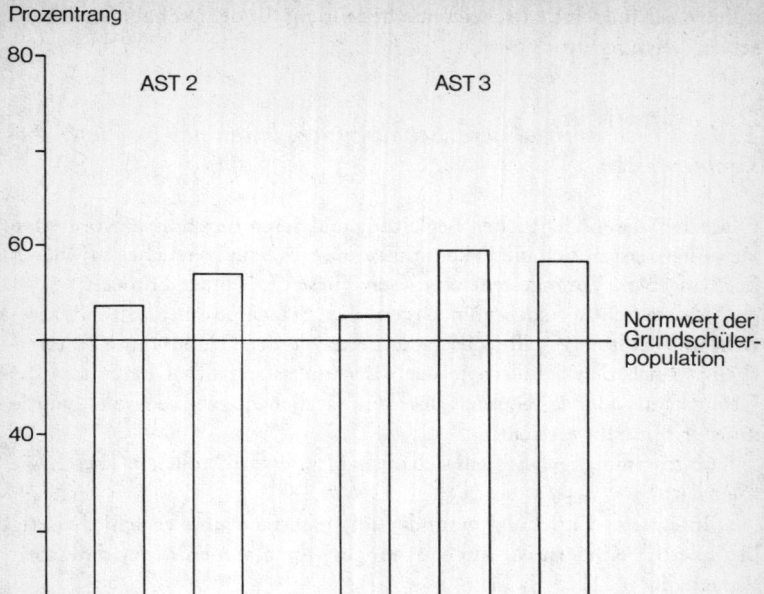

Prozentrang

AST 2   AST 3

Normwert der
Grundschüler-
population

Zweite Klassen   Dritte Klassen (Modell)

druckeffekt sinnvoll interpretieren; *freie Arbeitswahl ist demnach ein pädagogisches Prinzip, durch das sich Leistungsdruck entsprechend vermindern
läßt.*

4. Das Ausmaß der erforderlichen Hilfestellung korrelierte hoch mit der
Einschätzung der subjektiven Schwierigkeit; das bedeutet, daß die Kinder
Hilfe dann anfordern, wenn sie erforderlich ist, ansonsten jedoch für sich
und ohne Lehrer arbeiten. Nimmt man zahlreiche weitere Beobachtungen
aufgrund standardisierter Beobachtungsverfahren dazu, kommt man zu
dem Schluß, daß nichtbehinderte und behinderte Kinder – bis auf wenige
Ausnahmen – weitgehend selbständig zu arbeiten vermögen.

Soweit der Bericht von Wolfgang GUFLER.

Diese sowie weitere in den letzten Jahren an unserer Schule durchgeführten
Untersuchungen haben gezeigt, daß die integrierte Erziehung behinderter
und nichtbehinderter Kinder im Rahmen der Montessori-Pädagogik ohne
leistungsmäßige Einbußen möglich ist, und daß die freie Organisation des
Montessori-Unterrichts, speziell die Möglichkeit der freien Arbeitswahl

durch das Kind, eine entscheidende Bedeutung für den Abbau von schulischem Leistungsdruck besitzt.

Einige Erkenntnisse unseres Schulversuchs lassen sich in Thesen zusammenfassen

Ohne der wissenschaftlichen Begleitung und deren Ergebnissen vorgreifen zu wollen, lassen sich die Erkenntnisse unseres Schulversuches in Thesen kurz angeben. Vorangestellt sei diesen Thesen folgender Hinweis:

Das dem Schulversuch vom Bayerischen Staatsministerium für Unterricht und Kultur gestellte Ziel: »die Lernziele der Grundschule zu erreichen, so daß den Schülern je nach Leistungsstand der Übertritt in die Grundschule oder das Gymnasium grundsätzlich möglich sein soll«, wurde in jeder Hinsicht erreicht.

Kurz zusammengefaßt stellt sich unser Montessori-Modell in Thesen wie folgt dar:

1. Integrierte Erziehung gesunder mit mehrfach und verschiedenartig behinderten Kindern ist durchaus möglich im Rahmen der Montessori-Pädagogik.

2. Bestimmte Voraussetzungen der Frühdiagnostik, Frühtherapie und frühen sozialen Eingliederung müssen gegeben sein, damit behinderte Kinder erfolgreich in Kindergarten und Schule mit gesunden Kindern erzogen werden können.

3. Integrierte Erziehung verschiedenartig behinderter Kinder gemeinsam mit gesunden Kindern hat sich als leichter erwiesen als integrierte Erziehung gleichartig behinderter Kinder mit gesunden Kindern.

4. Integrierte Erziehung sollte grundsätzlich die Erfahrung von Sonderschullehrern bei spezifisch behinderten Kindern berücksichtigen und die Hilfe der Sonderschullehrer beim einzelnen Kind mit einbeziehen.

5. Im Rahmen der integrierten Erziehung sind Noten nicht notwendig. Es müssen andere Leistungsmaßstäbe gelten als das bisher übliche Notensystem. Das im Rahmen des Schulversuchs entwickelte Pensenbuch hat sich grundsätzlich bewährt.

6. Im Rahmen der integrierten Erziehung ist auf die Sozialentwicklung und die Sozialisation und deren Förderung in Kindergarten und Schule besonderer Wert zu legen.

7. Integrierte Erziehung von aggressiv verhaltensgestörten Kindern mit Soziosen ist ohne zusätzliche therapeutische Maßnahmen nicht möglich. In der Verhaltenstherapie scheinen nach den bisherigen Erfahrungen Möglichkeiten der sozialen Integration auch dieser Kinder zu liegen.

8. Bei integrierter Erziehung gesunder mit mehrfach und verschiedenartig behinderten Kindern reicht der Unterricht an fünf Vormittagen in der Woche aus, um gleiche kognitive Leistungen zu erzielen wie in Regelschulen.

9. Im Hinblick auf behinderte Kinder muß das vorhandene Montessori-Material ergänzt werden, da die Montessori-Pädagogik weltweit zur Zeit fast ausschließlich bei gesunden Kindern angewandt wird. Notwendige diesbezügliche Verbesserungen des Montessori-Materials müssen sonderpädagogische Erfahrungen einbeziehen.

10. Im Rahmen der integrierten Erziehung ist es notwendig, daß ärztliche und klinisch-psychologische Behandlungen je nach Behinderung des Kindes neben der Schule weitergeführt werden. Die behinderten Kinder bedürfen fortlaufend der ärztlichen und klinisch-psychologischen Überwachung.

11. Integrierte Erziehung durch eine Sonderschule, die ärztliche und klinisch-psychologische Erfahrungen auch während der Schul- und Unterrichtszeit nicht ständig mit einbezieht, wird den Notwendigkeiten der Kinder nicht gerecht. Im Rahmen der integrierten Erziehung ist eine intensive Zusammenarbeit zwischen Arzt, klinischen Psychologen und Pädagogen notwendig.

12. Es hat den Anschein, daß dieses Ergebnis des Schulversuchs Konsequenzen für das ganze Sonderschulsystem hat. Die Schüler aus üblichen Sonderschulen, die im Rahmen der wissenschaftlichen Begleitung wegen ihrer Schulschwierigkeiten, insbesondere massiver Verhaltensstörungen, vorgestellt wurden, lassen erkennen, daß die Sonderschullehrer ohne zusätzliche ärztliche und klinisch-psychologische Betreuung der Kinder auch in ihrer pädagogischen Arbeit völlig überfordert sind.

13. Der größte Erfolg, der aufgrund der bisherigen Erfahrung der integrierten Erziehung mehrfach und verschiedenartig behinderter Kinder zu registrieren ist, betrifft die soziale Haltung der Eltern und deren Kinder. Es erscheint einem Triumph gleich, daß nach acht Jahren gemeinsamer Erziehung gesunder und behinderter Kinder sowohl die Eltern der gesunden als auch die Eltern der behinderten Kinder einhellig die Fortsetzung des Schulversuchs über die Grundschule hinaus fordern. Es ist zu hoffen, daß diese Fortsetzung in absehbarer Zeit möglich ist.

14. Als großer Erfolg einer nunmehr achtjährigen integrierten Erziehung gesunder mit mehrfach und verschiedenartig – auch geistigbehinderten Kindern ist nicht zuletzt zu erwähnen, daß sowohl die Kindergärten, beziehungsweise vorschulischen Einrichtungen, als auch die Modellschule – hier als Schulversuch bezeichnet – in der Bevölkerung ein großes Ansehen erreicht haben. Gemessen an den Anmeldungen müßte unsere Schule heute

mehr als doppelt so groß sein. Für den Schulträger ist inzwischen eine fast
unerträgliche Situation dadurch entstanden, daß sich die Aufnahmekom-
mission mit Arzt, Psychologen und Pädagogen inzwischen zu einer Ableh-
nungskommission entwickeln mußte, weil amtlicherseits eine Vergröße-
rung der Schule bisher nicht erlaubt wurde.

15. Trotz dieser Feststellungen haben vor allem die pädagogischen und
sonderpädagogischen Aspekte im Rahmen der Wissenschaftlichen Begleitung gezeigt, daß die integrierte Erziehung dieses Schulversuchs in vielem
noch erheblich verbessert werden kann und muß. Insbesondere ist dabei
mit zunehmender Schuldauer auf die Unterschiede zwischen gesunden und
behinderten, insbesondere schwerbehinderten Kindern noch mehr zu achten. Aus diesem Grunde ist es notwendig, dieses Schulmodell in den nächsten Jahren weiter zu entwickeln. Dabei könnten Paralleluntersuchungen
zu Regelschulen und zu Sonderschulen die Vorteile dieses Schulmodells
noch stärker beweisen.

In den ersten Jahren mußte dieser Schulversuch weitgehend ohne Sonderschullehrer realisiert werden. Durch den Einsatz von Sonderschullehrern, die entweder haupt- oder nebenamtlich tätig wurden, konnten erhebliche Verbesserungen erzielt werden. Diese Verbesserungen werden sich
auch auf die Lern- und Arbeitsmittel beziehen müssen. Dabei wird es notwendig sein, Erfahrungen aus dem ärztlichen Bereich, insbesondere der
Krankengymnastik, der Beschäftigungs- und Sprachtherapie, stärker in die
Schulpraxis zu übertragen.

Als Fortentwicklung einer medizinischen Pädagogik hat Dagmar HÄN-
SEL im Rahmen ihrer Ausführungen über »Die physiologische Erziehung
der Schwachsinnigen« unser Montessori-Modell wie folgt in den Freiburger Forschungen zur Medizingeschichte dargestellt:

»Selbst die wohl großartigste Entwicklung, die die Montessori-Pädagogik genommen hat, griff nicht mehr auf Séguins Erfahrungen mit der Idio-
tenerziehung zurück.

Wir sprechen von dem Münchner Modell-Kinderzentrum der Aktion
Sonnenschein, in welchem gesunde und mehrfach behinderte Kinder
gleichzeitig in einem Modell-Kindergarten nach Montessori und einer fort-
führenden Modell-Schule nach Montessori mit hervorragenden Ergebnissen erzogen werden. Der feste Glaube des Initiators dieser Einrichtung,
Theodor Hellbrügge, daß »eine individuelle Förderung von gesunden intelligenten Kindern gemeinsam mit mehrfach und verschiedenartig behinderten Kindern . . . – soweit sich das übersehen läßt – nur mit Hilfe der
Montessori-Pädagogik möglich« ist, ließ ihn die mannigfachen Schwierigkeiten, die sich der Durchführung von bürokratischer Seite entgegenstell-
ten, überwinden.

Die Schulklassen sollen ebenso wie schon der Modell-Kindergarten zu 25 bis 40 Prozent aus mehrfach behinderten und 60 bis 70 Prozent aus gesunden Kindern zusammengesetzt werden. Der Vorteil dieser Mischung von normal befähigten und verschiedenartig behinderten Kindern »liegt dabei«, meint Hellbrügge, »auf beiden Seiten und bedeutet vor allem sozialen Gewinn«. Den Zweck sieht er – wie es Séguin auch schon angedeutet hatte und vermutlich in seiner Privatschule teilweise verwirklichen konnte – darin, daß »das gesunde Kind wie selbstverständlich die Hilfe für das behinderte Kind erfahren würde. Das behinderte Kind wiederum sollte sehr schnell lernen, sich wie selbstverständlich von dem gesunden Kind helfen zu lassen«.

Die guten Erfahrungen mit dem Modell-Kindergarten führten zur Erweiterung des Experiments auf die Schule im Oktober 1970. Mit Errichtung dieser Modell-Schule – ebenfalls auf das übergeordnete Prinzip gestellt: »Hilf mir es selbst zu tun«, wofür als Voraussetzung gelte, »daß mindestens 3 Jahrgänge von Kindern beisammen sind, daß der Lernunterricht eine bestimmte Spanne von 2 bis 3 Stunden am Tag nicht überschreitet . . . daß die Einschulung der Kinder über das ganze Jahr hindurch erfolgt . . . und daß grundsätzlich den Kindern jegliche Angst genommen wird« – mit dieser Modell-Schule scheint allerdings endlich die Hoffnung Séguins auf eine revolutionäre Lösung der speziellen wie gesamten Schulfrage in Aussicht zu stehen. Dies ist eine Schule, die nicht wie Montessori nur eine Förderung hochintelligenter Kinder anhand des so sinnvollen didaktischen Materials bezweckt, sondern die die in jedem Kind irgendwie schlummernden Fähigkeiten individuell zu wecken vermag und die Menschen zu einer Gemeinschaft erzieht.

So vermochte zwar Montessori Séguin nicht in Holmans Sinne zu neuen Ehren zu verhelfen, da selbst Hellbrügge über die Entstehung der Montessori-Pädagogik nichts für seine Arbeit Entscheidendes zu berichten weiß. Dennoch kommt die Aktion Sonnenschein der physiologischen Erziehung Séguins näher, als ihren Urhebern bewußt sein mag. Indiz dafür ist, was Hellbrügge über den Hauptfaktor der Montessori-Pädagogik sagt: »Entscheidende Grundlage des Montessori-Materials ist der physiologische Ansatz: ›Die physiologische Sinnesbildung ist der königliche Pfad zur Bildung der Intelligenz. Erfahrung, nicht Gedächtnis ist die Mutter der Idee.‹ (Maria MONTESSORI)«

Diese Erkenntnis, die eine weite Welle der Sonderpädagogik auslöste und unser gesamtes Schulsystem reformieren könnte, stammt in der Tat nicht von Montessori, sondern ist ein wörtlich von Séguin übernommenes Zitat, das er in einem Aufsatz formulierte und in neuem Zusammenhang in einer Rede vorbrachte:

»Let us physicians . . . help to build the programme of physiological education already sketched in the School for Idiots . . . The demonstration therein is given that the physiological education of the senses is the royal road to the education of the intellect, experience, not memory, the mother of ideas.«

KAPITEL 14

Unser Montessori-System gibt Hinweise für Medizin, Psychologie und Pädagogik

Medizin und Kinderheilkunde müssen in der Behindertenhilfe umlernen

Wir haben bereits auf die Schwierigkeiten hingewiesen, die unser Montessori-Modell im pädagogischen Bereich hatte. Sie sind letztlich darin begründet, daß die Sonderpädagogik zu sehr die Behinderung und zu wenig das behinderte Kind beachtet.

Ähnliche Probleme der Behindertenhilfe liegen auch in der Struktur der modernen Medizin. Sie hat sich in den vergangenen Jahrzehnten mehr und mehr in »Organ-Spezialitäten« weiterentwickelt, wobei die eine Spezialität kaum mehr etwas von der anderen weiß. Dies hat in der Behindertenhilfe zu einer Situation geführt, welche der Realität des mehrfach behinderten Kindes nicht gerecht wird. Wenn der Augenarzt für die Sehbehinderten, der Orthopäde für die Körperbehinderten, der Hals-Nasen-Ohren-Arzt für die Hörgeschädigten, der Kinderpsychiater für die geistig Behinderten, der Neurologe für die Anfallskinder zuständig ist, dann fehlt einfach die Schaltstelle, die die Primärdiagnostik für die gesamte kindliche Entwicklung und die höchst wichtige Koordination der vielfältigen Behandlung übernimmt.

Hier muß die Kinderheilkunde lernen, die sozialpädiatrische Diagnostik durchzuführen und vor allem die Entwicklung, beziehungsweise die Entwicklungsstörung des Kindes zu beurteilen. Sie hat daraus die entsprechenden Konsequenzen für eine mehrdimensionale Diagnostik durch verschiedene Spezialisten und darauf aufbauend für die mehrdimensionale Frühtherapie unter Einschluß der klinisch-psychologischen Behandlung und der frühpädagogischen Betreuung zu ziehen, eine Aufgabe, die für die kinderärztliche Klinik und die kinderärztliche Praxis neuartig ist.

Der Grund dafür, warum man so wenig über Mehrfachbehinderungen weiß, liegt ohne Zweifel auch in der Geschichte der Behindertenhilfe. Sie hat sich außerhalb der Medizin – wenngleich oft von Ärzten inauguriert – in Sonderinstitutionen, wie Blindenschulen, Taubstummenanstalten oder Kinderanstalten für arme, verwahrloste Kinder, entwickelt. Dies führte zu einem System, das auch heute noch auf Sonderschulen oder speziellen Tagesstätten für körperlich, geistig oder sinnesgeschädigte Kinder aufbaut, so daß das Verständnis für Mehrfachbehinderungen schwierig ist.

Es dürfte sich als Begründung aber auch anführen lassen, daß sich die Ursachen für angeborene oder früherworbene Schädigungen durch die Fortschritte der Kinderheilkunde wesentlich gewandelt haben. Die Hauptursache für die Taubheit im Kindesalter, der Scharlach (chronische Ohreiterung), ist durch die Antibiotikatherapie verschwunden. Die Hauptursache für die Blindheit im Kindesalter, die bei der Geburt erworbene eitrige Bindehautentzündung durch Gonokokken, ist durch die Credê'sche Prophylaxe beseitigt. Die Hauptursache für das Krüppelleiden im Kindesalter, die Englische Krankheit, ist durch die Entdeckung des Vitamins D ausgerottet, die Kinderlähmung durch die Einführung der Kinderlähmungsimpfung eingedämmt worden.

Angeborene oder früherworbene Behinderungen haben ihre Ursache vorwiegend in Schädigungen während der Schwangerschaft, in Geburtsschädigungen oder in Chromosomenanomalien. Diese Ursachen treffen das gesamte sich entwickelnde Kind, insbesondere das Großhirn und das Zentralnervensystem. Isolierte Augenschädigungen sind selbst da, wo sie spezifisch entstehen – etwa im Inkubator bei zu früh geborenen Kindern –, nicht als isolierte Augenschädigungen anzusehen, weil eben das zu Frühgeborensein als solches bereits einen schwerwiegenden Risikofaktor für die gesamte Entwicklung des Kindes darstellt.

Die Fortschritte der Medizin haben also letztlich dazu geführt, daß spezielle Behinderungen, wie Blindheit, Taubheit, schweres Krüppelleiden etc., selten geworden sind, und daß der größte Teil aller behinderten Kinder als mehrfach geschädigt und inzwischen auch mehrfach behindert angesehen werden müssen.

So ist das Kinderzentrum München mit seinem neuen Weg der mehrdimensionalen Diagnostik und darauf aufbauend der mehrdimensionalen Therapie auf der Basis einer ethologischen Entwicklungsdiagnostik als ein Konzept anzusehen, das in erster Linie das Kind und seine Umwelt in den Mittelpunkt der Diagnostik und der Behandlung stellt. Aus einheitlicher sozialpädiatrischer Sicht werden dabei die Hilfen der Spezialisten in verschiedenen Kliniken in die Diagnostik eingebaut. Aus einheitlicher Sicht werden die verschiedenen therapeutischen Programme unterschiedlich für jedes Kind geplant und über die Eltern eingesetzt, wobei auch systematisch die Hilfe der Psychologie und der Pädagogik mit berücksichtigt werden.

Das bedeutet, daß Pädiatrie, Psychologie und Pädagogik gleichberechtigt nebeneinander und miteinander arbeiten. Wer im einzelnen Falle die Führung in der Therapie übernimmt, hängt von der Art der Schädigung und vom Alter des Kindes ab. Nach unseren Erfahrungen liegt das Schwergewicht der Diagnostik und Therapie im Säuglingsalter vor allem in der Kinderheilkunde und der Psychologie, das Schwergewicht im Kleinkindalter mehr in Psychologie und Pädagogik, im Schulalter eher in Pädagogik und Psychologie. Das Wichtige dabei ist aber der sozialpädiatrische Ansatz der engen Kooperation.

In Konsequenz dieser Erkenntnisse wird es notwendig sein, an den Kinderkliniken sozialpädiatrische Abteilungen einzurichten, in denen das behinderte Kind als solches mit allen seinen sozialen Problemen Gegenstand der Hilfe wird. Im Rahmen dieser Abteilungen sollen gleichberechtigt psychologische und pädagogische Fachkräfte zusammenarbeiten. Dort wo es möglich ist, sollte der Kindergarten der Kinderklinik, der in der Regel bislang der Aufbewahrung der Kinder des Personals dient, als pädagogische Hilfe im Sinne eines heilpädagogischen Kindergartens umfunktioniert werden. Hier können unsere Erfahrungen in der Montessori-Pädagogik in kürzester Zeit eingesetzt werden.

Dort, wo in Kinderkliniken Klinik-Schulen bestehen, wäre es bestenfalls möglich, unsere Erfahrungen aus dem Montessori-Modell ohne Schwierigkeit zu übertragen. Jedenfalls bestehen keine Probleme, die Montessori-Pädagogik in den Kliniken sowohl in der Einzeltherapie als auch in der Kleingruppentherapie und letztlich auch im Klinik-Kindergarten und in der Klinik-Schule einzusetzen.

Es wird allerdings notwendig sein, daß sich die Kinderheilkunde mehr in Richtung Sozialpädiatrie entwickelt, und daß auch dort die Organ-Spezialisten (einschließlich Kinderneurologen und Kinderpsychiater) lernen, sozialpädiatrische Erkenntnisse zu berücksichtigen.

Hierzu ist ein Umdenken notwendig, wie man am Beispiel der medizinischen Fakultät München erkennen kann:

Als ich im Jahre 1967 bei der Fakultät und dem Bayerischen Staatsministerium für Unterricht und Kultus anregte, unsere Erkenntnisse aus den entwicklungsdiagnostischen Untersuchungen gesunder Heimsäuglinge in die Praxis eines neuen Weges der Behindertenhilfe mit Frühdiagnostik, Frühtherapie und frühe soziale Eingliederung umzusetzen, und dies vielleicht im Rahmen eines Instituts für Soziale Pädiatrie und Jugendmedizin zu realisieren, erhielt ich nicht nur einen negativen Bescheid des Ministeriums:

».. . nahm das Ministerium mit großem Interesse die weitere Entwicklung der unter Ihrer Leitung stehenden Arbeiten auf dem Gebiet der sozialen und prophylaktischen Pädiatrie und Jugendmedizin zur Kenntnis . . . Darüber hinaus ist es zur Zeit nicht möglich, der von Ihnen angeregten Einrichtung eines Instituts für Soziale Pädiatrie und Jugendmedizin an der Universität oder der Technischen Hochschule München näherzutreten, weil die Schaffung eines Instituts ohne eine oder mehrere ihm zugeordnete Lehrstühle sich dem Aufbau der Fakultät widersetzt. Zudem hat sich die medizinische Fakultät bereits ausdrücklich gegen die Einrichtung eines eigenen Instituts oder eigenen Lehrstuhls ausgesprochen.«

Die medizinische Fakultät hielt die Konzeption, ein Zentrum für behinderte Kinder einzurichten, für »etwas verwirrend, weil für die Versorgung behinderter Kinder an verschiedenen Stellen etwas getan wird«.

Sie wies hin auf das Spastikerzentrum, das Zentrum für gliedmaßenfehlgebildete Kinder, für poliomyelitische Opfer, für hör- und sprachgeschädigte Kinder, für geistig behinderte Kinder, für Risikokinder, und schloß daraus: »Hochqualifizierte Aktivität ist in dieser Beziehung mithin reichlich vorhanden, wenn auch verschiedentlich die Mittel fehlen, um zu einer breiteren Wirksamkeit zu kommen. Unter diesen Umständen ein weiteres Zentrum für behinderte Kinder zu schaffen, wäre nicht nur in der Konzeption unglücklich, sondern auch unökonomisch.«

Besser als die Stellungnahme der medizinischen Fakultät zur Errichtung des Kinderzentrums München aus dem Jahre 1967 kann kein Dokument erklären, welcher Lernprozeß auf dem Gebiet der sozialen Pädiatrie in den vergangenen zehn Jahren notwendig war, um auch in der Medizin die organspezifische Denkrichtung der Behindertenhilfe in eine Richtung zu lenken, welche das gesamte Kind einschließlich der gesellschaftlichen Zusammenhänge, in die es gebettet ist, in die Diagnostik und in die Behandlung primär einbezieht, und erst von daher die Hilfe der Spezialisten in Anspruch nimmt.

Dieser Denkprozeß ist in den vergangenen zehn Jahren – allerdings unter großen Schwierigkeiten – in Gang gekommen und er setzt sich auch noch weiter fort. Wie erfolgreich dieses Umdenken bis jetzt gewesen ist, läßt sich daran erkennen, daß im Jahre 1975 aus der Forschungsstelle für Soziale Pädiatrie, das Institut für Soziale Pädiatrie und Jugendmedizin der Universität und 1976 der erste Lehrstuhl für Soziale Pädiatrie errichtet wurde.

Darüber hinaus wuchsen aus dem Kinderzentrum München weitere sozialpädiatrische Kinderzentren als klinische Einrichtungen der Sozialpädiatrie. So entstand als unmittelbare Tochterinstitution das Kinderneurologische Zentrum Mainz des Landes Rheinland-Pfalz unter Leitung meines Schülers und früheren Oberarztes Professor Pechstein. In Bonn wurde ein sozialpädiatrisches Institut im Haus der Behindertenhilfe unter Professor Schlack, dem bisherigen Oberarzt von Professor Pechstein eingerichtet. In Hamburg entstand mit einer gleichgerichteten Arbeit das Werner-Otto-Institut der Alsterdorfer Anstalten. Weitere Kinderzentren sind im Entstehen.

Weiter bahnt sich als eine erfreuliche Entwicklung an, daß Kinderkliniken sozialpädiatrische Abteilungen einrichten, in denen die Frühdiagnostik, Frühtherapie und frühe soziale Eingliederung mehrfach und verschiedenartig behinderter Kinder in Kooperation mit der Psychologie und der Pädagogik praktiziert wird.

In den vergangenen Jahren hat die Kinderheilkunde, zuletzt angeregt durch das Kinderzentrum München, sich intensiv mit den Problemen des behinderten Kindes beschäftigt. Aus diesem Grunde ist zu erwarten, daß sowohl in der kinderärztlichen Praxis als auch in den Kinderkliniken in den nächsten Jahren der sozialpädiatrische Ansatz vertieft wird. Es bilden sich in einzelnen kinderärztlichen Praxen bereits Schwerpunkte, wo Psychologen und Pädagogen – auch schon Montessori-Pädagogen – eng als Basishilfe zusammenarbeiten.

Es ist zu erwarten, daß in den Kinderkliniken mehr sozialpädiatrische Abteilungen entstehen, in denen neben der Psychologie und der speziellen Therapie auch unsere Erfahrungen auf dem Gebiet der Montessori-Einzeltherapie, Kleingruppentherapie, nicht zuletzt auf dem Gebiet der sozialen Eingliederung behinderter Kinder in den Kindergarten, vielleicht auch in die Schule, praktiziert werden. Da die Montessori-Pädagogik eine ärztliche Pädagogik ist, bin ich sicher, daß sie über die Kinderheilkunde in absehbarer Zeit weit verbreitet wird, um insbesondere dem behinderten Kind zu helfen.

Auch für die Psychologie sind unsere Erfahrungen von großer Bedeutung

Die Grundkonzeption des Kinderzentrums München mit mehrdimensionaler Diagnostik und Therapie führte von vornherein dazu, daß auch die Erkenntnisse der Psychologie mit einbezogen wurden. In den ersten Jahren haben wir noch vorwiegend tiefenpsychologisch gearbeitet. Es zeigte sich indessen bald, daß dieser diagnostische und therapeutische Ansatz in der Arbeit für das behinderte Kind zu aufwendig und in vielem auch insuffizient ist. Während wir als Kinderärzte Kinder untersuchten und dabei zu klaren Konzeptionen der Diagnostik und Therapie kamen, lieferten die analytischen Methoden bei der psychologischen Untersuchung damals oft nicht mehr als den Hinweis, daß die Mütter so neurotisch seien, daß sie ohne eine lang dauernde analytische Behandlung nicht zur Therapie eingesetzt werden könnten, ja, daß Suizidgefahr drohe, wenn wir die Eltern zu Therapeuten machten.

Unter diesen Umständen haben wir zunächst die aus den entwicklungsdiagnostischen Untersuchungen gewonnenen Erfahrungen zur ethologischen Therapie herangezogen. Letztlich beruht die heute sogenannte »Münchner Funktionelle Entwicklungsdiagnostik« auf den Prinzipien der

Ethologie, das heißt, Verhaltensweisen werden zur Diagnostik der wichtigsten psychomotorischen Funktionsbereiche, insbesondere für den Bereich der frühen Sozialentwicklung und der präverbalen Sprachentwicklung herangezogen.

Diese ethologischen Kriterien wurden als Aufgabe der klinischen Psychologie von mir in ein therapeutisches Konzept umgemünzt. Die Psychologen mußten mit den Müttern diejenigen Funktionsbereiche üben, die in ihrer Entwicklung zurück waren. Wenn beispielsweise ein zwölf Monate alter Säugling in seiner Sozial- und Sprachentwicklung nur den Status eines fünf Monate alten Säuglings hatte, wurde die Mutter angewiesen, mit dem Kind Verhaltensweisen zu Hause zu üben, welche der Entwicklung eines sechs, sieben oder acht Monate alten Säuglings entsprachen. Die ganze Pflege des Kindes wird dabei so umgestellt, daß das einjährige Kind letztlich behandelt wird wie ein fünf Monate alter Säugling.

Diese Prinzipien der »Entwicklungstherapie« haben wir systematisch zum Beispiel in der Frühbehandlung geistig behinderter Kinder eingesetzt. Meine Mitarbeiterin, Frau Dr. Schamberger, hat 1977 ihre Erfahrungen bei Kindern mit Morbus-Down-Syndrom erstmalig zusammenfassend dargestellt. Sie konnte nachweisen, daß mit dieser frühen »Entwicklungstherapie« die behandelten den unbehandelten Kindern in allen Funktionsbereichen eindeutig überlegen waren. Dieser neue Aufgabenbereich der klinischen Psychologie wurde systematisch erweitert. Wir sind dabei, neue Konzeptionen der Entwicklungstherapie für den Entwicklungsstand des zweiten und dritten Lebensjahres praktisch zu erproben, wobei Elemente der Beschäftigungstherapie, die letztlich in der Montessori-Einzeltherapie auch für den Bereich der Montessori-Frühpädagogik relevant werden, einbezogen sind.

Daneben haben wir – damals mit Hilfe von Professor Lovaas aus Los Angeles – die Erfahrungen der Verhaltenstherapie systematisch in die Behindertenhilfe eingeführt. Wir haben gelernt, daß in der Verhaltensbeobachtung ein ausgezeichnetes Instrument besteht, um Störungen des Verhaltens, insbesondere des Sozialverhaltens der Kinder, zu diagnostizieren. Auch hier steht die ethologische Diagnostik der Verhaltensweisen im Mittelpunkt. Über Einwegscheiben und Videorecorder diagnostizieren unsere Psychologen das Wechselverhalten von Mutter und Kind; sie analysieren die Tragfähigkeit der sozialen Stabilität des Kindes zum Beispiel in der Gruppe, wobei meines Erachtens von Bedeutung ist, daß pathologisches Verhalten bei Provokation deutlich hervortritt. Es ist verständlich, daß die klinische Psychologie hier noch am Anfang steht, und daß eine »ethologische Psychologie« ebenso wie eine »ethologische Pädiatrie« am besten in engster Gemeinschaft beider Disziplinen entsteht, die auch internationale

Erfahrungen einbezieht. Psychologische Tests, welche das Sozialverhalten etwa im Grundschulalter messen, sind noch kaum erarbeitet. Hier können wir zur Zeit nur grobe Störungen messen. Eine Feindiagnostik von krankhaften Verhaltensweisen ist noch eine wissenschaftliche Aufgabe, die bearbeitet werden muß.

Bewährt hat sich die Verhaltenstherapie. Durch Verhaltensmodifikation können Eltern besser zu Ko-Therapeuten werden. Mein früherer Mitarbeiter SCHMITZ hat die »Möglichkeiten der Verhaltenstherapie am mehrfach behinderten Kind unter besonderer Berücksichtigung des Einsatzes der Eltern als Ko-Therapeuten und der Strategie der Elternführung« unter dem Titel: »Ko-Therapeuten in der Verhaltenstherapie« veröffentlicht, und dabei alle Erfahrungen einbezogen, die er im Kinderzentrum München gewonnen hat.

Daraus ist ein konkretes Elternprogramm für behinderte Kinder« entstanden mit Programmen der »Kontaktanbahnung«, des »Anschauens«, »zum selbständigen Essen und selbständigen Trinken«, der »Selbsthilfe beim Kleiden«, der »Körperpflege«, des »Toilettentrainings«, der Sprachanbahnung« usw. Diese verhaltenstherapeutischen psychologischen Programme haben enge Beziehungen mit den frühpädagogischen Programmen, wie sie in den Tätigkeiten des praktischen Lebens der Montessori-Pädagogik seit langem international für das gesunde Kind praktiziert werden, nur ist das Niveau viel tiefer.

Die Verhaltenstherapie als Aufgabe der klinischen Psychologie in der Arbeit mit dem behinderten Kindes hat im Kinderzentrum München eine Einsatzmöglichkeit erreicht, die über den therapeutischen Ansatz des Kindes unmittelbar hinausgeht. Der Raum mit der Einwegscheibe ist zum »Operationssaal« der klinischen Psychologen im Kinderzentrum geworden, in dem Mutter und Kind konkrete Programme der Hilfe erhalten, wenn das Verhalten des behinderten Kindes für die Familie unerträglich geworden ist.

Die Verhaltenstherapie setzen wir systematisch ein, auch neben und gemeinsam mit der Montessori-Einzeltherapie, mit Kindergartenprogrammen und mit Programmen des Lehrertrainings, wie dies im vorigen Kapitel kurz erläutert wurde.

Für den Kinderarzt war es am Anfang interessant, wie hier von seiten der Montessori-Pädagogen ein Gegensatz konstruiert wurde, in dem Sinne, daß gewissermaßen die Montessori-Pädagogik dem Kind die Freiheit gibt, etwas zu tun oder nicht zu tun, während die Verhaltensmodifikation einen unmittelbaren Eingriff in das Verhalten des Kindes bedeutet. Wir hätten über diese Gegensätze jahrelange theoretische Diskussionen führen können, die letztlich in philosophischen Betrachtungen gemündet hätten. Ich habe dies nicht zugelassen, denn neue Konzeptionen sollen, auch den Vorstellungen von Maria Montessori entsprechend, unmittelbar am Kind gewonnen werden.

Auf diese Weise haben die Montessori-Pädagogen gelernt, daß in dem System der Montessori-Pädagogik vielfältige Elemente sind, welche durch die moderne Lernforschung in ihrer wissenschaftlichen Bedeutung erkannt wurden, und in den Bereich der Verhaltenstherapie gehören. Dies bezieht sich zum Beispiel auf das unmittelbare »Belohnen« eines erwünschten Verhaltens, wie es zur Verstärkung der Verhaltensmodifikation eingesetzt wird. Das autodidaktische Material von Maria Montessori gibt diese spontane Belohnung als Erfolgsmeldung dem Kind weiter und bringt es ganz automatisch dazu, sich durch weiteres Arbeiten erneut für einen Erfolg »belohnen« zu lassen.

Auch das systematische Nichtbeachten als »Bestrafung« zum Löschen eines unerwünschten Verhaltens ist ein wichtiges Element der Montessori-Pädagogik in dem Sinne, daß die Montessori-Pädagogik nicht jedes unerwünschtes Verhalten sofort verbalisierend bestraft. Unerwünschte Lernprozesse oder Fehler in Schulleistungen werden primär konsequent nicht beachtet. Statt dessen überläßt man es den Kindern selbst, erwünschtes Verhalten von anderen Kindern zu imitieren. Der derzeitige Stand unserer Erkenntnisse hat dazu geführt, daß Montessori-Pädagogen und Psychologen gelernt haben, zusammenzuarbeiten, und daß in dieser Arbeit am behinderten Kind seit langem kein Gegensatz mehr gesehen wird.

Dies gilt nicht zuletzt auch für die in der Schule tätigen Pädagogen im Kinderzentrum. Die Zusammenarbeit mit der Verhaltenspsychologie hat sich so bewährt, daß die Forderung nach einem Schulpsychologen von seiten der Lehrer gestellt wird. Dieser Schulpsychologe soll aber nicht etwa Intelligenztests bei den Kindern vornehmen oder Schulschwierigkeiten der Kinder psychologisch begründen helfen, sondern die Lehrer möchten, daß er auch im Unterricht bei verhaltensauffälligen Kindern therapeutisch tätig wird. Sie haben über den Schulversuch, der leider im Dezember 1976 ausgelaufen ist, so vielfältige gute Erfahrungen mit diesem Bereich der klinischen Psychologie gewonnen, daß sie nicht mehr darauf verzichten möchten.

In diesem Bereich sind wir allerdings nicht nur für die klinische Psychologie, sondern auch für die Pädagogik, vor allem für die Sonderpädagogik, in unseren Konzeptionen so weit voraus, daß in absehbarer Zeit an eine Finanzierung nicht zu denken sein wird. Während wir in den nächsten Jahren diese Programme der Zusammenarbeit zwischen klinischer Psychologie und Sonderpädagogik intensivieren, werden wir wahrscheinlich eine geraume Zeit brauchen, um die Vorteile dieser Zusammenarbeit mit den im

Schulversuch erweiterten konkreten Programmen der amtlichen Schulpädagogik und Schulpsychologie näherzubringen.

Eine kindgerechte Pädagogik und ein Lehrer, der das Kind kennt, sind wichtiger als alle Schulreformen

Für die Pädagogik lassen sich aus unserem Montessori-Modell vielfältige Rückschlüsse ziehen. Wohl die wichtigste Erkenntnis ist die, daß die Ausbildung der Pädagogen für die Schulpraxis so entscheidend ist, daß demgegenüber alle anderen Probleme, wie Fragen der Schulorganisation, Fragen der Unterrichtsgestaltung, auch Probleme der Unterrichtsinhalte, fast zweitrangig werden. Diese Feststellung mag in einer Zeit, in der alle Hoffnung auf »Schulreformen« gesetzt wurde, die ausschließlich im organisatorischen Bereich stattfinden, schmerzlich sein, sie ist aber in jeder Hinsicht erklärlich.

Wir hätten wahrscheinlich Milliarden sparen können, die in Beton für neue Schulbauten investiert wurden, während Tausende – auch neuerbaute Schulen – rücksichtslos verlassen wurden. Wir könnten Millionen von DM auch heute noch sparen, die ausschließlich in Transportkosten für Kinder investiert wurden.

Eine pädagogische Ausbildung, die nicht direkt am Kind stattfindet, kann ebenso wenig optimal sein, wie eine ärztliche Ausbildung es wäre, die nicht unmittelbar den Patienten in den Unterricht mit einbezöge. In dieser Hinsicht ist die Montessori-Pädagogik in ihrer Ausbildung vorbildlich. Es gibt keinen Montessori-Kurs der Welt, in dem die Ausbildung nicht direkt und täglich auch am Kind in praktischer Unterweisung stattfände.

Mir imponiert auch an unseren Montessori-Kursen in München, die seit dem Jahre 1976 auch als international anerkannte Kurse in Heilpädagogik stattfinden, daß unsere Pädagogen in vielen, vielen Stunden gezwungen werden, sich in die Rolle des Kindes zu versetzen. Auch als erwachsene Kursisten müssen sie mit dem Montessori-Material genauso tätig werden, als wenn sie Kinder wären. Sie lernen das Montessori-Material unmittelbar dem Kind anzubieten, und sie werden korrigiert, wenn sie dies zum Beispiel mit zuviel Worten tun.

In unseren Montessori-Kursen lernen die Pädagogen, immer auf das Kind zu achten und stets für einen Dialog mit ihm bereit zu sein. Der Kinderarzt wird dabei nachdenklich, denn letztlich wird im Rahmen der Montessori-Pädagogik dem Erzieher die gleiche Rolle zugewiesen, die sich der Kinderarzt als bedeutsam für jede Mutter vorstellt. Eine Mutter wird erst dadurch zur Mutter, daß sie bereit ist, die Lernprozesse, die vom Kind ausgehen, anzunehmen, in sich aufzunehmen und spontan zu erwidern. Die hierdurch entstehenden vielfältigen gegenseitigen Lernprozesse stellen schließlich die bedeutsame Grundlage dafür dar, daß das junge Kind so unglaublich viel in den ersten Lebensjahren für seine spätere Lebenstüchtigkeit lernt.

In ähnlicher Weise muß auch der Lehrer – wie die Montessori-Pädagogik zeigt – bereit sein, die vielfältigen Lernprozesse, die vom Kind im Kindergarten und in der Schule ausgehen, anzunehmen, in sich aufzunehmen und zu erwidern, wenn die Lernprozesse in Kindergarten und Schule optimal sein sollen.

Es ist beinahe unverständlich, daß ein so weit verbreitetes pädagogisches System wie die Montessori-Pädagogik, das zudem international mit Abstand an der Spitze aller geschlossenen pädagogischen Systeme steht, im Rahmen der Diskussion mit Schulreformen in unserem Lande beinahe unbeachtet blieb.

Im Ausschuß »Vorschulische Erziehung« des Deutschen Bildungsrates war der Besuch eines Montessori-Kindergartens eigentlich nur eine abrundende Pflichtübung. Pädagogische Impulse gingen davon nicht aus. Konsequenzen daraus wurden von mir nur als Kinderarzt gezogen.

Besonders schmerzlich wurde mir die Unkenntnis über die Vorzüge der Montessori-Pädagogik deutlich, als im Jahre 1968 das Bayerische Staatsministerium für Unterricht und Kultus unserem Kindergarten häufiger »didaktisches Kindergarten-Material« übersandte. Es handelte sich aus der Sicht des Ministeriums um neuartiges Material, das die Kinder »fördern« sollte. Über lange Zeit habe ich dieses Material in einem Karton im Kindergarten aufbewahrt und jedem Besucher im Anschluß an den Rundgang in unserem Montessori-Kindergarten schließlich noch gezeigt. Immer erlebte ich das gleiche Entsetzen, wie man schlechte Imitationen des Montessori-Materials als neuesten pädagogischen Fortschritt anpreisen kann.

Aber auch in unserem Montessori-Modell habe ich erlebt, wie wichtig die Ausbildung der Lehrer ist. Wir hatten den großen Nachteil, daß unser Montessori-Modell wegen unserer Erfolge mit den Kindern zu schnell gewachsen ist. So standen uns leider nur wenige ausgebildete Montessori-Pädagogen zur Verfügung. Ja, die Lehrer, die zu uns kamen, mußten vielfach erst davon überzeugt werden, daß die Montessori-Pädagogik so überlegen ist. Sie mußten lernen, daß sie, wenn sie sich mit dieser Pädagogik identifizieren und sie beherrschen, nicht mehr erschöpft und heiser mittags nach Hause gehen müssen. Sie mußten sich allerdings umstellen. Wenn zum Beispiel während des Unterrichts ein Kind intensiv auf dem Fußboden Mathematik treibt, müssen sie sich neben das Kind knien, um schon räumlich auf der gleichen Ebene zu sein.

Besonders schwierig hatten wir es mit unseren Sonderpädagogen. Sie waren so überzeugt davon, daß nur eine spezifische Sonderpädagogik einem speziell behinderten Kind helfen kann, daß sie die Montessori-Pädagogik von vornherein ablehnten. Unsere Lehrer haben einen hausinternen Montessori-Kurs gemacht und dabei erfahren, welche Vorteile eine Pädagogik bringt, die ausschließlich auf das Kind bezogen ist und die am Kind erlebt und begriffen wird. Es hat sich aber auch gezeigt, daß die Arbeit in der Klasse und die Erfolge beim einzelnen Kind entscheidend davon abhängen, ob die Erzieher in der Montessori-Pädagogik genügend ausgebildet und erfahren sind. Dies gilt nicht nur für die kognitiven, sondern auch für die sozialen Lernprozesse.

Im Rahmen unserer Wissenschaftlichen Begleitung des Schulversuchs konnte nachgewiesen werden, daß die sozialen Zuwendungen zwischen gesunden und behinderten Kindern durch die Montessori-Pädagogik positiv beeinflußt wurden, daß aber letztlich auch die innere Einstellung des Lehrers zum behinderten Kind und seine Einstellung zur gemeinsamen Erziehung zwischen behinderten und gesunden Kindern neben seinen Kenntnissen in der Montessori-Pädagogik einen Einfluß darauf hatte, ob behinderte Kinder in der Kindergarten-Gruppe beliebt waren oder nicht.

So meine ich als Kinderarzt aus den Erfahrungen unseres Montessori-Modells die Schlußfolgerung ziehen zu dürfen, daß es dringend notwendig ist, die Ausbildung der Pädagogen mehr als bisher unmittelbar praxisbezogen auszurichten, das heißt, die Pädagogische Hochschule in die Nähe von Schulen zu legen und wieder dorthin zu gelangen, wo einst die Seminarausbildung der Lehrer war: in die Schulpraxis. Jeder Beruf, der sich unmittelbar mit dem Menschen beschäftigt, muß in seiner Ausbildung so praxisnah wie möglich sein.

Ich weiß, daß diese Schlußfolgerung zur Zeit nicht diejenigen Kreise bewegt, die über Ausbildungen nachdenken. Die Kinderheilkunde erwartet beispielsweise eine Katastrophe für unsere Kinder, wenn sich diejenigen Bildungspolitiker und Gewerkschaftsspezialisten für Ausbildung durchsetzen, welche die Ausbildung der Kinderkrankenschwester aus den Kliniken herausnehmen wollen, um sie in eigene Schulen zu verlegen.

Wir selbst haben aus unseren Erfahrungen die Konsequenzen gezogen, daß wir die derzeit stattfindenden Weiterbildungslehrgänge in Montessori-Pädagogik in Form einer praxisnahen Ausbildung für Montessori-Heilpädagogen durchführen, die unmittelbar am Kind in der Einzeltherapie, in der Kleingruppentherapie, im Kindergarten, in der Schule und in der Sonderschule stattfindet.

Wir sind der Meinung, daß die bessere praxisnahe Ausbildung von Lehrern rationeller, das heißt effektiver und auch kostensparender ist als weitere Betonbauten für Mammutschulen oder Umplanungen von Schulorganisationsformen.

Unser Montessori-Modell erlaubt Hinweise für die Organisation unseres Schulsystems

Aus den vorstehenden Erkenntnissen läßt sich ohne Zweifel ableiten, daß vieles, was in den vergangenen Jahren mit einem Riesenaufwand an Schulreformen in unserem Lande durchgeführt wurde, am Kind vorbeigeschah. Die Schulreform wurde geplant, um 120000 jungen Menschen ein Abitur zu vermitteln. Das Ergebnis ist genau umgekehrt, fast die gleiche Anzahl von Kindern verläßt heute ohne Schulabschluß die Schule. An manchen Stellen werden auch Zahlen von 150000 angegeben, wobei ausdrücklich oder stillschweigend alle Hauptschulabbrecher und alle Sonderschüler zusammengerechnet werden.

Was auch immer man für Zahlen annimmt, Tatsache ist, daß rund 25% der deutschen Hauptschüler keinen Hauptschulabschluß mehr haben und daß auch die Hälfte der Sonderschüler schon vorzeitig ausscheidet, wobei zu beachten ist, daß die Zahl der Sonderschüler von 1960 bis 1970 in unserem Lande von 2,5% auf 6,5% gestiegen ist. Statistische Daten aus Bayern bei Berufsschulen aus den Jahren 1974/75 haben ergeben, daß von 313445 Berufsschülern nur 94773 einen qualifizierten Schulabschluß hatten und 17716 ohne qualifizierten Hauptschulabschluß die Volksschule verließen. Da aber immer noch der größte Teil unserer Kinder in die Hauptschule geht, bedeutet das, daß die Schulreformen den sogenannten Bildungsnotstand nicht verkleinert, sondern eher vergrößert haben.

Aus der Sicht unseres Schulmodells – und das ist die Sicht des Kinderarztes – wären die mit einem Riesenaufwand durchgeführten Änderungen unseres Schulsystems weitgehend überflüssig gewesen, wenn man mit einem geringen Aufwand die Lehrerbildung und Weiterbildung verbessert und den Lehrern bessere pädagogische Programme an die Hand gegeben hätte. Ein Krankenhaus wird nicht dadurch gut, daß man es in Beton faßt. Für den Patienten ist es wichtig, daß der Chirurg operieren kann!

Die ganze Diskussion um Gesamtschulen, Mittelpunktschulen, Grundschulen, Hauptschulen, Sonderschulen, oder was auch immer man für Schularten will, erscheint aus der Sicht unseres Montessori-Modells belanglos, wenn man alle Überlegungen primär auf die Bedürfnisse des einzelnen Kindes und seiner pädagogischen Hilfe konzentriert hätte. An unserem Montessori-Modell läßt sich ablesen, daß es mit einem konkreten pädagogischen Programm durchaus möglich ist, verschiedene Jahrgänge in einer Klasse zu unterrichten, ja, daß eine Nichtjahrgangsklasse nicht nur für die sozialen, sondern auch für die kognitiven Lernprozesse vielfältige Vorteile bietet.

Die Montessori-Pädagogik beweist, daß es im Rahmen einer Klasse möglich ist, daß einzelne Kinder Spitzenleistungen vollbringen und bereits in Lernprozesse späterer Jahrgänge eindringen, während ein anderes Kind entsprechend seinen geringeren Fähigkeiten auch mit geringeren Leistungen zufrieden ist, ohne daß es in eine Sonderschule gehen muß.

Die Pädagogik sollte lernen, das einzelne Kind und nicht eine Klasse als das wichtigste anzusehen. Wenn sie dies tut, können alle organisatorischen Probleme, bis hin zu Wochenstundenzahlen von Lehrern und deren Verteilung auf mehrere Klassen etc., überflüssig werden.

Niemand hat je den exakten Beweis darüber erbracht, daß die »diskriminierten Dorfschulen« schlechtere pädagogische Leistungen hatten als Schulen mit Jahrgangsklassen, erst recht als Riesenschulen, in denen zur Zeit das Kind sich völlig verloren fühlt.

Das merkwürdige ist, daß das Konzept von Schulen, in die Kinder kilometerweit per Bus herangeschafft werden, sich in Zeiten der Geburtenrückgänge in Flächenstaaten überhaupt nicht aufrechterhalten läßt. So weit können Kinder aus manchen Gegenden gar nicht herangeholt werden, bis sich schließlich eine Jahrgangsklasse gebildet hat.

Der »Schulbus« mag in weitläufigen Bereichen der Vereinigten Staaten eine Notwendigkeit sein, in unserem Lande muß erkannt werden, daß Schulbusfahrten keine pädagogische Leistung sind. Der größte Teil der Kinder könnte ohne Schwierigkeiten auch heute noch zu Fuß zur Schule gehen, wenn man das vorhandene Schulsystem mit besser ausgebildeten Pädagogen und einer besseren Pädagogik ausgestattet hätte.

Mein Wunsch wäre es, unser Montessori-Modell in eine ländliche Umgebung zu verlagern, um Kindern weite Schulwege zu ersparen, um zu verhindern, daß behinderte Kinder, zum Beispiel körperbehinderte, blinde oder gehörlose Kinder, weit ab von ihrer Familie im Internat aufwachsen müssen. Es ist teurer und bringt für das Kind in keinem Fall bessere Leistungen.

Ich wünsche mir ein Montessori-Modell in einem Landkreis, wo die Kinder nicht in Jahrgangsklassen unterrichtet werden und wo das hochintelligente Kind – und sei es nur nach Abschluß der Grundschule – in seinen sozialen und kognitiven Lernprozessen mindestens ebenso weit, wenn nicht noch weiter ist, als es als Fahrschüler weitab in einer Schwerpunktschule werden kann.

Finanziell wäre es in einem solchen Falle viel billiger, den Lehrer ein halbes oder ein Jahr intensiv in der Montessori-Pädagogik auszubilden, als über Jahre für die Kinder Transportkosten für teure Busse zu zahlen, oder die Baukosten für eine Schule aufzubringen. Die Kinder blieben in der Nähe ihres häuslichen Bereichs, blieben in ihrer Heimatgemeinde und könnten daher auch in ihrer sozialen und in ihrer emotionalen Entwicklung mehr Boden haben.

Die für die behinderten Kinder in den einzelnen Klassengemeinschaften notwendigen sonderpädagogischen Hilfen könnten bei diesen Vorstellungen rationell so eingesetzt werden, daß ein Sonderschullehrer die einzelnen Schulen besucht und entweder in zusätzlichen Unterrichtsstunden den Kindern und ihren Eltern spezielle Aufgaben und Hilfen zeigt, oder dem Lehrer selbst Hinweise gibt, wie dem behinderten Kind aus der Sicht der Sonderpädagogik im Rahmen der integrierten Erziehung geholfen werden muß.

Alles dies ist sicher kostensparender als der Unterhalt teurer Internatsschulen für behinderte Kinder. Unser Montessori-Modell zeigt, daß Sonderschullehrer wichtiger sind als Sonderschulen. Eine Tatsache, auf die bereits eingangs hingewiesen wurde.

Aus unserem Montessori-Modell läßt sich ferner ablesen, daß die Vorstellung, ein guter Unterricht sei nur in kleinen Klassen möglich, revidiert werden kann. Erst heute ist mir klar, warum die Regierung unseren Schulbau wegen der Faltwände zwischen zwei Klassenräumen ablehnte.

Wir haben über weite Stunden des Tages bis zu 50 Kinder in einem Raum und erleben, daß trotz dieser Vielzahl intensive und gute Lernprozesse stattfinden. Dabei läßt sich aus der Tatsache, daß die Kinder in den beiden Klassenräumen jeweils nicht altersidentisch sind, sondern beispielsweise ein »viertes Schuljahr« mit einem »ersten Schuljahr« Gemeinschaftsunterricht hat, nicht nur das Überflüssigsein von Jahrgangsklassen ablesen, sondern auch, daß bei einer guten Pädagogik keine Einwände dagegen bestehen, mehr Kinder in einem Raum zu haben. Es wäre allerdings falsch, daraus ableiten zu wollen, daß ein Lehrer 50 Kinder allein unterrichten kann.

Wenn diese Gefahr droht, ist es besser, den Unterricht zu teilen, in dem Sinne, daß die eine Hälfte zu einer anderen Zeit Unterricht hat als die andere. Letztlich haben unsere Kinder pro Tag nur 2½ Stunden »Intensivunterricht«, indem sie sich in Lernprozesse während der Freiarbeitsphase vertiefen.

Aus dieser Tatsache ergeben sich Hinweise betreffend der Einschulung. Wir haben es sehr bedauert, daß uns das Bayerische Staatsministerium für Unterricht und Kultus aus demokratischen Gründen verboten hat, den Einschulungstermin flexibel zu halten und erst nach und nach Kinder aus dem Kindergarten in die Schule zu übernehmen. Da es aber unmöglich ist, an einem Tage viele fremde Kinder mit einer ihnen fremden Lehrerin in ein funktionierendes pädagogisches System zu bringen – dies erlauben schon nicht die sozialen Interaktionen –, empfiehlt es sich, aufgrund unserer Erfahrungen auch in den übrigen Schulen die Einschulung viel flexibler zu machen.

Unsere Lehrer haben mich gebeten, in den ersten Wochen nur mit einem Teil der Kinder den Unterricht beginnen zu dürfen und mit den Klassen Ausflüge oder Tiergartenbesuche zu machen, mit den Kindern Rollenspiele durchzuführen, damit nach und nach die pädagogische Gemeinschaft zusammenwächst. Wir haben vereinbart, daß ich den Eltern diese Notwendigkeit erkläre, denn letztlich profitieren auch die Lernprozesse der Kinder, wenn sich der Lehrer am Schulbeginn mit einer kleinen Gruppe von Kindern beschäftigt, und wenn dann die etwas »erfahreren Kinder« den unerfahrenen, die etwas später hinzukommen, helfen können. Hier ist wieder zu berücksichtigen, daß soziale Lernprozesse entscheidend auch die kognitiven Lernprozesse fördern.

Demzufolge wäre es für die Normalschule schon ein Gewinn, wenn man die Eingangsklassen in den ersten Wochen teilen würde, und zwar in dem Sinne, daß die eine Hälfte der Kinder von 8 bis 10 Uhr und die andere Hälfte von 10 bis 12 Uhr Unterricht hätte. Die Lehrerin käme auf ihre vorgeschriebene Stundenzahl und die Kinder würden von einer geringeren Stundenzahl profitieren.

Unser Montessori-Modell erlaubt Rückschlüsse auf die Unterrichtsgestaltung und die Leistungsbeurteilung der Kinder

Weitere Rückschlüsse erlaubt unser Montessori-Modell auf den unmittelbaren Unterrichtsbetrieb. Es hat sich gezeigt, daß unsere Kinder mit fünf Tagen Vormittagsunterricht letztlich die gleiche Leistung erbrachten wie die Kinder anderer Schulen mit sechs Tagen Unterricht. Besonders zu danken ist unseren Lehrern, daß sie diesen Fünf-Tage-Unterricht konsequent über alle vier Grundschulklassen durchgeführt haben. Dies zeigt, daß die Dauer und die Vielzahl der Unterrichtsstunden nicht eine Garantie dafür geben, daß das Kind auch mehr lernt. Die Lernprozesse unserer Kinder unterscheiden sich höchstens dadurch, daß die älteren Kinder ein größeres Leistungsniveau haben als die jüngeren, und daß sie in manchem stärker belastbar sind.

Es hat sich von großem Vorteil erwiesen, daß aller Unterricht in der positiven Phase der physiologischen Leistungsbereitschaft liegt, wie wir sie schon vor zwanzig Jahren durch systematische Untersuchungen – damals mit Rutenfranz, Niggeschmid, Oberhoff, Schiessl, Stotz u. a. – nachweisen konnten.

Insbesondere am Tagesgang der Rechengeschwindigkeit konnten wir zeigen, daß die größten Leistungen in der Zeit zwischen 8 und 12 Uhr zu erwarten sind, und daß während der Mittagszeit und in den frühen Nachmittagsstunden während eines Tiefs in der Leistungsbereitschaft, die meisten Unterrichtszeiten unnütz vertan werden.

Wenn Kinder in der optimalen Zeit ihrer physiologischen Leistungsbereitschaft, wie in unserem Montessori-Modell, intensiv arbeiten, kommt dabei sehr viel mehr heraus, als wenn sie ganztägig ihre Zeit in der Schule verbringen.

Unsere Schule hat gezeigt, daß die Frage einer kindgerechten Pause ein sekundäres Problem darstellt, wenn die Kinder während des Unterrichts sich frei bewegen dürfen, und wenn sie ihre Pauseneinteilung »letztlich selbst bestimmen«. Man erlebt in dieser Hinsicht unglaublich interessante Szenen, wenn man unsere Kinder beobachtet: »Ein dreijähriger Junge sitzt – die Kopfhörer auf – intensiv arbeitend an einer Lernmaschine, mit deren Hilfe er Grammatikregeln lernt. Er läßt sich durch nichts beeinflussen, und man kann seine Konzentration an seinem Gesichtsausdruck erkennen. Nach einer ganzen Weile tritt offenbar der Zustand einer Ermüdung ein. Er legt die Kopfhörer auf den Tisch und beginnt, sich zu räkeln und zu strecken. Dies reicht offenbar nicht aus. Der Bub begibt sich auf den Hof und hängt sich an die Reckstange, macht an ihr einige Übungen, lacht laut auf und geht wieder an seine Lernmaschine zurück. In welcher Schule ist das möglich, ohne daß andere Kinder gestört werden«?

Diese Hinweise bezüglich der kindgerechten Pausen schließen nicht die Frühstückspause ein, denn unsere Kinder haben täglich eine gemeinsame Frühstückspause, an die sich genügend Zeit zum Spielen, Toben, Schreien, aber auch zum Turnen und zum Werken anschließt. In unserer Montessori-Schule braucht man keine Pflichtstunden für Turnen einzuführen. Bewegungsspiele und Turnen gehören zum täglichen »Pensum«, das so weit als möglich ins Freie verlegt wird.

Unser Montessori-Modell zeigt auch, daß die Diskussion um die kindgerechte Schulbank leicht beantwortet werden kann, wenn das Lernen nicht an die Bänke gebunden ist, sondern frei im Raum überall dort stattfindet, wo das Kind glaubt, am besten lernen zu können. Montessori-Matten erlauben es den Kindern, auch auf dem Fußboden zu arbeiten, wobei gleichzeitig ein psychologischer Effekt verbunden ist, denn die Matte gibt dem Kind das Gefühl einer Insel, auf der es ungestört lernen kann. Viele Besucher sind erstaunt, wenn sie ein Kind auf dem Flur antreffen, das intensiv dort etwa mit der Tausenderkette arbeitet oder mit einem Metermaß herumgeht, um ganz allein – unbeaufsichtigt vom Lehrer – Meßungen im Schulhaus durchzuführen.

Hier erfüllt sich die Feststellung des Orthopäden SCHEDE, »daß die Schulbank die beste sei, die nicht benutzt wird«.

Unser Montessori-Modell gibt Hinweise darauf, daß Hausaufgaben wichtig sind und gerne erledigt werden, wenn ihnen der Zwang genommen wird. Voraussetzung bleibt allerdings, daß der Lehrer die freiwillige Leistung auch immer anerkennt und sich Mühe gibt, auch mit Fehlern verbundene Leistungen zu belohnen. Die Fehler verlieren sich von selbst, wenn sie nicht beachtet werden und wenn man an ihrer Stelle richtige Lösungen ohne Bestrafen setzt. Eine wichtige Voraussetzung für eine solche Lösung bezüglich der Hausaufgaben liegt allerdings darin, daß nur ein Lehrer in der Grundschule den »Lernunterricht« gibt, und daß nicht mehrere Lehrer nebeneinander Hausaufgaben aufgeben.

Unser Montessori-Modell erlaubt schließlich auch Hinweise, wie eine bessere Leistungsbeurteilung möglich ist, und wie man die Not mit den Schulnoten überwinden kann. Das Pensenbuch ist hierzu ein guter Ansatz. Ich könnte mir denken, daß – auch nach den Erfahrungen unseres Schulversuchs – ein solches Pensenbuch verbessert wird. Dies allerdings ist eine pädagogische Leistung ersten Ranges, gerecht die Leistungen der Kinder zu beurteilen und sie gleichzeitig zu belohnen, dadurch, daß das Pensenbuch sich auffüllt.

Das Beispiel des Kreuzworträtsels sei hier noch einmal aufgeführt. Das zu Beginn des Schuljahres übergebene Pensenbuch ist der gleiche Anreiz, den jemand empfindet, der die freien Felder eines Kreuzworträtsels liest. Die Freude, das Kreuzworträtsel selbständig zu lösen, ist vergleichbar mit der Freude der Kinder, die ihr Pensenbuch im Laufe eines Jahres nach und nach auffüllen. So lassen sich aus unserem Montessori-Modell auch für den Unterricht in der normalen Schule vielfältige Rückschlüsse ziehen, und es wäre wünschenswert, daß die einen oder anderen unserer Erkenntnisse stärker als bisher in das normale Schulsystem übernommen würden.

Unser Montessori-Modell soll verbessert werden

Mit Spannung verfolgt die Öffentlichkeit zur Zeit den Fortgang unseres Montessori-Modells. Aus der Sicht des Schulverwaltungsrechts ist unsere Modell-Schule – in die gesunde und behinderte Kinder seit langem gemeinsam in eine Klasse gehen – offiziell eine staatlich genehmigte Sonderschule für Lernbehinderte, die allerdings nur befristet genehmigt wurde.

Die Frist hierfür war gekoppelt an den genehmigten Schulversuch. Dieser Schulversuch läuft für die Pädagogik bis zum Ende des Schuljahres 1976/77. Aus der Sicht der staatlichen Förderung wurde dieser Schulversuch am 31. 12. 1976 beendet.

Über unseren Antrag, den Berg von Daten, den die Wissenschaftliche Begleitung in den vergangenen Jahren bis zum Ende des Schulversuchs gesammelt hat, in einem nachfolgenden Forschungsprojekt aufzuarbeiten, ist noch nicht entschieden, während dieses Buch geschrieben wird. Das Bundesministerium für Bildung und Wissenschaft hat unseren Antrag sehr befürwortet. Es ist zu hoffen, daß die Bund-Länder-Kommission diesen Antrag positiv verabschiedet; denn es gibt keinen Schulversuch im Bundesgebiet, in dem die integrierte Erziehung gesunder und behinderter Kinder so weitgehend praktiziert wurde, und es gibt keinen Schulversuch, der für die internationale Pädagogik eine so große Bedeutung hat.

Es wäre dringend wünschenswert, daß die zahlreichen Details, die im Rahmen der Wissenschaftlichen Begleitung in den vergangenen Jahren erarbeitet wurden, ausgewertet werden können.

Seitens des Bayerischen Staatsministeriums für Unterricht und Kultus – es läßt sich an mehreren Gesprächen ablesen – besteht grundsätzlich die Bereitschaft, unser Montessori-Modell endgültig für den Grundschulbereich zu genehmigen und darüber hinaus auch wohl einen Eintritt in den Sekundarbereich als 5. und 6. Klasse Hauptschule mit integrierter Erziehung gesunder und behinderter Kinder zu gestatten. Eine endgültige Genehmigung liegt bis jetzt, wenige Wochen vor Beginn des Schuljahres 1977/78, noch nicht vor. Vermutlich stößt sie auf die gleichen schulrechtlichen Schwierigkeiten, die auch zu Beginn bei der Genehmigung unserer Schule bestanden. Was ist diese Schule? Eine Grundschule? Eine Hauptschule? Eine Sonderschule? Und dann für welche Kinder? Es bleibt eben in unserem Schulversuch die Schwierigkeit, daß eine Schule nur eine Regelschule oder eine Hauptschule, aber nicht beides sein kann.

Letztlich sind unsere Kinder dabei, auch die Schulverwaltungen zu überzeugen, wenngleich es dort bislang noch unglaublich erscheint, daß Kinder ohne Jahrgangsklassen, ohne Zeugnis und Schulnoten, ohne Sitzenbleiberelend, bei Freiwilligkeit der Hausaufgaben, ohne die Angst, am Morgen zu spät zu kommen, eine gute Schulleistung vollbringen, und dies bei fünf Tagen Vormittagsunterricht in Klassen ohne Leistungsgruppen, mit Intelligenzunterschieden in einer Klasse im Extrem zwischen 150 und 50.

Anhand dieser Erfahrungen planen wir die integrierte Erziehung gesunder mit mehrfach und verschiedenartig behinderten Kindern auch in den nächsten Jahren fortzusetzen. Dabei möchten wir nach und nach unsere Schule für lernbehinderte Kinder wieder auflösen, und die Kinder, soweit vorhanden, mit gesunden Kindern zusammen unterrichten. Die Klassen für geistig behinderte Kinder möchten wir neben der Modell-Schule weiter bestehen lassen. Nicht wenige Kinder benötigen den Intensiv-Unterricht in kleinen Klassen, wie dies nur in einer Schule für geistig behinderte Kinder möglich ist.

Ein Problem stellt in Zukunft die Finanzierung dar. Bislang wurde die Finanzierung des Schulversuchs durch zusätzliche Hilfen des Bundesministeriums für Bildung und Wissenschaft so sichergestellt, daß für keines unserer Kinder Geld bezahlt werden mußte. Dieser Schulversuch wurde im Rahmen einer privaten Sonderschule ohne finanzielle Beteiligung der Eltern durchgeführt. Leider wird dies in Zukunft nicht mehr möglich sein. Unser Montessori-Modell ist auf die rauhe Ebene aller privaten Schulen gestoßen. Aus diesem Grund haben wir die Eltern bitten müssen, über Spenden an die Aktion Sonnenschein zur Erhaltung der Schule beizutragen.

Diese Anregung ist von den Eltern positiv aufgenommen worden. Seitens der Aktion Sonnenschein wurde hierzu ein »Schulausschuß« gegründet. Dieser Schulausschuß erhielt von der Vorstandschaft der Aktion Sonnenschein alle Vollmachten übertragen, um die Finanzierung der Schule aus der Sicht der Eltern selbst in die Hand zu nehmen. In einer demokratischen Gemeinschaft ist die Selbstverwaltung die beste, weil sie entscheiden kann, was im gegebenen Fall notwendig ist oder nicht.

Der relativ hohe Zuschuß von 300 000 DM im Jahr kommt aber nicht dadurch zustande, daß unser Montessori-Modell so besonders aufwendig wäre, sondern ausschließlich dadurch, daß wir von der Regierung nicht – wie im Gesetz vorgesehen – die vollen Lehrergehälter ersetzt bekommen. Wir erhalten statt dessen jeweils nur eine Pauschale, die sich nach einer mittleren Beamtenzeit richtet und den Status eines Lehrers »verheiratet mit einem Kind« vorsieht.

Da wir uns den »Luxus« erfahrener Lehrer leisten, die zudem noch Kinder haben, bedeutet dies für den einzelnen Lehrer im Jahr ein Defizit von rund 10 000 bis 15 000 DM. Es ist verständlich, daß hierbei im Rahmen einer Schule, die so viele Klassen hat, sehr bald ein hohes Defizit entsteht. Wir wünschen uns hier, in dieser Richtung gleichbehandelt zu werden mit allen staatlichen Schulen, und zwar in dem Sinne, daß die effektive Höhe der anerkannten Lehrergehälter auch von der Regierung ersetzt werden.

Bliebe schließlich noch ein Problem zu erwähnen, das aus der Sicht der Eltern eine große Rolle spielt, aber nicht aus der Sicht des Kinderarztes:

Wenn wir unsere Kinder einschulen wollen, möchten alle Eltern, daß ihre behinderten Kinder in eine Modell-Klasse kommen. Dies ist leider nicht möglich, da wir nicht genügend gesunde Kinder haben. Außerdem ist es aus pädagogischen Gründen nicht immer sinnvoll, alle behinderten Kinder in eine Modell-Klasse zu bringen. Für den Kinderarzt muß die Einschulung so erfolgen, daß ein Kind, das ein Sechstel Zuwendung durch den Lehrer zu seiner Hilfe benötigt, am besten in der Klasse für geistig behinderte Kinder aufgehoben ist. Dasjenige Kind, das ein Zwölftel Zuwendung durch den Lehrer benötigt, muß zweckmäßig in der Klasse für lernbehinderte und verhaltensgestörte Kinder aufgenommen werden. Nur das Kind, das mit einem Vierundzwanzigstel Zuwendung auskommt, kann erfolgreich in eine Modell-Klasse kommen.

Nun sträuben sich auch manche unserer Eltern dagegen, daß ihr Kind in die Schule für geistig Behinderte oder für Lernbehinderte kommt. Sie sehen darin eine Diskriminierung. Im Rahmen unseres Schulsystems ist dies jedoch keineswegs der Fall.

Unabhängig davon, ob die Kinder in eine Modellklasse gehen, in eine Klasse für Lernbehinderte oder in eine Klasse für geistig Behinderte, bei uns befinden sie sich in dem gleichen pädagogischen System mit den gleichen pädagogischen Prinzipien. Dies erlaubt auch die Durchlässigkeit, die vergleichsweise in unserem Montessori-Modell weit größer ist als im üblichen Schulsystem. Immer wieder, auch unter dem Jahr, werden Kinder aus einer Klasse für geistig Behinderte oder Lernbehinderte in eine Modellklasse übergeben, weil die Lehrer der Meinung sind, daß dieses Kind zusätzliche Impulse durch das gesunde Kind benötigt. Immer wieder werden aber auch Kinder aus der Modell-Klasse in eine L- oder G-Klasse umgeschult, wenn sich zeigt, daß hier ein stärkerer unmittelbarer Einsatz durch den Pädagogen notwendig ist.

Während es also in unserem Montessori-Modell kein Problem ist, in welche Schule ein Kind kommt, ergibt sich dieses Problem bei den Zeugnissen. Die Regierung verlangt, daß auf den Zeugnissen steht, daß ein Kind in die Schule für geistig Behinderte, in die Schule für Lernbehinderte oder in die Modell-Schule geht. Ich stelle mich dagegen und werde durchsetzen, daß diese Diskriminierung durch die Zeugnisse wegfällt.

Da wir keine Zeugnisnoten geben, sondern eine Beurteilung, die die Fähigkeit eines jeden Kindes jedermann offenbart, genügt es, wenn wir als »Zeugnis« nur vermerken »Modellschule nach Maria Montessori der Aktion Sonnenschein«. Unter diesem Begriff kann jedes Kind entsprechend seinen Fähigkeiten jene pädagogische Hilfe erhalten, die es benötigt.

In diesem Zusammenhang ist die »Teilintegrierung« zu erwähnen, die im Rahmen des Werkunterrichts seit langem praktiziert wird. Hier sind Kinder aus den Klassen für geistig- und lernbehinderte Kinder mit Kindern aus den Modellklassen gemeinsam beim Werken. Diese Teilintegrierung bedeutet auch für die Überführung in die eine oder andere Klasse, daß sich im Rahmen unseres Systems die Kinder untereinander kennen, gleichgültig in welche Klasse sie gehen.

Die einzelnen Klassen der Modellschule, der Schule für geistig- und lern-behinderte Kinder liegen in unserem Schulhaus so verzahnt, daß nach außenhin nicht erkennbar ist, in welche Klasse, in welche Schule das einzelne Kind geht. Alle Lehrerkonferenzen finden gleichzeitig statt, so daß aus der Sicht unserer Modellschule die Frage »geistig behindert« oder »lernbehindert« nicht ein Problem des Begrifflichen ist (wo ist der Unterschied zwischen lernbehindert oder geistig behindert), kein Problem einer Abstempelung des Kindes zu »geistig behindert« oder »lernbehindert«, sondern ausschließlich ein pädagogisches Problem, das am besten mit dem Verhältnis zwischen Lehrer und zu unterrichtenden Kindern erläutert werden kann.

Wenn unserem Schulsystem ähnliche pädagogische Überlegungen zugrunde liegen würden, wäre die vielschichtige Problematik des Sonderschulsystems vielmehr im Sinne unserer Kinder verlagert. Der Traum des Arztes von der Schule, wie er in unserem Montessori-Modell realisiert werden konnte, wird erst erfüllt sein, wenn eines Tages ein blinder Junge mit einem sehenden Mädchen, ein körperbehindertes junges Mädchen mit einem gesunden Jungen am gleichen Tage erfolgreich gemeinsam ihren Schulabschluß erledigen. Ob dies an der Hauptschule, Realschule oder am Gymnasium stattfindet, erscheint dabei eine zweitrangige Frage. Der Traum des Arztes von der Schule erfüllte sich trotz großer Schwierigkeiten deswegen in so kurzer Zeit, weil vielfältige Hilfe kam.

Dank an alle Helfer

So möchte ich abschließend all denjenigen danken, die mit großen und kleinen Spenden der Aktion Sonnenschein geholfen haben. Nur über sie war unsere finanzielle Basis – wenn auch manchmal schmal – so ausgestattet, daß wir unser Montessori-Modell überhaupt durchführen konnten.

Von den größeren Spenden ist vor allem die großzügige Unterstützung der Alfried Krupp von Bohlen und Halbach-Stiftung hervorzuheben. Sie stellte uns in den Jahren 1974/75 500000 DM zur Verfügung und nahm uns damit einen entscheidenden Anteil unserer Sorgen ab. Danken möchte ich der IBM Deutschland, die durch namhafte Spenden »in Anerkennung unserer langjährigen medizinisch-wissenschaftlichen Pionierarbeiten auf dem Gebiete der Früherkennung und Behandlung von geistigen sowie körperlichen Behinderungen bei Säuglingen und Kleinkindern und zur weiteren Förderung dieser sozial bedeutenden pädiatrischen Bemühungen« der Aktion Sonnenschein 300000 DM zukommen ließ.

Zu danken ist dem Bundesministerium für Jugend, Familie und Gesundheit, das uns über Jahre Forschungsmittel zur Verfügung stellte, die beim Aufbau des Kinderzentrums München wichtige Ergebnisse lieferten. Diese Mittel betrafen folgende Forschungsprojekte:

»Untersuchungen zur Prävention der Pseudodebilität in den Massenpflegeeinrichtungen für junge Kinder«.

»Frühdiagnostik und Frühtherapie mehrfach behinderter Kinder«.

»Untersuchungen über die Entwicklung gliedmaßenfehlgebildeter Kinder, speziell Dysmelie-Kinder.«

Zu besonderem Dank bin ich verpflichtet dem Bundesministerium für Bildung und Wissenschaft, das großzügig den Schulversuch »Integrierte Erziehung gesunder mit mehrfach und verschiedenartig behinderten Kindern nach Maria Montessori der Aktion Sonnenschein in München« unterstützte und gleichzeitig in einem getrennten Vorhaben auch die Wissenschaftliche Begleitung dieses Schulversuchs unterstützt hat.

Mehr noch als diese Sachspenden haben uns die Entscheidungen geholfen, mit denen eine Ausnahme von den vielfältigen Schulverwaltungsvorschriften möglich wurde. Dem Bayerischen Staatsminister für Unterricht und Kultus, Herrn Professor Dr. Hans Maier, möchte ich dafür danken, daß er durch seine Entscheidung unser Montessori-Modell ermöglichte. Dem damaligen Staatssekretär im Bayerischen Staatsministerium für Unterricht und Kultus, Herrn Erwin Lauerbach, ist besonders zu danken, daß er in einer schier ausweglosen Situation unseren Schulversuch rettete, indem er kleinliche Auslegungen von Verwaltungsvorschriften durch seine Entscheidung beiseite schob.

Besonders danken möchte ich der damaligen Staatssekretärin im Bundesministerium für Bildung und Wissenschaft, der jetzigen Staatsministerin im Auswärtigen Amt, Frau Dr. Hildegard Hamm-Brücher. Sie hatte aus persönlicher Sicht die Montessori-Pädagogik näher kennengelernt und hat sich dafür eingesetzt, daß unser Schulversuch auch in seiner wissenschaftlichen Begleitung in den vergangenen Jahren vom Bundesministerium für Bildung und Wissenschaft großzügig gefördert wurde. Ohne diese großzügige Förderung wäre es nicht möglich gewesen (praktisch ohne Eigenmittel), einen so schwierigen Versuch nicht nur durchzuführen, sondern Ergebnisse daraus vorzulegen, die internationale Beachtung gefunden haben.

Mein besonderer Dank gilt unseren Pädagogen. Ohne Frau Aurins Initiative wäre unser Kindergarten mit gemeinsamer Erziehung gesunder und behinderter Kinder nicht entstanden. Ohne Frau Ockel hätten die dort gewonnenen Erfahrungen nicht auf unsere Montessori-Schule übertragen werden können. Ohne unsere Montessori-Lehrer, die später zu uns kamen, oder die sich nachträglich einem Montessori-Lehrgang in ihrer Freizeit unterzogen, wäre unser Modell nicht so weit, wie es heute ist.

Zu danken ist schließlich auch unseren Eltern, sie gaben den Anstoß dafür, daß unsere Montessori-Schule eingerichtet wurde. Sie haben alle Stadien unseres Montessori-Modells auch aktiv begleitet und vielfältige Anregungen und Hilfen gegeben.

Auch diesen Hilfen ist es schließlich zu danken, daß unserer Schule die höchste pädagogische Auszeichnung zuteil wurde, welche die Pädagogik derzeit wohl kennt: Der Pestalozzi-Preis.

Literaturübersicht

Schriften von Maria Montessori

Die Entwicklung des Tastgefühls, in: Kindergarten, 54. Jg., Berlin 1913.

Selbsttätige Erziehung im frühen Kindesalter, Stuttgart 1913.

Mein Handbuch, Stuttgart 1922.

Der Weg zu meiner Erziehungsmethode, in: Die Lebensschule, Berlin 1923.

Grundlinien meiner Erziehungsmethode (aus dem Vortrag in der Universität zu Berlin am 27. 10. 1922), in: Die Lebensschule, Berlin 1923.

Das Kind in der Familie, Wien 1923.

Montessori-Erziehung für Schulkinder, Stuttgart 1926.

Die Erziehung und das Kind, in: Montessori-Nachrichten, August-Heft 1926.

Geschaute Seelen, in: Die neue Erziehung, 8. Jg., Berlin 1926.

Analyse, in: Die neue Erziehung, 8. Jg., Berlin 1926.

Das Werk des Kindes (aus dem Vortrag, der zur Eröffnung des Lehrer-Ausbildungskurses in Mailand im Februar 1926 gehalten wurde), in: Die neue Erziehung, 8. Jg., Berlin 1926.

Wie Kinder in der Kirche leben, in: Kinderheim, München, Jg. 1928.

Bewegung und Bewegungsspiel als Erziehungsmittel bei Kindern, in: Die Blätter für Laien- und Jugendspieler, 4. Jg., Berlin, April 1928.

Aphorismen, in: Die neue Erziehung, 12. Jg., Berlin 1930.

Die Umgebung, in: Die neue Erziehung, 12. Jg., Berlin 1930.

Zitate: Die Geschichte; Die Heilige Messe; Das Mysterium; Die Glocken; Der Ruf; in: Zur Pädagogik von Maria Montessori, hrsg. v. Kath. Deutschen Frauenbund, Köln 1931.

Das Verstehen des Kindes, in: Die neue Erziehung, 13. Jg., Berlin 1931.

Mein experimenteller Beitrag, in: Das Problem der Methode in der Schule, Langensalza 1931.

Das Neugeborene, in: Montessori, Blätter der Intern. Montessori-Ges., Deutsche Ausgabe, 1. Heft, Stuttgart 1932.

Der Erwachsene und das Kind in ihrer Arbeit, in: Montessori, Blätter der Intern. Montessori-Ges., Deutsche Ausgabe, 1. Heft, Stuttgart 1932.

Der Erwachsene und das Kind in der neuen Erziehung, in: Montessori, Blätter der Intern. Montessori-Ges., Deutsche Ausgabe, 1. Heft, Stuttgart 1932.

Die geistige Vorbereitung des Lehrers, in: Montessori, Blätter der Intern. Montessori-Ges., Deutsche Ausgabe, 1. Heft, Stuttgart 1932.

Das Zentrum und die Peripherie, in: Montessori, Blätter der Intern. Montessori-Ges., Deutsche Ausgabe, 1. Heft, Stuttgart 1932.

Grundlagen meiner Pädagogik, in: Handbuch der Erziehungswissenschaft, III. Teil, Bd. 1, München 1934.

Die absorbierende Intelligenz, in: Bildung und Erziehung, 4. Jg., Wiesbaden 1951.

Kinder sind anders, Stuttgart 1952.

Gott und das Kind, hrsg. v. d. Kath. Arbeitsgemeinschaft für Montessori-Pädagogik, Köln 1956; auch in: Mitteilungen der Deutschen Montessori-Gesellschaft, 4 (1956), 1 und 2 (1957).

Ordnung, in: Mitteilungen der Deutschen Montessori-Gesellschaft 1 (1956).

Die Disziplin, in: Kinderheim, 35. Jg., München 1957.

Kinder, die in der Kirche leben, Freiburg i. Br. o. J. 1964, hrsg. v. H. Helming.

Grundlagen meiner Pädagogik und weitere Aufsätze zur Anthropologie und Didaktik (Geschaute Seelen; Analyse; Das Werk des Kindes; Die Umgebung; Das Verstehen des Kindes; Neuauflagen s. o.) Heidelberg 1965.

Von der Kindheit zur Jugend, Freiburg i. B. 1966, hrsg. v. P. Oswald.

Über die Bildung des Menschen, Freiburg i. Br. 1966, hrsg. v. P. Oswald u. G. Schulz-Benesch.

Grundgedanken der Montessori-Pädagogik (zusammengestellt von P. Oswald u. G. Schulz-Benesch), Freiburg i. Br. 1967.

Die Entdeckung des Kindes, hrsg. v. P. Oswald u. G. Schulz-Benesch, Freiburg i. Br. 1969 (textkritische Neuaufl. v. »Selbsttätige Erziehung . . .«).

Das kreative Kind, Freiburg i. Br. 1972, hrsg. v. P. Oswald u. G. Schulz-Benesch.

Frieden und Erziehung, Freiburg i. Br. 1973, hrsg. v. P. Oswald u. G. Schulz-Benesch.

Ferner zahlreiche Auszüge und Übersetzungen kleinerer Arbeiten Montessoris in: Mitteilungen der Deutschen Montessori-Gesellschaft, Frankfurt a. M., und in: Montessori-Werkbrief (Mitteilungen d. Montessori-Vereinigung für kath. Erziehung), Köln.

Literatur zur Montessori-Pädagogik

Böhm, W.: Maria Montessori, Bad Heilbrunn 1969.

Buck, A. (A. Fischer-Buck): Naturgemäße Erziehung – Ein Vergleich der Lehre von Pestalozzi und Montessori, angewandt auf die heutige psychol. Pädagogik, Bonn 1959.

Buytendijk, F. J. J.: Erziehung zur Demut, Ratingen 1962 (bearb. von Günter Schulz-Benesch).
– Gelebte Freiheit und sittliche Freiheit im Bewußtsein des Kindes, in: Vierteljahresschrift f. wiss. Päd., Jg. 1952, S. 168–183.
Auch in: Buytendijk, F. J. J.: Das Menschliche, Stuttgart 1958, S. 119–138.

Finazzi Sartor, R.: Maria Montessori, Brescia 1961.

Gerhards, K.: Zur Beurteilung der Montessori-Pädagogik, 1928.

Hecker, H., und Muchow, M.: Fr. Fröbel und Maria Montessori, (1927, 2. Aufl. 1931).

Helming, H.: Montessori-Pädagogik, Freiburg i. Br. 1958.

Hessen, S.: Die Methode der Maria Montessori und ihr Schicksal (1936).

Liquori, E.: Maria Montessori e l'educazione dell'infanzia, Rom 1955.

Lubienska de Lenval, H.: La méthode Montessori, Paris 1947.

Maria Montessori – Texte und Diskussion – Herausgegeben von Winfried Böhm, Bad Heilbrunn 1971.

Mazzetti, R.: Maria Montessori nel rapporto tra anormali e normalizzazione, Rom 1963.

Montessori, Reihe: Wege der Forschung, Band CC, herausgegeben von Günter Schulz-Benesch, Darmstadt 1970 (Sammlung von Sekundär-Literatur 1910 bis 1968).

Muchow, M.: Das Montessori-System und die Erziehungsgedanken Friedrich Fröbels, in: Hecker, Hilde – Muchow, Martha: Friedrich Fröbel und Maria Montessori. Einleitung von Eduard Spranger, Leipzig, 2. Aufl. 1931.

Orem, R. C.: Montessori heute, Ravensburg 1975.

Oswald, P.: Das Kind im Werke Maria Montessoris, Mühlheim 1958.
– Die Anthropologie Maria Montessoris, Münster 1970.

Schröteler, J.: Die Montessori-Methode und die deutschen Katholiken, 1929.

Schulz(-Benesch), Günter: Der Streit um Montessori, Freiburg i. Br., 1961.

Standing, E. M.: Maria Montessori, Leben und Werk, Stuttgart 1959.

Van Veen-Bosse, B.: Konzentration und Geist. Die Anthropologie in der Pädagogik Maria Montessoris, in: Hagenmaier, Theresia – Correl, Werner – van Veen-Bosse, Brigitte, Neue Aspekte der Reformpädagogik, Studien zur Anthropologie und Pädagogik bei Kerschensteiner, Dewey und Montessori (Einführung von O. F. Bollnow), Heidelberg 1964, S. 101–160.

Literatur zum Schulversuch

Hier sind Literaturstellen zusammengefaßt, welche sich mit Problemen beschäftigen, die der Vorbereitung dieses Schulversuchs direkt oder indirekt gedient haben bzw. in denen Fragen der integrierten Erziehung besprochen wurden.

Achtenhagen, S.: Methodologische Probleme empirischer Begleituntersuchungen zu pädagogischen Innovationsversuchen unter statistischem Aspekt. Zeitschrift für Pädagogik, 43 (1973).

D'Assaro, M. J.; John, V. Ph.: R-E-P-Language Scale. Univ. of California.

Aurin, K.: Das Dilemma pädagogischer Begleitforschung. Zeitschrift für Pädagogik 19/1 (1973).

Bericht über die Lage der Psychiatrie in der Bundesrepublik Deutschland. Bonn 1975.

Bobath, B.: Abnorme Haltungsreflexe bei Gehirnschäden. G. Thieme Verlag, Stuttgart (1968).

Bobath, K.; Bobath, B.: Grundgedanken zur Behandlung der cerebralen Kinderlähmung, Beitr. Orthop. Traum., 11 (1964).

Brack, U.-B. und J. Baumhauer: Psychologische Voraussetzungen für eine integrierte Erziehung. In: »Integrierte Erziehung« Fortschritt der Sozial-Pädiatrie, Bd. 3, Urban & Schwarzenberg, München, Wien und Berlin, 1975.

Bracken, H. von; Contandis, W.: Untersuchungen zur Einstellung der Bevölkerung gegenüber geistigbehinderten Kindern. Bericht über eine Repräsentativbefragung an den Bundesminister für Jugend, Familie und Gesundheit. Marburg/Lahn (Ende September 1971).

Bracken, H. von: Vorurteile gegen behinderte Kinder, ihre Familien und Schulen. Marhold Verlag Berlin, 1976.

Brunet, O.; Lézine, J.: Le developpement psychologique de la première enfance. Présentation d'une échelle française pour examen des touts petits. Paris (1951).

Bühler, Ch.; Hetzer, J.: Kleinkindertests. Barth, München (1961).

Burgerstein, L.; Netolitzky, A.: Handbuch der Schulhygiene. 2. umgearbeitete Aufl., Gustav Fischer, Jena (1962).

Dennerlein, I.: Zur Untersuchung von blinden Kindern. Kinderarzt 3, 318 (1972).

Deutscher Bildungsrat. Empfehlungen der Bildungskommission zur pädagogischen Förderung behinderter und von Behinderung bedrohter Kinder und Jugendlicher. Bundesdruckerei Bonn 322643 (Nov. 1973).

Eisele, V.; Pechstein, J.: Erste Erfahrungen über eine gemeinsame pädagogische Betreuung gesunder und behinderter Kinder im Halbtagskindergarten. Mschr. Kinderheilk. 122, 640–642 (1974).

Ellehammer, Sv.: Soziologische Aspekte der integrierten Erziehung. In: Th. Hellbrügge (Hrsg.): »Integrierte Erziehung«. Fortschr. Sozialpädiatrie Bd. 3, Urban & Schwarzenberg, München-Wien-Berlin (1975).

Ellring, J. H.; Stehle, M.: Training kooperativen Verhaltens durch soziale Verstärkung in Gruppen verhaltensgestörter Kinder. Vortrag auf dem Kongreß der European Association of Behavior Therapy, Third Annual Conference. Amsterdam (1973).

Frankenburg, W. K.; Dodds, S. B.: Denver-Developmental Screening-Test. J. Pediat. 71, 181 (1967).

Gerstenmaier, S.; Mohr-Ritter, H.; Sadoni, S.; Schüler, H.: Neurophysiologische Therapie und Verhaltenstherapie – ein erster Erfahrungsbericht. Krankengymnastik 24, 37 (1972).

Gesell, A.: Säugling und Kleinkind in der Kultur der Gegenwart. Christian-Verlag, Bad Nauheim (1952). Nach: Infant and Child in the Culture of Today. New York u. London (1943).

Gesell, A. L.; Ilg, F.: Feeding Behavior of Infants. A Pediatric Approach to the Mental Hygiene of Early Life. Philadelphia (1937).

Gesell, A.: The first five years of life. New York (1940).

Griffith, R.: Griffith's Mental Development Scale for Testing Babies from Birth to 2 Years. Reprinted 1960, 1962.

Gutfried, U.: Das Kinderzentrum. Kinderarzt 5, 128 (1974).

Haag; Krüger; Schwärzel; Wild: Aktionsforschung (1972).

Hänsel, D.: Die physiologische Erziehung der Schwachsinnigen (Edouard Séguin 1812–1880). Hans Ferd. Schulz-Verlag, Freiburg (1974).

Haiböck, H.: Zur Integration des körperbehinderten Kindes in der Schule. In: Th. Hellbrügge: »Integrierte Erziehung«. Fortschr. Sozialpädiatrie 3. Urban & Schwarzenberg (1975).

Haiböck, H.: Die Binet-Verfahren. Kinderarzt, 3, 54 (1972).

Hartung, J.: Integrierte Erziehung aus schulärztlicher Sicht. In: »Integrierte Erziehung«. Fortschr. Sozialpädiatrie 3. Urban & Schwarzenberg, München-Wien-Berlin (1975).

Hellbrügge, Th.: Prävention und Rehabilitation in der frühen Kindheit. Med. Klinik 66, 981 (1961).

Hellbrügge, Th.: Aspekt und Verhalten des Kindes als Grundlagen der pädiatrischen Diagnostik. Handbuch Kinderheilkunde, Bd. II/1. Springer, Berlin/Göttingen, Heidelberg (1966).

Hellbrügge, Th.: Funktionelle Entwicklungsdiagnostik. Kinderarzt 2, 402 (1972).

Hellbrügge, Th.: Grundlagen einer kindgerechten Unterrichtshygiene. In: Hdb. Kinderheilk. 3, Springer-Verlag, Berlin-Heidelberg-New York (1966).

Hellbrügge, Th.: Begriffliches zu Entwicklung und Entwicklungsstörungen. Fortschr. Med. 89, 741 (1971).

Hellbrügge, Th.: Erfahrungen in der Montessori-Pädagogik beim behinderten Kind in München. Vortrag im Italien. Kulturinstitut am 29. 1. 1971.

Hellbrügge, Th.: Wo lernen ein Kinderspiel ist. PK-Interview. Praxis-Kurier 13 v. 31. 3. 71.

Hellbrügge, Th.: Frühdiagnostik bei Risiko-Kindern. »Behinderte Kinder«. Früherkennung, Behandlung, Rehabilitation, S. 16 (1971). Bundeszent. f. gesundheitl. Aufkl., Köln.

Hellbrügge, Th.: Kindliche Entwicklung als Chance der Habilitation und Rehabilitation. In: Wege zur Chancengleichheit der Behinderten. Selbstverlag d. Dtsch. Vereinig. f. d. Rehabilitation Behinderter e. V., Heidelberg (Sitzungsb. 1973).

Hellbrügge, Th.: Das behinderte Kind aus der Sicht des Kinderzentrums. In: Probleme des behinderten Kindes. Fortschr. Sozialpädiatrie, 1, Urban & Schwarzenberg, München-Berlin-Wien (1973).

Hellbrügge, Th.: Deprivations-Syndrom bei Familienkindern. In: Tatsachen u. Berichte. 23. Universitätstage d. Stadt Hamm, S. 55 (1973).

Hellbrügge, Th. (Hrsg.): »Probleme des behinderten Kindes«. Fortschritte d. Sozialpädiatrie 1«. Urban & Schwarzenberg, München-Berlin-Wien (1973).

Hellbrügge, Th.: Funktionelle Entwicklungsdiagnostik und Entwicklungstherapie – Ein neuer Weg der Behindertenhilfe. In: Das Öffentl. Gesundheitswesen. Georg Thieme Verlag, Stuttgart (1974).

Hellbrügge, Th.: »Unsere Schule macht die Kinder krank«. Deutsche Zeitung v. 21. 12. 1973, S. 9.

Hellbrügge, Th. (Hrsg.): Kindliche Sozialentwicklung und ihre sinnesphysiologischen Grundlagen. In: Kindliche Sozialisation und Sozialentwicklung. Fortschr. Sozialpädiatrie Bd. 3. Urban & Schwarzenberg, München-Wien-Berlin (1975).

Hellbrügge, Th.; Bartl, G.; Brack, U.; Wittrock, J.; Schuh, H.: Häufigkeit, Art und soziale Bedingtheit von Verhaltensstörungen im Vorschulalter. Mschr. Kinderheilkd. 122, 1 (1974).

Hellbrügge, Th.; Becker-Freyseng, I.; Menara, D.; Schamberger, R.: Deprivations-Syndrom im Säuglingsheim. Münch. med. Wschr. 115, 1753 (1973).

Hellbrügge, Th.; Lajosi, F.: Zur Systematik der »Funktionellen Entwicklungsdiagnostik«. Kinderarzt 4, 149 (1973).

Hellbrügge, Th.; Lange, J.; Rutenfranz, J.: Schlafen und Wachen in der kindlichen Entwicklung. Enke, Stuttgart (1959).

Hellbrügge, Th.: Menara, D.: Die Bedeutung der frühkindlichen Sozialentwicklung. Kinderarzt 4, 836 (1973).

Hellbrügge, Th.: Menara, D.; Schamberger, R.; Stünkel, S.: Funktionelle Entwicklungs-Diagnostik im 2. Lebensjahr. Fortschr. Med. 89, 558 (1971).

Hellbrügge, Th.; Menara, D.; Schmitz, E.; Stünkel, S.: Hilfe für das mehrfach behinderte Kind. In: Behinderte Kinder – Früherkennung – Behandlung – Rehabilitation. Bundeszentrale für gesundheitliche Aufklärung Köln (1971).

Hellbrügge, Th.; Lajosi, F.; Menara, D.; Schamberger, R.: Münchner Funktionelle Entwicklungsdiagnostik. Anweisungen für Ärzte und Klinische Psychologen. Verlag Urban & Schwarzenberg, München (1976).

Hellbrügge, Th.; Innerhofer, P.; Warnke, A; Schmitz, E. und Dang, H. P.: Integrierte Erziehung gesunder mit mehrfach und verschiedenartig behinderten Kindern im Schulversuch nach Maria Montessori der Aktion Sonnenschein München. Dtsch. Bildungsrat, Materialien zur Bildungsplanung, Heft 6. Westermann Verlag, Braunschweig 1976.

Hellbrügge, Th.; Pechstein, J.: Entwicklungsphysiologische Tabellen für das Säuglingsalter. Fortschr. Med. 86, 481, 607 (1968).

Hellbrügge, Th.; Rutenfranz, J.: Schichtunterricht und Leistungsbereitschaft. Münch. Med. Wschr. 98, 1713 (1956).

Hellbrügge, Th.; Schirm, H.; Schuh, H.; Pucher, F.: Ärztliche Gesichtspunkte zur Vorschulerziehung. Bayer. Ärzteblatt 3, 236 (1973).

Hellbrügge, Th.; Rutenfranz, J.; Graf, O.: Gesundheit und Leistungsfähigkeit im Kindes- und Jugendalter. Georg Thieme Verlag, Stuttgart (1960).

Hellbrügge, Th.; Wimpfen, H. H. von (Hrsg.): Die ersten 365 Tage im Leben eines Kindes. – Die Entwicklung des Säuglings. TR Verlagsunion, München (1974). 4. Aufl. 1976.

Hochleitner, M.: Erziehungs- und Schulschwierigkeiten bei Kindern mit minimal cerebral palsy. Wien. Med. Wschr. 120, 375 (1970).

Illingworth, R. S.: The Development of the Infant and young Child, normal and abnormal. 3. Aufl. Livingstone, Edinbourgh, London (1966).

Innerhofer; Gottwald; Hutter; Bänninger: Das Regelspiel als Therapiemedium in der Verhaltenstherapie emotional gestörter Kinder. Eine experimentelle Untersuchung. Zeitschrift für Klinische Psychologie, Band 4, Heft 3, S. 17 (1974).

Innerhofer, P.: Ein Regelmodell zur Intervention in Schule und Familie. Zeitschrift für Klin. Psychologie, 1, (1974).

Jervolino, M.: Das gesunde und behinderte Kind bei Maria Montessori. In: »Integrierte Erziehung«, Fortschr. Sozialpädiatrie 3, Urban & Schwarzenberg, München-Wien-Berlin (1975).

Kenmore, J. R.: Integrierte Erziehung von blinden Kindern. In: »Integrierte Erziehung« Fortschr. Sozialpädiatrie 3, Urban & Schwarzenberg, München-Wien-Berlin (1975).

Klee, E.: Behinderten-Report. Fischer Taschenbuch Bd. 1418. Frankfurt (1974).

König, E.: Begleitstörungen bei cerebraler Bewegungsstörung. In: Behinderte Kinder – Früherkennung, Behandlung, Rehabilitation. Bundeszentrale für gesundh. Aufklärung, Köln (1971).

Kohlscheen, G.: Untersuchungen zur Bedarfsermittlung eines Versorgungssystems für somatisch und psychisch auffällige Kinder und Jugendliche. In: Anhang zum Bericht über die Lage der Psychiatrie in der Bundesrepublik Deutschland. S. 432. Verlag Dr. Hans Heger, Bonn-Bad Godesberg (1975).

Kratsch, L.: Integrative Förderung behinderter Kinder in der Grundschule – unter besonderer Berücksichtigung körperbehinderter Kinder. Hausarbeit in der Grundschuldidaktik an der Pädagogischen Hochschule, Berlin (1975).

Löwe, A.: Gehörlose, ihre Bildung und Rehabilitation. Deutscher Bildungsrat: Gutachten und Studien der Bildungskommission. E. Klett Verlag, Stuttgart (1974).

Löwe, A.: Das Für und Wider der schulischen Integration gehörloser und schwerhöriger Kinder und Jugendlicher. In: »Integrierte Erziehung«. Fortschr. Sozialpädiatrie 3, Urban & Schwarzenberg, München-Wien-Berlin (1975).

Lovaas, O. I.; Freitag, L.; Nelson, K.; Whalen, C.: The establishment of imitation and its use for the development of complex behavior in schizophrenic children. Behav. Res. Therapy, 5, 171 (1967).

Lovaas, O. I.: A program for the establishment of speech in psychotic children. In: Sloane und Mac Aulay: Operant Procedures in Remedial Speech and Language Training (1968).

Maier, E.: Problematik der Zusammenarbeit in der Hilfe für das behinderte Kind: In: »Integrierte Erziehung«, Fortschr. Sozialpädiatrie 3. Urban & Schwarzenberg, München-Wien-Berlin (1975).

Mande, Rh.; Masse, N.; Manciaux, M.: Pédiatrie sociale. Verlag Flammarion Médicine-Sciences, Paris (1972).

Muth, J.: Vorschläge zur integrierten Erziehung des Deutschen Bildungsrates. In: »Integrierte Erziehung«. Fortschr. Sozialpädiatrie 3, Urban & Schwarzenberg, München-Wien-Berlin (1975).

Niederberger, S.; Scheuermann, M.: Kompensationstechniken in der Bewegung von Dysmelie-Kindern. Fortschr. Med. 88, 1414 (1970).

Oswald, P.; Schulz, G.: Montessori für Eltern. Ravensburger Elternbücherei (1974).

Oswald, P.; Schulz, G.: Grundgedanken der Montessori-Pädagogik. Herder Verlag, Freiburg (1967).

Patterson, G.; Gullion, M. E.: Living with children. New methods for parents and teachers. Champain/Illinois, Research Press (1968).

Patterson, G. R.; McNeal, S.: Hawkins, N.; Phelps, R.: Reprogramming the social environment. Journal of Child Psychology and Psychiatry 8, 181 (1967).

Patterson, G. R.; Ray, R. S.; Shaw, D. A.: Direct intervention in families of deviant children. Oregon Research Institute. Research Bulletin 8 (9) (1968).

Paul, A.: Das behinderte Kind, ein Sonderproblem? In: Th. Hellbrügge: Probleme des behinderten Kindes. Fortschr. Sozialpädiatrie Bd. 1, Urban & Schwarzenberg, München-Wien-Berlin (1973).

Pechstein, J.: Hilfe für das sozialbehinderte Kind. In: Th. Hellbrügge »Behinderte Kinder«. Früherkennung, Behandlung, Rehabilitation. Bundeszentrale für gesundh. Aufklärung, Köln (1971).

Pechstein, J.: Individualisierung für das Kind in der Schule. Therapiewoche 23, 4124 (1973).

Pechstein, J.: Umweltabhängigkeit der frühkindlichen zentral-nervösen Entwicklung. Schriftenreihe aus dem Gebiete des öffentl. Gesundheitswesens, 34. Georg Thieme Verlag, Stuttgart (1974).

Pechstein, J.: Sozial behinderte Kinder. In: Th. Hellbrügge »Kindliche Sozialisation und Sozialentwicklung«. Fortschr. Sozialpädiatrie Bd. 2. Urban & Schwarzenberg, München-Berlin-Wien (1975).

Pechstein, J.: Sozialpädiatrische Zentren für behinderte und entwicklungsgefährdete Kinder. Dtsch. Bildungsrat, Sonderpädagogik 6: Gutachten und Studien der Bildungskommission. Klett-Verlag, Stuttgart (1975).

Pechstein, J.: Neuropädiatrie und Sozialpädiatrie, Kinderarzt. Kinderarzt 7, 918 (1976).

Rutenfranz, J.; Hellbrügge, Th.: Über Tagesschwankungen der Rechengeschwindigkeit bei 11jährigen Kindern. Z. Kinderheilk. 80, 65 (1957).

Rutenfranz, J.; Hellbrügge, Th.; Niggeschmidt, W.: Über die Tagesrhythmik des elektrischen Hautwiderstandes bei 11jährigen Kindern. Z. Kinderhk. 78, 144 (1956).

Schamberger, R.: Funktionelle Entwicklungsdiagnostik und -therapie bei geistigbehinderten und mehrfach behinderten Kindern. Sonderdruck aus »Frühe Hilfen – wirksamste Hilfen«. Bericht der 8. Studientagung der Bundesvereinigung Lebenshilfe für geistig Behinderte e. V., Marburg (1975).

Schede, F.: Grundlagen der körperlichen Entwicklung. Enke, Stuttgart, 1954.

Schetelig, H.; Hellbrügge, Th.: Legasthenie. Fortschr. Med. 94, 473 (1976).

Schirm, H.: Zur Diagnostik des Längen- und Gewichtsalters. Kinderarzt 5, 237 (1974).

Schirm, H.; Bahl, R.; Randolph, R.: Die minimale cerebrale Bewegungsstörung – eine faktorenanalytische Auswertung von Untersuchungen an Kindergartenkindern. Fortschr. Med. 90, 985 (1972).

Schmidt-Kolmer, E.: Der Einfluß der Lebensbedingungen auf die Entwicklung des Kindes im Vorschulalter. Akademie Verlag, Berlin (1963).

Schmidt-Kolmer, E.: Verhalten und Entwicklung des Kleinkindes. Akademie Verlag 1960.

Schmitz, E.: Grundlagen der Verhaltenstherapie bei neurophysiologischer Behandlung. »Krankengymnastik« 25, 8 (1973).

Schneider, W.: Differenzierung und Individualisierung als Grundelemente der schulischen Integration. In: »Integrierte Erziehung«. Fortschr. Sozialpädiatrie 3, Urban & Schwarzenberg, München-Wien-Berlin (1975).

Schüler, H.: Schwimm- und Wassertherapie bei mehrfach behinderten Kindern. »Krankengymnastik« 381 (1973).

Speck, O.: Früherkennung und Frühförderung behinderter Kinder. In: Deutscher Bildungsrat (Hrsg. Jakob Muth). Sonderpädagogik 1, Behindertenstatistik, Früherkennung, Frühförderung, Band 25, Stuttgart (1973).

Speck, O.; Soziale Integration behinderter Kinder durch institutionelle Ko-Edukation und Se-Edukation. In: »Integrierte Erziehung«. Fortschr. Sozialpädiatrie 3, Urban & Schwarzenberg, München-Wien-Berlin (1975).

Stracka, G. A.: Forschungsstrategien zur Evaluation von Schulversuchen. Beltz-Verlag (1974).

Strasser, H.; Sievert, G.; Munk, K.: Das körperbehinderte Kind. Berlin (1968).

Tharp, R.; Wetzel, R.: Behavior modification in the natural environment. Academic Press, New York und London (1969).

Vojta, V.: Frühdiagnose und Frühtherapie der cerebralen Bewegungsstörungen im Kindesalter. A: Die Lagereflexe in der Entwicklungskinesiologie. 1. Normale Entwicklungsphasen. Z. Orthop. 110, 450 (1972).

Vojta, V.: Die cerebralen Bewegungsstörungen im Säuglingsalter. Frühdiagnose und Frühtherapie. Enke, Stuttgart (1974).

Literatur aus dem Schulversuch

In dieser Rubrik sind Literaturstellen zusammengestellt von Arbeiten, die unmittelbar aus diesem Schulversuch ganz oder teilweise finanziert wurden. Die Literaturstellen geben den Stand vom April 1976 wieder.

Baumhauer, J.: Biglmaier-Lesetest-Serie. Kinderarzt 4, 201 (1973).

Baumhauer, J.: Intelligenzmessungen im Kindesalter. Kinderarzt 4, 543 (1973).

Baumhauer, J.: Legasthenie, ein Überblick. Kinderarzt 4, 193 (1973).

Brack, U.-B.: Verhaltenstherapeutischer Abbau kindlicher Ängste. Kinderarzt 3, 399 (1972).

Brack, U.-B.: Die »Hamburger Neurotizismus- und Extraversionsskala für Kinder und Jugendliche«. Kinderarzt 6, 45 (1975).

Brack, U.-B.; Baumhauer, J.: Verschiedene Effekte bei der Modifikation von aggressiven und albernen Verhaltensweisen hirnorganisch geschädigter Kinder. »Acta Paedopsychiatrica« 40, 57–100 (1973).

Brack, U.-B.; Baumhauer, J.: Psychologische Voraussetzungen für eine integrierte Erziehung. In: »Integrierte Erziehung« Fortschr. Sozialpädiatrie 3. Urban & Schwarzenberg, München-Wien-Berlin (1975).

Buchholtz, U.: Prüfung sprachlicher Begriffe und Regeln durch das Basic Concept Inventory. Kinderarzt 4, 732 (1973).

Buchholtz, U.: Zur Prüfung kindlicher Leistungsstile. Kinderarzt 4, 303 (1974).

Buchholtz, U.: Der Psycholinguistische Entwicklungstest (PET). Kinderarzt 6, 289 (1975).

Constantin, F.: Der »Bender Gestalt-Test«. Kinderarzt 4, 485 (1974).

Constantin, F.: Der Motor-Free-Visual-Perception-Test. Kinderarzt 5, 20 (1974).

Constantin, F.: Differentieller Leistungstest-KE. Kinderarzt 6, 933 (1975).

Constantin, F.; Lederer, P.: Southern California Perceptual Motor-Test. Kinderarzt 6, 751 (1975).

Coulin, S.: Das Leistungsprüfsystem. Kinderarzt 6, 1339 (1975).

Ehle, J.: Der Benton-Test. Kinderarzt 5, 105 (1974).

Glüder, I. H.; Gobbin, Ch.; Holzinger, Ch.; Kaul, C. D.; Müller, G.; Salewski, J.; Zollner, Ch.: Lehrer berichten aus ihrer Arbeit im Münchener Modell der schulischen Integration gesunder mit mehrfach und verschiedenartig behinderten Kindern. Selbstverlag der Aktion Sonnenschein (1975).

Gufler, W.: Forschungskonzept und angewandte Forschungsmethoden im Münchener Schulversuch zur Integration behinderter und nichtbehinderter Kinder nach M. Montessori. Zulassungsarbeit Universität München (1976).

Haiböck, H.: Frostig-Test. Kinderarzt 4, 270 (1973).

Hellbrügge, Th.: Wo lernen ein Kinderspiel ist. PK Interview. Praxis-Kurier 13 (1971).

Hellbrügge, Th.: Zur Problematik des Sonderkindergartens unter Berücksichtigung erster Erfahrungen in einem Montessori-Kindergarten für gesunde und behinderte Kinder. In: H.-H. Matthiaß, H. Th. Brüster und H. v. Zimmermann »Spastisch gelähmte Kinder«. G. Thieme Verlag, Stuttgart (1971).

Hellbrügge, Th.: Das behinderte Kind aus der Sicht des Kinderzentrums. In: Probleme des behinderten Kindes. Fortschr. Sozialpädiatrie Bd. 1. Urban & Schwarzenberg, München-Berlin-Wien (1973).

Hellbrügge, Th.: Entwicklungs-Pädiatrie. Kindearzt 4, 595 (1973).

Hellbrügge, Th.: Unsere Schule macht die Kinder krank. Deutsche Zeitung (21. 12. 73).

Hellbrügge, Th.; Bartl, G.; Brack, U.; Wittrock, J.; Schuh, H.: Häufigkeit, Art und soziale Bedingtheit von Verhaltensstörungen im Vorschulalter. Mschr. Kinderheilk. 122, 532 (1974).

Hellbrügge, Th.: Sistema pedagógico Montessori como principio terapéutico y pedagógico en niños afectos de retraso psicomotor. Simposium Hispano-Alemán Valencia (29. 5. 74).

Hellbrügge, Th.: Orff-Musiktherapie im Rahmen einer mehrdimensionalen Therapie für mehrfach und verschiedenartig behinderte Kinder. Orff-Schulwerk-Information Nr. 16 anläßlich des Symposions »Orff-Schulwerk 1975« in Salzburg (27.–29. 6. 75).

Hellbrügge, Th.: Das sollten Eltern heute wissen. Kindler-Verlag, 2. Auflage (1975).

Hellbrügge, Th.: Kindliche Sozialentwicklung und ihre sinnes-physiologischen Grundlagen. In: Kindliche Sozialisation und Sozialentwicklung. Fortschritte der Sozialpädiatrie Bd. 2, Urban & Schwarzenberg, München-Berlin-Wien (1975).

Hellbrügge, Th.: Integrierte Erziehung gesunder mit mehrfach und verschiedenartig behinderten Kindern im Modellversuch der »Aktion Sonnenschein« als Dokument der kindlichen Sozialisation in der Montessori-Pädagogik. Sondernummer »Das Kind« der Dtsch. Montessori-Gesellschaft von der Tagung in Frankfurt (30. 5. 75).

Hellbrügge, Th.: Sozialpädiatrische Grundlagen für eine integrierte Erziehung behinderter Kinder. In: Th. Hellbrügge »Integrierte Erziehung« »Fortschr. d. Sozialpädiatrie«, Bd. 3, Urban & Schwarzenberg, München-Berlin-Wien (1975).

Hellbrügge, Th. (Hrsg.): Integrierte Erziehung. Fortschr. Sozialpädiatrie, Bd. 3. Urban & Schwarzenberg, München-Berlin-Wien (1975).

Hellbrügge, Th.: Desarollo infantil como base de una nueva ruta en la ayuda a los impedidos en el centro infantil de Munich. II. Congreso Panamericano de Retardo Mental. Panama 24. 8. 75.

Hellbrügge, Th.: Schulweg und Schultasche. Kinderarzt 6, 527 (1975).

Hellbrügge, Th.: Pädiatrie und Pädagogik. Kinderarzt 6, 109 (1975).

Hellbrügge, Th.: Pädagogik ohne Angst als sozialpädiatrisches Anliegen. Der Kassenarzt 16, 368 (1976).

Hellbrügge, Th.: Pädagogik ohne Angst. Erfahrungen aus der Montessori-Modellschule in München als Schulversuch der integrierten Erziehung gesunder mit mehrfach und verschiedenartig behinderten Kindern. Heilpädagogische Forschung (1976).

Hellbrügge, Th.; Lajosi, F.; Menara, D.; Schamberger, R.: Die ersten 365 Tage im Leben eines Kindes – Die Entwicklung des Säuglings. Hinweise für Mütter. TR-Verlagsunion GmbH, München (1974).

Hellbrügge, Th.; Lajosi, F.; Menara, D.; Schamberger, R.: Münchener Funktionelle Entwicklungsdiagnostik. Fortschr. Sozialpädiatrie, Bd. 4. Urban & Schwarzenberg, München-Wien (1976).

Hellbrügge, Th.; Pechstein, J.: Sozialpädiatrische Thesen für den Kindergarten und gegen die Vorverlegung der Schulpflicht. Fortschr. d. Med. 93, 851 (1975).

Hellbrügge, Th.: The Education of normal Children together with Children Suffering from Various and Multiple Handicap. ›Communications‹ Association Montessori Internationale 1 (1976).

Hempelmann, U.: Diagnostische Rechtschreibe-Tests. Kinderarzt 4, 826 (1973).

Innerhofer, P.: Schulschwierigkeiten durch Fehlverhalten des Lehrers. Kinderarzt 2, 124 (1975).

Innerhofer, P.: Sozialisation in der Schule und Therapieversuche bei sozialgestörten Kindern einer Sonderschule. In: Th. Hellbrügge »Kindliche Sozialisation und Sozialentwicklung« Fortschr. Sozialpädiatrie Bd. 2, Urban & Schwarzenberg, München-Berlin-Wien (1975).

Innerhofer, P.: Das Münchner Trainingsmodell. Beobachtung Interaktionsanalyse und Verhaltensänderung. Springer Verlag (1976).

Innerhofer, P.; Warnke, A.: Kooperation und Elterntraining geistig behinderter Kinder bei der Therapie ihrer eigenen Kinder. Manuskript (1974).

Jervolino, M.: Das gesunde und das behinderte Kind bei Maria Montessori. In: »Integrierte Erziehung«. Fortschr. Sozialpädiatrie Bd. 3, Urban & Schwarzenberg, München-Wien-Berlin (1975).

Langschmidt, H.: Preschool Language Manual. Kinderarzt 6, 167 (1975).

Laubender, E.: Sprach- und Sprechstörungen als Leitsymptom bei Mehrfachschädigungen im Kindesalter. Dissertation, München (1975).

Lederer, P.: Standardisierte Interview-Tabellen. Kinderarzt 5, 673 (1974).

Lederer, P.: Sozialverhalten im Grundschulalter. Kinderarzt 6, 431 (1975).

Lederer, P.: Die Louisville-Skalen als standardisierte Interview-Tabellen. Kinderarzt 5, 967 (1974).

Link, P.; Prell, S.: Das Münchener Modell der schulischen Integration behinderter und nichtbehinderter Kinder (Stand des Versuchs März 1974). Bericht, München (März 1974).

Menara, D.: Erfahrungen in der Betreuung von Adoptiv-Kindern. Mschr. Kinderheilk. 121, 449 (1973).

Menara, D.: Soziale Eingliederung sozialbehinderter Kinder am Beispiel der Adoptionsbetreuung. In: Kindliche Sozialisation und Sozialentwicklung. Fortschritte Sozialpädiatrie Bd. 2, Urban & Schwarzenberg, München-Berlin-Wien (1975).

Mengen, R.: Der Hand-Dominanz-Test. Kinderarzt 6, 1215 (1975).

Mengen, R.: Der Kinder-Angst-Test. Kinderarzt 6, 639 (1975).

Müller, R.: Diagnostischer Rechtschreibtest DRT 2, Beltz-Verlag, Weinheim (1966).

Müller, G.; Gobbin, H. Ch.: Bericht über den Schülerjahrgang 1971–1975. Selbstverlag der Aktion Sonnenschein 1977.

Ockel, B.: Ist die Integration behinderter Kinder in der Grundschule möglich? Utopie oder Wirklichkeit? Abschlußbericht nach vier Jahren über die Entwicklung der ersten Kinder des Integrationsmodells 1970–1974. (Sonderschule der Aktion Sonnenschein – Schulversuch nach Maria Montessori.) Selbstverlag der Aktion Sonnenschein 1974.

Ockel, B.; Mehner, R.: Rechenprogramm für das erste Schuljahr und Vorbereitung auf das zweite Schuljahr. Selbstverlag der Aktion SSonnenschein (1974).

Ockel, B.: Arbeitsunterlagen aus dem Schulversuch der Aktion Sonnenschein. Selbstverlag der Aktion Sonnenschein.

Ockel, B. unter Mitarbeit von: A. Fengler, H. Geiges, I. Glüder, H. Gobbin, Ch. Holzinger, K.-D. Kaul, G. Kroczek, G. Müller, J. Salewski, H. Voß, Ch. Zollner. Wissenschaftliche Beratung: S. Prell: Zur Organisation des Unterrichts bei integrierter Erziehung gesunder mit mehrfach und verschiedenartig behinderten Kindern in der Privaten Sonderschule der Aktion Sonnenschein – Schulversuch nach Maria Montessori – Selbstverlag der Aktion Sonnenschein (1975).

Orff, G.; Weikert, A.: Erfahrungen mit dem Orff'schen Schulwerk bei verschieden und mehrfach behinderten Kindern. Zeitschrift »Das behinderte Kind« 1 (1972).

Orff, G.: Arbeit mit Stotterern. Der Sprachheilpädagoge 4, 26 (1973).

Orff, G.: Die Orff-Musiktherapie. Kindler Verlag (1974).

Orff, G.: Musikalische Erziehung als Mittel zur sozialen Integration. In: »Integrierte Erziehung«. Fortschr. Sozialpädiatrie 3, Urban & Schwarzenberg, München-Berlin-Wien (1975).

Rautenstrauch, T.; Wittrock, J.: Unerkannte minimale cerebrale Dysfunktion bei erziehungsschwierigen Kindern. Mschr. Kinderheilk. 122, 629 (1974).

Ruf, I. E.: Untersuchungen über Diagnostik und Therapie bei Mehrfachbehinderungen von Kindern mit cerebraler Bewegungsstörung anhand des Krankengutes des Münchner Kinderzentrums. Dissertat., München (1973).

Schmitz, E.: Zur Differentialdiagnose im Benton-Test. Kinderarzt 5, 401 (1974).

Schmitz, E.: Ko-Therapeuten in der Verhaltenstherapie. Beltz-Verlag. Weinheim und Basel (1976).

Sladky, W.; Innerhofer, P.: Sozialtraining. Urban & Schwarzenberg (1976).

Springmann, J.: Binet-Simon-Kramer-Test bei Kindern mit cerebraler Bewegungsstörung. Kinderarzt 9, 751 u. 875 (1974).

Springmann, J.: Der HAWIK-Test bei Kindern mit cerebraler Bewegungsstörung. Kinderarzt 5, 581 (1974).

Steinmann, K.: Wechsler Praschool and Primary Scale of Intelligence. Kinderarzt 5, 1055 (1974).

Taschler, M.; Mosel, J.: Konzentrationstests. Kinderarzt 4, 656 (1973).

Thiesen, M.: Testbatterie für geistig Behinderte. Teil 1: Kinderarzt 7, 411 (1973). Teil 2: Kinderarzt 8, 482 (1973).

Thiesen, M.: Der Göttinger Formreproduktions-Test. Kinderarzt 5, 222 (1974).

Warnke, A.: Das Training von Müttern und Lehrern zur Förderung des behinderten Kindes in Familie und Schule. Manuskript (1976).

Weikert, A.: Erfahrungen über die Frühdiagnostik von Hörstörungen in der Kinderpraxis. Kinderarzt 6, 14 (1970).

Weikert, A.; Werner, A.: Die Betreuung des sprachbehinderten Kindes. In: Th. Hellbrügge: Behinderte Kinder – Früherkennung, Behandlung, Rehabilitation. 58 (1971). Bundeszentrale f. gesundheitl. Aufklärung, Köln.

Wittrock, J.: Minimal cerebral dysfunction. Fortschr. Med. 91, 25, 997 (1973).

Wittrock, J.; Rautenstrauch, Th.: Neurologische und funktionell-motoskopische Befunde bei Kindern mit minimaler Hirnfunktionsstörung (minimal brain dysfunction). Vortrag auf der Tagung der Südd. Kinderärzte, Tübingen (Juni 1973).

Wittrock, J.; Höger, Ch.; Macke, A.: Spezielle neurologische Untersuchungstechniken im Vorschulalter. Münch. Med. Wschr. 117, 57 (1975).

Wittrock, J.; Gerstenmaier, S.; Borst, W.: Die motoskopische Untersuchung im Vorschulalter. Kinderarzt 5, 292 (1974).

Veröffentlichungen über den Schulversuch

Hier sind erste Berichte über den Schulversuch (Hänsel), vorwiegend aber Angaben aus der Laienpresse zusammengestellt, welche das öffentliche Interesse an diesem Schulversuch widerspiegeln.

Anderson, R.: Der Professor, der für Kinder lebt. Der Gong, Nürnberg Nr. 41 (12.–18. 10. 74).

Ärztliche Praxis: Kein Platz für Montessori-Schüler. Bayerische Behörden verbieten Modellschule. Ärztliche Praxis, Nr. 6 (31. 8. 72).

Allgeier, K.: Ein Mann kämpft für unsere Kinder. Bild (10. 12. 72).

ÄP: Theodor-Heuss-Preis für Theodor Hellbrügge. Sein Verdienst: »Kinderzentrum« und Münchner Montessori-Schule. Ärztliche Praxis, 25. Jg., Nr. 14 (17. 2. 73).

ap: Behörde stoppt Arzt. Bayern verbietet Ko-Edukation von Gesunden und Kranken. Rheinische Post, Düsseldorf (14. 7. 72).

ap: Aktion Sonnenschein wird jetzt gestoppt. Westdeutsche Zeitung (14. 7. 72).

ap: Sollen behinderte und gesunde Kinder eine Schule besuchen? Kölner Stadtanzeiger, Köln (14. 7. 72).

ap: Behörden wollen Aktion Sonnenschein stoppen. Westfalen Kurier (14. 7. 72).

ap: Keine Ko-Edukation mit Behinderten? Stuttgarter Zeitung, Stuttgart (14. 7. 72).

Bauch, H.: Der Schulpionier ist ein Onkel Doktor. Weltbild (12. 2. 72).

Baumgarten, A.: Kein Platz für behinderte Kinder. Neues Zeitalter (Nov. 73).

Biglmaier, F.: Lesestörungen. Diagnose und Behandlung. München (1965).

Böhme, G.: Stimm-, Sprech- und Sprachstörungen. Gustav Fischer-Verlag, Stuttgart (1974).

Brigitte: Was sind Montessori-Schulen? Brigitte, Nr. 9 (18. 4. 72).

Brigitte: Jeder lernt hier, soviel er kann. Heft 9, 123–129, 1972.

Brocher, T.; v. Hentig, Hartmut: Montessori-Schule erhalten. Humanistische Union, Pressemitteilung (2. 7. 72).

Dahlmann, Ch.: Lehrfach in der Schule: Rücksicht nehmen. Münchner Stadtzeitung, München (17. 9. 71).

Danzeisen, S.: Eine Schule ohne Angst. Magazin zum Wochenende (21./22. 2. 76).

Elmenau: Antwort des Kultusministeriums. Münchner Ärztlicher Anzeiger Nr. 18 (12. 5. 73).

Eltern: Der Arzt, der nie aufgibt. Eltern, Heft 3, 136–143 (1970).

Esser, St.: Heuss-Preis für »Mündige Bürger«. Münchner Merkur (12. 9. 72).

Euromed: Schule ohne Angst. Euromed Nr. 3, Jg. 11, (2. 2. 71).

F. d. M.: Krupp-Stiftung spendet DM 500000,– für »Aktion Sonnenschein«. Fortschritte der Medizin, Nr. 8 (14. 3. 74).

f. f.: Neuhauser Bezirksausschuß will Hellbrügge unterstützen. Süddeutsche Zeitung, München (8. 8. 72).

Flad-Schnorrenberg, B.: Martin lernt hören. Kinderzentrum für Mehrfachbehinderte in München, Mainz und Hamburg. Frankfurter Allgemeine Zeitung, Frankfurt/M. (31. 1. 76).

Friedrich, K.: Kindergarten als Lebensschule. Süddeutsche Zeitung, München (28. 1. 69).

Friedrich, K.: Lebenshilfe für behinderte Kinder; Therapie-Zentrum eingerichtet – Kindergarten für Behinderte und Gesunde –. Süddeutsche Zeitung, München (8. 9. 69).

Friedrich, K.: Eine Schule, die nur dem Kinde dient, Montessori-Modellschule für behinderte und gesunde Kinder/Keine Klassen mehr. Süddeutsche Zeitung, München (15. 9. 70).

Friedrich, K.: Montessori-Schule gesetzwidrig? Süddeutsche Zeitung, München (21. 9. 71).

Friedrich, K.: Hindernisse für Behinderten-Schule. Die Aufsichtsbehörde verzögert Bauvorhaben der Montessori-Modellschule. Süddeutsche Zeitung, München (16./17./18. 6. 72).

Friedrich, K.: Montessori-Schule in Gefahr. Süddeutsche Zeitung, München (14. 7. 72).

Friedrich, K.: Montessori-Modell jetzt gerettet? Kultusminister begrüßte Schulversuch/Pavillonbau geht weiter. Süddeutsche Zeitung, München (6. 10. 72).

Gärtner, B.: Ein Experiment: Unterricht ohne Zensuren. Zollern, Alb Kurier, Tübingen (9. 3. 74). Gmündner Tagespost, Schwäb. Gmünd (9. 3. 74). Schwäbische Post, Aalen (9. 3. 74). Reutlinger Nachrichten, Reutlingen (9. 3. 74). Südwestpresse, Hechingen (9. 3. 74).

Göttinger Zeitung: Schule ohne Angst. Göttinger Zeitung (6. 1. 72).

Gröning, U.: Kleiner Baustein. Stern, August 72, Nr. 33.

Grundlach, P.: Die Montessori-Schule wird weiter unterstützt. Bild, München (1. 11. 72).

Grundlach, P.: Hellbrügge kämpft für seine Schule. Bild (15. 7. 72).

Grundlach, P.: Diese Schüler haben das Zittern verlernt – Ein Münchner Professor verwirklicht 100 Jahre alte Ideen. Abendzeitung (14. 9. 70).

Grundlach, P.; Brauner, G.: In zwei Jahren wurde ein Bub zum Wunderkind. Bild, München (22. 4. 70).

hae: Olympische Ärztekammer für Aktion Sonnenschein. Münchner Merkur, München (16./17. 9. 72).

Haensel, F.: Eltern bauen Büros zu Klassenzimmern um. Fertigbau-Bungalows der Olympia-Baugesellschaft jetzt für Schulversuch gemietet. Münchner Stadtzeitung, München (3. 9. 73).

Haensel, F.: Neue Chancen für geistig Behinderte – »Aktion Sonnenschein« erhält Genehmigung für Sonderschule. Münchner Merkur, München (21. 11. 72).

Haensel, F.: Bald Sonderschulausbildung für alle Pädagogen? Damit sie behinderte Kinder nicht zu Außenseitern stempeln – »Aktionskreis Montessori« gegründet. Münchner Merkur, München (28. 7. 72).

Hänsel, D.: Das Münchner Montessori-Modell als Fortentwicklung der Montessori-Pädagogik. Die physiologische Entwicklung der Schwachsinnigen. (Edouard Séguin 1812–1880). Freiburger Forschungen zur Medizingeschichte, Neue Folge Bd. 3 (1974).

Härlin, F.: Kein Platz für Montessori-Kinder; Bayern gegen das Experiment von Professor Hellbrügge. Süddeutsche Zeitung, Stuttgart (11. 8. 72).

Harmes, A.: Hausaufgaben machen Schüler nicht schlauer. Bild, München (17. 2. 71).

Heckel, E.: Sie gehören zu uns – Beispiel einer Integration Körperbehinderter. Süddeutsche Zeitung, München (9./10. 9. 72).

Hecker, W.: Entscheidend sind die ersten Lebensjahre – Gegen isolierte Vorschule für Fünfjährige. Rheinische Post (19. 10. 1970).

Hellbrügge, Th.: Der Traum des Arztes von der Schule. In: Verantwortung und Solidarität. Informationsbrief der Stiftung Theodor-Heuss-Preis e. V. 1 (1976).

Hertrich, P.: Die Schule macht unsere Kinder dumm. Nürnberger Nachrichten (23. 9. 73).

Heute, ZDF: Bericht über die Montessori-Schule. ZDF, Nachrichtensendung (1. 8. 72).

Kiaulehn, S.: Modell gefährdet Schulleistungen – Regierung begründet Verbot des Hellbrügge-Versuchs. Münchner Merkur, München (15./16. 7. 72).

Kinderzentrum: Forschung hilft behinderten Kindern. Bildung und Wissenschaft. Bonn.

Klingenfuß, A.: Hilf mir, es selbst zu tun. Münchner Merkur, September (1970).

Klingenfuß, A.: Eine Schule ohne Noten und Versetzungsangst. Münchner Merkur (11. 9. 70).

Krupp-Pressedienst: Spende von DM 500000,– (eine Sammlung von Ausschnitten aus Tageszeitungen). Krupp-Pressedienst, Essen (Februar 1973).

Krupp-Stiftung: Sammlung von Zeitungsausschnitten aus Anlaß der Stiftung von DM 500000,– für den Modellschulversuch der Aktion Sonnenschein. Gesammelt vom Pressedienst der Krupp-Stiftung (März 74).

Lauerbach, E.: Schwierigkeiten des Montessori-Schulversuchs der Aktion Sonnenschein beseitigt – Interview mit Staatssekretär Erwin Lauerbach –. Bild, München (10. 9. 71).

Leeb, H.: Jeder lernt hier, soviel er kann. Brigitte/Constanze Nr. 9 (1972).

Lindau, M.: »Aktion Sonnenschein« bekommt Grundstück – Errichtung einer Kindertagesstätte und Sonderschule jetzt möglich. Münchner Stadtanzeiger Süd Nr. 56 (16. 7. 71).

Link, P.; Prell, S.; L. M.: Schule für Gesunde und Kranke. Hersfelder Allgemeine, Bad Hersfeld (13. 9. 71).

L. M.: Schule für Gesunde und Kranke. Hersfelder Allgemeine, Bad Hersfeld (13. 9. 71).

Madsack, S.: Dank an Montessori-Mitbegründer. Münchner Merkur, München (9. 4. 73).

Matthiesen, H.: Modellschule München – Hellbrügges Not. Die Zeit, Nr. 43 (22. 10. 71).

Matthiesen, H.: Neue Wege der Sonderschulpädagogik – In München lernen behinderte und gesunde Kinder gemeinsam. Die Zeit, Nr. 41 (8. 10. 71).

Matthiesen, H.: Ein fanatischer Kinderfreund. Die Zeit, Nr. 49, (28. 11. 1975).

mei.: Eltern: »Jetzt ist Schluß!« – Sorgenkatalog für Protestaktion fertig. Abendzeitung, München (13. 7. 72).

Mönkemeyer, K.: Sind Sonderschulen sinnlos? Spielen und Lernen, Hannover, Nr. 10 (Oktober 71).

M. S.: Ausgesondert. Badische Zeitung, Karlsruhe (27. 7. 72).

Müller, K.: Münchner Schule lehrt die Lust am Lernen. Abendzeitung, München (11. 11. 70).

Münchner Merkur: Staatssekretär Erwin Lauerbach informiert sich über den Modellschulversuch der Aktion Sonnenschein. Münchner Merkur, München (10. 9. 71).

Münchner Merkur: Entscheidung über Schulversuch – Hellbrügge-Modell bis 1976 genehmigt – Sonderschule für Schwerstbehinderte. Münchner Merkur, München (4. 10. 72).

Münchner Merkur: Montessori-Kurs in München. Münchner Merkur, München (7. 8. 72).

Münchner Merkur: Verbot für »Aktion Sonnenschein«? – Kein gemeinsamer Unterricht mehr für gesunde und behinderte Kinder. Münchner Merkur, München.

Münzing, I.: Liebe für die Ungeliebten – Ein Report (Pechstein/Hellbrügge). Bunte Illustrierte, Offenburg Nr. 50 (30. 11. 72).

Niemeyer, W.: Zur Definition der LRS. In Arbeitspapier »Eingegangene Vorschläge zur Definition der Legasthenie«. Kongreß der International Reading Association/ Sektion Deutschland, Hannover (1974).

OZ: Wohin will Montessori-Schule? Auseinandersetzungen um Standort gehen weiter. Osnabrücker Zeitung, Osnabrück (30. 1. 73).

Obermüller, K..: »Der Traum des Arztes von der Schule«. National-Zeitung Basel v. 15. 5. 76.

Prell, S. und P. Link: Das Münchener Modell der schulischen Integration behinderter und nichtbehinderter Kinder. Schulversuch nach Maria Montessori. Z. Heilpädagogik 25, 619–644 (1974).

Paritätisch Aktuell: Sonnenschein, bevor die Zukunft Schatten wirft – Besuch in der Güllstraße. Paritätisch Aktuell, München (1. 9. 69).

P. K.: Wo lernen ein Kinderspiel ist – Interview mit Prof. Dr. med. Hellbrügge. Praxiskurier Nr. 13 (31. 3. 71).

r: Olympiaeinrichtungen für Behinderten-Schulzentrum. Süddeutsche Zeitung, München (17. 7. 72).

r.: Kultusminister genehmigt Montessori-Schulversuch. Süddeutsche Zeitung (19. 10. 71).

r: Hildegard Hamm-Brücher setzt sich für Montessori-Schule ein. Süddeutsche Zeitung (23. 9. 71).

rei: Um die Montessori-Schule: Regierung widerspricht Hellbrügge. Süddeutsche Zeitung, München (19. 7. 72).

Reiser, R.: Lernbehinderte auf dem Abstellgleis. Süddeutsche Zeitung, München (26. 7. 72).

Ro., H.: Eine revolutionäre Pädagogik – Zum 100. Geburtstag Maria Montessoris. Informationsdienst Herder, Freiburg/B. 10/1970.

R. St.: Behinderte Kinder müssen frühzeitig gefördert werden. Praxiskurier, Nr. 33 (14. 8. 74).

S. G.: Sonderschüler. Frankfurter Allgemeine Zeitung (4. 9. 72).

sR: Antrag Hamm-Brüchers zur Montessori-Schule. Münchner Merkur, München (20. 7. 72).

Schäfer, B. H.: Regierung stoppt Schulversuch – Professor Hellbrügge will weiterkämpfen. TZ, München (14. 7. 72).

Schamberger, R.: Hilfen für das behinderte Kind. Süddeutsche Zeitung, München (3./4. 3. 73).

Schenk-Danzinger, L.: zit. nach Valtin, R. (Hrsg.): Einführung in die Legasthenieforschung, Beltz-Verlag, Weinheim (1973).

Schmölzer, H.: Hilf mir, es selbst zu tun – Münchens Montessori-Schule; Chancen für Behinderte. Westermanns Monatshefte 1, 85–89 Januar 73.

Sommerich, G.: Kinder sind anders. Allgemeine Lehrerzeitung (Oktober 70).

Speck, O.: Analyse der Möglichkeit gemeinsamer Unterrichtung behinderter und nichtbehinderter Kinder. Praxis der Kinderpsychologie und Kinderpsychiatrie 25, 52 (1976).

Stahl, K.: Medicina: Accion Raxo de Sol – Nuevas Esperanzas para los Ninos Impedidos. Ya (August 1972).

Stankiewitz, K.: Behinderte lernen mit Gesunden – Zukunft der Modellschule ist gesichert. Kölner Stadtanzeiger, Köln (11. 10. 1972).

Stankiewitz, K.: Behinderte nicht mehr behindert. Bayerische Staatszeitung, München (6. 10. 72).

Stankiewitz, K.: Une expérience sans Précédent – L'administration n'aime pas les Écoles Montessori. La Tribune d'Allemagne, Nr. 450 (22. 8. 72).

Stankiewitz, K.: Schildbürgerstreich von Amts wegen? Bayerische Schulbehörde verhindert Lehrversuch mit behinderten und gesunden Schülern. Saarbrücker Zeitung, Saarbrücken (4. 8. 72).

Stankiewitz, K.: Steine auf einem neuen Weg – Widerstand der Verwaltung gegen ein einmaliges Experiment in München. Kölner Stadtanzeiger, Köln (14. 7. 72).

Stankiewitz, K.: Münchner Olympiazentrum in Modellschule verwandelt – Eltern der Montessori-Kinder bauten Büros der Planer um. Weser Kurier (4. 10. 1973).

Stiller, M.: Wo die Schulbank die Kinder drückt. Süddeutsche Zeitung, München Nr. 23 (1976).

Tomkowitz, G.: Schikanen gegen den Kinderarzt. Stern, Nr. 34 (13. 8. 72).

tz: Schulversuch – Die Regierung hat Angst. tz-Aktuell, München (14. 7. 72).

Valtin, R. (Hrsg.): Einführung in die Legasthenieforschung. Beltz-Verlag, Weinheim (1973).

Wasen, G. van: Eine großartige Idee, dieses Kinderzentrum. Bild am Sonntag (26. 11. 72).

wa: Aktion Sonnenschein – Neue Montessorigruppe am Freitag – Gesunde und behinderte Kinder sollen gemeinsam gefördert werden – Münchner Modell als Vorbild. Godesberger Anzeiger (1970).

Zeit und Bild: Das Haus der Hoffnung. Frankfurter Rundschau, Nr. 14 (3. 4. 71).

Zimmer, K.: Ohne die Mütter verkümmern sie – Ein vorbildliches Diagnose- und Behandlungszentrum. Die Zeit, Hamburg Nr. 22 (11. 6. 1971).

Zimmer, K.: Hilf mir, selber drauf zu kommen. Für Sie, Nr. 15 (13. 7. 73).

Register

Abbildungsnachweis

Seiten 1 und 2 : karin schneider henn. - Seite 3, oben : Dieter Hinrichs ; unten : karin schneider henn. - Seite 4, oben : karin schneider henn ; unten : Dieter Hinrichs. - Seite 5, oben und unten : Digne Meller Marcovicz. - Seite 6 : karin schneider henn. - Seite 7, oben : Digne Meller Marcovicz ; unten : Dieter Hinrichs. - Seite 8 : Dieter Hinrichs.